CB135945

Jurisdição, poder, Estado e comunidade internacional no tempo: o ontem, o agora e o amanhã

Marcial Pons

inter saberes

Jurisdição, poder, Estado e comunidade internacional no tempo: o ontem, o agora e o amanhã

Mário Lúcio Quintão Soares

Débora Cristina Veneral

Alexandre Coutinho Pagliarini

(Organizadores)

intersaberes

Rua Clara Vendramin, 58 . Mossunguê . Cep 81200-170 . Curitiba . PR . Brasil
Fone: (41) 2106-4170 . www.intersaberes.com.br . editora@intersaberes.com

Dados Internacionais de Catalogação na Publicação (CIP)
(Câmara Brasileira do Livro, SP, Brasil)

Jurisdição, poder, Estado e comunidade internacional no tempo: o ontem, o agora e o amanhã/Mário Lúcio Quintão Soares, Débora Cristina Veneral, Alexandre Coutinho Pagliarini (organizadores). – Curitiba, PR: InterSaberes; Madrid: Editora Marcial Pons, 2023.

Vários autores.
Bibliografia.
ISBN 978-85-227-0766-9

1. Direito comparado 2. Direitos humanos 3. Estado (Direito) 4. Jurisdição (Direito constitucional) 5. Jurisdição (Direito internacional) 6. Poder judiciário I. Soares, Mário Lúcio Quintão. II. Veneral, Débora Cristina. III. Pagliarini, Alexandre Coutinho.

23-165249 CDU-342.5

Índices para catálogo sistemático:
1. Jurisdição constitucional: Direito constitucional 342.5
Cibele Maria Dias – Bibliotecária – CRB-8/9427

1ª edição, 2023.
Foi feito o depósito legal.

Marcial Pons

Av. Brigadeiro Faria Lima, 1462 . conj. 64/5 . Torre Sul Jardim Paulistano
CEP 01452-002 . São Paulo-SP . Fone: (11) 3192-3733 . www.marcialpons.com.br

ISBN 978-84-1381-698-2

Impresso no Brasil

Sumário

Prefácio

Este livro resulta da parceira internacional entre as editoras InterSaberes e Marcial Pons. Institucionalmente, os diretores Lindsay Sperry e Marcelo Porciuncula decidiram pela publicação conjunta e, em seguida, contataram os signatários deste prefácio para levar adiante o projeto editorial em nome das casas editoriais envolvidas: o Centro Universitário Internacional Uninter – por meio da Escola Superior de Gestão Pública, Política, Jurídica e de Segurança – e o Programa de Pós-Graduação em Direito da PUC Minas (PPGD-PUC Minas) . Todas as pessoas até aqui citadas entenderam que uma publicação internacional de tamanha envergadura deveria também primar pela interinstitucionalidade, razão pela qual o primeiro signatário se incumbiu de representar o PPGD-PUC Minas enquanto professor titular.

O título do livro que ora se prefacia, *Jurisdição, poder, Estado e comunidade internacional no tempo: o ontem, o agora e o amanhã*, guarda aderência com os temas versados nos textos que integram a coletânea, que incluem escritos nas perspectivas da filosofia, do direito constitucional, do direito internacional e do exercício das jurisdições.

Os autores que nesta obra escreveram ocupam as mais importantes cátedras de tradicionais universidades no estrangeiro e no Brasil, ou mesmo exercem funções relevantes no âmbito das carreiras jurídicas. São eles: Jean-Michel Guieu; Jürgen Habermas; Michel Troper; Alexandre Almeida Rocha e Denise Antunes; Ana Flávia Messa e Everton Luiz Zanella; Fauzi Hassan Choukr e Gustavo dos Reis Gazzola; Ives Gandra da Silva Martins e Ana Regina Campos de Sica; Ivo Dantas e Janini de Araújo Lôbo Silvestre; Janaína Soares Schorr; Maria Fernanda Augustinhak Schumacker Haering Teixeira, Luís Alexandre Carta Winter e Vladimir Passos de Freitas; Marina Faraco Lacerda Gama e Solange de Oliveira; Bruna Isabelle Simioni Silva e Allana Campos Marques Schrappe; Luis Felipe Echeverria Nasser; Marcos da Cunha e Souza; Regina Paulista Fernandes Reinert; Safira Orçatto Merelles do Prado e Angela Nogueira Fey; Tatiana Lazzaretti Zempulski e Igor Fernando Ruthes; Sabrina Santana Figueiredo Pinto Alberto e Tiago Gagliano Pinto Alberto, e nós, os três organizadores da presente publicação internacional, abaixo assinados.

Em termos de conceito e qualificação perante os órgãos brasileiros e estrangeiros de fomento para a educação e a pesquisa, o produto editorial ora prefaciado certamente alcança os patamares mais elevados, isso por conta de dois fatores: (i) há indiscutível pertinência temática entre o título do livro e os conteúdos de seus artigos científicos; (ii) os autores são professores reconhecidos nacional e internacionalmente. Outrossim, cada autor é responsável exclusivo pelo conteúdo de seu texto.

Por tais razões, só temos a agradecer a todos os que viabilizaram este projeto, esperando que esta obra encontre a acolhida almejada no meio acadêmico lusófono e de línguas espanhola e francesa.

Belo Horizonte, Curitiba y *Madrid*, inverno de 2023.

Mário Lúcio Quintão Soares

Débora Cristina Veneral

Alexandre Coutinho Pagliarini

Apresentação

Tenho trabalhado há cinco anos com o Professor Doutor Alexandre Coutinho Pagliarini, desde que ingressei no Curso de Mestrado em Direito do Centro Universitário Internacional Uninter. Nos dias atuais, já mestra pela instituição referida, encontro-me em investigação científica como doutoranda do Programa de Pós-Graduação em Direito da Pontifícia Universidade Católica do Paraná (PPGD-PUCPR). Conheci, no Centro Universitário Internacional Uninter, a Doutora Débora Cristina Veneral. Quanto ao primeiro organizador desta obra, o Professor Doutor Mário Lúcio Quintão Soares, ele foi o principal membro examinador da minha banca de mestrado.

Eis-me aqui, novamente, para trabalhar na configuração e na diagramação deste livro!

A primeira nota técnica que faço é a seguinte: quase todos os textos desta coletânea foram padronizados com a inserção dos elementos que geralmente são recomendados pela Capes, quais sejam o título, o sumário, o resumo e as palavras-chave, em português e em espanhol.

A segunda nota técnica que faço é: tal padronização não foi aplicada *ipsis literis* para os textos a seguir indicados porque foram produzidos por autores estrangeiros e, em seus países, não há a prática acadêmica da inserção dos elementos que a Capes e a ABNT recomendam só para o Brasil; tais autores são: Jean-Michel Guieu (França), Jürgen Habermas (Alemanha) e Michel Troper (França).

A terceira nota técnica é esta: os textos científicos para este livro escritos foram divididos em quatro seções, quais sejam: (1) Convidados estrangeiros; (2) Convidados brasileiros; (3) Organizadores do livro e coautores; (4) Professores da Escola Jurídica do Centro Universitário Internacional Uninter.

A quarta nota técnica diz respeito aos idiomas em que publicaram os estrangeiros: em espanhol e em francês.

Ao configurar e diagramar todos os textos aqui publicados, fiquei absolutamente impressionada pela qualidade destes escritos e pela coerência do livro como veículo de inegável lógica de pertencimento consubstanciada no binômio textos-livro.

Curitiba, inverno de 2023.

Maria Fernanda Augustinhak Schumacker Haering Teixeira

Advogada. Doutoranda em Direito pela PUCPR. Mestra em Direito pelo Centro Universitário Internacional Uninter.

Seção 1

Convidados estrangeiros

Jean-Michel Guieu

Jürgen Habermas

Michel Troper

Les juristes internationalistes français, l'Europe et la paix à la Belle Époque[i]

---

[i] Artigo anteriormente publicado em Presses Universitaires de France | « Relations internationales », 2012/1, n. 149, p. 27-41, ISSN 0335-2013, ISBN 9782130593706, DOI 10.3917/ri.149.0027. Aqui publicado mediante autorização de Editora Marcial Pons.

Jean-Michel Guieu

Doctorat d'histoire contemporaine, Université Paris I Panthéon-Sorbonne. DEA d'histoire contemporaine obtenu à l'Université de Paris I. Agrégation externe d'histoire. Maîtrise d'histoire des relations internationales contemporaines obtenue à l'université de Paris-I. Licence d'histoire obtenue à l'Université Paris I. DEUG d'histoire obtenu à l'Université Paris I. Lettres supérieures classiques au Lycée Henri-IV (Paris). Baccalauréat série A1 (Lycée Olympe de Gouges, Noisy-le-Sec). Professeur agrégé stagiaire au collège de Bois-Guillaume (Seine-Maritime). Professeur du contingent aux Ecoles militaires de Coëtquidan. Professeur agrégé au collège de Fontenay-Trésigny (Seine-et-Marne). Allocataire-Moniteur à l'Université de Paris-1. ATER à l'Université de Paris-1. Professeur agrégé au lycée de Mitry-Mory (Seine-et-Marne). PRAG à l'Université de Cergy-Pontoise. Maître de conférences à l'Université de Paris-1.

Lentement, la vie juridique du monde s'organise : « sans cesser d'être un idéal, la justice et la paix cessent enfin d'être un rêve »[i], écrivaient deux jeunes professeurs de droit international, Albert Geouffre de Lapradelle (1871-1955) et Nicolas Politis (1872-1942), au lendemain des deux conférences de la Paix de La Haye (1899 et 1907), traduisant ainsi leur confiance dans le rôle accru que le droit international – souvent encore appelé à cette époque « droit des gens » – était désormais appelé à jouer dans la régulation des rapports internationaux. Cette « science » encore « jeune »[ii] et « loin d'avoir atteint le degré de précision et de perfectionnement du droit public ou privé »[iii] avait effectivement connu un remarquable essor à partir des années 1870, dont témoignèrent la création en 1869 de la Revue de droit international et de législation comparée (publiée à Gand) et la fondation en 1873 de l'Institut de droit international et de l'Association pour la réforme et la codification du droit des gens[iv].

Si la petite communauté des juristes spécialistes du droit international – ou « internationalistes » – était ainsi parvenue à constituer entre elles un espace transnational de réflexion et d'échange par le biais de réunions internationales et de revues spécialisées, elle n'en était pas moins touchée, dans ce dernier tiers du XIXe siècle, par « l'essor d'un nationalisme plus exclusif »[v] que Jean-Louis Halpérin repère pour l'histoire du droit international privé. Les internationalistes français étaient en effet fort désireux de fonder une « école française du droit des gens », convaincus à juste titre du retard de la France par rapport à ses principaux voisins[vi]: « L'intérêt de notre Patrie peut y gagner beau-

---

i Albert Geouffre de Lapradelle et Nicolas Politis, « La deuxième conférence de la Paix. Origine. Convocation. Organisation », Revue générale de droit international public (RGDIP), 1909, p. 385.

ii Robert Piédelièvre, Précis de droit international public ou droit des gens, t. I, Paris, F. Pichon, 1894, p. V.

iii Frantz Despagnet, Cours de droit international public, Paris, L. Larose Éditeur, 1894, p. 1.

iv Devenue par la suite l'International Law Association.

v Jean-Louis Halpérin, Entre nationalisme juridique et communauté de droit, Paris, puf, 1999, p. 197.

vi Ce n'est que par le décret du 24 juillet 1889 que le droit international public est introduit dans toutes les facultés de droit en France comme enseignement obligatoire, sanctionné par une interrogation à l'examen. Le seul traité complet de droit international publié en France dans les trois premiers quarts du XIXe siècle fut Les Institutions coup sans que l'impartialité scientifique y perde rien », affirmait Frantz Despagnet (1857-1906), professeur à la faculté de droit de Bordeaux.

C'est précisément ces « internationalistes » français qui seront au cœur de notre étude, pour laquelle nous recourrons principalement aux volumineux traités ou manuels de droit international publiés à cette époque, ainsi qu'aux nombreux articles parus à partir de 1894 dans la Revue générale de droit international public, dirigée par Antoine Pillet (1857-1926) et Paul Fauchille (1858-1926). Remarquons d'emblée que cette abondante littérature juridique entraîne l'historien des relations internationales sur un terrain qui lui est relativement familier, tant ces juristes sont de parfaits connaisseurs de l'histoire qui constitue alors à leurs yeux « l'auxiliaire nécessaire de la science du droit international »[i].

Alors que la « science juridique » est généralement réputée avoir « pendant des siècles cultivé l'isolement » par rapport aux autres disciplines[ii], les juristes internationalistes français manifestaient expressément leur volonté de travailler aux côtés des historiens, des philosophes ou des économistes à « l'amélioration morale et matérielle des sociétés[iii]», souscrivant à une vision déterministe de l'histoire de l'humanité. De ce fait, ils étaient particulièrement soucieux d'imposer leur discipline aux secteurs les plus vastes de la société française et pas seulement aux diplomates : « Le marin, le militaire, l'administrateur, le magistrat, et même le simple citoyen, ont intérêt à connaître les principes essentiels qui président aux relations des peuples et déterminent les droits et les devoirs des États ».[iv] Nul doute que le droit international ait alors joué un rôle important dans la formation intellectuelle d'une bonne partie de l'élite politique et administrative française, à une époque où son enseignement se généralisait au sein des facultés de droit.

---

du droit de la nature et des gens de Gérard de Rayneval, paru en 1803 et réédité en 1832.

i Henry Bonfils, Manuel de droit international public, 5e édition revue et mise au courant par Paul Fauchille, Paris, Arthur Rousseau Éditeur, 1908, p. 29.

ii Frédéric Audren et Jean-Louis Halpérin, « La science juridique entre politique et sciences humaines (XIXe-XXe siècles) », Revue d'histoire des sciences humaines, n. 4, 2001, p. 3.

iii Georges Bry, Précis élémentaire de droit international public, Paris, L. Larose et Forcel, 1891, p. 34.

iv G. Bry, op. cit., p. VI.

Les spécialistes du droit international revendiquaient d'ailleurs la nécessité pour leur discipline d'« exercer sur la politique une action incessante »[i], et c'est à dessein qu'ils se plaignaient des diplomates qui ne montraient généralement que « peu de considération pour la science du droit »[ii]. Ils n'hésitaient pas pour leur part à fustiger par exemple la politique russe à l'égard de la Finlande ou l'attitude britannique dans la guerre des Boers, « unanimes à la déclarer contraire à la justice, au droit des peuples et à la conscience universelle »[iii].

Plus largement, ils voulaient entraîner la France dans le « grand mouvement [...] vers la fin des luttes internationales et qui, quelles que soient les guerres possibles ou même probables, finira bien par triompher un jour »[iv]. Antoine Pillet était certain du rôle « de pacificateur » que le droit pouvait jouer dans les rapports internationaux, son but étant de « concilier par l'application d'une même norme les intérêts divergents des nations »[v]. C'est précisément sous l'angle de la guerre et de la paix que nous voudrions interroger l'œuvre des juristes de la Belle Époque, alors même que la doctrine du XIXe siècle semblait avoir élevé la guerre « au statut d'institution du droit international »[vi]. Mais, dans une période (des années 1890 à la veille de la Première Guerre mondiale) marquée à la fois par la progressive montée des tensions internationales et par l'intérêt nouveau des États pour l'organisation de la paix (conférences de la Paix de La Haye), nous chercherons à montrer que la question de la pacification des relations internationales était au cœur des préoccupations intellectuelles (et civiques) des internationalistes français.

---

i Alexandre Mérignhac, Traité de droit international public, Première partie, Paris, Librairie géné- rale de droit et de jurisprudence, 1905, p. 26.

ii Antoine Pillet, « La guerre du Transvaal et la conférence de la Paix », RGDIP, 1901, p. 17.

iii Alexandre Mérignhac, « Les pratiques anglaises dans la guerre terrestre », RGDIP, 1901, p. 93.

iv Frantz Despagnet, La Diplomatie de la troisième république et le droit des gens, Paris/Bordeaux, L. Larose et G. Gounouilhou, 1904, p. VIII.

v Antoine Pillet, « Le droit international public. Ses éléments constitutifs, son domaine, son objet », RGDIP, 1894, p. 9.

vi Stephen C. Neff, War and the Law of Nations. A general History, Cambridge, Cambridge University Press, 2005, p. 177.

1.
Les juristes et la « société internationale »

L'interdépendance, « belle loi de l'humanité »

Au tournant du XXe siècle, la doctrine juridique réagissait au positivisme volontariste qui avait connu son apogée au siècle précédent et qui, faisant reposer le droit international sur la seule volonté des États, niait l'existence d'un ordre juridique international au profit de droits particuliers, issus d'un accord de volontés empiriques[i]. Les internationalistes français étaient au contraire persuadés de l'existence, au-dessus des États, d'une « société internationale ». Et c'est d'ailleurs de son existence qu'ils tiraient la légitimation de leur discipline, une société ne pouvant exister « sans un ensemble de préceptes juridiques qui fassent régner l'harmonie entre ses membres en réglementant leurs rapports: ubi societas, ibi jus »[ii].

Inspirés par le scientisme ambiant, l'essor de la sociologie et du biologisme, les juristes cherchaient alors à théoriser l'existence de la société internationale par l'observation des faits. Or, les États n'avaient-ils pas précisément reconnu « la solidarité les unissant comme membres de la communauté internationale »[iii] en participant à des congrès et conférences successifs tout au long du XIXe siècle (congrès de Vienne de 1815, congrès de Berlin de 1878 ou de 1885, conférences de La Haye, etc .) ? Nul doute, en tout cas, dans l'esprit de ces professeurs de droit, que les États puissent mener une existence isolée et c'est, historiquement, la nécessité du commerce international qui les avait amenés à entretenir des relations constantes et à se trouver ainsi les uns vis-à-vis des autres dans un état de « dépendance réciproque »[iv], dépassant la simple dimension économique pour s'étendre au domaine des échanges intellectuels (découvertes scientifiques, arts, etc .). C'est pourquoi les États n'avaient pas le droit de se soustraire aux échanges internationaux, argument qui servit à condamner la Chine, à laquelle on reprochait, en pleine guerre des Boxers (1900-1901), d'avoir « les mains pleines

---

i Robert Kolb, Réflexions de philosophie du droit international, Bruxelles, Bruylant, 2003, p. 21.

ii Paul Leseur, Introduction à un cours de droit international public, Paris, G. Pédone-Lauriel, 1893, p. 10.

iii H. Bonfils, op. cit., p. 7.

iv Ibid., p . 4.

de richesses » et de ne pas vouloir « permettre à l'Europe d'en prendre sa part. [...] A-t-elle le droit de priver l'humanité des ressources que la nature a disposées pour elle ? », s'interrogeait Lapradelle[i]? Et si ce dernier ne cherchait pas à dédouaner l'Europe des « maladresses », des « fautes et même [... des] crimes »[ii] qu'elle avait commis en Chine, il n'en considérait pas moins que cette dernière heurtait le droit international par son attitude.

S'appuyant sur la loi biologique des sociétés humaines, les juristes décrivaient l'interdépendance croissante qui liait les États et qui pouvait être considérée comme la « loi sociale de notre époque[iii]» . Henry Bonfils (1835-1897) y voyait une « belle loi de l'humanité » qui, selon une interprétation libérale classique, ne pouvait être qu'un facteur de paix générale: « Les États ont un intérêt réciproque à éviter les conflits et les guerres[iv]» . Paul Leseur, professeur à la faculté de droit de Lyon, faisait pour sa part un usage fréquent du terme de « solidarité » dans son Introduction à un cours de droit international public (1893), décelant parmi les membres de la communauté internationale un « instinct de solidarité », « le sentiment qu'ils ont besoin les uns des autres »[v]. Mais, on le sait, ces notions d'interdépendance et de solidarité étaient devenues « un lieu commun du débat juridique et politique français dans les années 1890 »[vi], connaissant leur consécration politique dans le manifeste de Léon Bourgeois, Solidarité (1896).

Une société internationale des États « civilisés »

Toutefois, cette société internationale de fait décrite par les juristes, tendant à s'organiser en société internationale de droit, était encore loin de rassembler toute l'humanité. Le droit international positif ne s'appliquait, en réalité, qu'aux États souverains faisant partie de la famille

i A. de Lapradelle, « La question chinoise », RGPID, 1901, p. 327.

ii Idem.

iii Antoine Pillet, Recherche sur les droits fondamentaux des États dans l'ordre des rapports internationaux et sur la solution des conflits qu'ils font naître, Paris, A. Pédone, 1899, p. 31.

iv H. Bonfils, op. cit., p. 4.

v P. Leseur, op. cit., p. 94.

vi Martti Koskenniemi, The Gentle Civilizer of Nations: the Rise and Fall of International Law 1870-1960, Cambridge, Cambridge University Press, 2001, p. 284.

des nations civilisées, car il « suppos[ait] une certaine identité ou ressemblance entre les mœurs, les usages, les institutions sociales ou juridiques, une pratique commune des mêmes procédés, une réciprocité dans les modes de relations »[i]. Les juristes distinguaient ainsi, à l'instar du Manuel de droit international public d'Henry Bonfils, un droit international « naturel » ou « rationnel » s'appliquant à tous les États et à tous les peuples d'un droit international positif qui « s'est formé en Europe, entre les États dont la civilisation a été engendrée et développée par l'application des préceptes du christianisme » et qui « doit être appliqué aux relations de tous les États qui ont atteint ce degré de civilisation »[ii].

Dans ces années de l'apogée de la colonisation européenne, où les métropoles imposaient leur droit sans vraiment s'intéresser aux coutumes et traditions juridiques locales, les internationalistes pensaient donc le monde selon une perspective très hiérarchisée. Ils reprenaient à bon compte les théories diffusées par l'Écossais James Lorimer qui, dans The Institutes of the Law of Nations (1883), distinguait trois sphères concentriques: l'humanité civilisée (Europe et ses colonies, États d'Amérique autrefois colonies européennes), l'humanité barbare (Turquie, États d'Asie indépendants, certains États d'Afrique) et l'humanité sauvage (peuplades ou tribus non organisées de l'Afrique, sauvages de certaines îles océaniennes indépendantes). Aux États non civilisés ne s'appliquaient donc que les principes humanitaires du droit naturel, que les États européens n'avaient d'ailleurs pas suffisamment respectés. Louis Renault (1843-1918) accusait ainsi les puissances coloniales européennes d'avoir « abusé de leur puissance à l'égard de peuples soi-disant barbares », de leur avoir « déclaré des guerres injustifiables » et d'avoir « violé les règles les plus élémentaires du droit des gens[iii] ». Mais s'ils étaient nombreux à se montrer sensibles à un discours dénonçant les excès de la colonisation, les juristes ne remettaient nullement en cause la « mission civilisatrice » de la France[iv].

Le droit international connaissait toutefois une « tendance progressive [...] vers une application de plus en plus universelle[v] » et n'était plus,

---

i Ibid., p. 19.

ii Ibid., p. 18.

iii Louis Renault, Introduction à l'étude du droit international, Paris, L. Larose, 1879, p. 21-22.

iv Al. Mérignhac, op. cit., p. 17.

v F. Despagnet, op. cit., p. 60-61.

au début du XXe siècle, « exclusivement européen » : il était « devenu mondial »[i], selon la formule d'Alexandre Mérignhac (1857-1927). Ainsi le traité de Paris de 1856 avait-il admis l'Empire ottoman à participer aux avantages du droit public et du concert européens. La présence du Japon, de la Chine, du Siam et de la Perse aux conférences de la paix de La Haye semblait avoir consacré la participation de l'Asie au droit public international. Cette évolution pouvait-elle conduire à un ordre juridique international? Les juristes français de la Belle Époque semblaient fort sceptiques à ce sujet: « Un fossé, moins large, mais aussi profond et aussi infranchissable, séparera toujours les États américains et européens, et leurs colonies, des États musulmans et de l'Empire du Milieu. Les conditions sociales et politiques, dans lesquelles vivent les peuples musulmans ou les Chinois, sont incompatibles avec l'idée de pleine communauté internationale ».[ii]

L'indépendance (relative) des États

L'ensemble des États civilisés participant au droit international ne formait en rien une communauté supranationale ou l'embryon d'un État universel. Très marqués par la doctrine positiviste du XIXe siècle, les internationalistes français estimaient que la communauté internationale « n'annihil[ait] pas l'indépendance des États, ne détrui[sait] ni leur liberté ni leur égalité »[iii]. Paul Pradier-Fodéré (1827-1904) définissait « la souveraineté extérieure » des États comme « l'entière indépendance de l'État vis-à-vis des nations étrangères, l'indépendance de toute volonté étrangère par rapport à l'exercice des droits de souveraineté »[iv]. La société internationale était donc purement interétatique et les États étaient d'ailleurs considérés par les juristes comme les seules « personnes » du droit international, c'est-à-dire au sens juridique du terme, des êtres capables d'avoir des droits et des obligations. Inspirés par le droit civil, les juristes estimaient en effet que « chaque État, considéré dans ses rapports avec les États étrangers, [...] possède une capacité semblable à celle des particuliers dans leurs relations privées: il a des droits à faire valoir, des obligations à remplir »[v].

---

i A. Mérignhac, op. cit., p. 15.

ii H. Bonfils, op. cit., p. 1002.

iii Ibid., p. 6.

iv Paul Pradier-Fodéré, Traité de droit international public européen et américain, t. 1er, Paris, G. Pedone- Lauriel, 1885, p. 234.

v R. Piédelièvre, op. cit., p. 61.

La plus impérieuse obligation était nécessairement l'observation par les États des règles du droit international, et il s'agissait là pour eux d'« une règle stricte, une obligation formelle »[i]. Or, sur ce terrain qui touchait directement à la souveraineté des États, les juristes ne pouvaient que se retrouver en porte-à-faux avec les chancelleries et « les politiques qui nient, au nom de l'indépendance des États, l'existence »[ii] du droit international. Pour sa part, Antoine Pillet entendait bien s'attaquer à cette « prétendue indépendance » des États, qui n'était autre en réalité « que le pouvoir de se mouvoir librement dans les limites fixées par le droit international[iii] ». N'hésitant pas à s'opposer aux tenants du dualisme, c'est-à-dire de la séparation des ordres juridiques interne et international, il affirmait nettement la primauté du droit international: « Là où le droit national et le droit international sont en conflit, le premier doit accepter les conditions que lui dicte le second ».[iv]

Toutefois, cette société internationale telle que théorisée par la doctrine, qui mettait en rapport des États indépendants, tout autant qu'interdépendants, semblait encore loin de pouvoir épargner aux peuples européens la perspective d'une nouvelle guerre, bien que le continent se trouvât plongé, depuis la crise d'Orient de 1875-1878, dans une période de paix déjà longue.

2.
L'europe entre paix et guerre

Une « paix armée » désastreuse

À la fin du XIXe siècle, les juristes décrivaient en effet une situation européenne « pleine de périls »[v], le Vieux Continent vivant à l'ère

---

i A. Mérignhac, op. cit., p. 221.

ii P. Pradier-Fodéré, op. cit., p. 3.

iii Antoine Pillet, « Recherches sur les droits fondamentaux des États dans l'ordre des rapports internationaux et sur la solution des conflits qu'il font naître », RGDIP, 1898, p. 83.

iv A. Pillet, « Le droit international », art. cit., p. 9.

v Edgard Rouard de Card, Études de droit international, Paris, A. Durand et Pedone-Lauriel, 1890, p. 224-225.

d'« une paix armée ruineuse »[i], « véritable calamité pour les États, grands ou petits »[ii]. Le développement des forces militaires les inquiétait particulièrement et ils se trouvaient saisis d'effroi par la frénésie poussant les grandes puissances européennes à entretenir des armées aux effectifs toujours plus considérables. En 1909, Louis Le Fur (1870-1943), professeur à l'université de Caen, faisait valoir que la Russie, l'Allemagne, la France, l'Autriche, l'Italie, les États-Unis et le Japon entretenaient « un total mobilisable de 32 millions d'hommes» et dépensaient annuellement à cette fin « 5 milliards 37 millions »[iii]. Alexandre Mérignhac évoquait pour sa part « le spectacle extraordinaire de sociétés armées jusqu'aux dents, livrées au fléau du militarisme le plus intense, prêtes à se jeter les unes sur les autres dans des conflits plus terribles que les vieilles invasions barbares »[iv].

Or, ces charges militaires semblaient « épuise[r] en temps de paix les richesses des nations »[v]. Edgard Rouard de Card (1853-1934), professeur à l'université de Toulouse, déplorait ainsi que, « dans la plupart des pays, les contribuables [fussent] écrasés sous le poids des impôts »[vi]. Les obligations militaires avaient également l'inconvénient de soustraire les hommes de l'agriculture, de l'industrie, du commerce, de la science ou des arts. Or, à la ruine économique qui menaçait les puissances européennes, s'ajoutait également la perspective de la décadence morale de sociétés trop absorbées par le militarisme: « Le culte de la force matérielle fini[t] par dominer toutes les âmes et par asservir toutes les volontés. Or, l'adoration de la force, de quelque métaphysique qu'on la voile et de quelque patriotisme malsain qu'on la décore, c'est la barbarie! », s'exclamait Frantz Despagnet[vii].

---

i Auguste Souchon, « La question du désarmement », RGDIP, 1894, p. 514.

ii « Opinion de M. Rouard de Card », RGDIP, 1898, p. 726.

iii Louis Le Fur, « La paix perpétuelle et l'arbitrage internationale », rgdip, 1909, p. 438.

iv Alexandre Mérignhac, La Conférence internationale de la paix. Étude historique, exégétique et critique des travaux et des résolutions de la conférence de La Haye de 1899, Paris, Arthur Rousseau Éditeur, 1900, p. 1.

v Edgar Rouard de Card, Études, op. cit., p. 224.

vi « Opinion de M. Rouard de Card », RGDIP, 1898, p. 726-727.

vii « Opinion de M. Frantz Despagnet », RGDIP, 1898, p. 719.

Le terme de cette « marche ascendante » ne pouvait être « qu'une catastrophe »[i] et nombre de juristes français se situaient déjà dans la perspective d'une future guerre, qu'ils anticipaient d'ailleurs avec une réelle perspicacité : Edgard Rouard de Card imaginait dès 1898 que « le plus léger incident pourrait être le signal d'une guerre générale. Alors, des millions d'hommes, longuement exercés et supérieurement armés, se précipi-teraient les uns contre les autres. Ce serait une tuerie dépassant en horreur les plus grands massacres que l'histoire a enregistrés jusqu'à ce jour »[ii].

Dans leur condamnation de cette « paix armée » tout aussi antiéconomique qu'antimorale, ces professeurs de droit rejoignaient clairement le discours des pacifistes français de la Belle Époque, dont le programme nettement juridique (« la paix par le droit ») ne pouvait que faciliter cette convergence idéologique[iii]. Nombre de juristes acceptaient bien volontiers de reconnaître que « les congrès et les associations pacifiques, par leurs réunions et leurs travaux », avaient contribué à créer « un mouvement accentué en faveur du règlement pacifique des difficultés internationales »[iv]. Ils étaient toutefois généralement plus prudents à l'égard d'un véritablement engagement pacifiste: Louis Renault (prix Nobel de la paix en 1907) avouait ainsi s'être toujours abstenu d'adhérer à une « société de la paix », malgré certaines « sollicitations très séduisantes et très pressantes », afin de pouvoir garder sa « pleine liberté d'appréciation sans subir l'influence naturelle d'un milieu spécial »[v]. Certains franchirent néanmoins le pas, et Alexandre Mérignhac, professeur à la faculté de droit de l'université de Toulouse, constitua le 4 mai 1900 une Association toulousaine de la paix et fut à l'initiative du 1er congrès national de la Paix tenu à Toulouse, en octobre 1902[vi].

---

i Antoine Pillet et Paul Fauchille, « La question du désarmement et la note du tsar Nicolas II », RGDIP, 1898, p . 689.

ii « Opinion de M. Rouard de Card », art. cit., p. 727.

iii Nous nous permettons de renvoyer le lecteur à notre article « De la "paix armée" à la paix "tout court", la contribution des pacifistes français à une réforme du système international, 1871-1914 », Bulletin de l'Institut Pierre-Renouvin, n. 32, 2010, p. 81-109.

iv R. Piédelièvre, op. cit., t. II, p. 2.

v Conférence de Louis Renault publiée dans les Annales des sciences politiques, 1908, p. 432.

vi Premier congrès national des sociétés françaises de la paix, Compte rendu des travaux, résolutions et actes du congrès, Toulouse, Imprimerie Lagarde et Sebille, 1903, p. 87.

Un désarmement conditionnel

Dénonçant la « paix armée », les juristes étaient-ils véritablement « favorables à la diminution progressive des armements »[i]? Lorsqu'en 1887, à une session de l'Institut de droit international, le Belge Gustave Rolin-Jaequemyns (1835-1902) avait proposé d'étudier les possibilités de restreindre, « dans des limites proportionnelles à déterminer par voie de convention entre les États du groupe européen, l'effectif de leurs forces et le montant de leurs dépenses militaires en temps de paix »[ii], il s'était heurté au refus de ses collègues qui craignirent que par le caractère utopique d'un tel débat l'institution ne compromît sa réputation...

Quand une dizaine d'années plus tard, en août 1898, le tsar Nicolas II invita les nations à prendre part à une conférence internationale sur les problèmes de la paix et du désarmement, les juristes français n'osèrent pas encore imaginer que l'on puisse aboutir à des résultats concrets, et leurs réactions se firent d'emblée « moins enthousiastes et utopiques que celles des amis de la paix absolue »[iii]. Ils firent valoir l'impossibilité pour la France de désarmer avant le règlement du différend relatif à l'Alsace-Lorraine; il s'agissait autrement d'« une duperie » et d'un « crime de lèse-patrie, dont aucun homme d'État français [...] ne pourra[it] et ne voudra[it] endosser la redoutable responsabilité »[iv]. Pour régler préalablement le sort des provinces perdues, les internationalistes français proposaient d'user des méthodes du droit et « de consulter les Alsaciens-Lorrains sur le point de savoir si le démembrement, opéré en 1871, [devait] être ou non maintenu[v]» . Faute d'un tel plébiscite, les conditions ne seraient pas réunies pour que la conférence de la Paix réunie à La Haye en 1899 parvînt à un accord.

De manière prévisible, celle-ci échoua donc « complètement [...] dans la question de réduction des effectifs et des budgets militaires »[vi]. Et plus les années passèrent, et plus la perspective du désarmement semblait s'éloigner; lors de la seconde conférence de la Paix de La Haye en

---

i Albert de Lapradelle, « La conférence de la Paix », RGDIP, 1899, p. 661.

ii Cité dans Lapradelle, « La conférence », art. cit., p. 661.

iii « Opinion de M. Frantz Despagnet », art. cit., p. 710.

iv « Opinion de M. A. Mérignhac », RGDIP, 1898, p. 724.

v « Opinion de M. Rouard de Card », art. cit., p. 726.

vi A. Mérignhac, op. cit., p. 387-387.

1907, la question de la limitation des armements fut d'ailleurs écartée du programme des négociations. Désormais, « le plus sûr moyen pour les vrais pacifistes de travailler au maintien de la paix » semblait être « encore de se préparer à la guerre, d'être forts pour empêcher la force de primer le droit », selon l'aveu de Louis Le Fur[i].

Humaniser la guerre

Les juristes préféraient donc regarder la guerre avec fatalité, persuadés qu'elle « a[vait] toujours été et restera[it] la loi irrationnelle et fatale des destinées de l'humanité[ii] » . Mais ils refusaient néanmoins de la tenir pour l'état normal, ou naturel, de l'humanité, qui était au contraire la paix.

Bien que prompts à considérer la guerre comme « une calamité effroyable, un malheur public »[iii], les internationalistes français étaient pourtant loin de chercher à la proscrire définitivement des rapports internationaux : « La guerre est un mal inévitable et parfois nécessaire »[iv], écrivait Georges Bry (1847-1918) . Frantz Despagnet estimait pour sa part qu'il fallait « toujours prévoir le cas irréductible où la guerre devient, non seulement en fait, mais juridiquement, nécessaire. C'est le cas de la légitime défense, celui où un peuple n'a pas d'autre ressource pour protéger ses droits ou faire triompher ses justes revendications que de recourir à la force des armes »[v]. Même ainsi restreinte, la légitimité du recours à la guerre était donc consacrée par la doctrine, mais avec un caractère d'ultima ratio, quand toutes les solutions pacifiques avaient été épuisées.

Les juristes internationalistes s'employaient en conséquence à « donner des lois à la guerre »[vi], afin d'en « écarter les effets fâcheux »[vii], non sans qu'il existât un certain paradoxe à considérer « que la règle

---

i L. Le Fur, « La paix perpétuelle », art. cit., p. 460.

ii Lettre sur l'arbitrage adressée par M. Pillet, professeur adjoint à la faculté de Paris à M. Stead, secrétaire du conseil général de la Croisade de la paix, Paris, A. Pedone, 1899, p. 1.

iii P. Pradier-Fodéré, op. cit., p. 52 .

iv G. Bry, op. cit., p . 388.

v « Opinion de M. Frantz Despagnet », art. cit., p. 719-720.

vi A. de Lapradelle, « La conférence », art. cit., p. 701.

vii F . Despagnet, Cours de droit international, op. cit., p. 500.

de droit pourra[it] préserver un espace d'humanité dans ce déchaînement de violences qu'ils [voyaient] venir inexorablement »[i] . Ils furent donc satisfaits de ce point de vue des résultats de la première conférence de La Haye, qui adopta notamment un « règlement relatif aux lois et coutumes de la guerre sur terre ». Cet effort en faveur de l'élaboration d'un droit humanitaire allait être poursuivi et révisé par la seconde conférence de la Paix de 1907.

Si la guerre était une perspective que les juristes jugeaient probable pour l'avenir, ils n'en déployaient pas moins une véritable réflexion sur le maintien de la paix en Europe et sur les méthodes qui seraient les plus propices à une pacification durable du système européen. Trois d'entre eles furent principalement débattues: la paix par l'équilibre politique, la paix par la confédération et la paix par l'arbitrage international.

3.
Comment maintenir la paix en europe?

Les vertus contrastées de la paix par l'équilibre

La vieille notion d'équilibre européen n'était pas considérée par les internationalistes comme une « règle juridique » ou un « principe de droit »[ii], mais comme un « mode d'exercice, sous la forme d'un moyen préventif, du droit de conservation et de légitime défense des États[iii] ». L'équilibre avait ainsi été l'« idéal qu'a toujours cherché à atteindre la diplomatie de l'Europe depuis le traité de Westphalie (1648)[iv] », d'Utrecht (1713) ou l'Acte final du congrès de Vienne afin de maintenir « les États dans un tel rapport de puissance que leurs forces se contrebalancent, qu'ils ne puissent réciproquement s'opprimer »[v].

---

i Intervention d'Éric Thiers dans Stéphane Audoin-Rouzeau, Annette Becker, Christian Ingrao, Henri Rousso (éds.), La Violence de guerre, 1914-1945: approches comparées des deux conflits mondiaux, Bruxelles, complexe, 2002, p. 56.

ii H. Bonfils, op. cit., p. 140 .

iii F. Despagnet, Cours, op. cit., p. 166.

iv H. Bonfils, op. cit., p. 9.

v R. Piédelièvre, op. cit., p. 110.

De ce point de vue, le principe de l'équilibre pouvait certainement être considéré comme « un des facteurs de la paix générale »[i]. Paul Pradier-Fodéré avouait volontiers qu'il n'était pas « le dernier mot de la perfection », mais qu'il avait « produit quelques résultats dont les amis de la paix et de l'humanité ont à se féliciter »[ii]: il avait ainsi rendu plus difficile à établir et à maintenir la prépondérance de certains États, qu'il s'agisse des Habsbourg, de Louis XIV ou de Napoléon Ier, Même s'il n'avait pas pu éviter les partages successifs de la Pologne ou la défaite du Danemark en 1864 face à la Prusse et à l'Autriche (guerre des duchés), il avait « rendu possible l'existence d'États faibles et de petits pays neutres à côté de grands empires »[iii]. Pourtant, la majorité des juristes considérait que ce principe d'équilibre avait donné lieu « à de grands et nombreux abus »[iv], les grandes puissances l'ayant souvent invoqué pour masquer leurs propres ambitions et leurs propres intérêts.

La règle de l'équilibre pouvait-elle encore inspirer les relations internationales de la fin du XIXe et du début du XXe siècle ? En 1885, Pradier-Fodéré estimait déjà que l'équilibre européen n'était « plus celui des commencements du siècle »[v], l'émancipation des peuples ayant considérablement modifié ses bases. Vingt ans plus tard, Alexandre Mérignhac expliquait de manière plus tranchée que « l'immense développement de certains États modernes » avait « conduit forcément à son abandon » et qu'il n'avait « plus guère aujourd'hui de défenseurs en tant que système général »[vi]. Au contraire, Charles Dupuis (1863-1938), professeur à l'École libre des sciences politiques, considérait que l'idée d'équilibre européen, même si elle avait subi au XIXe siècle la concurrence du principe des nationalités, n'avait « jamais été détrônée[vii] ». Dans l'ensemble, l'action menée par le Concert européen depuis 1815 lui paraissait favorable au maintien de la paix et il croyait pouvoir lui prédire, en 1909, « des succès analogues et même supérieurs à ceux que l'histoire a déjà enregistrés[viii] » ... Il est vrai que la fin du XIXe-

---

[i] Ibid., p. 9.

[ii] P. Pradier-Fodéré, op. cit., p. 466.

[iii] Idem.

[iv] G. Bry, op. cit., p. 18.

[v] P. Pradier-Fodéré, op. cit., p. 446.

[vi] A. Mérignhac, op. cit., p. 242-243.

[vii] Charles Dupuis, Le Principe d'équilibre et le concert européen de la paix de Westphalie à l'acte d'Algésiras, Paris, Perrin, 1909, p. 7.

[viii] Ibid., p. 508.

siècle avait vu renaître l'idée de l'équilibre européen, par la constitution de deux blocs rivaux, la Triple-Alliance puis la Triple-Entente, dans lesquels Henry Bonfils voyait l'illustration du besoin, « tellement puissant », des grandes puissances d'équilibrer leurs forces[i].

L'utopie d'une paix confédérale

Les juristes de la Belle Époque jugeaient cependant de manière plus sévère les projets de confédération européenne qui visaient à assurer le règne d'une paix perpétuelle entre les États de l'Europe, tels ceux de Sully, de l'abbé de Saint-Pierre, de Bentham ou de Kant. Plus récemment, deux fameux juristes, l'Écossais Lorimer et l'Allemand (d'origine suisse) Bluntschli, avaient proposé leurs plans d'union européenne, d'inspiration fédéraliste pour le premier, d'orientation plus confédérative pour le second[ii].

Ces projets inspiraient aux internationalistes français une double critique de fond: l'irréalisme de toute construction européenne englobant des États aussi divers que les pays d'Europe et la perte d'indépendance politique qui en résulterait pour les États participants. La situation de l'Europe n'était, en effet, nullement comparable avec celle de l'Amérique du Nord: les États-Unis d'Amérique ne regroupaient qu'« un seul et même peuple, animé d'un même esprit, des mêmes aspirations, des mêmes convoitises, formant un tout homogène, ayant une même âme. En est-il ainsi de l'Europe, avec ses nations diverses, ayant chacune aspirations, désirs, âmes, différents et opposés? L'Allemand et l'Espagnol sont-ils entre eux comme sont entre eux le Californien et le citoyen de Boston? »[iii], s'interrogeait Henry Bonfils. Frantz Despagnet jugeait même l'unification européenne « contraire à la nature », car elle « n'aboutirait qu'à paralyser l'essor du progrès résultant de la concurrence inévitable qui s'établit entre les États dans toutes les branches de l'activité humaine »[iv] .

D'autre part, en s'inspirant de l'exemple des confédérations déjà existantes, les juristes estimaient que ce système politique engendrait pour les États membres « la diminution, sinon la perte de leur indépendance

---

i H. Bonfils, op. cit., p. 139.

ii Sur ces projets, voir l'article de Bruno Arcidiacono dans ce même numéro.

iii H. Bonfils, op. cit., p. 999.

iv F. Despagnet, Cours, op. cit., p. 169-171.

politique »[i]. Robert Piédelièvre refusait donc qu'on sacrifiât « à l'humanité l'instrument le plus parfait de civilisation que l'on connaisse, la patrie »[ii]. Henry Bonfils observait, pour sa part, que le pouvoir central cherchait toujours à accroître sa puissance au détriment des États confédérés: il prenait en exemple le modèle de la Suisse, qui était passée d'un système de confédération de cantons à un État de plus en plus fédéral et unitaire, ou encore celui de la Confédération germanique qui s'était transformée en Empire allemand placé sous l'hégémonie de la Prusse[iii]. C'était inévitablement le même destin que subiraient les États européens s'ils constituaient une confédération européenne.

Le seul juriste qui sembla entretenir à cette époque une certaine sympathie à l'égard de l'idée européenne était Paul Fauchille, convaincu qu'il fallait « opposer une digue efficace à l'envahissement croissant du commerce et de l'industrie anglo-américains »[iv]. Dans le contexte de tension franco-britannique autour de l'épisode de Fachoda, il appelait de manière audacieuse à la création d'une véritable union douanière européenne: il fallait ainsi que « les États de l'Europe ne forment plus au point de vue économique qu'un seul et même État. Et cet immense État se garantir[ait] de l'extérieur par des taxes franchement prohibitives; mais, dans ses propres limites, il fer[ait] disparaître toutes les barrières »[v].

Les promesses de l'arbitrage international

En réalité, une seule méthode semblait faire l'unanimité parmi les juristes: celle (éminemment juridique) de l'arbitrage international, « mode capital de pacification et surtout le seul qui soit d'application pratique immédiate »[vi]. Séduits par une procédure qui avait connu un usage croissant tout au long du XIXe siècle, ils se montraient néanmoins désireux de la faire cadrer avec leur conception de la souveraineté: ils rejetaient donc énergiquement toute idée de créer « un tribunal permanent, constitué à l'avance en Cour suprême internationale, pour juger tous les conflits qui se présenteraient »[vii]. L'idée d'un tribunal international

---

i H. Bonfils, op. cit., p. 1000.

ii R. Piédelièvre, op. cit., t. II, p. 17.

iii H. Bonfils, op. cit., 1908, p. 999.

iv Paul Fauchille, « L'Europe nouvelle », RGDIP, 1899, p. 6.

v Idem.

vi L. Le Fur, « La paix perpétuelle », art. cit., p. 441.

vii G. Bry, op. cit., p. 378.

renvoyait d'ailleurs implicitement au projet de confédération générale des États européens qu'ils rejetaient.

L'adoption par la première conférence de la Paix de La Haye (1899) d'une Convention pour le règlement pacifique des conflits internationaux – qui codifiait l'arbitrage facultatif et l'institutionnalisait par la création d'une Cour permanente d'arbitrage siégeant à La Haye – donna à l'arbitrage international une consécration dont les juristes se réjouirent, n'hésitant pas « à voir là un des progrès les plus considérables du droit des gens »[i]. Il faut noter que c'est l'un des leurs, Louis Renault, professeur de droit international à la faculté de Paris, mais aussi jurisconsulte du ministère des Affaires étrangères, qui avait joué un rôle particulièrement actif au cours du travail en commissions et qui fut également le principal rédacteur de l'acte final de la Conférence.

Le grand espoir de La Haye devait néanmoins tourner bien vite en déception en raison du rôle inexistant joué par l'arbitrage international dans les conflits du début du XXe siècle. Ainsi, lors de la guerre des Boers, les Anglais repoussèrent « systématiquement [...] le recours aux voies pacifiques, spécialement à l'arbitrage »[ii]. Antoine Pillet se demandait dès lors comment les résolutions de La Haye pourraient servir « de préventif aux grands conflits que l'on redoute, si leur faiblesse est telle qu'elles ne puissent rien pour arrêter une guerre engagée pour des motifs futiles »[iii]. De la même manière, les professeurs de droit durent constater qu'à l'approche de la guerre russo-japonaise de 1904-1905 aucun gouvernement n'avait songé à « s'adresser aux États en conflit pour [...] leur rappeler que la cour de La Haye leur était ouverte »[iv], même si cela aurait été certainement en vain.

En 1907, la seconde conférence de La Haye – au cours de laquelle Louis Renault s'illustra de nouveau – reconnut officiellement le principe de l'arbitrage obligatoire et la possibilité de son application sans aucune restriction dans certains cas déterminés, mais ne parvint pas à déboucher sur la conclusion d'un traité mondial d'arbitrage obligatoire. Les juristes étaient donc bien conscients des insuffisances de l'œuvre de La Haye, des « limites juridiques du procédé conventionnel dans

---

i « Opinion de M. Frantz Despagnet », art. cit., p. 877.

ii A. Mérignhac, La Conférence, op. cit., p. 398.

iii Antoine Pillet, « La guerre du Transvaal et la conférence de la Paix », RGDIP, 1901, p. 26-27.

iv A. de Lapradelle et N. Politis, « La deuxième conférence », art. cit., p. 406.

l'élaboration du droit international[i] » et des faiblesses de la procédure de l'arbitrage en ellemême, notamment l'absence de lois suffisamment précises sur lesquelles pourraient s'appuyer les arbitres et surtout la question de la sanction de la décision arbitrale . Or, toutes perspectives d'un tribunal international fortement armé ou d'un désarmement général apparaissaient irréalisables pour longtemps encore, ainsi que le constatait Louis Le Fur[ii].

Toutes ces questions renvoyaient finalement à l'idée que les nouvelles voies pacifiques offertes par les progrès du droit international ne pourraient donner tous leurs fruits qu'au terme d'une « éducation des mœurs publiques » qui est fatalement « l'œuvre du temps »[iii]. De ce point de vue, les juristes français étaient convaincus que « l'action de plus en plus grande des populations sur la direction des affaires extérieures dans chaque État par suite de la transformation de la plupart des Constitutions dans un sens plus démocratique » allait indubitablement concourir à la recherche « d'un mode de solution des conflits internationaux qui écarte l'effusion de sang »[iv]. Si la Première Guerre mondiale devait apporter un cruel démenti à ces espoirs et ébranler les juristes dans la conception de leur doctrine, il n'en reste pas moins que la période que nous avons étudiée représente une étape pionnière dans le développement du droit international en France et dans la place croissante occupée par les juristes internationalistes dans le débat public. Diffusant les idées d'interdépendance croissante des États au sein d'une communauté internationale, d'épuisement économique et moral des sociétés européennes sous le régime de la « paix armée », de nécessité de civiliser la guerre et de recourir à l'arbitrage international, les juristes cherchèrent à imposer le droit comme meilleur moyen de réguler les rapports internationaux et de maintenir la paix internationale. Mais leur ambition n'était nullement de remettre en cause la société interétatique de leur temps : respectueux des souverainetés nationales, ils n'étaient pas prêts à proscrire la guerre des relations internationales, à envisager un véritable tribunal international ou à penser les rapports intereuropéens dans une perspective confédérative. De ce point de vue, ils n'étaient pas parvenus à anticiper les principaux débats de l'après-guerre.

---

i Intervention de Farid Lekéal dans S. Audoin-Rouzeau et alii, op. cit., p. 58.

ii L. Le Fur, « La paix perpétuelle », art. cit., p. 455.

iii A. Mérignhac, La Conférence, op. cit., p. 398-99.

iv F. Despagnet, op. cit., p. 703-704.

El concepto de dignidad humana y la utopía realista de los derechos humanos[i]

[i] Artigo anteriormente publicado na revista *Diánoia*, v. LV, n. 64 (maio 2010), p. 3-25. Aqui publicado mediante autorização de Editora Marcial Pons.

Jürgen Habermas

Profesor Emérito Universidad de Fráncfort.

Resumen: En este artículo Habermas defiende la tesis que sostiene que siempre ha existido una conexión interna entre la noción moral de dignidad humana y la concepción jurídica de los derechos humanos, aunque ésta sólo se haya manifestado de manera explícita en el pasado reciente. Contra posturas escépticas y estrategias deflacionarias, sostiene que el concepto de dignidad humana no es una expresión clasificatoria vacía, sino que, por el contrario, es la fuente de la que derivan todos los derechos básicos (en la experiencia concreta de violaciones a la dignidad humana), además de ser la clave para sustentar la indivisibilidad de todas las categorías (o generaciones) de los derechos humanos. A través de una reconstrucción histórica y conceptual de dos tradiciones diferentes, demuestra cómo la idea de la dignidad humana sirve como un "portal" a través del cual la sustancia igualitaria y universalista de la moral se traslada al derecho.

Palabras clave: dignidad humana; derechos individuales; respeto igualitário.

Abstract: In this article, Habermas wants to defend the thesis that a conceptual connection between the moral notion of human dignity and the juridical conception of human rights has always existed, even if it has only become explicit in the recent past. Against skeptical positions or deflationary strategies, he wants to maintain that the concept of human dignity is not merely an empty classificatory expression, but rather, the source from which all the basic rights derive their sustenance (in concrete experiences of violations of human dignity), as well as the key to ground the indivisibility of all the categories (or generations) of human rights. Through a historical and conceptual reconstruction of the interconnections of two different traditions, he demonstrates how the idea of human dignity becomes the "portal" through which the egalitarian and universalistic substance of morality is imported into the law.

Keywords: human dignity; individual rights; equal respect.

El artículo 1º de la Declaración Universal de los Derechos Humanos, adoptada por las Naciones Unidas el 10 de diciembre de 1948, inicia con la siguiente afirmación: "Todos los seres humanos nacen libres e iguales en dignidad y derechos".[i] Con el mismo espíritu, el preámbulo de la Declaración se refiere a la dignidad humana y los derechos humanos al reafirmar la "fe en los derechos fundamentales del hombre, en la dignidad y el valor de la persona humana". La Ley Fundamental de la República Federal Alemana, promulgada hace sesenta años, inicia también con una sección dedicada a los derechos fundamentales (Grundrechte); el artículo 1º de esta sección abre con la afirmación siguiente: "La dignidad humana es inviolable". Anteriormente habían aparecido afirmaciones similares en tres de las cinco constituciones políticas alemanas promulgadas entre 1946 y 1949. En la actualidad, la "dignidad humana" ostenta un lugar prominente en el discurso de los derechos humanos y la toma de decisiones judiciales.[ii]

La inviolabilidad de la dignidad humana reclamó la atención del público alemán cuando la Corte Constitucional Federal declaró inconstitucional la Ley de Seguridad Aérea en el año 2006. Al momento de promulgarla, el parlamento tenía en mente el escenario internacional creado el 11 de septiembre [de 2001] por el ataque terrorista a las torres gemelas en el World Trade Center [de la ciudad de Nueva York]. En dicha ley se pretendía autorizar a las fuerzas armadas para que, en una situación similar, pudieran derribar un avión de pasajeros que se hubiera convertido en un proyectil viviente, previniendo así la amenaza a un número incierto aunque considerable de personas que se encontraran en tierra. Para la corte, sin embargo, la muerte de los pasajeros producida en esas circunstancias por agentes estatales constituía una acción no amparada por el orden constitucional alemán. La corte argumentó que el deber del Estado (conforme al artículo 2.2. GG)[iii] de proteger la vida de las víctimas potenciales de un ataque terrorista era secundario frente al deber de respetar la dignidad humana de los pasajeros. "La manera en la que el Estado podría haber dispuesto unilateralmente de la vida de las personas a bordo del avión les habría negado

---

i La primera frase del preámbulo aboga, a la vez, por el reconocimiento de la "dignidad intrínseca" y de los "derechos iguales e inalienables de todos los miembros de la familia humana".

ii Denninger, 2009a.

iii "Toda persona tiene derecho a la vida y a la integridad física."

el valor debido por sí mismo a todo ser humano."[i] Sin lugar a dudas, el eco del imperativo categórico kantiano se escucha en las palabras de la corte. El respeto a la dignidad de todo ser humano prohíbe que el Estado trate a una persona simplemente como un medio para alcanzar un fin, incluso si ese otro fin fuera el de salvar la vida de muchas otras personas.[ii]

Vale la pena resaltar el hecho de que la dignidad humana, como concepto filosófico que ya existía en la Antigüedad y que adquirió su expresión canónica actual con Kant, sólo alcanzó a materializarse en textos de derecho internacional y en las constituciones nacionales recientes hasta después de la Segunda Guerra Mundial. Únicamente durante las últimas décadas la dignidad humana ha desempeñado un papel protagónico en la jurisdicción internacional. De manera contrastante, la noción de dignidad humana no apareció como concepto legal ni en las declaraciones clásicas de los derechos humanos del siglo XVIII, ni en las codificaciones del siglo XIX.[iii] ¿Por qué el discurso de los derechos humanos obtuvo una importancia legal prominente con tanta anterioridad al discurso de la dignidad humana? Ciertamente, los documentos fundacionales de las Naciones Unidas que establecieron una conexión explícita entre los derechos humanos y la dignidad humana fueron una respuesta clara a los crímenes masivos cometidos bajo el régimen nazi y las masacres de la Segunda Guerra Mundial. Pero, ¿puede esto dar cuenta también del lugar destacado que se le otorgó a la dignidad humana en las constituciones de la posguerra de Alemania, Italia, y Japón, y de igual forma en los regímenes sucesivos de los países que causaron y participaron directamente en esa catástrofe moral del siglo XX? ¿O únicamente en el marco histórico del Holocausto la idea de los derechos humanos se convirtió, de manera

---

[i] BverfG, 1 BvR 357/05 vom 15.02.2006, Absatz-Nr. 124. (Véase la versión en inglés en <http://www.bundesverfassungsgericht.de/entscheidungen/rs20060215_1bvr035705en.html>.) Sobre el juicio, véase Bernstorff, inédito, 2008.

[ii] Kant define el concepto de dignidad como un requerimiento moral que exige tratar a toda persona como un fin en sí mismo. Las palabras de Kant son las siguientes: "[Todo] tiene o un precio o una dignidad. Lo que tiene un precio puede ser sustituido por otra cosa como equivalente; en cambio, lo que se halla por encima de todo precio y, por tanto, no admite equivalente, posee dignidad" (Kant, 2003, p. 74 (4: 434)). [Las referencias entre paréntesis corresponden a la numeración de las obras completas en alemán. (N. del t.)]

[iii] McCrudden, 2008.

casi retrospectiva, en una idea moralmente cargada – y tal vez sobrecargada – con el concepto de dignidad humana?

La manera en que se acude al concepto de "dignidad humana" en las discusiones constitucionales y sobre legislación internacional recientes parece apoyar esta idea. Existe solamente una excepción a mediados del siglo XIX: en la justificación de la abolición de la pena de muerte y del castigo corporal del § 139 de la Constitución alemana de marzo de 1849, donde se encuentra la siguiente afirmación: "Un pueblo libre debe respetar la dignidad humana incluso en el caso de un criminal."[i] Pero esta constitución, producto de la primera revolución burguesa de Alemania, nunca entró en vigor. De cualquier modo, resulta bastante llamativa la discontinuidad temporal que existe entre la historia de los derechos humanos – iniciada en el siglo XVII – y la relativamente recien- te aparición – a mediados del siglo pasado – del concepto de dignidad humana en codificaciones nacionales, en el derecho internacional y la administración de la justicia.

Sin embargo, contra la suposición que atribuye solamente una carga moral retrospectiva a los derechos humanos, me gustaría defender la tesis de que siempre ha existido – aunque inicialmente sólo de modo implícito – un vínculo conceptual interno entre los derechos humanos y la dignidad humana. Nuestra intuición nos dice, en cualquier caso, que los derechos humanos han sido producto de la resistencia al despotismo, la opresión y la humillación. Hoy en día ninguna persona podría pronunciar esos venerables artículos – por ejemplo, el artículo 5º de la Declaración Universal: "Nadie será sometido a torturas ni a penas os tratos crueles, inhumanos os degradantes" – sin escuchar en ellos el clamor de las innumerables criaturas humanas torturadas y asesinadas. La defensa de los derechos humanos se nutre de la indignación de los humillados por la violación de su dignidad humana. De modo que si esto configura su punto de partida histórico, tendrían que estar también presentes vestigios del vínculo conceptual entre la dignidad humana y los derechos humanos desde los inicios del desarrollo del derecho mismo (Recht). De esta manera, nos enfrentamos a la pregunta de si la "dignidad humana" es un concepto normativo fundamental y sustantivo, a partir del cual los derechos humanos pueden ser deducidos mediante la especificación de las condiciones en que son vulnerados, o si, por el contrario, se trata de una expresión que simplemente provee una fórmula vacía que resume un catálogo de derechos humanos individuales no relacionados entre sí.

---

[i] Denninger, 2009a, p. 1.

Quiero ofrecer algunas razones legales para mostrar que la "dignidad humana" no es únicamente una expresión clasificatoria, como si se tratara de un parámetro de sustitución vacío que agrupara una multiplicidad de fenómenos diferentes. Por el contrario, pretendo sostener

(I) que constituye la "fuente"[i] moral de la que todos los derechos fundamentales derivan su sustento. (II) A continuación presentaré, por un lado, un análisis de la función catalizadora desempeñada por el concep to de dignidad en la construcción de los derechos humanos, en términos de una historia conceptual y a partir de la moral racional; y, por otro, en la forma de derechos subjetivos. Por último, (III) mostraré cómo el origen de los derechos humanos en la noción moral de dignidad humana puede dar cuenta de la fuerza política explosiva de la utopía concreta que me gustaría defender, tanto contra el rechazo generalizado de los derechos humanos (Carl Schmitt), como de los intentos más recientes por quitarle filo a su fuerza radical.

I

Debido a su carácter abstracto, los derechos fundamentales necesitan ser especificados en términos concretos en cada caso particular. En este proceso, en contextos culturales diferentes los legisladores y jueces suelen llegar a resultados diferentes; hoy en día esto puede verse, por ejemplo, en la regulación de asuntos éticos controvertidos como el suicidio asistido, el aborto y la manipulación genética. Es indudable también que, en virtud de esa necesidad de interpretación, los conceptos legales universales facilitan la negociación de acuerdos. Así, apelar al concepto de dignidad humana sin duda posibilitó que se llegara a un consenso traslapado, por ejemplo, en la fundación de las Naciones Unidas. Por la misma razón se invoca este concepto para negociar tratados de derechos humanos en convenciones legales internacionales y para dirimir disputas legales internacionales entre partes de culturas diferentes: "Todo el mundo podía estar de acuerdo en que la dignidad humana era algo central, pero no por qué ni cómo".[ii]

A pesar de esta observación, el significado jurídico de la dignidad humana no se agota en la función de crear una cortina de humo para

---

i Como se afirma en la Constitución del Estado de Sajonia, promulgada en 1989.

ii McCrudden 2008, p. 678. También sobre este tema, el autor habla de "domesticar y contextualizar los derechos humanos" (2008, p. 719 ss.).

ocultar diferencias más profundas. El hecho de que el concepto de "dignidad humana" también pueda ocasionalmente facilitar acuerdos al momento de precisar y extender los derechos humanos mediante la neutralización de diferencias abismales no puede servir como explicación para su tardía aparición como concepto legal. En este contexto, me gustaría argumentar que las condiciones históricas cambiantes simplemente nos han hecho conscientes de algo que ya estaba inscrito desde el inicio en los derechos humanos: el sustrato normativo de la igual dignidad de cada ser humano que los derechos humanos únicamente precisan con más detalle. De ese modo, los jueces apelan a la protección de la dignidad humana cuando, por ejemplo, los riesgos no previstos de nuevas tecnologías invasivas los llevan a introducir un nuevo derecho, como en el caso del derecho a la autodeterminación informativa (Informationelle Selbstbestimmung).[i]

De ahí que la experiencia de violaciones a la dignidad humana haya desempeñado en muchos casos, y pueda desempeñar aún, una función creativa: ya sea ante las insoportables condiciones de vida y la marginación de las clases sociales empobrecidas; o ante el trato desigual a hombres y mujeres en el lugar de trabajo, o la discriminación de extranjeros y minorías raciales, religiosas, lingüísticas o culturales; o también ante la terrible experiencia de mujeres jóvenes provenientes de familias inmigrantes que tienen que liberarse ellas mismas de la violencia de códigos de honor tradicionales; o, por último, ante la brutal expulsión de inmigrantes ilegales y solicitantes de asilo. A la luz de tales retos históricos específicos, diferentes aspectos del significado de la dignidad humana surgen desde la plétora de experiencias de lo que significa ser humillado y herido profundamente. Los aspectos de la dignidad humana especificados y actualizados de esta manera podrían conducir tanto al agotamiento más acentuado de los derechos civiles existentes, como al descubrimiento y construcción de nuevos derechos. A través de este proceso, la intuición subyacente de la humillación labra su camino antes que nada en la conciencia de los individuos maltratados y, después, en los textos legales donde encuentra su articulación y elaboración conceptual.

La Constitución de la República de Weimar de 1919, pionera en la implementación de los derechos sociales fundamentales, sirve para ejemplificar lo anterior: el artículo 151 habla de "alcanzar una vida

---

[i] Sobre este tema, McCrudden habla de "justificar la creación de nuevos derechos y justificar la extensión de los ya existentes" (2008, p. 721).

digna para todas las personas". Allí, el concepto de dignidad humana se esconde tras el uso de una expresión coloquial, pero ya en 1944 la Organización Internacional del Trabajo (OIT) emplea la retórica de la dignidad humana en el mismo contexto sin calificativo alguno. Es más, apenas unos años después, el artículo 22 de la Declaración Universal de los Derechos Humanos aboga también por garantías para los derechos económicos, sociales y culturales, de tal forma que todo individuo pueda vivir en las condiciones que son "indispensables para su dignidad y el libre desarrollo de su personalidad". Desde entonces solemos hablar de las "generaciones" sucesivas de los derechos humanos. La función heurística de la dignidad humana es la clave para entender las interconexiones lógicas que existen entre estas cuatro categorías de derechos.

Los derechos liberales, que cristalizan en torno a la inviolabilidad y seguridad de la persona, del libre comercio y el libre ejercicio de la religión, fueron establecidos para prevenir la intromisión estatal en la esfera privada y constituyen, junto con los derechos democráticos de participación, el conjunto de los así llamados derechos civiles clásicos. Sin embargo, en la práctica, los ciudadanos tienen iguales oportunidades para hacer uso de estos derechos sólo si de forma simultánea disfrutan también de garantías para tener un nivel suficiente de independencia en su vida privada y en su situación económica y si, además, tienen la posibilidad de formar identidades personales en un entorno cultural escogido por ellos mismos. Las experiencias de exclusión, maltrato y discriminación nos enseñan que los derechos civiles clásicos adquieren "igual valor" (Rawls) para todos los ciudadanos únicamente cuando se complementan con derechos sociales y culturales. Los reclamos para tener acceso a un reparto adecuado de la prosperidad y la cultura en la sociedad plantean límites estrechos a la pretensión de transferir los costos y riesgos sistémicos a los individuos. Dichas exigencias tienen por objeto evitar la profundización de las desigualdades sociales y la exclusión de algunos grupos de la vida social y cultural, de ahí que algunas de las políticas que han predominado en décadas recientes, no sólo en Estados Unidos y Gran Bretaña, sino también en la Europa continental y, de hecho, alrededor del mundo – por ejemplo, aquellas que pretenden asegurar una vida autónoma a los ciudadanos primordialmente a través de la garantía de libertades económicas – tienden a destruir el equilibrio entre las diferentes categorías de los derechos fundamentales. La dignidad humana, que es una y la misma en todas partes y para todo ser humano, fundamenta la indivisibilidad de todas las categorías de los derechos humanos. Únicamente sobre la base de una colaboración recíproca, los derechos fundamentales pueden cumplir la promesa moral de respetar por igual la dignidad humana de cada persona.[i]

El protagonismo creciente de la dignidad humana explica también el papel manifiesto que recientemente ha tenido este concepto en la administración de la justicia. En la medida en que los derechos civiles se difunden con mayor profundidad en todo el sistema legal, su influencia se extiende y adquiere mayor alcance, más allá de la relación vertical entre los ciudadanos individuales y el estado, hasta llegar a impregnar las relaciones horizontales entre los individuos y los grupos sociales. Como resultado, se presentan con mayor frecuencia conflictos que requieren equilibrar exigencias contrapuestas que se esgrimen a nombre de los derechos fundamentales.[ii] Una decisión justificada en casos difíciles (*hard cases*) suele ser posible únicamente si se apela a una violación de la dignidad humana, cuya validez absoluta fundamenta la prioridad de una de las exigencias sobre la otra. En el discurso judicial, por lo tanto, el papel de este concepto dista mucho de ser un vago parámetro de sustitución que opera ante la ausencia de una conceptualización de los derechos humanos. La "dignidad humana" desempeña la función de un sismógrafo que registra lo que es constitutivo de un orden democrático legal, a saber: precisamente aquellos derechos que los ciudadanos de una comunidad política deben concederse a sí mismos si son capaces de respetarse entre sí, como miembros de una asociación voluntaria entre personas libres e iguales. La garantía de estos derechos humanos da origen al estatus de ciudadano de quienes, como sujetos de iguales derechos, tienen la facultad de exigir ser respetados en su dignidad humana.

Después de doscientos años de historia constitucional moderna, poseemos ya un mejor entendimiento de lo que distinguió este desarrollo desde sus inicios: la dignidad humana configura el portal a través del cual el sustrato igualitario y universalista de la moral se traslada al ámbito del derecho. La idea de la dignidad humana es el eje conceptual que conecta la moral del respeto igualitario de toda persona con el derecho positivo y el proceso de legislación democrático, de tal forma que su interacción puede dar origen a un orden político fundado en los derechos humanos. Ciertamente, cuando las declaraciones

---

i Lohmann, 2005.

ii La discusión en torno al llamado efecto horizontal [Drittwirkung] de los derechos fundamentales, que se llevó a cabo en Europa en la última mitad del siglo pasado, ha encontrado eco recientemente en Estados Unidos. Véase Gardbaum 2003, p. 399-459.

clásicas de los derechos humanos se refieren a los derechos "innatos" o "inalienables", a los derechos "inherentes" o "naturales", o a los droits inaliénables et sacrés, delatan sus orígenes religiosos y metafísicos: "Sostenemos como evidentes por sí mismas dichas verdades [. . .], que todos los hombres son creados con ciertos derechos inalienables". Ahora bien, para un estado secular, tales afirmaciones funcionan primordialmente como parámetros de sustitución: nos alertan sobre un modo especial de justificación generalmente aceptable cuya dimensión epistémica se encuentra más allá del control del estado. Los "padres fundadores" reconocieron, además, que los derechos humanos, a pesar de su simple y llana justificación moral, requieren una "declaración" democrática y deben ser aplicados de manera constructiva en el interior de una comunidad política establecida.

En virtud de que la promesa moral de igual respeto a todo ser humano debe ser cambiada a una moneda legal, los derechos humanos exhiben un rostro que, como el de Jano, observa simultáneamente la moral y el derecho.[i] A pesar de su contenido exclusivamente moral, los derechos humanos tienen la forma de derechos subjetivos exigibles que conceden libertades y pretensiones específicas. Han sido diseñados para ser traducidos en términos concretos en la legislación democrática; para ser especificados, caso por caso, en las decisiones judiciales, y para hacerlos valer en casos de violación. De modo que los derechos humanos se circunscriben de manera precisa sólo en aquella parte de la moral que puede ser traducida al ámbito de la ley coercitiva y transformarse en una realidad política mediante la fórmula robusta de derechos civiles efectivos.[ii]

---

i Lohmann, 1998.

ii Esto no constituye una revisión, sino solamente un complemento a mis reflexiones previas sobre los derechos humanos. Véanse Habermas, 1998, p. 184-197, y 2001. Los derechos humanos difieren de los derechos morales en que los primeros están orientados hacia la institucionalización y requieren un acto colectivo de formación de la voluntad, mientras que los sujetos morales se relacionan entre sí como personas sin necesidad de mediaciones al estar inscritos en una red de derechos y deberes morales (cfr. Flynn, 2003, p. 437-444). Sin embargo, al principio no tuve en cuenta los dos aspectos siguientes: primero, las experiencias acumuladas de humillaciones a la dignidad humana que constituyeron una fuente de motivaciones morales para incorporar, a finales del siglo XVIII y sin precedentes históricos, la práctica de la elaboración de constituciones. Segundo, la noción generadora del estatus del reconocimiento social a la dignidad de las personas que funciona como puente conceptual

II

En esta categoría enteramente nueva de derechos se reunifican dos elementos que se habían separado antes, en el curso de la desintegración del derecho natural cristiano, y que se desarrollaron posteriormente en direcciones opuestas. El resultado de esta diferenciación fue, por una parte, la moral internalizada y justificada racionalmente, anclada en la conciencia individual – que Kant confina por entero al dominio de lo trascendental – y, por otra, el derecho promulgado positivo y coercitivo, que sirvió a los gobernantes absolutistas y a las asambleas tradicionales de los estados como instrumento para construir las instituciones del estado moderno y la sociedad de mercado. El concepto de derechos humanos es el producto de una síntesis inverosímil entre estos dos elementos: la "dignidad humana" sirvió así como el eje conceptual que permitió establecer dicha conexión. Esto me lleva a dirigir brevemente la mirada a la historia conceptual, en el curso de la cual los antiguos conceptos romanos y cristianos de la "dignidad humana" se transformaron en el proceso de esta síntesis moderna. Es de especial interés en este proceso un elemento conceptual adicional; a saber, la noción de dignidad social, en el sentido de la idea del honor asociado con los "estatus" particulares de las sociedades estratificadas de la Europa medieval y de la Europa moderna temprana.[i] Debo reconocer que la hipótesis que voy a desarrollar requiere aún mayor investigación, tanto en lo referente a la historia conceptual que voy a presentar, como en lo que respecta a la propia historia de las revoluciones europeas.

Me gustaría, entonces, simplemente resaltar dos aspectos: por una parte, (a) la función mediadora de la "dignidad humana" en el cambio de perspectiva que tuvo lugar con el paso de los deberes morales a exigencias legales, y por otra, (b) la paradójica generalización de un concepto de dignidad que no estaba originalmente orientado a la distribución igualitaria de la dignidad, sino que, por el contrario, servía como indicador de diferencias de estatus.

---

entre la idea moral del respeto igualitario para todos y la forma legal de los derechos humanos. Dejo por ahora de lado la pregunta de si este cambio de punto de vista tiene consecuencias adicionales para la lectura deflacionaria del principio discursivo "D" como parte de la justificación de los derechos fundamentales (cfr. Habermas, 2006b).

i Acerca de la evolución del concepto legal de la dignidad humana mediante la generalización de la dignidad vinculada al estatus, véase Waldron, 2007.

(a) Las doctrinas modernas de la moral y del derecho, que afirman estar basadas por entero en la razón humana, comparten los conceptos de autonomía individual e igual respeto para todas las personas. Esta fundamentación común de la moral y del derecho suele oscurecer la diferencia decisiva entre la moral, que impone deberes con otras personas y que abarca, sin excepción, todas las esferas de la acción, y el derecho moderno, que crea dominios bien definidos de elecciones privadas en el curso de la vida de cada individuo. Bajo la premisa revolucionaria que sostiene que está permitido todo lo que no está explícitamente prohibido por la ley, los derechos subjetivos, y no los deberes, constituyen el punto de partida de la construcción de los sistemas legales modernos. Para Hobbes, así como para el derecho moderno en general, el principio guía es el de que todas las personas pueden actuar como lo deseen, o se les permite abstenerse de actuar, dentro de los límites establecidos por la ley. Los actores asumen una perspectiva diferente cuando en vez de cumplir con deberes morales acuden a sus derechos. En una relación moral, las personas se preguntan por lo que deben a los otros, independientemente de su relación social con ellos, esto es: de cuánto los conocen, cómo se comportan y qué esperarían de ellos. En una relación legal, en cambio, lo que interesa a los individuos son las posibles exigencias o reclamaciones que podrían provenir de otras personas. En una comunidad legal, una persona adquiere obligaciones como resultado de las demandas que un tercero presenta ante ella.[i] Por ejemplo, en el caso de un oficial de policía que quisiera obtener la confesión de un sospechoso mediante la amenaza ilegal de tortura; en cuanto persona moral, la simple amenaza como tal aun sin hacer referencia al acto efectivo de infligir dolor sería suficiente para desarrollar una mala conciencia sin importar el comportamiento del transgresor; por el contrario, la relación legal entre el agente de policía que estuviera actuando ilegalmente y el individuo sometido a interrogatorio sólo se actualizaría cuando este último se defendiera y emprendiera las acciones legales necesarias para hacer valer sus derechos (o cuando un defensor público actuara en su nombre). Naturalmente, en ambos casos, la persona amenazada es la fuente de las exigencias normativas que se violan con la tortura. No obstante, el hecho de que las acciones en cuestión transgredan normas morales es todo lo que se requiere para

---

[i] Lohmann, 1998, p. 66: "Un derecho moral cuenta como justificado cuando existe un deber moral correspondiente que, por sí mismo, cuenta ya como justificado; un derecho legal, en cambio, cuenta como justificado cuando forma parte de un sistema legal positivo que puede reclamar legitimidad como un todo".

atribuirle al infractor una mala conciencia, mientras que en el caso de la relación legal, aquello que es objetivamente vulnerado se mantiene latente hasta que una demanda lo actualice.

Así, para Klaus Günther, la "transición de las obligaciones morales recíprocas a los derechos recíprocamente establecidos y acordados"[i] puede interpretarse como el paso de un momento de "autoempoderamiento a uno de autodeterminación". La transición de la moral al derecho exige un cambio desde perspectivas simétricamente entrelazadas de respeto y estima por la autonomía del otro, a perspectivas que dan origen a la posibilidad de exigirle al otro el reconocimiento de la autonomía personal. La preocupación moralmente impuesta por la vulnerabilidad del otro es reemplazada por la demanda autojustificada (self-confident) del reconocimiento legal que se posee en virtud de ser un sujeto autodeterminado (self-determined) que "vive, siente y actúa de acuerdo con su propio juicio".[ii] De manera que el reconocimiento legal demandado por los ciudadanos va más allá del reconocimiento moral recíproco entre sujetos responsables, y posee el significado concreto del respeto exigido por un estatus que es merecido y que, como tal, se encuentra impregnado de las connotaciones de "dignidad" que en el pasado se asociaban al hecho de pertenecer a ciertos cuerpos corporativos socialmente respetados.

(b) El concepto concreto de dignidad o de "honor social" pertenece al mundo de las sociedades tradicionales organizadas jerárquicamente. En esas sociedades, una persona podía derivar la dignidad y respeto debidos, por ejemplo, del código de honor de la nobleza, o del ethos de los gremios de los oficios o profesiones, o aun del espíritu corporativo de las universidades. Cuando estas dignidades dependientes del estatus, que se daban siempre en plural, se fusionaron con la idea de la dignidad universal de todos los seres humanos, esta nueva dignidad abstracta se despojó de las características particulares de los ethos corporativos. Al mismo tiempo, sin embargo, la dignidad universalizada que se predica de todas las personas por igual preserva la connotación del respeto propio (self-respect) que depende del reconocimiento social. Como forma de dignidad social, la dignidad humana también requiere estar anclada a un estatus social; esto es, como pertenencia a una comunidad situada espacial y temporalmente, sólo que en este caso el estatus debe ser el mismo para todos. Así, el concepto

---

i Algo que Lohmann parece malinterpretar como la transición de una moralidad tradicional a una ilustrada (veáse 1998, p. 87).

ii Günther, inédito, 2009b, p. 13 ss.

de dignidad humana transfiere el contenido de una moral basada en el respeto igualitario al orden del estatus de ciudadanos que derivan el respeto propio del hecho de ser reconocidos por todos los demás ciudadanos como sujetos de derechos iguales y exigibles.

En este contexto, no es poco importante el hecho de que este estatus solamente pueda ser establecido dentro del marco de un estado constitucional, y que nunca pueda surgir por motu proprio. A su vez, este marco debe ser creado por los ciudadanos mismos, acudiendo a los medios que proporciona el derecho positivo, y debe ser protegido al desarrollarse en condiciones históricamente cambiantes. Como concepto legal moderno, la dignidad humana se encuentra asociada con el estatus que los ciudadanos asumen en ese orden político autogenerado (self-created). Como sus destinatarios, los ciudadanos pueden llegar a disfrutar de los derechos que protegen su dignidad humana si y sólo si primero se vinculan como los autores de la tarea democrática de establecer y mantener un orden político basado en los derechos humanos.[i] Desde la perspectiva de esa comunidad de ciudadanos autolegisladores (self-legislating), la dignidad conferida por el estatus de la ciudadanía democrática se alimenta de la valoración republicana de una orientación hacia el bien común. Esto trae a la memoria el significado que los antiguos romanos otorgaban a la palabra dignitas; a saber: el prestigio de los hombres de estado y de los empleados públicos al servicio de la res publica. Aunque, por supuesto, la distinción otorgada a algunos "dignatarios" excepcionales y a unos cuantos notables contrasta con la dignidad que el estado constitucional debe garantizar a todos los ciudadanos por igual.

En este sentido, Jeremy Waldron llama la atención sobre el hecho paradójico de que el concepto igualitario de la dignidad humana sea el resultado de una generalización de dignidades particulares que, por otra parte, no deben perder del todo la connotación de "distinciones de excelencia": "Asociada en ese entonces a la diferenciación jerárquica de rango y estatus, actualmente la 'dignidad' transmite la idea según la cual todas las personas humanas pertenecen a un mismo rango, que es,

---

[i] Así, los derechos humanos no se oponen a la democracia, sino que son cooriginarios con ella. La relación entre ambos es de mutua presuposición: los derechos humanos hacen posibles los procesos democráticos sin los cuales no podrían promulgarse y concretarse en el interior del marco de un estado constitucional basado en los derechos civiles. Günther, 2008.

efectivamente, uno muy alto."[i] Waldron concibe este proceso de generalización de tal forma que todos los ciudadanos adquieren ahora el más alto rango posible, como lo sería, por ejemplo, aquel que anteriormente estaba reservado a la nobleza. Pero, ¿realmente puede capturarse así el significado de la igual dignidad de todo ser humano? Ni siquiera los precursores directos del concepto de dignidad humana en la filosofía de los estoicos y el humanismo romano (por ejemplo, Cicerón) ofrecieron un puente semántico hacia el significado igualitario del concepto moderno. En ese mismo periodo se encuentra una noción colectiva bien desarrollada de la dignitas humana, pero explicada en términos del estatus ontológico distinguido de los seres humanos en el cosmos y del rango particular del que disfrutan vis-à-vis formas de vida "inferiores", en virtud de las facultades propias de su especie tales como la razón y la reflexión. Ahora bien, el valor superior de la especie pudo haber justificado alguna clase de protección especial para la misma, pero no la inviolabilidad de la dignidad de la persona individual como fuente de exigencias normativas.

Faltan aún dos etapas decisivas en la genealogía del concepto. En primer lugar, a la universalización debe seguir la individualización; lo que está en juego es el valor del individuo en las relaciones horizontales entre diferentes seres humanos, y no el estatus de los "seres humanos" en su relación vertical con Dios, o con las criaturas "inferiores" en la escala evolutiva. En segundo lugar, la relativa superioridad de la humanidad y de sus miembros debe reemplazarse por el valor absoluto de todo ser humano; esto es, por la noción del valor único de cada persona. Estos dos pasos se dieron en Europa cuando la filosofía recuperó ideas provenientes de la tradición judeocristiana, un proceso al que quisiera referirme brevemente.[ii]

El vínculo cercano entre las nociones de dignitas y persona ya se había propuesto en la Antigüedad, pero fue solamente a partir de las discusiones medievales sobre la creación de los seres humanos a imagen y semejanza de Dios cuando la persona individual logró liberarse de su dependencia respecto de un conjunto de roles sociales: todos tendrán que enfrentar el Juicio Final como personas únicas e irreemplazables. Otra etapa en la historia conceptual de la individualización estuvo representada por los escolásticos españoles en su búsqueda

---

i Waldron, 2007, p. 201.

ii Sobre el trasfondo teológico del concepto de los derechos humanos, véase el análisis de la historia de las ideas en Stein, 2007, en particular el cap. 7. También Huber, 1996, p. 222-286.

para distinguir los derechos subjetivos del sistema objetivo del derecho natural;[i] pero los parámetros clave fueron finalmente establecidos con la moralización del concepto de libertad individual planteada por Hugo Grotius y Samuel Pufendorf. Kant, a su vez, radicalizó esta concepción en un concepto deontológico de autonomía; no obstante, el precio a pagar por la radicalidad de ese concepto fue otorgarle un estatus incorpóreo a la voluntad libre (Freien Willens) en el trascendental "reino de los fines". En esta concepción, la libertad consiste en la capacidad de legislar para uno mismo [autolegislación] y de obedecer leyes razonables que reflejen valores e intereses generalizables. La relación de los seres racionales entre sí está determinada por el reconocimiento recíproco de la universalidad de la voluntad legisladora de cada persona, por el cual cada persona deberá: "tratarse a sí misma y a todos los demás nunca como un simple medio sino siempre al mismo tiempo como fines en sí mismos".[ii]

El imperativo categórico define los límites de una esfera que debe permanecer absolutamente fuera del alcance de los otros. La "dignidad infinita" de cada persona consiste en la exigencia de que los otros respeten la inviolabilidad de esa esfera de voluntad libre. Pero el concepto de "dignidad humana" no adquirió importancia sistemática en Kant, puesto que la carga completa de la justificación descansa en la explicación filosófico-moral de la autonomía. Ahora bien, para poder entender lo que queremos decir con la expresión "dignidad humana", debe explicarse el "reino de los fines" en primer lugar.[iii]

En la Doctrina del Derecho, Kant introduce los derechos humanos – o, más bien, el único derecho que toda persona puede exigir en virtud de su humanidade – mediante una referencia directa a la libertad de cada uno: "en la medida en que pueda coexistir con la libertad de los otros, de acuerdo con una ley universal".[iv] En Kant, asimismo, los derechos humanos derivan su contenido moral que se especifica en el lenguaje del derecho positivo, de una concepción universalista

---

i Böckenförde, 2002, p. 312-370.

ii Kant, 2003 (4: 432).

iii I. Kant (BA 78 oder Weischedel Bd IV, 68): "Im Reich der Zwecke hat alles entweder einen Preis, oder eine Würde. Was einen Preis hat, an dessen Stelle kann auch etwas anderes, als Äquivalent, gesetzt werden; was dagegen über allen Preis erhaben ist, mithin kein Äquivalent verstattet, das hat eine Würde" (veáse la versión en castellano en la nota 5).

iv Kant, 1994 (6: 237).

e individualista de la dignidad humana. No obstante, esta última se asimila a la idea de una libertad inteligible más allá del tiempo y del espacio; de ese modo se pierden precisamente aquellas connotaciones de estatus que le permitían fungir como enlace conceptual entre la moral y los derechos humanos. De manera que también se pierde la razón de ser del carácter legal de los derechos humanos; a saber, que éstos deben proteger la dignidad humana, que deriva sus connotaciones de auto-rrespeto y reconocimiento social de un estatus situado en un espacio y tiempo determinados: el de la ciudadanía democrática.[i]

III

La carga moral de los derechos coercitivos explica por qué la fundación de los estados constitucionales a finales del siglo XVIII surgió con una tensión provocadora en el interior de las sociedades modernas. Sin duda, en todas partes existe en el ámbito social una diferencia entre la conducta real y las normas; sin embargo, la práctica sin precedentes de redactar constituciones dio lugar a una brecha utópica completamente diferente en la dimensión temporal. Por un lado, los derechos humanos pueden adquirir la calidad de derechos exigibles únicamente en el interior de una comunidad política particular, esto es, en el interior del estado-nación; pero, por otro, los derechos humanos están conectados con una demanda universal de validez que desborda toda frontera nacional.[ii] Esta contradicción sólo podría encontrar una solución razonable en una sociedad mundial constitucionalizada (no necesariamente con las características de una república mundial).[iii] Existe entonces, para

---

i Desde las premisas de la teoría de Kant no se necesita ninguna "mediación" entre el reino trascendental de la libertad y el reino fenoménico de la necesidad. Sin embargo, tan pronto como el carácter nouménico de la libre voluntad es "destrascendentalizado", debe salvarse la brecha conceptual entre la moral y el derecho. La concepción de la dignidad dependiente del estatus es la que provee esta conexión.

ii Wellmer, 1998. Para un sagaz análisis de las implicaciones de la brecha entre derechos humanos y derechos civiles, tanto para ciudadanos como para residentes inmigrantes dentro del estado-nación, cfr. Denninger, 2009b.

iii Acerca de la constitucionalización del derecho internacional, véanse Habermas, 2006a y 2009. La contradicción entre los derechos civiles y los derechos humanos no puede resolverse exclusivamente mediante la difusión global de estados constitucionales junto con empezar, una tensión dialéctica entre los derechos humanos y los derechos civiles establecidos, aunque en condiciones históricas favorables podría detonarse una dinámica de fortalecimiento mutuo.

No es mi intención sugerir la existencia de una dinámica autopropagadora (self-propelling) capaz de superar la tensión dialéctica entre exclusión e inclusión. Conseguir ampliar la protección de los derechos humanos en el interior de los estados-nación, o presionar para que se difundan más allá de las fronteras nacionales, nunca ha sido posible sin movimientos y luchas sociales y políticas, o sin la resistencia valiente a la opresión y la degradación. La batalla por implementar los derechos humanos continúa en la actualidad tanto en nuestros propios países, como, por ejemplo, en Irán o en China, en partes de África, en Rusia o en Kosovo. Cada vez que un solicitante de asilo es deportado en un aeropuerto a puertas cerradas, cada vez que un barco que lleva refugiados que escapan de la pobreza se vuelca en el cruce entre Libia y la isla italiana de Lampedusa, o cada vez que se dispara una bala en la cerca que divide la frontera con México, los ciudadanos de las naciones occidentales desarrolladas enfrentamos una cuestión inquietante. La primera declaración de los derechos humanos estableció un estándar que inspira a los refugiados, a todos los que han sido forzados a vivir en la miseria, a los que han sido excluidos y humillados; es un estándar que afirma que esos sufrimientos no son un destino natural. Con la traducción del primer derecho humano en derecho

---

el "derecho a tener derechos" (right to have rights) exigido por Hannah Arendt (teniendo en mente los ríos de personas desplazadas al final de la Segunda Guerra Mundial), pues el derecho internacional clásico deja las relaciones internacionales en un "estado de naturaleza". La necesidad de coordinación en la sociedad mundial que entre tanto se ha originado sólo podría satisfacerse a partir de una condición jurídica cosmopolita (en un sentido kantiano adaptado y contemporáneo). En este contexto debo corregir un grave malentendido en la introducción al número especial de Metaphilosophy, v. 40, n. 1, 2009, p. 2 (y en el artículo de Andreas Føllesdal en el mismo número, p. 85 ss.). Sin lugar a dudas, yo defiendo la extensión de las identidades políticas colectivas más allá de las fronteras de los Estados nacionales y de ninguna manera comparto las reservas de los liberales nacionalistas en este aspecto. Siendo un defensor de un sistema global multinivel de una sociedad mundial constitucionalizada, expongo otras razones por las que un gobierno mundial no es ni necesario ni realizable.

positivo surgió el deber legal de cumplir con requerimientos morales rigurosos, y esto es algo que ha quedado grabado en la memoria colectiva de la humanidad.

Los derechos humanos constituyen una utopía realista en la medida en que no proponen más imágenes engañosas de una utopía social que promete la felicidad colectiva, sino que fundan el ideal de una sociedad justa en las instituciones de los estados constitucionales.[i] Sin duda, esta idea de la justicia que pretende trascender todo contexto introduce también una tensión problemática con las realidades sociales y políticas. Además de la fuerza meramente simbólica de los derechos humanos de algunas "democracias de fachada" que encontramos en América Latina y en otros lugares del mundo,[ii] la política de los derechos humanos de las Naciones Unidas revela la contradicción que existe entre difundir, por un lado, la retórica de los derechos humanos, y por el otro, abusar de ellos como medio para legitimar las políticas de poder usuales. Aunque también es cierto que la Asamblea General de la ONU ha promovido la codificación de los derechos humanos en el derecho internacional y la diferenciación de sus contenidos, por ejemplo, mediante la celebración de convenios de derechos humanos. Además, pueden señalarse algunos avances en la institucionalización de los derechos humanos en los procedimientos de petición individual, en los informes periódicos sobre la situación de los derechos humanos en países particulares y, sobre todo, en la creación de cortes internacionales, como la Corte Europea de Derechos Humanos, diversos tribunales de crímenes de guerra y la Corte Penal Internacional. Más notables aún son las intervenciones humanitarias autorizadas por el Consejo de Seguridad en nombre de la comunidad internacional, algunas veces incluso contra la voluntad de gobiernos soberanos. No obstante, justamente estos casos revelan la naturaleza problemática de intentar promover un orden mundial que en el presente se encuentra institucionalizado sólo de manera fragmentaria. En este sentido, su carácter ambiguo es aún más grave que el fracaso de los intentos legítimos para alcanzar su institucionalización, ya que pone en entredicho y desacredita los estándares morales mismos.[iii]

---

i Bloch, 1987.

ii Neves, 2007.

iii Además, "las políticas gubernamentales de derechos" humanos dominantes en la actualidad están destruyendo progresivamente el vínculo entre los derechos humanos y la democracia; véase la nota

Sólo tendríamos que recordar las decisiones altamente selectivas y cortas de vista de un Consejo de Seguridad no representativo y muy lejano a la imparcialidad, o las incompetentes y poco comprometidas implementaciones de las intervenciones [militares] autorizadas y sus catastróficos fracasos (Somalia, Ruanda, Darfur). Estas supuestas operaciones de vigilancia continúan siendo conducidas como guerras en las que los militares dan por descontada la muerte y el sufrimiento de civiles inocentes al considerarlos "daños colaterales" (como en Kosovo). Las potencias interventoras tendrían aún que demostrar en un caso concreto que son capaces de canalizar la energía y la resistencia necesarias para la construcción de un estado, o para reconstruir la infraestructura destruida o dilapidada en las regiones aún no pacificadas (como en el caso de Afganistán). Cuando la política de derechos humanos se convierte en una simple hoja de parra para encubrir e imponer los intereses de los más poderosos, o cuando una superpotencia desprecia abiertamente la Carta de la ONU y se arroga unilateralmente el derecho de intervención e invade un país, violando el derecho internacional humanitario, y al mismo tiempo pretende justificarse en nombre de valores universales, parecería confimar la sospecha de que el programa de los derechos humanos consiste justamente en su abuso imperialista.[i]

---

al pie 19 en conexión con Maus, 1999. Sobre esta tendencia, véase también Günther inédito, 2009a.

i Cfr. Schmitt, 1988 [1938] y 1994 [1945]. Carl Schmitt fue el primero en formular explícitamente esta sospecha. Él denunció los derechos humanos ante todo como una ideología que invoca la guerra como un medio legítimo para resolver conflictos internacionales. Schmitt ya había hecho responsable al ideal pacifista de la política wilsoniana de paz por el hecho de que "la distinción entre guerra justa e injusta está dando origen a una distinción, aún más profunda, aguda y total, entre amigo y enemigo". En el dominio brutal de las relaciones internacionales, señaló Schmitt, la moralización de los enemigos constituye un método desastroso para oscurecer los intereses propios, pues el atacante se protege y se esconde tras la fachada, en apariencia transparente, de una abolición de la guerra supuestamente racional y humanitaria. Sin embargo, la crítica a la "moralización" del derecho en nombre de los derechos humanos es odiosa justamente porque no da en el blanco; a saber, la transposición de los contenidos morales al ámbito del derecho coercitivo. En la medida en que la prohibición de la guerra lleva actualmente a la domesticación legal de las relaciones internacionales, la distinción entre guerras "justas" e "injustas" es reemplazada por la distinción entre guerras "legales" e "ilegales". Sobre esto, véase Günther, 1994, p. 137-157.

Esta tensión entre idea y realidad, que se manifestó en la realidad misma cuando los derechos humanos fueron traducidos en derecho positivo, nos confronta hoy con el reto de pensar y actuar de forma realista sin traicionar el impulso utópico. Esta ambivalencia nos puede llevar muy fácilmente a la tentación de adoptar una perspectiva idealista pero no comprometida en la defensa de requerimientos morales rigoristas o, por el contrario, a la postura cínica de los así llamados "realistas". En la medida en que ya no es considerado realista seguir a Carl Schmitt en su rechazo completo al programa de los derechos humanos, ya que su fuerza subversiva entre tanto ha impregnado los poros de todas las regiones del mundo, el "realismo" asume hoy una forma diferente. La crítica directa y desenmascaradora ahora está siendo reemplazada por otra más débil y deflacionaria; este nuevo minimalismo debilita las exigencias de los derechos humanos al arrancarles su fuerza moral esencial; esto es: la protección de la igual dignidad de todo ser humano.

Siguiendo a John Rawls, Kenneth Baynes caracteriza este enfoque como una concepción "política"[i] de los derechos humanos, en contraste con las nociones del derecho natural de unos derechos "inherentes" que se supone posee cada persona en virtud de su naturaleza misma: "los derechos humanos son concebidos como condiciones para la inclusión en una comunidad política".[ii] Este primer paso sigue la línea del argumento anterior; pero el paso problemático es el siguiente, ya que anula el significado moral de esta inclusión; a saber: que toda persona debe ser respetada en su dignidad humana como un sujeto de iguales derechos. Desde esta segunda perspectiva, el núcleo de todo el enfoque se reduce a meros asuntos de política internacional de derechos humanos.[iii] Con ello, la fuente normativa de esta dinámica es ignorada; esto es, la tensión que se mantiene entre los derechos humanos universales

---

i Baynes, 2009b.

ii Baynes, 2009a.

iii Baynes, 2009a, p. 7: "Los derechos humanos se entienden primordialmente como normas internacionales que buscan proteger intereses humanos fundamentales y/o asegurar a los individuos la oportunidad de participar como miembros en una sociedad política." Charles Beitz inicia su nuevo libro The Idea of Human Rights (2009, p. 1) con la siguiente observación: "los derechos humanos se han convertido en una elaborada práctica internacional".

y los derechos civiles particulares que existe incluso en el interior de estados constitucionales ejemplares.[i]

Desde ese punto de vista estrecho, la difusión global de los derechos humanos requiere una justificación independiente. Dicha justificación se ofrece como un argumento que sostiene que en las relaciones internacionales las obligaciones morales entre los estados (y entre los ciudadanos) se originan en la interconexión sistémica creciente de una sociedad mundial cada vez más interdependiente.[ii] Las exigencias normativas de inclusión se habrían originado inicialmente en las dependencias recíprocas de interacciones fácticamente establecidas.[iii] Este argumento tiene cierta fuerza explicativa ante la pregunta empírica de cómo se ha despertado una sensibilidad para dar respuesta a las exigencias legítimas de inclusión, esgrimidas por poblaciones marginadas y desfavorecidas, en nuestras sociedades relativamente prósperas. Sin embargo, estas mismas exigencias normativas tienen como fundamento nociones morales universalistas que se han incorporado desde hace mucho tiempo a los derechos humanos y civiles de las constituciones democráticas, através de una idea de dignidad humana dependiente del estatus. Únicamente este vínculo interno entre la dignidad humana y los derechos humanos puede dar lugar a la fusión explosiva de contenidos morales con el derecho coercitivo; en otras palabras, en el derecho como el medio por el cual debe realizarse la construcción de órdenes políticos justos.

Investir el derecho con una carga moral es el legado de las revoluciones constitucionales del siglo XVIII. Neutralizar esta tensión implicaría abandonar el entendimiento dinámico que hace que los ciudadanos de

---

i Para una crítica convincente de este enfoque minimalista, cfr. Forst, inédito, 2009: "En general es desorientador enfatizar la función político-legal de tales derechos para proveer razones para una política de intervención legítima. Eso es poner el carro delante de los caballos. Primero necesitamos construir (o encontrar) un conjunto justificable de derechos humanos que tienen que ser respetados por las autoridades políticas, y sólo después podemos preguntarnos qué tipos de estructuras legales se requieren a nivel internacional para supervisar lo anterior y ayudar a asegurar que la autoridad política se ejerza de esa forma."

ii Cohen, 2004.

iii Baynes, 2009b, p. 382: "los derechos y los deberes correspondientes se crean por la relación especial en la que se encuentran los individuos entre sí, más que por el hecho de ser exigencias que los individuos tienen simplemente en virtud de su humanidad".

nuestras sociedades, parcialmente liberales, estén dispuestos a lograr una realización cada más exhaustiva de los derechos ya existentes, dejándolos, en cambio, expuestos al peligro siempre presente y agudo de la erosión de tales derechos.

[Versión en castellano: Javier Aguirre Román, revisada por Eduardo Mendieta y María Herrera.]

Bibliografía

Baynes, K., 2009a, "Discourse Ethics and the Political Conception of Human Rights", Ethics and Global Policy, v. 2, n. 1, p. 1-21.

Baynes, K., 2009b, "Toward a Political Conception of Human Rights", Philosophy and Social Criticism, v. 35, n. 4, p. 371-390.

Beitz, Ch., 2009, The Idea of Human Rights, Oxford University Press, Oxford. Bernstorff, J.V., inédito, 2008, "Luftsicherheitsgesetz und Menschenwürde – Zum unbedingten Vorrang staatlicher Achtungspflichten im Anwendungs-bereich von Art 1 GG".

Bloch, E., 1987, Natural Law and Human Dignity, The MIT Press, Cambridge, Mass.

Böckenförde, E., 2002, Geschichte der Rechts- und Staatsphilosophie, Mohr Siebeck, Tubinga, p. 312-370.

Brugger, W., U. Neumann y St. Kirste (comps.), 2008, Rechtsphilosophie im 21. Jahrhundert, Suhrkamp, Fráncfort del Meno.

Brunkhorst, H., W.R. Köhler y M. Lutz-Bachmann (comps.), 1999, Recht auf Menschenrechte, Suhrkamp, Fráncfort del Meno.

Cohen, J., 2004, "Minimalism about Human Rights: The Most We Can Hope for," The Journal of Political Philosophy, v. 12, n. 2, p. 190-213.

Denninger, E., inédito, 2009a, "Der Menschenwürdesatz im Grundgesetz und seine Entwicklung in der Verfassungsrechsprechung".

Denninger, E., 2009b, " 'Die Rechte der Anderen'. Menschen und Bürgerrechte im Widerstreit", Kritische Justiz, v. 42, n. 3, p. 226-238.

Flynn, J., 2003, "Habermas on Human Rights: Law, Morality, and International Dialogue", Social Theory and Practice, v. 29, n. 3, p. 431-457.

Føllesdal, A., 2009, "Universal Human Rights as a Shared Political Identity: Impossible? Necessary? Sufficient?", Metaphilosophy, v. 40, n. 1, p. 77-91.

Forst, R., inédito, 2009, "The Justification of Human Rights and the Basic Right to Justification. A Reflexive Approach", próximo a publicarse en Ethics.

Gardbaum, S., 2003, "The Horizontal Effect of Constitutional Rights", Michigan Law Review, v. 102, p. 388-459.

Gosepath, S. y G. Lohmann (comps.), 1998, Philosophie der Menschenrechte, Suhrkamp, Fráncfort del Meno, p. 265-291.

Günther, K., inédito, 2009a, "Die Definition und Fortentwicklung der Menschenrechte als Akt kollektiver Selbstbestimmung".

Günther, K., inédito, 2009b, "Vom vertikalen zum horizontalen Verständnis der Menschenrechte?"

Günther, K., 2008, "Liberale und diskurstheoretische Deutungen der Menschenrechte", en Brugger, Neumann y Kirste, 2008, p. 338-359.

Günther, K., 1994, "Kampf gegen das Bose?", Kritische Justiz, n. 27, p. 135-157.
Habermas, J., 2009, "The Constitutionalization of International Law and the Legitimation Problems of a Constitution for World Society", en Europe, The Faltering Project, Polity Press, Cambridge, Mass.

Günther, K., 2006a, "Does the Constitutionalization of International Law Still Have a Chance?", en The Divided West, Polity Press, Cambridge, Mass.

Günther, K., 2006b, "Sobre la arquitectónica de la diferenciación de discursos", en Entre naturalismo y religión, Paidós, Madrid, p. 83-103.

Günther, K., 2001, "Constitutional Democracy: A Paradoxical Union of Contradictory Principles?", Political Theory, n. 29, p. 766-781.

Günther, K., 1998, Facticidad y validez, trad. Manuel Jiménez Redondo, Trotta, Madrid.

Huber, W., 1996, Gerechtigkeit und Recht. Grundlagen einer christlichen Rechtsethik, Chr. Kaiser, Gütersloh.

Kant, I., 2003, Fundamentación de la metafísica de las costumbres, trad. Manuel García Morente, Ediciones Encuentro, Madrid.

Kant, I., 1994, Metafísica de las costumbres, trad. Adela Cortina y Jesús Conill, Tecnos, Madrid.

Kant, I., 1968, Kants Werke: Akademie Textausgabe: unveränderter photomechanischer Abdruck des Textes der von der Preussischen Akademie der Wissenschaften 1902 begonnenen Ausgabe von Kants gesammelten Schriften, De Gruyter, Berlín, 9 vols.

Lohmann, G., 2005, "Die Menschenrechte: unteilbar und gleichgewichtig?", en Studien zu Grund- und Menschenrechten, vol. 11, Menschenrechtszentrum der Universität Potsdam/Potsdam Universitätsverlag, Potsdam, p. 5-20.

Lohmann, G., 1998, "Menschenrechte zwischen Moral und Recht", en Gosepath y Loh- mann 1998, p. 62-95.

Maus, I., 1999, "Menschenrechte als Ermächtigungsnormen internationaler Politik", en Brunkhorst et al. 1999, p. 276-291.

McCrudden, C., 2008, "Human Dignity and Judicial Interpretation of Human Rights", The European Journal of International Law, v. 19, n. 4, p. 655-724.

Neves, M., 2007, "The Symbolic Forms of Human Rights", Philosophy and Social Criticism, v. 33, p. 411-444.

Schmitt, C., 1994, Das international-rechtliche Verbrechen des Angriffsgrieges, H. Quaritsch, Duncker und Humblot, Berlín.

Schmitt, C., 1988, Die Wendung zum diskrimierenden Kriegsbegriff, Duncker und Humblot, Berlín.

Stein, T., 2007, Himmlische Quellen und irdisches Recht, Campus, Fráncfort del Meno.

Tinnevelt, R. y H. De Schutter, 2009, "Introduction: Global Democracy and Exclusion", Metaphilosophy, v. 40, n. 1, p. 1-7.

Waldron, J., 2007, "Dignity and Rank", Archives Européennes de Sociologie, v. 48, p. 201-237.

Wellmer, A., 1998, "Menschenrechte und Demokratie", en Gosepath y Lohmann 1998, p. 265-291.

Théorie sociologique et théorie juridique de l'état[i]

---

[i] Artigo anteriormente publicado na revista *Presses Universitaires de France*, « Léviathan », 2011, p. 61-75, ISBN 9782130569442, DOI 10.3917/puf.trope.2011.02.0059. Aqui publicado mediante autorização de Editora Marcial Pons.

Michel Troper

Docteur en Droit. Chevalier de la Légion d'Honneur. Professeur à l'Université de Paris X-Nanterre.

Entre la sociologie et une théorie du droit d'inspiration positiviste, les rapports n'ont pas toujours été faciles. De ce que le droit est un fait social, certains sociologues du début du XXe siècle concluaient un peu rapidement soit que la sociologie du droit pouvait et devait remplacer la science du droit, soit qu'elle pourrait être elle-même une science des valeurs au service des fins de la vie sociale, c'est-à-dire produire des normes à partir de l'observation de la société[i]. Les théoriciens du droit – pour simplifier on traitera ici principalement des normativistes – répondaient en invoquant la distinction de l'être et du devoir être et la loi de Hume: de prémisses indicatives, il est impossible d'inférer une prescription. Décrire la société telle qu'elle est ne permet donc pas de dire ce qu'elle doit être.

Quant à l'idée que le droit est un fait social, elle n'est pas contestable, mais, comme le soulignent ces théoriciens, il ne s'ensuit nullement qu'il pourrait être étudié comme n'importe quel fait. C'est en effet un ensemble de normes. Or une norme ne dit pas ce qui est, mais ce qui doit être. Décrire une norme, c'est donc décrire non pas des comportements effectifs, mais ce qui, selon le droit, doit avoir lieu. On ne peut y parvenir par les méthodes employées dans les sciences de la nature ou les sciences sociales, c'est-à-dire par l'analyse causale, parce qu'on ne peut établir de relations causales qu'entre des faits. Les normes échappent ainsi à la causalité. Dire qu'une norme existe, c'est dire qu'elle est valide et elle n'est valide que si elle a été posée conformément à une autre norme. Une loi est par exemple valide, c'est-à-dire obligatoire, si et seulement si elle a été produite conformément à la constitution, un contrat parce qu'il a été conclu conformément à la loi. La loi n'a pas été causée par un vote du Parlement, parce que ce vote ne conduit à l'adoption de la loi que si la constitution a habilité le Parlement à produire des lois. On ne peut pas non plus la présenter comme l'effet de la constitution, parce que ce terme désigne ou bien un texte ou bien la signification prescriptive de ce texte. Ni dans un sens ni dans l'autre, elle ne peut produire aucun effet. La conclusion à laquelle aboutissent ces juristes est que le droit échappe à la causalité et que, par suite, la science du droit ne peut être considérée comme une science sociale. Elle doit même, comme l'indique le titre de l'une des œuvres les plus importantes de ce courant, être « pure », non seulement de tout jugement de valeur, mais aussi de toute sociologie[ii].

---

i R. Treves, « Hans Kelsen et la sociologie du droit », in Droit et Société, n. 1, 1985, p. 17 s.

ii H. Kelsen, Théorie pure du droit, op. cit.

La théorie du droit ainsi comprise n'interdit pas que soit menée parallèlement à l'analyse juridique une étude du droit du point de vue sociologique, mais soit cette étude n'aura pas le même objet, car elle portera non sur des normes, mais sur des faits, soit ce sera bien le même objet, mais celui-ci sera défini exclusivement d'un point de vue juridique. Le juriste recherchera par exemple quelles sont les règles relatives au mariage, à quelles conditions un mariage est valide et à quelles conditions le divorce est autorisé, mais il lui sera totalement indifférent d'apprendre combien de personnes se marient, à quel âge, comment elles choisissent leurs conjoints et combien divorcent. La validité de ces règles ne dépend en rien de ces faits et resterait intacte, même si aucun mariage n'était jamais célébré. En revanche, si c'est bien le mariage que le sociologue souhaite étudier, il ne peut être indifférent aux règles, car son objet ne peut être défini que juridiquement. Ainsi, il y a place pour une sociologie du couple, mais ce ne sera pas une sociologie du mariage, car elle portera sur tous les couples qu'ils soient mariés ou non, tandis qu'une sociologie véritablement juridique ne portera pas sur tous les couples, mais seulement sur ceux que le droit considère comme mariés[i].

On pourrait donc s'attendre à ce que, à cette relation entre sociologie juridique en général et science du droit, corresponde une relation semblable entre cette partie de la sociologie qui porte sur l'État et la théorie juridique de l'État[ii]. La sociologie de l'État porterait sur la répartition réelle du pouvoir politique ou son exercice effectif, tandis que la science du droit décrirait seulement des règles auxquelles les comportements politiques ne se conforment pas nécessairement. Les sociologues pourraient alors souligner que, si l'on cherche à décrire le réel, une théorie juridique de l'État est inutile. Mais à l'inverse, la théorie du droit pourrait soutenir que l'objet de la sociologie de l'État est totalement différent de celui de la théorie juridique mais qu'il doit en tout état de cause être préalablement défini juridiquement, parce qu'il n'y a pas de concept sociologique d'État, mais seulement un concept juridique.

---

i H. Kelsen, General Theory of Law and State (1945), New York, Russel & Russel, 1961; trad. fr. Théorie générale du droit et de l'État, Paris, LGDJ, 1997.

ii On emploie ici « science du droit » pour désigner la description systématique du droit positif d'un pays donné et « théorie du droit » ou « théorie générale du droit » pour désigner à la fois la description de tous les droits positifs et l'analyse des conditions de possibilité d'une science du droit.

Pourtant, les rapports entre théorie sociologique de l'État et théorie juridique de l'État ne sont pas nécessairement un simple décalque de ceux qui existent entre sociologie juridique et science du droit. Sans doute, peut-on rencontrer chez certains sociologues et chez certains théoriciens du droit des thèses voisines de celles que l'on vient d'esquisser, mais ces positions sont en réalité susceptibles de rapprochements.

1. L'opposition de la sociologie de l'état et de la théorie juridique

L'opposition de la théorie sociologique et de la théorie juridique a été présentée avec la plus grande netteté par Hans Kelsen, qui après avoir analysé plusieurs des principales conceptions sociologiques de l'État, a pu montrer que toutes présupposent une définition juridique. Examinant les définitions les plus diverses, il démontre de façon convaincante que toutes se ramènent en réalité à des définitions juridiques: « Toutes les tentatives pour déterminer la nature de l'État selon des méthodes extrajuridiques, en particulier des méthodes sociologiques, reposent toujours sur l'identification plus ou moins cachée du concept recherché avec celui d'ordre juridique » [i]. Sa démonstration est particulièrement claire à propos de la sociologie de l'État la plus aboutie de son époque, celle de Max Weber.

Ainsi, à propos de l'interprétation de l'État en termes de « domination », c'est- à-dire d'une relation où certains commandent, tandis que d'autres obéissent, Kelsen note qu'il existe une infinité de relations de ce type dans la vie sociale. Aussi, pour qu'elle puisse servir à caractériser l'État, il faudrait qu'il exerçât une domination différente de toutes les autres. Or l'unique spécificité de cette domination réside dans le fait qu'elle est exercée « au nom de l'État », c'est-à-dire par des individus habilités par des règles juridiques et dont les actes sont imputés à l'État.

Ce n'est d'ailleurs pas seulement la domination étatique, mais la domination en général, au sens que lui donne Weber, qui s'exerce selon des règles. Comme le note justement Guy Rocher pour justifier sa décision de traduire le mot allemand de Herrschaft par celui de domination,

---

[i] H. Kelsen, Der soziologische und der juristische Staatsbegriff; Kritische Untersuchungen des Verhältnisses von Staat und Recht, 2e éd., Tübingen, 1928, p. 156.

il s'agit de « ce rapport social où le pouvoir est établi, reconnu et exercé sur des bases et selon des règles, implicites ou explicites, qui sont acceptées de part et d'autre, quelles que soient ces bases et ces règles » [i]. Mais si toutes les formes de domination s'exercent selon des règles, il y a là un argument de plus pour voir la spécificité de la domination étatique dans le fait qu'elle est imputée à l'État plutôt qu'aux individus qui l'exercent effectivement.

Mais ce n'est pas seulement le concept de domination, c'est toute la conception de l'État de Max Weber qui présuppose elle aussi un concept juridique. On peut le montrer à la suite de Kelsen à l'aide de trois arguments principaux.

Tout d'abord, on observe que, d'une manière générale, la sociologie juridique de Weber ne peut prétendre à aucune autonomie par rapport au droit. Elle s'efforce de comprendre la signification des comportements humains et aussi de les expliquer causalement. Mais une conduite n'est signifiante que parce que les individus qui agissent lui prêtent une signification en fonction d'une certaine idée, d'un certain système de connaissances. Il est donc impossible de la comprendre sans s'appuyer sur un système de connaissances différent de celui de la sociologie elle-même. Ainsi, l'action du physicien repose sur la connaissance des lois de la physique, celle des commerçants, lorsqu'ils concluent des contrats, sur la connaissance du droit. On ne peut donc décrire la signification de ces actions qu'à l'aide de la physique ou de la science juridique[ii].

De même, ce qui est spécifique des comportements étudiés par la sociologie de l'État, ce n'est pas leur matérialité, mais le fait qu'ils possèdent une signification. On est évidemment tenté de voir l'État dans ses manifestations, « prisons, chaises électriques, mitraillettes et canons », mais ces objets ne deviennent des instruments de son pouvoir que s'ils sont utilisés par des hommes, dont les actions sont précisément interprétées comme des actions de l'État et qui lui sont imputées, parce qu'elles sont accomplies conformément à des normes juridiques. Et une norme juridique est elle même la signification d'un acte de volonté. Mais quelle est cette signification ? Selon Weber, c'est la « chance » qu'un autre comportement lié à lui se produira. Kelsen

---

i G. Rocher, « Droit, pouvoir et domination », in Sociologie et sociétés, v. 18, n. 1, 1986, p. 33-46.

ii H. Kelsen, Der soziologische und der juristische Staatsbegriff…, op. cit., p. 157.

critique cette notion de « chance » : l'État ne peut se ramener à cela, pas plus que les propositions mathématiques ne s'analysent comme une chance que certains hommes les pensent. Dire qu'un commandement est énoncé au nom de l'État, qu'il est imputé à l'État, n'est pas affirmer qu'il y a un certaine chance que les sujets adoptent les conduites qui leur sont ordonnées, mais qu'ils doivent les adopter. Il peut être imputable à l'État, même s'il n'y a aucune « chance » pour qu'il soit suivi d'effets. Telle est bien la signification qu'accordent à leurs actions aussi bien ceux qui émettent ces commandements que ceux qui y sont soumis. Même si les premiers espèrent effectivement que les sujets obéiront, ils conçoivent leurs commandements comme obligatoires uniquement parce qu'ils ont eux-mêmes été habilités à les émettre par une norme supérieure et qu'ils ont suivi les procédures prescrites. Quant aux sujets, ils sont tenus de s'y conformer même s'il n'y a en pratique aucune « chance » pour que leur soient infligées les sanctions prescrites en cas de conduite contraire (ibid., p. 158). Pour comprendre la signification des comportements imputés à l'État, pour comprendre par exemple la différence entre un enlèvement et une arrestation, entre un meurtre et l'exécution d'une condamnation à mort, il est donc indispensable d'interpréter le premier élément de chacun de ces couples comme un comportement contraire et le second comme un comportement conforme à une règle juridique.

En troisième lieu, Weber définit l'État comme une « entreprise politique de caractère institutionnel [politischer Anstaltsbetrieb] lorsque et en tant que sa direction administrative revendique avec succès dans l'application des règlements le monopole de la contrainte physique légitime » [i]. Or, remarque Kelsen, ce monopole de l'État ne peut pas être un monopole de fait, car il y a évidemment de nombreux actes de contrainte qui ne sont pas exercés par l'État. Même la relation amoureuse, dit-il, n'est pas exempte de contrainte[ii].

Il n'y a donc pas un monopole de la contrainte de fait, mais seulement de la contrainte « légitime ». Cela ne signifie évidemment pas que, aux yeux de Weber, cette contrainte serait véritablement légitime, si l'on donne à ce mot de légitime le sens de « justifiée » ou de « conforme à une valeur objective ». Une théorie construite conformément à l'idéal weberien de la pureté axiologique ne pourrait affirmer que la contrainte de l'État est légitime en ce sens, pas plus d'ailleurs qu'une décision, un personnage ou une action quelconques.

---

i M. Weber, Économie et société, Paris, Plon, 1971.

ii H. Kelsen, General Theory of Law and State, op. cit., p. 240.

On peut distinguer en effet deux types de légitimité: une légitimité interne et une légitimité externe au système juridique. La légitimité externe est la conformité à des normes ou des valeurs extra-systémiques: ainsi, on appellera légitime par exemple un système qui fonctionne conformément aux principes de la démocratie ou des droits de l'homme. La légitimité interne est une caractéristique non du système lui-même, mais de certaines actions. Une action est légitime en ce sens, si elle a été accomplie conformément à une norme du système. Une arrestation par exemple est légitime si elle a été accomplie en exécution d'une décision judiciaire, elle-même légitime si elle a été prise conformément à la loi. La légitimité en ce sens se confond donc purement et simplement avec la légalité ou la validité. Il faut souligner que la norme supérieure peut parfaitement se borner à habiliter une autorité à prendre une décision, sans lui prescrire le contenu à lui donner. Cette décision devra alors être considérée comme légitime, quel que soit son contenu, même si celui-ci apparaît contraire à des valeurs extra-systémiques, par exemple à la morale. Mais il est également possible que la norme supérieure prescrive à l'autorité habilitée de prendre une décision ayant un certain contenu, par exemple que les voleurs soient condamnés à une peine fixe de cinq années d'emprisonnement. Dans ce cas, pour être légitime, la sentence devra non seulement être prise par l'autorité compétente, mais aussi avoir un contenu conforme au contenu prescrit. La légitimité interne ne se limite donc pas à la légitimité formelle.

Or, la légitimité dont parle Weber n'est évidemment pas la légitimité externe, d'abord parce qu'il ne pourrait définir cette légitimité qu'en produisant une théorie de la justice, ce qui serait évidemment incompatible avec le relativisme éthique qu'il professe par ailleurs. Ensuite parce que, si l'État était défini comme un système conforme à quelque idéal de justice, une sociologie de l'État n'aurait plus comme objet que les systèmes légitimes, ceux qui sont « réellement justes » et non les autres. Comme Weber ne construit pas une doctrine du bon gouvernement, mais une théorie descriptive de l'organisation et du fonctionnement du pouvoir, il lui faut distinguer les formes de pouvoir selon les mécanismes qu'elles mettent en œuvre pour obtenir l'obéissance. C'est la raison pour laquelle il précise qu'il entend par « légitime » ce qui est considéré comme légitime[i]. Si en effet l'État était le gouvernement « réellement » doté d'une légitimité externe, « réellement » juste, aucun pouvoir ne pourrait être appelé « État ».

---

[i] M. Weber, Staatsoziologie, 2e éd., Berlin, Duncker & Humblot, 1966, p. 28.

L'État selon Weber est donc le système politique qui exerce une contrainte dotée d'une légitimité interne, dans la stricte mesure où les actes de contrainte lui sont imputés lorsqu'ils sont accomplis sur le fondement d'une norme, qui elle-même a été prise sur le fondement d'une autre norme. On sait que c'est cette légitimité qu'il appelle « rationnelle ». Cette rationalité est celle du droit[i].

Il faut toutefois observer que la fameuse formule de Weber laisse subsister une double ambiguïté. En premier lieu, quand il écrit que « légitime » signifie « tenu pour légitime », c'est pour souligner qu'il ne saurait être question de réserver la qualification d'État aux systèmes politiques conformes à quelque valeur morale objective. Mais on ne saurait en conclure que seuls doivent être appelés « États » les systèmes dont les sujets tiennent effectivement pour légitime la contrainte à laquelle ils sont soumis. Si en effet l'on réservait ce terme pour une entreprise politique qui exerce une contrainte effectivement tenue pour légitime par les sujets, il faudrait éviter de l'employer lorsqu'on se trouve en présence d'un pouvoir autoritaire auquel les sujets obéissent seulement par crainte bien qu'ils le tiennent pour illégitime. Pour pouvoir appeler « État » les systèmes autoritaires aussi bien que les systèmes démocratiques, il faut qu'ils possèdent quelque caractère commun : comme ce ne peut être l'acceptation et le consentement des sujets, on doit considérer que ce qui est réellement commun à tous les États, c'est que les décisions s'y présentent comme légitimes, indépendamment de leurs contenus, parce qu'elles sont prises « conformément au droit ». S'il s'agit de donner une définition de l'objet d'une sociologie de l'État, on ne peut évidemment la faire dépendre d'une étude empirique des croyances des sujets, parce qu'elles sont soumises à des variations importantes et que l'on ne peut décider d'appeler État une organisation politique, qui est tenue pour légitime à un instant T, puis lui refuser cette qualification lorsque l'opinion aura changé quelques mois plus tard. Ce ne sont donc pas les sujets, mais ceux-là mêmes qui exercent la contrainte qui doivent la tenir pour légitime. Tel est le sens de la « revendication du monopole de la contrainte légitime ». Dans le système étatique, les gouvernants présentent comme légitimes, comme seuls légitimes, les ordres d'exercer des actes de contrainte, en tant que ces ordres sont conformes à des règles supérieures, autrement dit en tant qu'ils sont juridiquement valides.

Dans ces conditions, revendiquer le monopole de la contrainte légitime, c'est tout simplement s'affirmer souverain. Weber ne s'écarte donc

---

[i] M. Weber, Le savant et le politique, Paris, Plon, 10/18, 1963, p. 127.

guère de la définition classique des juristes qui appellent État une organisation qui exerce sur une certaine population et sur un certain territoire une puissance souveraine.

D'autre part, cette définition présuppose une distinction entre la contrainte légitime et le sujet qui l'exerce, « l'entreprise politique de caractère institutionnel » ou sa « direction administrative ». Or, ce sujet ne peut être lui-même défini de façon indépendante. Il n'est en effet pas possible de définir les institutions autrement que par les règles qui déterminent leurs statuts, leurs compétences et la manière dont elles opèrent. En d'autres termes, la contrainte légitime ou le droit servent à qualifier non seulement le mode d'action de l'entreprise politique, mais aussi l'entreprise politique elle-même. L'État n'est pas une entreprise politique qui agit au moyen du droit. Il est le droit. On peut donc donner raison à Kelsen et conclure avec lui que Weber conçoit en réalité l'État comme un ordre juridique[i].

Cela ne signifie pourtant pas, comme Kelsen l'écrit parfois à tort, que le concept d'État de Weber soit un concept « juridique ». Si en effet l'on appelle « concept juridique » un concept employé ou présupposé par le droit positif, le concept d'État, identifié au droit ou à l'ordre juridique, n'est pas un concept juridique. Tous les systèmes de droit positif n'ont pas besoin d'un concept d'État. Le mot même ne fait pas toujours partie du langage du droit positif et, lorsqu'il est employé, ce n'est pas le plus souvent – et même rarement – dans le sens d'ordre juridique. En droit français par exemple, lorsque le juge administratif déclare l'État responsable d'un dommage, ce n'est pas à l'ordre juridique envisagé globalement qu'il impute cette responsabilité, mais à une personne morale instituée au sein de cet ordre.

Le concept d'État présupposé par Weber relève seulement de la théorie du droit, c'est-à-dire non du langage du droit mais d'un métalangage. C'est en effet la théorie du droit – en vérité, la théorie du droit de Kelsen – qui construit un concept d'État lato sensu identifié au droit et à l'ordre juridique. Kelsen peut donc écrire, à juste titre cette fois, que « la sociologie politique de Weber se découvre comme une théorie du droit »[ii].

---

i H. Kelsen, Der soziologische und der juristische Staatsbegriff..., op. cit., p. 170.

ii Cité par C.-M. Herrera, Théorie juridique et politique chez Hans Kelsen, Paris, Kimé, 1997, p. 107.

On aurait tort de voir là une critique. Kelsen a été fortement influencé par Weber qu'il tient pour un penseur considérable[i]. Si la sociologie de Weber est une théorie du droit, c'est que son analyse de la contrainte légitime et de la manière dont s'exerce le pouvoir dans l'État n'est rien d'autre qu'une description de la hiérarchie des normes, c'est-à-dire de la structure du système juridique. La théorie du droit ne se distingue donc pas de la sociologie de l'État. Elle se confond avec elle.

Mais si l'on prend cette idée au sérieux, il devrait en résulter une conséquence importante. Ce n'est pas seulement la définition de l'État qui dépend de la théorie du droit, mais toute l'analyse de son organisation et de son fonctionnement. En d'autres termes, une théorie juridique permet de comprendre l'organisation et le fonctionnement réels du pouvoir politique dans l'État moderne.

2.
La complémentarité: l'analyse juridique comme analyse politique

La théorie du droit est une sociologie de l'État en tant qu'elle donne une description de l'État comme système de répartition du pouvoir et comme mode de légitimation.

Répartition du pouvoir

Ce que la théorie du droit appelle structure du système juridique ou hiérarchie des normes n'est rien d'autre que la description dans le langage juridique de la répartition et du mode d'exercice du pouvoir dans l'État moderne. La forme étatique ne permet pas seulement d'obtenir l'obéissance en produisant des décisions qu'on prétend légitimes, mais constitue une technique pour les produire. Les deux traits qui caractérisent ce mode d'exercice du pouvoir ne se rencontrent jamais simultanément dans les autres types de système politique.

Le premier est son caractère dynamique. Dans d'autres systèmes, il peut exister une pluralité d'autorités dotées de pouvoirs inégaux, mais ce n'est que dans le système juridique qu'une autorité peut agir

---

[i] R. Metall, Hans Kelsen. Sein Leben und Werk, Vienne, Verlag Franz Deuticke, 1969, p. 12 ; H. Kelsen, Der soziologische und der juristische Staatsbegriff..., op. cit., p. 240.

et commander non en raison de quelque capacité personnelle ou d'un contrat conclu avec le destinataire des commandements, mais seulement parce que son pouvoir lui a été conféré par une autorité supérieure. Ses décisions sont obligatoires, quels que soient leurs contenus, dès lors qu'elles sont produites en vertu de cette habilitation et selon la procédure prescrite. L'habilitation est toujours donnée avec des limites qui peuvent être définies de plusieurs manières: l'autorité habilitée pourra seulement produire des décisions en employant une certaine procédure ou seulement dans certaines matières, à l'égard de certaines catégories de destinataires, ou de certains espaces géographiques.

Le second trait est que, au lieu d'agir par le seul moyen de commandements et d'ordres individuels, le pouvoir émet d'abord des règles générales dont les prescriptions individuelles ne sont que l'application. Plutôt que de trancher les litiges ou de prélever des impôts au cas par cas, comme on peut le faire dans d'autres types de systèmes politiques aussi bien pour les procès que pour les impôts, les autorités établissent des prescriptions générales valables pour une classe de cas. Les avantages sont multiples. Il est d'abord plus facile et plus rapide de régler les cas particulier sur la base d'une règle antérieure, sans avoir à rechercher ou à construire à chaque fois les principes susceptibles de guider la décision. Il est ensuite possible de déléguer à d'autres autorités le pouvoir de prendre les décisions particulières ou d'un degré de généralité moins élevé, tout en gardant la maîtrise de ce qu'elles feront. De plus, on fait apparaître les décisions comme justes, puisque tous les cas relevant d'une classe donnée seront par définition soumis à la même règle et donc traités également. On dépersonnalise ainsi la décision et surtout l'obligation d'obéir. Obéir à un fonctionnaire, ce n'est pas exécuter la volonté de l'individu qui se trouve occuper un emploi; c'est à l'emploi lui-même qu'il faut obéir. Aussi, dès lors que le roi a ordonné, on doit lui obéir même après sa mort. De même, dans le cas d'un fonctionnaire qui applique une règle, c'est indirectement à cette règle qu'on obéit.

L'État apparaît à cet égard très différent des autres systèmes, dans lesquels il n'existe pas de règles générales ou seulement des règles qu'une autorité peut se donner à elle-même, comme l'édit du prêteur romain, mais qui ne la lient pas.

Dans le système juridique, le pouvoir est ainsi à la fois centralisé et déconcentré. Centralisé, parce que toutes les décisions se présentent comme des concrétisations de règles générales, valides sur l'ensemble d'un territoire national, énoncées par une seule autorité ou en tout cas par un petit nombre d'autorités. Mais déconcentré, parce que les décisions moins générales sont prises par des autorités spécialement habilitées.

Si la structure du système juridique permet à une autorité centrale de déléguer un pouvoir tout en en contrôlant l'exercice, elle offre aussi aux bénéficiaires de ces délégations des marges considérables de pouvoir discrétionnaire.

Il arrive en effet que la mission soit indiquée dans des termes volontairement imprécis, par exemple pour une administration, assurer l'ordre public ou faire face aux conséquences d'une catastrophe naturelle ou pour un juge prendre une mesure dans l'intérêt de l'enfant. L'autorité qui habilite ne peut évidemment définir l'ordre public, la catastrophe naturelle ou l'intérêt de l'enfant. Il se peut aussi que le but soit défini avec précision, mais qu'on ne puisse indiquer les moyens pour l'atteindre. Mais, quelle que soit la précision apparente des termes employés pour définir les pouvoirs de l'autorité habilitée, ces termes doivent toujours être interprétés et c'est parfois au bénéficiaire de l'habilitation d'en interpréter lui-même les termes sans aucun contrôle. La signification des termes de la délégation dépend alors seulement de la volonté du délégué.

On constate alors que, dans le système juridique, le pouvoir s'exerce d'autant plus facilement qu'il se dissimule. Nombreuses sont les autorités qui appliquent des règles, mais des règles que, grâce à leur pouvoir d'interprétation, elles peuvent recréer et ainsi élargir leurs propres compétences. Naturellement, elles ne le font pas isolément, mais exercent un contrôle réciproque, de sorte que l'on peut décrire les relations de pouvoir au sein de l'appareil étatique en décrivant les procédés par lesquels les différentes autori- tés déterminent et contrôlent de concert le champ de leurs compétences respectives.

Cependant, si l'État est ainsi structuré, cela ne signifie ni qu'il est indépendant de l'Histoire, ni qu'il se présente partout d'une manière uniforme, ni qu'il est coupé de la société, mais seulement que l'analyse que font de l'État de l'institutionnalisation ou de la centralisation les meilleurs sociologues n'est pas autre chose qu'une analyse juridique [i].

Décrire la structure du système juridique, c'est donc décrire, non pas comme on le croit trop souvent un monde idéal, mais bien la structure et les mécanismes mêmes de l'État. Comme l'écrivait Kelsen: « Celui

---

i B. Badie & P. Birnbaum, Sociologie de l'État, Paris, Grasset, 1979, 3e partie.

qui cherche la réponse [à l'éternelle question de savoir ce qui se cache derrière le droit positif] ne découvrira jamais, je le crains, ni la vérité absolue d'une métaphysique, ni la justice absolue d'un droit naturel. Celui qui soulève le voile et ne ferme pas les yeux, celui-là peut apercevoir la hideuse face de Gorgone du pouvoir qui le fixe »[i].

Légitimité

La contrainte exercée par l'État se présente comme légitime parce qu'elle s'exerce « conformément au droit ». Comme l'écrit Guy Rocher, pour Weber, « Le droit est une des formes les plus pures d'expression de la rationalité dans l'ordonnan- cement des rapports sociaux. Il est donc le mode le plus rationnel d'institutionnalisation du pouvoir sous la forme de la domination; c'est en lui que la domination trouve sa légitimation la plus rationnelle ».

Reste à examiner pourquoi une décision conforme au droit serait légitime. Il ne suffit pas de répondre que « conforme au droit » signifie conforme à la raison, parce qu'il faut encore justifier l'équivalence entre conformité au droit et conformité à la raison. Qu'y a-t-il donc de rationnel dans la conformité au droit? Tout dépend naturellement des conceptions de la rationalité.

Si l'on appelle rationnelle une action consistant dans l'emploi des moyens propres à réaliser une certaine fin, la conformité à une norme ne saurait être considérée comme une condition de la rationalité, car elle n'est pas un moyen. La loi qui ordonne de punir les voleurs est adoptée en vue d'une certaine fin, par exemple de dissuader les voleurs. Elle est rationnelle si elle est réellement susceptible de procurer cette fin, mais cette rationalité ne dépend en rien de la conformité à une règle supé rieure car elle n'est pas un moyen pour réaliser une fin qui serait le respect de la constitution et elle n'est pas elle-même une fin qui pourrait être réalisée au moyen de la sentence par laquelle un tribunal ordonne que le voleur X soit puni d'une peine de prison.

La conformité à une règle est donc généralement considérée comme une condition de la rationalité dans un autre sens : l'agent qui accomplit l'action peut affirmer qu'il n'agit pas selon ses caprices, qu'il n'exécute pas sa propre volonté, mais que sa décision est seulement déduite de la règle. Rationnel signifie donc ici « conforme à la logique ». C'est cette conception qui s'exprime dans la théorie du syllogisme pratique,

---

i R. Metall, Hans Kelsen. Sein Leben und Werk, op. cit., p. 30.

dont le modèle est le syllogisme judiciaire: tous les voleurs doivent être punis ; X est un voleur, donc X doit être puni.

Le droit serait donc un système rationnel si toutes les décisions étaient effectivement produites selon ce schéma et la théorie qui décrirait le droit selon ce schéma décrirait efficacement le type de légitimité spécifique à l'État. Il s'en faut pourtant de beaucoup que le droit soit réellement rationnel en ce sens.

En premier lieu, rien ne garantit la rationalité des prémisses. La règle « tous les voleurs doivent être punis » a été établie par le législateur. Elle est l'expression de sa volonté, c'est-à-dire de ses préférences et non pas le produit de sa raison. Il en va ainsi, même s'il conçoit l'adoption de la règle comme un moyen, par exemple s'il estime que punir les voleurs est un moyen efficace de dissuasion et de prévention. La validité de la loi dépend en effet non de son efficacité par rapport au but poursuivi, mais seulement de sa conformité à la constitution. Une loi qui ordonnerait des prières publiques pour faire baisser la criminalité serait parfaitement valide si elle était adoptée par le Parlement conformément à la procédure prescrite par la constitution.

Quant à la prémisse mineure : « X est un voleur », elle ne résulte pas d'une constatation empirique, mais d'une décision de considérer que X est un voleur. C'est d'ailleurs parce qu'elle est le produit d'une décision et qu'elle n'est pas susceptible d'être vraie ou fausse qu'en matière pénale on confie dans certains cas le soin de l'établir à un jury composé de citoyens ordinaires.

D'autre part, il est très rare que les décisions soient réellement la conclusion d'un syllogisme pratique. Ce schéma correspond à un idéal imaginé à l'époque des Lumières pour les crimes et délits, et qui faisait du juge un automate. Mais il est tout à fait inadéquat dès lors qu'une autorité administrative ou juridictionnelle dispose d'un pouvoir discrétionnaire, ce qui est presque toujours le cas. Même le juge pénal peut, sauf pour des infractions mineures comme des contraventions à des règles de stationnement, choisir une peine entre un maximum et un minimum.

En troisième lieu, et surtout, la rationalité d'une décision n'est pas une condition de sa validité, même dans ce sens très limité, où le mot désigne le caractère d'une décision qui a été correctement dérivée des prémisses. En effet, la validité d'une décision, c'est-à-dire son caractère obligatoire, est uniquement liée au fait que son auteur a été habilité par une norme supérieure et qu'il a agi selon la procédure prescrite. Une décision du type « les voleurs doivent être punis, X n'est pas un voleur, donc X doit être puni » serait évidemment irrationnelle, mais elle serait néanmoins parfaitement valide dès lors qu'elle émanerait d'un tribunal compétent. Sans doute pourrait-elle être annulée en appel, mais l'appel n'est pas toujours possible et en tout état de cause, en attendant l'annulation, elle serait exécutoire.

Ainsi, ce qui rend une décision juridiquement valide ou légitime n'est pas réellement la conformité à une règle supérieure. Cela ne signifie nullement que Weber a tort. L'État exerce bien une contrainte légitime, mais cette légitimité opère autrement qu'il le dit. Pour être valide, il n'est pas nécessaire qu'une décision soit conforme à une norme supérieure; il suffit qu'elle soit compatible avec elle[i]. C'est que l'autorité qui prend une décision ne se limite pas à appliquer une règle. Elle dispose d'un pouvoir discrétionnaire et exerce aussi une fonction de création. Ce rapport de compatibilité reflète donc la répartition du pouvoir décrite plus haut.

Les décisions peuvent alors être dites rationnelles dans un sens légèrement différent de celui de Weber: est rationnelle la décision qui est acceptable selon les règles spécifiques au système – on vise ici bien entendu ici non pas les règles juridiques positives mais des règles du raisonnement, c'est-à-dire la logique de l'argumentation juridique, qui ne se confond pas avec la logique formelle[ii]. Il peut donc être rationnel en ce sens de prendre une décision non rationnelle (au sens de Weber): c'est le cas si le système autorise à prendre une décision qui ne soit pas strictement conforme à une règle juridique supérieure, mais seulement compatible avec elle.

Le système juridique produit donc sa propre rationalité et c'est en cela que consiste la revendication du monopole de la contrainte légitime. La puissance de l'État est celle qui lui permet de présenter comme valides et rationnelles des décisions que l'on ne peut pas justifier par des moyens logiques.

Mais ce ne sont pas seulement les décisions des diverses autorités étatiques qui apparaissent ainsi comme légitimes. C'est l'État lui-même, envisagé globalement, qui produit sa propre légitimité.

Ce qu'on appelle la « théorie » de la souveraineté n'est pas une pure construction intellectuelle permettant, comme le ferait une théorie

---

i C. Eisenmann, « Le droit administratif et le principe de légalité », Études et Documents du Conseil d'État, 1957, p. 25.

ii Ch. Perelman, Logique juridique, Paris, Dalloz, 1976.

scientifique, de décrire l'État comme une réalité objective, ni même une doctrine destinée à justifier son existence ou son action. Elle est en effet constitutive de l'État en ce sens que celui-ci ne peut se définir que par l'affirmation qu'il est souverain.

Or, cette idée est impliquée par la hiérarchie des normes. Si toutes les décisions sont justifiées par le fait qu'elles émanent d'une autorité habilitée par une règle et qu'elles concrétisent une règle plus générale, il faut évidemment justifier et la règle d'habilitation et la règle générale, ce qu'on ne peut faire qu'en invoquant une habilitation supérieure et une règle encore plus générale. Mais on arrive nécessairement à une autorité qui n'a pas été elle-même habilitée et dont le pouvoir et les décisions ne peuvent être justifiés comme les autres parce qu'il n'existe pas de règle encore supérieure et encore plus générale. On peut donc seulement affirmer que cette autorité est souveraine, ce qui peut se comprendre aussi bien comme une simple constatation qu'elle se situe au sommet d'une hiérarchie que comme l'indication d'une nature particulière qui autorise à commander à tous sans obéir à personne et de disposer ainsi d'un pouvoir sans limite. Peu importe qu'on attribue cette nature à un homme, un parlement, un peuple, une nation ou à l'État lui-même, que ce pouvoir de commandement soit exercé par son titulaire ou censé être délégué à une autre autorité qui l'exerce en son nom. C'est ce type d'argument, dénommé théorie de la souveraineté, qui apparaît en même temps que l'État moderne, qui le constitue parce qu'il est précisément la revendication du monopole de la contrainte légitime.

La fameuse théorie de Kelsen de la norme fondamentale présupposée n'en est en réalité qu'un avatar. Sans doute, Kelsen ne prétend-il pas qu'il existe réellement un souverain et qu'il a le droit de commander, mais il affirme que tous ceux qui tiennent pour valide une norme juridique quelconque présupposent nécessairement que la norme la plus élevée, qui par définition ne trouve son fondement dans aucune norme, est elle-même valide. La différence avec les théories qui affirment de façon explicite qu'il y a un souverain est donc simplement dans le refus d'hypostasier cette norme.

Il est donc vrai qu'en décrivant la structure du système juridique la théorie du droit donne de l'État une description qui ne diffère de celle que peut en donner la sociologie que par la précision et le recours à un métalangage différent.

Il est donc erroné d'opposer la sociologie de l'État et la théorie juridique de l'État et d'affirmer que celle-ci décrit l'État tel qu'il doit être, tandis que celle-là seule analyserait l'État tel qu'il est réellement. La sociologie présuppose nécessairement un concept juridique d'État et la théorie juridique décrit bien une réalité, qui est une certaine organisation et un certain type de légitimation du pouvoir politique.

Cette description est donc bien une sociologie, non pas du pouvoir en général, car elle ne peut rien dire ni des sociétés non étatiques, ni, dans les sociétés étatiques, des innombrables rapports de pouvoir qui ne sont pas une expression de la hiérarchie des normes, mais c'est une sociologie de l'État, qui a pour objet la forme étatique en général et aussi les différentes variantes sous lesquelles l'État se présente. Ce sont ces variantes dont les sociologues peuvent alors chercher à mesurer l'influence sur les faits sociaux.

Comme l'écrivait justement le dédicataire de ces lignes : « [Il faut] s'appliquer à suivre la logique de cet État, considéré comme une variable indépendante modifiant par sa seule existence, d'innombrables faits sociaux qui se réorganisent en tenant compte désormais de sa présence »[i].

Bibliographie

Aron (R.), Les étapes de la pensée sociologique, Paris, Gallimard, 1967. Badie (B.) & Birnbaum (P.), Sociologie de l'État, Paris, Grasset, 1979. Birnbaum (P.), La logique de l'État, Paris, Fayard, 1982.

Eisenmann (C.), « Le droit administratif et le principe de légalité », Études et Documents du Conseil d'État, 1957, p. 25.

Herrera (C.-M.), Théorie juridique et politique chez Hans Kelsen, Paris, Kimé, 1997.

Kelsen (H.), Der soziologische und der juristische Staatsbegriff ; Kritische Untersuchungen des Verhältnisses von Staat und Recht, 2e éd., Tübingen, 1928.

Kelsen (H.), General Theory of Law and State (1945), New York (NY), Russell & Russell, 1961 ; trad. fr. Théorie générale du droit et de l'État, Paris, LGDJ, 1997 (cité ici d'après l'édition française).

Kelsen (H.), Théorie pure du droit (1962), Paris, Dalloz, trad. fr. de la 2e éd. all. par C. Eisenmann, réédit.

---

[i] P. Birnbaum, La logique de l'État, Paris, Fayard, 1982.

LGDJ, 1999.

Metall (R.), Hans Kelsen. Sein Leben und Werk, Vienne, Verlag Franz Deuticke, 1969.
Perelman (Ch.), Logique juridique, Paris, Dalloz, 1976.

Rocher (G.), « Droit, pouvoir et domination », in Sociologie et sociétés, v. 18, n. 1, 1986, p. 33-46.

Treves (R.), « Hans Kelsen et la sociologie du droit », in Droit et Société, n. 1, 1985, p. 17 s.

Weber (M.), Le savant et le politique, Paris, Plon, 10/18, 1963.

Weber (M.), Staatssoziologie, 2e éd., Berlin, Duncker & Humblot, 1966.

Weber (M.), Économie et Société, Paris, Plon, 1971.

Weber (M.), Sociologie du droit, Paris, PUF, 1986.

Seção 2

Convidados brasileiros

Alexandre Almeida Rocha e Denise Antunes

Ana Flávia Messa e Everton Luiz Zanella

Fauzi Hassan Choukr e Gustavo dos Reis Gazzola

Ives Gandra da Silva Martins e Ana Regina Campos de Sica

Ivo Dantas e Janini de Araújo Lôbo Silvestre

Janaína Soares Schorr

Maria Fernanda Augustinhak Schumacker Haering Teixeira, Luís Alexandre Carta Winter e Vladimir Passos de Freitas

Marina Faraco Lacerda Gama e Solange de Oliveira

Estado de direito e enfoques constitucionais contemporâneos na seara do controle jurisdicional de convencionalidade

Estado de derecho y enfoques constitucionales contemporáneos en el campo del control judicial de la convencionalidad

Alexandre Almeida Rocha

Doutor em Ciências Sociais Aplicadas pela Universidade Estadual de Ponta Grossa (UEPG). Mestre em Instituições Jurídico-Políticas pela Universidade Federal de Santa Catatrina (UFSC). Professor Adjunto no Departamento de Direito do Estado da UEPG e professor do Mestrado em Direito da UEPG. Advogado.

Denise Antunes

Mestranda em Direito pela Universidade Estadual de Ponta Grossa (UEPG). Pós-graduada em "Fundamentos críticos: los derechos humanos como procesos de lucha por la dignidad – IX Edicion" pela Universidad Pablo de Olavide (Sevilha, Espanha). Especialista em Direitos Humanos e Questão Social pela Pontifícia Universidade Católica do Paraná (PUCPR). Juíza de Direito aposentada – Tribunal de Justiça do Estado do Paraná (TJPR). Conciliadora do Centro Judiciário de Solução de Conflitos e Cidadania (Cejusc) do TJPR. Professora na Escola da Magistratura do Paraná (Emap).

Resumo: Este artigo pretende apontar o controle jurisdicional de convencionalidade como imperioso instrumento no contexto democrático, o qual deve ser uma prática constante na atuação da magistratura brasileira, sob a advertência de que não se trata de ato discricionário, mas sim de "dever" da magistratura na prestação jurisdicional. Ainda bem tímido o uso do controle difuso da convencionalidade pelo Poder Judiciário brasileiro, o intuito será demonstrar que as concepções atuais do Estado de direito e os enfoques contemporâneos de ordem constitucional (*v.g.* constitucionalismo contemporâneo e teorias de ordem constitucional contemporâneas) são tendências surgidas no século XX e neste século, respaldando e motivando a atuação judicial na seara dos direitos humanos. Parte da base filosófica trata das relações entre os Estados e suas Cortes Supremas e as organizações internacionais de direitos humanos, cuja ideia está intrinsecamente ligada ao controle de convencionalidade o qual adentra na análise de ordens jurídicas distintas diante de um mesmo problema. Imprescindível a atuação judiciária em um Estado democrático de direito cuja Constituição deu amplitude à justiça constitucional que assegura o respeito aos direitos fundamentais e, se for o caso, acatar os tratados internacionais de direitos humanos.

Palavras-chave: controle de convencionalidade; direitos humanos; Estado de direito.

***Resumen**: Este artículo pretende señalar el control judicial de la convencionalidad como un instrumento imperativo en el contexto democrático, y que debe ser una práctica constante en el desempeño del poder judicial* brasileño, *bajo la advertencia de que no es un acto discrecional sino un "deber" del poder judicial en la disposición jurisdiccional. Todavía muy tímido el uso del control difuso de la convencionalidad por parte del Poder Judicial* brasileño, *la intención será demostrar que las concepciones actuales del Estado de Derecho y los enfoques contemporáneos del orden constitucional (por ejemplo, el constitucionalismo contemporáneo y las teorías constitucionales contemporáneas), son tendencias que surgieron en el siglo XX y en este siglo, apoyando y motivando la acción judicial en el campo de los derechos humanos. Parte de la base filosófica se refiere a las relaciones entre los Estados y sus Tribunales Supremos y las organizaciones internacionales de derechos humanos, cuya idea está intrínsecamente ligada al control de la convencionalidad que entra en el análisis de distintos ordenamientos jurídicos ante un mismo problema. Acciones judiciales esenciales en un Estado democrático de derecho cuya*

Constitución dio amplitud a la justicia constitucional que garantiza el respeto de los derechos fundamentales y, en su caso, el cumplimiento de los tratados internacionales de derechos humanos.

Palabras-clave: *control de convencionalidad; derechos humanos; Estado de derecho.*

1. Introdução

O controle de convencionalidade surgiu com a missão de modificar o modo de compreender o direito no mundo contemporâneo, com viés humanista, e conceder aos poderes constituídos mais uma possibilidade de zelar pelos direitos humanos. O instituto, portanto, insere-se nos cenários jurídicos nacional e internacional como uma ferramenta apta não só a garantir a efetividade necessária à aplicação das convenções internacionais de direitos humanos no âmbito do sistema legal dos Estados, mas sobretudo como um meio capaz de estabelecer um profícuo diálogo entre as mais diversas ordens jurídicas existentes.

Adentrar no estudo das concepções do controle jurisdicional de convencionalidade impõe a reflexão acerca do Estado de direito e dos ensinamentos da esfera constitucional, a fim de se concluir pela necessária atuação da magistratura em casos tais, visto que é inquestionável a importância do "agir jurisdicional" no contexto democrático da aplicação efetiva do controle de convencionalidade.

Não se pode olvidar que o Estado de direito é mecanismo que visa estabelecer o atendimento às ordens constitucionais e surge atualmente como uma forte corrente de ideais e instrumento para todos aqueles que lutam contra o autoritarismo e o totalitarismo, transformando-se em um dos principais pilares do regime democrático. O Estado de direito é, pois, garantidor da lei e conversa diretamente com a chamada *justiça constitucional*, uma vez que esta surge no cenário da implementação dos direitos fundamentais.

Por sua vez, o constitucionalismo contemporâneo, por ser novo modo de analisar a Constituição, indica uma nova forma de interpretação do direito à vista dos direitos fundamentais. Propõe fugir da visão meramente positivista, tida como tradicional, que apenas foca o poder do Legislativo, cabendo aos demais poderes Executivo e Judiciário a aplicação das normas. O novo constitucionalismo respalda a promoção de atuação mais marcante por parte do Poder Judiciário, além da aplicação da lei, e seguindo no processo de interpretação à vista dos preceitos de ordem constitucional (interpretação axiológica).

Por isso, adotando o método dedutivo e efetuando revisão bibliográfica, o artigo também analisará as teorias que envolvem as relações entre os Estados e suas Cortes Supremas e as organizações internacionais de direitos humanos, não se olvidando que daí serão colhidos os ensinamentos condizentes com a prática do controle jurisdicional de convencionalidade, sendo que ambos os assuntos são afins e tratam da relação entre ordens jurídicas distintas ante um mesmo problema. Assim, serão abordadas as tendências provindas das seguintes teorias: (i) Constitucionalismo multinível, de Ingolf Pernice; (ii) Estado constitucional cooperado, de Peter Häberle; (iii) Transconstitucionalismo, de Marcelo Neves; e (iv) Teoria da interconstitucionalidade, de J. J. Gomes Canotilho.

Intuitivo será o entendimento de que, o modelo multinivelado do constitucionalismo (seja ele qual for, de acordo com as teorias mencionadas) exige uma outra postura do Poder Judiciário brasileiro. Analisar essas fortes tendências que surgem no cenário constitucional e dos direitos humanos irá ratificar cada vez mais a importância da atuação do Judiciário em prol da aplicação de normas "mais adequadas" (as que melhor atendem ao princípio *pro homine, pro persona*), sejam elas nacionais ou internacionais.

2. Controle jurisdicional de convencionalidade

No âmbito da atuação dos juízes no sistema legal brasileiro existe a possibilidade de se aplicar o controle de convencionalidade, o qual consiste na análise das leis de um país em paralelo com as normas internacionais de direitos humanos, a fim de se evitar que a lei do Estado afronte as regras emanadas das convenções e dos tratados internacionais sobre direitos humanos e das quais o país é signatário.

Nada mais proclama o instituto do que a ênfase aos direitos humanos. No confronto entre a norma interna e a norma de cunho internacional, ao identificar a incompatibilidade entre elas, afasta-se, em regra, a incidência da norma interna, por ser de menor hierarquia; ou, ainda, aplica-se a regra mais benéfica adotando o princípio *pro homine.*

Nas palavras de Mazzuoli (2009, p. 24), o controle de convencionalidade[i] visa à compatibilização da produção normativa doméstica com os tratados de direitos humanos ratificados pelo governo e em vigor no país. Logo, o controle de convencionalidade tem por finalidade compatibilizar verticalmente as normas domésticas (as espécies de leis, *lato sensu*, vigentes no país) com os tratados internacionais de direitos humanos aderidos pelo Estado e em vigor no território nacional[ii].

---

i A expressão *controle de convencionalidade* trata-se de um neologismo criado a partir da locução *controle de constitucionalidade* e do termo *convenções* (acordos e tratados internacionais). O instituto surgiu na França em meados da década de 1970, quando o Conselho Constitucional daquele país (equivalente ao STF) afastou sua competência para analisar a validade de uma norma interna (sobre a interrupção voluntária da gravidez) em relação à Convenção Europeia de Direitos Humanos, de 1950 (Mazzuoli, 2018, p. 27-28).

ii Ainda, conforme ensinamento de André de Carvalho Ramos (2021, p. 587-591), existem duas espécies de controle de convencionalidade: a internacional e a nacional. O controle de matriz internacional é realizado pelas Cortes Internacionais (órgãos internacionais), cuja finalidade de complementar a proteção oferecida internamente.

Com o surgimento da Emenda Constitucional n. 45/2004, tomou maior relevância o controle de convencionalidade, pois dita norma fez ingressar dois parágrafos no art. 5º da Constituição Federal (CF): §§ 3º e 4º. O § 2º já integrava a Constituição desde a promulgação em 1988[i]. Tais comandos acrescentaram a possibilidade de se realizar o controle de convencionalidade concentrado das leis, lembrando que as duas vias de controles surgiram em épocas diferentes – o controle de convencionalidade difuso existe no direito brasileiro desde a promulgação da CF, em 5 de outubro de 1988, e desde a entrada em vigor dos tratados de direitos humanos ratificados pelo Brasil após esse período (§ 2º supra); e o controle de convencionalidade concentrado legislativamente surgiu apenas em 8 de dezembro de 2004, com a promulgação da Emenda Constitucional n. 45 (incluindo o § 3º) (Mazzuoli, 2009, p. 50).

O § 3º do art. 5º da Constituição, analisado pelo Supremo Tribunal Federal (STF), gerou o entendimento de que somente os tratados aprovados pelo procedimento previsto no § 3º têm *status* constitucional, e aqueles que não, têm natureza infraconstitucional, contudo, ditos *tratados de direitos humanos* assumem a posição de supralegalidade (Mazzuoli, 2009, p. 34).

Nessa toada, o Poder Judiciário, na tarefa de fazer o controle de convencionalidade, desenvolverá tal função tanto de maneira concentrada quanto difusa. Na primeira hipótese (concentrado), estar-se-á diante do controle de convencionalidade praticado pela nossa Corte Maior, ou seja, o STF. Na segunda (difuso), por sua vez, fala-se da execução

---

i CF/1988: "Art. 5º Todos são iguais perante a lei, sem distinção de qualquer natureza, garantindo-se aos brasileiros e aos estrangeiros residentes no País a inviolabilidade do direito à vida, à liberdade, à igualdade, à segurança e à propriedade, nos termos seguintes: [...] § 2º. Os direitos e garantias expressos nesta Constituição não excluem outros decorrentes do regime e dos princípios por ela adotados, ou dos tratados internacionais em que a República Federativa do Brasil seja parte. § 3º. Os tratados e convenções internacionais sobre direitos humanos que forem aprovados, em cada Casa do Congresso Nacional, em dois turnos, por três quintos dos votos dos respectivos membros, serão equivalentes às emendas constitucionais. (Incluído pela EC 45/2004)." Por meio do § 4º do art. 5º da Constituição Federal, há o tratamento da jurisdição do Tribunal Penal Internacional (TPI). Segundo ele, crimes contra a humanidade, quando cometidos em território brasileiro e com graves violações aos direitos humanos, poderão ser julgados pelo TPI, cuja autoridade é reconhecida pelo Brasil.

do controle por qualquer outro tribunal ou juiz interno (além do próprio STF), que poderá agir de ofício, inclusive.

A partir disso, não se olvide que o referido exame da validade das leis e atos normativos à luz das Convenções Internacionais sobre Direitos Humanos impõe ao Poder Judiciário o dever de promover o controle de convencionalidade. Em princípio, deve afastar a aplicação da lei e do ato normativo, preservando a supremacia do Tratado ou da Convenção.

Por sua vez, o exercício do controle jurisdicional de convencionalidade não é uma prática comum nem está no dia a dia dos magistrados. Nada obstante, a doutrina é unânime em frisar que o exercício de tal controle trata-se de um dever por parte das juízas e dos juízes. Inclusive, tal fator está bastante explícito quando se depara com os reflexos de institutos jurídicos voltados à garantia da democracia, principalmente quando se adentra nas concepções de Estado de direito, nos ensinamentos colhidos do vasto arcabouço constitucional (constitucionalismo contemporâneo e humanização do direito constitucional) e, ainda, na dinâmica do constitucionalismo multinível. Ou seja, existe forte respaldo constitucional e motivações acadêmicas para almejar que o controle jurisdicional de convencionalidade seja tratado à altura de sua imperatividade e exercido de modo constante, em razão das sucessivas violações aos direitos humanos no Brasil.

Portanto, impõe-se a reflexão acerca do Estado de direito e dos ensinamentos buscados na esfera constitucional, a fim de se concluir pela necessária atuação da magistratura em casos tais, visto que é inquestionável importância do "agir jurisdicional" no contexto democrático da aplicação efetiva do controle de convencionalidade.

3. Estado democrático de direito

Na mesma intensidade em que, hodiernamente, o signo do Estado de direito está em voga no mundo, são intensos os enfoques doutrinários acerca do tema, mormente porque são muitos os ângulos e faces a serem analisados.

A importância de se compreender o Estado de direito é inquestionável quando se constata, nestes últimos anos, a onda neoconservadora e neoliberal que emergiu de ações e pensamentos de diversos chefes de Estado (Donald Trump, Jair Bolsonaro, Matteo Salvini etc.), a qual impôs retrocessos marcantes aos direitos humanos, sustentando e encorajando o ódio contra as minorias.

Historicamente, a concepção de *Estado de direito* surgiu na nefasta Idade Média e vinha justamente como um modo de contenção do absolutismo. A partir do desaparecimento do Estado absolutista, passou-se para o chamado *Estado legal de direito* até chegar-se ao contemporâneo *Estado constitucional de direito.*

A propósito, o enfoque dado por Bobbio (2004) tratando do "individualismo metodológico"[i] dentro do estudo da sociedade e na evolução da concepção do Estado de direito indica o cidadão como titular de direitos privados e públicos no contexto democrático, o que fortalece as garantias dos direitos fundamentais de cada sujeito:

> *É com o nascimento do Estado de direito que ocorre a passagem final do ponto de vista do príncipe para o ponto de vista dos cidadãos. No Estado despótico, os indivíduos singulares só têm deveres e não direitos. No Estado absoluto, os indivíduos possuem, em relação ao soberano, direitos privados. No Estado de direito, o indivíduo tem, em face do Estado, não só direitos privados, mas também direitos públicos. O Estado de direito é o Estado dos cidadãos.* (Bobbio, 2004, p. 58)

Segundo Canotilho (1999), a ideia de um Estado "domesticado" pelo direito alicerçou-se paulatinamente nos Estados ocidentais de acordo com as circunstâncias e condições concretas existentes nos vários países da Europa e, depois, no continente americano. Na Inglaterra, sedimentou-se a ideia de *Rule of Law* ("regra do direito" ou "império do direito"). Na França, emergiu a exigência do Estado de legalidade (*État légal*). Nos Estados Unidos, consolidou-se o Estado constitucional, ou seja, o Estado sujeito a uma constituição. Na Alemanha, construiu-se o princípio do Estado de direito (*Rechtsstaat*), isto é, um Estado subordinado ao direito.

No mundo, em meados do século XX, a expressão do constitucionalismo era voltada justamente aos preceitos democráticos, com a intensa proteção aos direitos fundamentais reconhecidos nas Constituições (além dos limites na atuação dos poderes), dando a guinada na

---

[i] Individualismo metodológico: estudo da sociedade deve partir das ações do indivíduo; individualismo como base filosófica da democracia, *v.g.* uma cabeça, um voto; indivíduo como titular *de direitos sobre as coisas – como sujeito econômico* (Bobbio, 2004, p. 57-58).

concepção de *Estado de direito* para a denominação do *Estado democrático de direito.*

Bastante intenso o reaparecimento do Estado democrático de direito no contexto mundial atual, diante da necessidade de se opor ao autoritarismo e ao totalitarismo e admitir-se, assim, um Estado subordinado a uma constituição, à lei. Dito reaparecimento garante que os preceitos do Estado de direito sejam fortes componentes de garantia no regime democrático.

Na forma do Estado adotada no Brasil, o federalismo (união de coletividades políticas autônomas), e na forma de governo, a república (*res publica*, coisa do povo e para o povo), percebe-se a maneira como ocorrerá a instituição do poder na sociedade e como se estabelecerá a relação entre governantes e governados (Silva, 2022, p. 99-105).

O constitucionalista José Afonso da Silva (2022, p. 124) bem sintetiza a obrigação maior do governo republicano em uma federação, afirmando que "a tarefa fundamental do Estado Democrático de Direito consiste em superar as desigualdades sociais e regionais e instaurar um regime democrático que realize a justiça social".

No âmbito da garantia dos direitos individuais, da garantia dos direitos fundamentais, o Estado de direito toma sua maior dimensão democrática, pois é a força constitucional normativa tomando forma para evitar as discriminações e o uso arbitrário da força. É intuitivo entender que, no Estado democrático de direito, obrigatoriamente, todos os direitos fundamentais do homem devem ser protegidos pelo Estado.

Por oportuno, Barroso (2021, p. 101; 463) traz a noção de constitucionalismo e democracia, em importante enfoque, pois se, por um lado, o constitucionalismo traduz limitação do poder, a democracia identifica, de modo simplista, soberania popular e governo da maioria; se, por vezes, constitucionalismo e democracia são conceitos que se aproximam, eles não se confundem, pois o constitucionalismo significa, em essência, limitação do poder e supremacia da lei (*Ètat lègal*, *Rule of Law, Rechtsstaat).* Destaca-se, aliás, que a democracia contemporânea, feita de votos, direitos e razões[i], vai além do "governo da maioria".

---

i A democracia contemporânea é mais do que apenas o governo da maioria: ela é feita de *votos*, *direitos* e *razões*. Isso dá a ela três dimensões: (i) a primeira dimensão é a da *democracia representativa*, que é feita dos votos de todos os cidadãos, que elegem seus governantes e seus representantes; (ii) a segunda dimensão é a *democracia constitucional*. Isso significa que o poder é limitado e as pessoas são titulares de

O jurista português J. J. Gomes Canotilho (1999), ao tratar do Estado de direito, elenca uma série de dimensões, e uma delas diz respeito ao "Estado de direito ser um Estado alicerçado na soberania popular, exercido de forma a dar preferência à proteção dos bens coletivos, fundamentais para a construção de uma sociedade democrática e republicana" e, complementa que se presentes todas as dimensões[i], estar-se-á diante da realização perfeita do Estado de direito.

No Brasil, tal concepção foi acolhida com a Constituição de 1988. O art. 1º da Carta define o Estado brasileiro como Estado democrático de direito e o fundamenta na cidadania, no pluralismo político e na dignidade da pessoa humana. Aliás, a democracia constitucional foi a ideologia que imperou no século XX e se sobrepôs a todos outros comandos políticos que apareceram, como fascismo, nazismo, comunismo, regimes militares e aqueles calcados em fundamentalismos religiosos.

Todas essas constatações levam à conclusão de que a noção de Estado democrático de direito só é hígida se visar à concretização dos direitos constitucionais e, inclusive, é nesse ponto que se concebe o ápice do Estado democrático de direito: um Estado em que se deve garantir a todos o acesso ao Poder Judiciário no caso de ameaça ou de lesão de direitos do cidadão.

---

direitos fundamentais. O protagonista dessa dimensão da democracia é o Poder Judiciário e, em última instância, o *Supremo Tribunal Federal*, guardião final das regras do jogo democrático e dos direitos fundamentais; (iii) por fim, a democracia é, em sua terceira dimensão, *democracia deliberativa*. Ela não se esgota no momento eleitoral, mas se prolonga no debate público permanente, na troca de argumentos, no oferecimento de *razões* para definição dos rumos a seguir. O protagonista dessa dimensão da democracia é a *sociedade* considerada como um todo, o que inclui cidadãos, universidades, imprensa, organizações sindicais, associações de classe etc. (Barroso, 2021, p. 473-474; 527).

i Canotilho (1999) indica várias dimensões do Estado de direito, entre elas o Estado de direito subordinado ao império da lei; Estado de direito é um Estado estruturado a partir da divisão de poderes, isto é, do fracionamento do poder do Estado e da independência de seus três poderes; Estado de direito é um Estado de liberdade e de igualdade; Estado de direito é um Estado de direitos fundamentais; e Estado de direito é um Estado que garante a via judiciária, ou seja, o acesso ao Poder Judiciário no caso de ameaça ou de lesão de direitos do cidadão.

4. Enfoques constitucionais contemporâneos

4.1. Constitucionalismo contemporâneo

Acerca do constitucionalismo moderno e contemporâneo, importante antes situar os acontecimentos, pois o Estado moderno surge no século XVI, ao final da Idade Média, e há na doutrina a caracterização de três momentos do constitucionalismo e do Estado moderno, sendo assim compreendidos: o Estado liberal (constitucionalismo liberal) que evolui para o Estado social (constitucionalismo social[i]) e, após, segue para o Estado democrático (constitucionalismo democrático ou constitucionalismo contemporâneo).

O constitucionalismo contemporâneo surgiu com o chamado *novo direito constitucional*, que teve início na Europa no pós-guerra e no Brasil com a atual Constituição (marco da redemocratização no país).

No Brasil, houve a preocupação com o cumprimento da Constituição, com a realização prática dos comandos nela contidos, enfim, com sua "efetividade". A doutrina da efetividade se serviu de uma metodologia positivista: direito constitucional é norma, bem como de um critério formal para estabelecer a exigibilidade de determinados direitos: se está na Constituição é para ser cumprido.

Assim, foi a partir do novo patamar criado pelo "constitucionalismo brasileiro da efetividade" (doutrina da efetividade) que ganharam impulso os estudos acerca do neoconstitucionalismo e da teoria dos direitos fundamentais (Barroso, 2021, p. 221-223).

Segundo Barroso (2021, p. 242; 257), o novo direito constitucional indica o constitucionalismo democrático do pós-guerra, desenvolvido

---

[i] O constitucionalismo social surge como, consagrador de normas de proteção ao trabalhador, representado pelas Constituição mexicana, de 1917, e pela Constituição alemã de Weimar, de 1919. Nos Estados Unidos, essa modificação do papel do Estado veio com o *New Deal*, conjunto de políticas públicas intervencionistas e de proteção dos direitos sociais, implementado pelo Presidente Roosevelt durante a década de 1930. No Brasil, a Constituição de 1934 foi a primeira a dedicar um capítulo à ordem econômica e social (Barroso, 2021, p. 83, nota de rodapé n. 67).

em uma cultura filosófica pós-positivista, marcado pela força normativa da Constituição, pela expansão da jurisdição constitucional e por uma nova hermenêutica, gerando a percepção de que o neoconstitucionalismo é tido como produto do reencontro entre a ciência jurídica e a filosofia do direito.

Inegavelmente, o constitucionalismo contemporâneo gera a percepção além daquele constitucionalismo ligado à limitação do poder político, visto que abarca a tendência de buscar a "eficácia" da Constituição no intuito de dar-lhe maior efetividade com o fim de concretizar os direitos fundamentais. O movimento do novo constitucionalismo dá primazia ao preceito maior da dignidade do homem e, por isso, indica que as ações do Estado se voltem a dar efetividade aos direitos fundamentais da pessoa humana.

O constitucionalismo contemporâneo, além de ser uma reação ao positivismo, coloca a Constituição como o ponto central do sistema legal e do ordenamento jurídico, cujos processos axiológico e hermenêutico visam ao direito tomando como base os direitos fundamentais (contrário, pois, ao tradicional constitucionalismo, que era baseado na visão positivista, que buscava valorizar a primazia da lei e relegava à Constituição a função de organização do Estado).

Aliás, quanto à Constituição estar no centro do sistema jurídico e compreender as características do novo constitucionalismo, Barroso (2021, p. 99-100) salienta:

> *Sedimentado o caráter normativo das normas constitucionais, o Direito contemporâneo é caracterizado pela passagem da Constituição para o centro do sistema jurídico, onde desfruta não apenas da supremacia formal que sempre teve, mas também de uma supremacia material, axiológica. Compreendida como uma ordem objetiva de valores e como um sistema aberto de princípios e regras, a Constituição transforma-se no filtro através do qual se deve ler todo o direito infraconstitucional. Esse fenômeno tem sido designado como constitucionalização do Direito, uma verdadeira mudança de paradigma que deu novo sentido e alcance a ramos tradicionais e autônomos do Direito, como o civil, o administrativo, o penal e o processual. Essa constitucionalização do Direito, potencializada por algumas características associadas ao contexto filosófico do pós-positivismo – centralidade da ideia de dignidade humana*

> *e dos direitos fundamentais, desenvolvimento da nova hermenêutica, normatividade dos princípios, abertura do sistema, teoria da argumentação –, tem tornado o debate jurídico atual extremamente rico e instigante. Nele têm-se colocado temas que definirão o futuro da Constituição, dentre os quais: o papel do Estado e suas potencialidades como agente de transformação e de promoção dos direitos fundamentais; a legitimidade da jurisdição constitucional e da judicialização do debate acerca de determinadas políticas públicas; a natureza substantiva ou procedimental da democracia e o conteúdo das normas constitucionais que a concretizam, para citar apenas alguns exemplos.*

A partir dessa ordem de ideias, logo são detectadas as características básicas do constitucionalismo contemporâneo, como o reconhecimento da força normativa da Constituição (*v.g.* a supremacia constitucional como fonte direta de direitos, e a Constituição pela garantia, promoção e preservação dos direitos fundamentais); o desenvolvimento de uma nova dogmática da interpretação constitucional; e a expansão da jurisdição constitucional.

Segue-se à jurisdição constitucional tida como exercício de hermenêutica calcado no conteúdo axiológico dos princípios constitucionais, a fim de o Poder Judiciário aplicar a Constituição em qualquer questão que demande um provimento judicial de cunho sociopolítico, lembrando que as premissas do constitucionalismo contemporâneo são voltadas não apenas para a identificação de direitos individuais, mas também para a promoção dos interesses da coletividade. E, partindo justamente da jurisdição constitucional, mostra-se necessária sua relação com a proteção internacional dos direitos humanos, a fim de demonstrar as potencialidades da jurisdição na concretização dos valores e direitos preconizados pelas convenções e pelos tratados internacionais.

Grande é, assim, a relevância de entender o ideal do constitucionalismo contemporâneo, que, além de atender à supremacia da Constituição e à garantia de direitos fundamentais, concede ao Poder Judiciário o respaldo e a inspiração para atuar em prol do zelo e concretização dos direitos humanos, ensejando uma postura ativa por parte dos magistrados e tribunais quando do exercício do controle de convencionalidade.

4.2. Constitucionalismo supranacional e as implicações no controle de convencionalidade

4.2.1. Considerações iniciais

Comentário necessário quando o assunto envolve o controle de convencionalidade é indicar que, nas relações entre o direito internacional e os direitos internos das nações, existem dois enfoques que devem ser analisados, quais sejam, os das relações (i) vertical e (ii) horizontal entre os mencionados direitos.

Quanto à relação vertical entre o direito internacional e os direitos internos das nações, o estudo foca-se no modo como o direito internacional adentra o ordenamento dos Estados (trata, pois, da questão afeta à prevalência das normas e à natureza dos tratados internacionais de direitos humanos).

Por sua vez, a relação horizontal entre direitos internos e internacional é tida como aquela que investiga as relações entre os Estados e suas Cortes Supremas e as organizações internacionais de direitos humanos. Nesse ponto, despontam algumas teorias com enfoques constitucionais também contemporâneos: (i) Constitucionalismo multinível, de Ingolf Pernice; (ii) Estado constitucional cooperativo, de Peter Häberle; (iii) do Interconstitucionalismo, de Gomes Canotilho; e (iv) do Transconstitucionalismo, de Marcelo Neves.

Notadamente, o assunto em apreço envolve a proteção dos direitos humanos em vários níveis, tida como "proteção multinível de direitos", compreendida como uma proteção global que transcende as fronteiras do Estado-nação. Outro título adequado para indicar a referida relação horizontal na seara do controle de convencionalidade (relação entre o direito internacional e os direitos internos das nações) é "constitucionalismo supranacional".

A partir dessas teorias, vislumbra-se a possibilidade de um controle de convencionalidade que busca a compatibilização das normas internas com os tratados de direitos humanos subscritos e ratificados pelos Estados e, assim, aderindo à justiça constitucional, torna-se uma das formas de se atingir um modelo de Estado democrático de direito, comprometido com uma proteção cada vez mais ampla dos direitos humanos.

4.2.2. Constitucionalismo multinível, de Ingolf Pernice

Ingolf Pernice[i], no cenário complexo da relação entre os ordenamentos constitucionais estatais, internacionais, supranacionais e transnacionais, desenvolveu o termo *constitucionalismo multinível* destacando a manutenção das Constituições nacionais e, em patamar comunitário superior, uma Constituição em nível supranacional. Para ele, essa integração comunitária ocasionaria uma mutação constitucional progressiva com o fim de consolidar um Sistema Constitucional Multinível.

O jurista alemão enaltece que o constitucionalismo multinível desenvolve a ideia de **"pangeialização" constitucional**, isto é, a necessidade de se criar uma norma fundamental superior e comum a todos (ou a vários) Estados, em referência ao supercontinente denominado *Pangeia*. Nota-se que a crítica maior à teoria de Pernice é a de que, se, de um lado, impera a ideia de globalização e a necessidade de intercomunicação de problemas afins entre os Estados, de outro, há comentários sobre a afronta à soberania dos Estados-membros, bem como sobre o culturalismo próprio de cada um.

Segundo Cambi, Porto e Fachin (2021), estudiosos que se dedicam ao tema constitucionalismo multinível, tem-se que tal instituto jurídico resulta da pluralidade de ordens jurídicas[ii], onde coabitam os sistemas de proteção aos direitos humanos e as ordens constitucionais.

---

i O que há de novo no constitucionalismo multinível? É a perspectiva do indivíduo – ou seja, em termos de democracia, a única fonte e origem dos poderes legítimos ou soberanos exercidos pelas autoridades públicas, em qualquer nível que seja (Pernice, 2016).

ii Tal enfoque dado no constitucionalismo multinível nos remete ao pluralismo jurídico, embora com ele não se confunda. O pluralismo jurídico surgiu a partir da década de 1980, com Boaventura de Sousa Santos, quando ele publica sua tese de doutorado (Universidade de Yale) cuja pesquisa foi realizada em uma favela do Rio de Janeiro (nome fictício de Pasárgada), objetivando estudar a produção de normas e práticas jurídicas extraoficiais daquela comunidade. No Brasil, a partir de 1990, o professor Antônio Carlos Wolkmer inovou ao apresentar uma teoria ousada de um "pluralismo jurídico comunitário-participativo", quando classificou os movimentos sociais como novos produtores de normas de uma cultura jurídica pluralista, pois esses movimentos ocupam vários espaços tanto sociais quanto políticos, existindo um empoderamento da própria cidadania ativa, ou seja, há uma contundente participação comunitária nas tomadas de decisões em que o indivíduo é agente das ações coletivas, rompendo com o paradigma da dependência social e política. O pluralismo jurídico é a **oposição ao formalismo jurídico do**

Exsurge uma nova ordem pública, marcada por um constitucionalismo multinível, e que compreende a coexistência de normas e entendimentos de diferentes matrizes que dividem o mesmo espaço social.

Intuitivo, pois, o entendimento de que o modelo multinivelado do constitucionalismo exige outra postura do Poder Judiciário, seguindo-se o que dizem os juristas paranaenses. Ou seja, ensinam que o juiz de garantia, ou juiz de proteção, foi inicialmente idealizado como o principal ator para a efetivação de um diálogo multinível, ao participar da ampliação hermenêutica do catálogo de direitos humanos e garantir sua efetividade. Esse juiz exerce suas funções em âmbito nacional, supranacional e internacional, tutelando os direitos humano-fundamentais. Ainda, aduzem que, ao possibilitar que o Poder Judiciário seja colocado no centro do novo desenho constitucional multinível, abre-se a oportunidade para a humanização da magistratura e para a maior efetividade dos direitos humanos. Afinal, todo juiz nacional é um juiz interamericano (Cambi; Porto; Fachin, 2021, p. 123-124).

Assim, o instituto do constitucionalismo multinível vem para aumentar cada vez mais a proteção dos direitos humanos, mormente em Estados nos quais a formação adequada de suas identidades enfoque o rechaço a males como o conservadorismo, o liberalismo e o radicalismo, enaltecendo cada vez mais a importância do Poder Judiciário no real papel que deve lhe é atribuído, qual seja, de estar atento cada vez mais às demandas sociopolíticas e contribuir na promoção da mudança social.

4.2.3. Estado constitucional cooperativo, de Peter Häberle

A teoria do Estado constitucional cooperativo, de Peter Häberle (2007, p. 5-18), traz em seu âmago o entrelaçamento das relações internacionais e supranacionais, contudo, com mais ênfase à cooperação, à responsabilidade internacional e à solidariedade.

Propõe a necessidade internacional de políticas de paz, abrindo-se às relações internacionais, de modo a impor medidas eficientes no âmbito interno; na abertura global dos direitos humanos e de sua realização cooperativa; no potencial constitucional ativo, voltado para o

---

positivismo posto pela sociedade burguesa, é contra o monismo jurídico estatal, sendo o surgimento e uso de um direito paralelo ao direito estatal que tem eficácia simultaneamente em uma mesma sociedade, o que faz ocorrer que o uso de um ofusca o outro (Wolkmer, 2015).

objetivo de realização internacional conjunta de tarefas da comunidade de Estados; na solidariedade estatal de prestação, ou seja, na disposição de cooperação para além das fronteiras; na assistência ao desenvolvimento e na proteção ao meio ambiente (Clève, 2014, p. 206).

Segundo o autor alemão Häberle (2007, p. 68), os motivos que o levaram à concepção de um Estado constitucional cooperativo podem ser identificados em dois aspectos (embora seja mais complexo): o sociológico-econômico e o ideal-moral.

No que tange aos direitos humanos e fundamentais para o processo de conformação do Estado constitucional cooperativo, a visão de Häberle é pessimista. Analisando a comunidade europeia, comenta que esse aspecto somente pode ser esboçado, uma vez que ainda não existe uma sociedade aberta de cidadãos europeus no plano universal, pois ainda se considera o outro como um estrangeiro, ou seja, o esforço ainda será muito grande até que sejam reconhecidos direitos fundamentais no plano internacional e universal.

Nada obstante, na base da teoria em apreço insere-se o controle de convencionalidade, lembrando que dito controle visa à compatibilização das normas internas com os tratados de direitos humanos e, pois, pode servir como estrutura primária para o desenvolvimento da teoria do Estado constitucional cooperado, valendo-se de suas premissas.

4.2.4. Transconstitucionalismo, de Marcelo Neves

Transconstitucionalismo é um termo criado pelo brasileiro Marcelo Neves (2009b), sendo definido como um entrelaçamento de ordens jurídicas diversas, tanto estatais quanto transnacionais, internacionais e supranacionais, em torno dos mesmos problemas de natureza constitucional (problemas de direitos fundamentais e de limitação de poder que são discutidos ao mesmo tempo por tribunais de ordens diversas).

O transconstitucionalismo trata-se de uma "relação transversal permanente entre ordens jurídicas em torno de problemas comuns" (Neves, 2009b, p. XXI). Assevera o autor, na introdução de sua obra, que:

> *O fato é que, mais recentemente, com a maior integração da sociedade mundial, esses problemas tornaram-se insuscetíveis de serem tratados por uma única ordem jurídica estatal no âmbito do respectivo território. Cada vez mais, problemas de direitos humanos ou fundamentais e de controle e limitação do poder tornam-se concomitantemente relevantes para*

mais de uma ordem jurídica, muitas vezes não estatais, que são chamadas ou instadas a oferecer respostas para a sua solução. Isso implica uma relação transversal permanente entre ordens jurídicas em torno de problemas constitucionais comuns. (Neves, 2009b, p. XXI)

Percebe-se, na lição de Neves, que as questões que envolvem o transconstitucionalismo não podem ser compreendidas sob a ótica do constitucionalismo clássico, no qual a Constituição permanece associada exclusivamente a um Estado. Para o transconstitucionalismo, "o fundamental é precisar que os problemas constitucionais surgem em diversas ordens jurídicas, exigindo soluções fundadas no entrelaçamento entre elas" (Neves, 2009b, p. 121).

Enfim, de acordo com Neves (2009b, p. 297), a teoria do transconstitucionalismo aponta para o Estado deixando de ser um *locus* privilegiado de solução de problemas constitucionais. Embora fundamental e indispensável, é apenas um dos diversos parâmetros em cooperação e concorrência na busca do tratamento desses problemas. A integração sistêmica cada vez maior da sociedade mundial levou à desterritorialização de problemas-casos jurídico-constitucionais, que, por assim dizer, emanciparam-se do Estado.

O transconstitucionalismo implica o reconhecimento de que as diversas ordens jurídicas entrelaçadas na solução de um problema – a saber, de direitos fundamentais ou humanos e de organização legítima do poder –, que lhes seja concomitantemente relevante, devem buscar formas transversais de articulação para a solução do problema, cada uma delas observando a outra para compreender os próprios limites e as possibilidades de contribuir para solucioná-lo. Sua identidade é reconstruída, dessa maneira, enquanto leva a sério a alteridade, a observação do outro.

4.2.5. Interconstitucionalismo, de J. J. Gomes Canotilho

A interconstitucionalidade é fundamentada por J. J. Gomes Canotilho (2006)[i]. Aborda sua tese na obra *Brancosos e interconstitucionalidade*, diante das constatações colhidas no cenário europeu.

---

[i] No *e-book* do VII Encontro Internacional do Conpedi ocorrido em 2017 (sediado pela Escola de Direito da Universidade do Minho, em Braga, Portugal), há a informação de que a ideia de interconstitucionalidade, foi proposta por Gomes Canotilho em *Brancosos e*

Canotilho (2006, p. 266-268) comenta que atualmente "a teoria da Constituição pressupõe hoje o estudo da teoria da interconstitucionalidade". Para ele, essa teoria estuda as relações interconstitucionais de concorrência, convergência, justaposição e conflitos de várias constituições e de vários poderes constituintes no mesmo espaço político. A teoria da interconstitucionalidade enfrenta, entre outros problemas, o da articulação entre constituições e da afirmação de poderes constituintes com fontes e legitimidades diversas.

No pluralismo jurídico-constitucional vivenciado neste momento no mundo, tem-se que a teoria da interconstitucionalidade foi concebida pela doutrina portuguesa para enfrentar o intrincado problema europeu (i) da articulação entre normas constitucionais de distintas fontes e (ii) da afirmação de poderes constituintes e legitimidades diversas na União Europeia. Ou seja, a teoria da interconstitucionalidade surgiu para captar o fenômeno (i) da pluralidade de fontes constitucionais (e reivindicações de autoridade constitucional) e (ii) das tentativas judiciais de acomodá-las em um contexto jurídico-constitucional não hierarquicamente estruturado – como é aquele da União Europeia (Unio/Conpedi, 2018).

A proposta de Canotilho (2006) é de um interconstitucionalismo como uma forma de interorganização política e social, cujo intuito leva ao modelo de Estado cooperativo. Acredita ele que o interconstitucionalismo pode aplicar-se no contexto de violações constantes dos direitos humanos, como se percebe no Brasil, em suas relações com outros Estados e com o próprio direito internacional.

5. Considerações finais

O controle de convencionalidade é, nitidamente, instrumento marcante na proteção dos direitos humanos e impõe-se que a magistratura brasileira passe a atuar de modo mais corriqueiro e efetivo, aceitando as premissas provindas do constitucionalismo contemporâneo.

---

interconstitucionalidade, de 2006, visto que a ideia foi primeiramente avançada por outro insigne mestre da academia de Coimbra, Francisco Lucas Pires, em uma obra publicada em 1998 e intitulada *Introdução ao direito constitucional europeu* (Unio/Conpedi, 2018).

O Estado de direito no regime democrático deve visar à "inclusão" em sociedades com extremos níveis de desigualdade e violações aos direitos humanos e nas quais todos os poderes constituídos devem voltar-se ao atendimento das demandas sociopolíticas, dando ênfase à atuação do Poder Judiciário, que tem seu relevante papel de zelar pela concretização dos direitos fundamentais (jurisdição constitucional). Sob o manto do constitucionalismo contemporâneo, a jurisdição constitucional respalda a ação do Poder Judiciário, que deve ser voltada ao "agir político", estabelecido na nova ordem mundial e analisado no meio acadêmico, diante das tendências constitucionais multiníveis, preocupadas com o bem-estar comum.

Nítido, por sua vez, que os jusfilósofos são unânimes em frisar a importância de um (necessário) cenário jurisdicional humanitário, em busca da efetivação dos direitos fundamentais, quando alertam sobre as vantagens de um constitucionalismo supranacional.

É nesse contexto que as teorias supraconstitucionais e as tendências constitucionais contemporâneas inspiram ao exercício do controle de convencionalidade pela magistratura. Um agir jurisdicional no direito contemporâneo envolvido com a realidade social, em homenagem ao Estado democrático de direito. Um agir, inclusive, voltado à aplicação do controle de convencionalidade tido como uma forte ferramenta para atender aos direitos daqueles que mais precisam.

Referências

BARRETO, R. **Direitos humanos**. 10. ed. Salvador: JusPodium, 2021.

BARROSO, L. R. **Curso de direito constitucional contemporâneo**: os conceitos fundamentais e a construção do novo modelo. 9. ed. São Paulo: Saraiva, 2021.

BOBBIO, N. **A era dos direitos**. Tradução de Carlos Nelson Coutinho. Rio de Janeiro: Elsevier, 2004.

CAMBI, E.; PORTO, L. de A.; FACHIN, M. G. O Supremo Tribunal Federal e a construção do constitucionalismo multinível. **Suprema: Revista de Estudos Constitucionais**, Brasília, v. 1, n. 2, p. 113-150, jul./dez. 2021.

CANOTILHO, J. J. G. **Brancosos e interconstitucionalidade**: itinerários dos discursos sobre a historicidade constitucional. Coimbra: Coimbra Editora, 2006.

CANOTILHO, J. J. G. **Estado de direito**. Lisboa, Portugal: Gradiva, 1999. E-book. Disponível: http://www.geocities.ws/b2centaurus/livros/c/Canotilhopdf. Acesso em: 10 dez. 2022.

CLÉVE, C. M. **Direito constitucional brasileiro**: teoria da constituição e direitos fundamentais. Belo Horizonte: Revista dos Tribunais, 2014. v. 1.

FACHIN, M. G. Constitucionalismo multinível: diálogos e(m) direitos humanos. **Revista Ibérica do Direito**, Curitiba, v. 1, n. 1, p. 53-68, 2021. Disponível em: http://www.revistaibericadodireito.pt/index.php/capa/article/view/26. Acesso em: 15 jul. 2023.

HÄBERLE, P. **Estado constitucional cooperativo**. Rio de Janeiro: Renovar, 2007.

KELSEN, H. **Teoria pura do direito**. Tradução de João Baptista Machado. 8. ed. São Paulo: WMF M. Fontes, 2021.

MAZZUOLI, V. de O. **Controle jurisdicional da convencionalidade das leis**. 5. ed. Rio de Janeiro: Forense, 2018.

MAZZUOLI, V. de O. Teoria geral do controle de convencionalidade no direito brasileiro. **Revista de Informação Legislativa**, Brasília, v. 46, n. 181, jan./mar. 2009; **Revista dos Tribunais**, São Paulo, v. 98, n. 889, p. 24, nov. 2009.

NEVES, M. **Marcelo Neves e o transconstitucionalismo**. Entrevista concedida para "Conversas acadêmicas" do site Os Constitucionalistas. 2009a. Disponível em https://www.osconstitucionalistas.com.br/marcelo-neves-e-o-transconstitucionalismo. Acesso em: 18 out. 2022.

NEVES, M. **Transconstitucionalismo**. São Paulo: M. Fontes, 2009b.

PERNICE, I. Multilevel constitutionalism and e-democracy. **Internet Policy Review**, 4 maio 2016. Disponível em: https://policyreview.info/articles/news/multilevel-constitutionalism-and-e-democracy/407. Acesso em: 15 jan. 2023.

PIOVESAN, F. Direitos **humanos e o direito constitucional internacional**. 19. ed. São Paulo: Saraiva, 2021.

RAMOS, A. de C. **Curso de direitos humanos**. 8. ed. São Paulo: Saraiva Educação, 2021.

SILVA, J. A. da. **Curso de direito constitucional positivo**. 44. ed. São Paulo: Malheiros, 2022.

UNIO/CONPEDI. **Interconstitucionalidade**: democracia e cidadania de direitos na sociedade mundial – atualização e perspectivas – e-book 2017. Coordenação científica de Alessandra Silveira, Sophie Perez Fernandes e Sergio Maia Tavares Marques. Braga: Editora Centro de Estudos em Direito da União Europeia e Escola de Direito da Universidade do Minho, mar 2018. v. I. Disponível em: http://www.unio.cedu.direito.uminho.pt/Uploads/Novos%20Ebooks/Ebook%20UNIO%20CONPEDI%20VOL%201.pdf. Acesso em: 10 out. 2022.

WOLKMER, A. C. **Pluralismo jurídico**: fundamentos de uma nova cultura no direito. 4. ed. São Paulo: Saraiva, 2015.

Riscos e desafios no combate à corrupção pública

Riesgos y desafíos en el combate a la corrupción pública

Ana Flávia Messa

Doutora em Direito Público pela Universidade de Coimbra, Portugal, e em Direito do Estado pela Faculdade de Direito da Universidade de São Paulo. Mestre em Direito Político e Econômico pela Universidade Presbiteriana Mackenzie. Membro da Academia Paulista de Letras Jurídicas (APLJ) e do Conselho Científico da Academia Brasileira de Direito Tributário (ABDT). Professora da Universidade Presbiteriana Mackenzie. Professora Convidada do Curso de Especialização em Direito do Estado da Universidade Estadual de Londrina e do Curso de Direito Processual Civil na Faculdade de Direito de São Bernardo do Campo. Advogada.

Everton Luiz Zanella

Doutor em Direito Processual Penal e mestre em Direito Penal, ambos pela Pontifícia Universidade Católica de São Paulo (PUC-SP). Professor e membro do Núcleo Docente Estruturante (NDE) da Faculdade de Direito e membro do Conselho de Ensino, Pesquisa e Extensão (Cepe) da Universidade Presbiteriana Mackenzie (UPM). Professor de graduação, mestrado e doutorado da Faculdade Autônoma de Direito (FADISP). Professor e membro do Conselho Curador do CEAF-ESMP (Centro de Estudos e Aperfeiçoamento Funcional da Escola Superior do Ministério Público). Professor convidado dos cursos de pós-graduação da Escola Paulista de Direito (EPD) e da Escola Paulista da Magistratura (EPM). Parecerista do Conselho Internacional de Estudos Contemporâneos em Pós-Graduação (Consinter – Juruá Editorial).

Resumo: No presente artigo, interessa-nos destacar e enfatizar os riscos e desafios no combate à corrupção, com análise de mecanismos de efetivação da ética pública voltados à intensificação do controle sobre a Administração Pública e da responsabilidade pela prática dos atos corruptos, aperfeiçoado por um complexo processo de cooperação e empenho das instituições oficiais na prevenção e na repressão da corrupção pública.

Palavras-chave: corrupção; controle social; participação; gestão pública.

***Resumen**: En este artículo nos interesa destacar y enfatizar los riesgos y desafíos en la lucha contra la corrupción, con un análisis de los mecanismos para la efectividad de la ética pública encaminada a intensificar el control sobre la Administración Pública y la responsabilidad por la práctica de actos corruptos, perfeccionados por un proceso complejo de cooperación y participación de las instituciones oficiales en la prevención y represión de la corrupción pública.*

***Palabras clave**: corrupción; control social; participación; gestión pública.*

Sumário: 1. Apresentação. 2. Relevância do tema. 3. Atualidade do tema. 4. Conceito. 5. Eixo da prevenção no combate à corrupção. 6. Eixo da detecção no combate à corrupção. 7. Eixo da repressão no combate à corrupção. Referências.

***Sumilla**: 1. La presentación. 2. Pertinencia del tema. 3. Relevancia del tema. 4. Concepto. 5. Eje de la prevención en la lucha contra la corrupción. 6. Eje de la detección en la lucha contra la corrupción. 7. Eje de la repressión em la lucha contra la corrupción. Referencias.*

1. Apresentação

Uma ponderação reflexiva[i] sobre as etapas mais recentes do processo de evolução[ii] do movimento anticorrupção no Brasil conduz-nos à conclusão de que seus contornos estão intrinsecamente ligados ao sistema de combate à corrupção[iii] desenvolvido no Brasil a partir do surgimento da Constituição Federal de 1988, na qual foi criada uma ordem jurídica e institucional democrática[iv], impulsionada por uma efetividade[v]

---

i A singularidade humana exsurge da descoberta e vivência dos significados atribuídos ao mundo e organizados de maneira articulada. No território simbólico de significados, contextos cognitivos surgem e se modificam a cada momento da transformação nas condições sócio-históricas, exigindo dos seres humanos constante revisão e ajustamento aos novos contextos. Na captação de um sentido no conhecimento humano, o homem busca melhor compreender o mundo que o circunda, inclusive dos objetos culturais, adotando formas explicativas para solucionar os problemas da realidade.

ii Gray (2005, p. 169) já alertava que a história não é progresso ou declínio, mas ganhos ou perdas recorrentes.

iii O combate à corrupção, complexo fenômeno social, político e econômico, pode ser considerado por diversas perspectivas. Logo, o combate pode ser visto sob o enfoque global, como uma resposta positivada na ordem internacional – perspectiva universalista ou internacionalista; ou como um fenômeno interno, como um fator reconhecido na ordem jurídica interna do Estado, positivado nas constituições e leis nacionais – perspectiva estadual. No Brasil, fatos recentes de desvio de verbas públicas como o esquema do mensalão e da Petrobrás, aliados com o movimento internacional de combate à corrupção iniciado na década dos anos 1970, e a constatação dos efeitos negativos da corrupção, funcionam como inspiração para luta contra a corrupção.

iv "a democracia é um modo de vida que não pode ser negociável. Estamos num tempo em que é importante reter que demasiadas pessoas esperam maravilhas da democracia quando a maior maravilha de todas é apenas tê-la" (Pinto, 2014).

v Efetividade é um texto constitucional que não se limita à disposição de competências ou à separação dos poderes públicos, mas, para além disso, contêm um alto nível de normas materiais ou substantivas que condicionam o Estado por meio de fins e objetivos. Com a conquista do Estado de direito material, dá-se a irradiação de valores materiais e axiológicos contidos na constituição nas relações humanas, como representação que certa comunidade faz de sua ordenação e de seu destino com resguardo dos valores[i] necessários ou úteis à dignidade da pessoa humana, da regularidade procedimental e de seus objetivos supremos[ii].

Embora o termo corrupção[iii] seja citado no texto constitucional apenas como causa para impugnação do mandato eletivo[iv], é importante ressaltar a ênfase do constituinte de 1988 no aparelhamento do combate da corrupção com expressivas diretrizes[v] informadoras no

---

à luz dos princípios jurídicos (Carbonell, 2005, p. 9-10; Andrade, 1983, p. 56).

i Os valores constitucionalizados são critérios jurídicos construídos pela vontade popular na dinâmica da vida, compatível com os reclamos de uma justiça voltada à proteção jurídica dos direitos do homem.

ii Essa efetividade representa um progresso ético para a sociedade consubstanciada na realização de direitos fundamentais segundo os princípios axiológicos que apontam e ordenam valores que dão conteúdo fundante a essa declaração (Salgado, 1998, p. 53); cada Constituição é um organismo vivo, sempre em movimento como a própria vida, e está submetido à dinâmica da realidade que jamais pode ser captada através de fórmulas fixas (Loewenstein, 1976, p. 164).

iii A corrupção, como fator comprometedor da estabilidade, segurança e legitimidade das instituições públicas, com impacto negativo no desenvolvimento e na prosperidade do Estado, apresenta as seguintes dimensões ou características básicas: (a) dimensão axiológica: a corrupção diz respeito ao enfraquecimento de valores democráticos e morais; (b) dimensão substancial: a corrupção efetiva-se por práticas que são criminalizadas em vários Estados, como o suborno, o favorecimento e fraude. Na categorização da corrupção, fala-se em corrupção preta, quando não tolerada pela opinião pública e reprimida pelo direito penal; em cinza, quando não tolerada, mas praticada nos meios dirigentes; e branca, quando tolerada pela população e caracterizada pelo desprezo a certas regras de valores menores; (c) dimensão funcional: é concretizada não apenas através de atos cometidos por agentes públicos, como propina e suborno, como também ocorre no ambiente privado, através do abuso de poder ou improbidade no processo de tomada de decisões, e ainda na ação humanitária.

iv CF/1988: "Art. 14. [...] § 10. O mandato eletivo poderá ser impugnado ante a Justiça Eleitoral no prazo de quinze dias contados da diplomação, instruída a ação com provas de abuso do poder econômico, corrupção ou fraude."

v Até meados do século XIX, os princípios assumiram uma dimensão metafísica e abstrata. Inspiradores de um ideal de justiça, os princípios não eram normas jurídicas. Segundo Bonavides (2010, p. 259-261), "são os princípios de justiça, constitutivos de um Direito ideal. São, em tema vinculadas à probidade administrativa e os princípios republicanos, funcionando como alicerces de sua estrutura, cuja ignorância, "quando não induz a erro, leva à criação de rábulas em lugar de juristas" (Ráo, 1999, p. 48). Apenas para mencionar, por exemplo, a permissão de intervenção federal no descumprimento da prestação de contas por parte da Administração Pública[i].

Com o fim do período de autoritarismo que vigorou de 1964 a 1985, a proposta de combater a corrupção foi incluída em um contínuo processo de transformações na intervenção preventiva e repressiva dos Estados face às práticas corruptas[ii] e nas soluções institucionais ado-

---

definitivo, um conjunto de verdades objetivas derivadas da lei divina e humana". Tanto assim que apenas a partir do século XIX até meados do século XX, introduziu-se a noção dos princípios como fonte subsidiária do direito, servindo para preencher as lacunas da lei ou a ausência de normatividade. Na trajetória histórico-evolutiva, partindo do conceito de princípio jurídico no jusnaturalismo, que reinou no pensamento jusfilosófico até o advento da Escola Histórica do Direito, fundada por Savigny, e passando pelo positivismo dominante até a primeira metade do século XX, os princípios chegam no período pós-positivista com o *status* de norma jurídica, seja pela inserção nos textos constitucionais, seja pelo trabalho da jurisprudência. O contraste ficou por conta do constitucionalismo contemporâneo desenvolvido sob as bases de uma teoria material da Constituição, que, em função do contexto pós-positivista, alçaram os princípios jurídicos desde o século XX à posição não apenas de normas jurídicas, mas de hegemonia axiológico-normativa na estrutura dos ordenamentos jurídicos. A partir da segunda metade do século XX, consolida-se o entendimento de que os princípios jurídicos são normas jurídicas e, mais que isso, normas com dimensão fundamentadora da ordem jurídica (Espíndola, 1999, p. 58; Bonavides, 2010, p. 259-261; Moraes, 1999, p. 19).

i CF/1988: "Art. 34. A União não intervirá nos Estados nem no Distrito Federal, exceto para: [...] VII–assegurar a observância dos seguintes princípios constitucionais: [...] d) prestação de contas da administração pública, direta e indireta."

ii A corrupção é um problema grave e estrutural da sociedade e do sistema político-administrativo brasileiro e fenômeno social complexo e negativo que favorece poucos em detrimento dos interesses da coletividade, diante dos efeitos causados pela sua prática, ao confundir o patrimônio público com o privado, caracterizada pelo desvio na realização do interesse coletivo com a não preservação da dignidade das instituições e incolumidade do patrimônio público (Brasil, 1995; Pereira, 2005, p. 1-17). Ver também Agravo em Recurso Especial n. 804.392/GO do STJ (Brasil, 2015).

tadas na realização de um maior controle social para responsabilização nos desvios dos recursos públicos, provocando reflexões e a necessidade de medidas e ações novas diante de opções e variações em um contexto de complexidade e dinamicidade.

Falar do movimento anticorrupção em um sentido positivo é alertar para necessidade de se ter um sistema de combate à corrupção capaz de servir de eficiente controle da máquina administrativa, em um modelo sustentável e reflexivo de desenvolvimento. Para tanto, não só é preciso ter a consciência da preservação e restauração da transparência administrativa[i], mas também conhecer a realidade atual regida por uma narrativa do inconstante[ii] combinado com a evolução tecnológica, a revolução digital (Dominguez Luis, 1995) e a globalização, no contexto de transição[iii] e saber superar os óbices econômicos e jurídicos que se antepõem à efetivação da ética pública.

---

i A transparência é uma atualização expansiva do princípio constitucionalmente assegurado da publicidade e, por consequência, uma acepção que vai além dos limites estreitos de uma obrigação formal de divulgação pública dos atos da Administração Pública. É abertura da gestão pública à sociedade relevada pela visibilidade nas ações e motivações administrativas. Essa visibilidade permite aos cidadãos compreender e fiscalizar a condução dos negócios públicos.

ii "O rótulo genérico abriga a mistura de estilos, a descrença no poder absoluto da razão, o desprestígio do Estado. A era da velocidade. A imagem acima do conteúdo. O efêmero e o volátil parecem derrotar o permanente e o essencial. Vive-se a angústia do que não pode ser e a perplexidade de um tempo sem verdades seguras. Uma época aparentemente pós-tudo: pós-marxista, pós-kelseniana, pós-freudiana." (Adeodato, 2009, p. 353).

iii "O mundo é 'um' em certo sentido, mas radicalmente cindido por desigualdades de poder em outro. E um dos traços mais característicos da modernidade é a descoberta de que o desenvolvimento do conhecimento empírico não nos permite, por si mesmo, decidir entre diferentes posições de valor" (Giddens, 1991). O sociólogo alemão Ulrich Beck chama a nossa sociedade contemporânea de *sociedade global do risco*, uma verdadeira "caixa de pandora" que promove o crescente e contínuo processo de liberação aleatória de "novos riscos" que redundam no retorno da incerteza, da imprevisibilidade e da insegurança, em suas dimensões cognitiva e normativa (Beck, 2011). Já o sociólogo britânico Anthony Giddens chama de *crise do controle*, concebida como perda de domínio sobre o mundo em virtude do surgimento de perigos novos (Giddens, 1991, p. 133-ss).

Diante do surgimento gradual do movimento anticorrupção, cumpre pontuar desde logo que essa trajetória de contínua conquista e densificação a partir de 1988 foi inspirada pela resposta positivada na ordem internacional face à corrupção.

Embora já nos anos 1970 se tivesse revelado a necessidade de combater internacionalmente a corrupção, em especial nos Estados Unidos, com a promulgação da lei sobre a Prática de Corrupção no Exterior para dar fim ao suborno de funcionários públicos estrangeiros e restaurar a confiança pública na integridade do sistema empresarial americano (Meyer-Pflug; Oliveira, 2009), foi no final do século XX e início do século XXI que se sentiu de modo particularmente intenso a necessidade de criar, no âmbito da comunidade internacional, mecanismos jurídicos capazes de combater a corrupção nos diversos Estados, gerando convenções e tratados internacionais.

A experiência da prática de atos corruptos, culminando com a edição do documento normativo norte-americano sobre a prática da corrupção no exterior em 1977, incentivou os países a criarem em seus âmbitos internos mecanismos de combate a esse abuso de poder, seja por meio de entidades, seja mediante atos normativos internacionais. O Brasil já ratificou três Tratados Internacionais que preveem a cooperação internacional nessa área: (i) *Convenção Interamericana Contra a Corrupção*, produzida em Caracas na Venezuela, em 29 de março de 1996, promulgada pelo Decreto n. 4.410, de 2002; (ii) *Convenção das Nações Unidas Contra a Corrupção*, aprovada pela Assembleia-Geral da ONU em 29 de setembro de 2003; (iii) *Convenção sobre o Combate da Corrupção de Funcionários Públicos Estrangeiros em Transações Comerciais Internacionais da Organização para a Cooperação e Desenvolvimento Econômico (OCDE)*, produzida pela OCDE, em 15 de julho de 2000, promulgada pelo Decreto n. 3.678, de 30 de novembro de 2000.

2.
Relevância do tema

No contexto das coordenadas referidas na apresentação, a essencialidade do tema, na vida em sociedade, tanto mais se acentua quando se tem em consideração que representa um instrumento decisivo na concretização de um ambiente compatível aos ideais democrático-republicanos, propício para o desenvolvimento do Estado de direito e da sociedade, por colocar os interesses da coletividade acima dos interesses privados dos indivíduos.

A corrupção revelada por diversas práticas, que podem ou não estar abrangidas em tipos criminais, no campo político, é um empecilho para o desenvolvimento do Estado de direito, havendo abuso do poder dos representantes e redução na credibilidade dos governos.

No campo econômico, afeta o comércio internacional, distorce as políticas públicas, leva à má alocação de recursos e prejudica o desenvolvimento do país, causando a fuga de capitais e gastos públicos para projetos que contrariam os interesses da população (Banco Mundial, 1997). Além de gerar elevados custos sociais causa redução da confiança de investidores e consumidores. O caso de corrupção relacionado a investigações na Petrobras e a crise política afetaram a confiança na economia, tendo um papel chave no aprofundamento da recessão no Brasil, segundo o Fundo Monetário Internacional (FMI) (Lamucci; Basili, 2015).

A corrupção abala as conquistas democráticas constitucionais, prejudicando o processo de comunicação entre cidadãos e governantes, já que promove a exclusão de indivíduos ou grupos dos processos de tomada de decisão por conta de interesses privados, provocando vieses na alocação de bens públicos e uma distribuição injusta dos recursos da sociedade[i].

O movimento da anticorrupção visa compreender a democracia não apenas como um regime político, mas também como forma de convívio social qualificada por proporcionar condições de igualdade e liberdade, em um contexto de diálogo, ação cooperativa e participação ativa do povo no exercício do poder. A interação social com base nos valores democráticos e nas regras do exercício do poder político concebe o regime político democrático em sua teoria e prática[ii].

---

i Neste sentido, Rosa (2023) sustenta que a corrupção, além dos efeitos visíveis, tem dois efeitos invisíveis. O primeiro deles é a crença popular de que o Estado é corrupto ("Estado à venda"), e o segundo é a intensa miséria do povo, formando-se uma "legião de desassistidos". Nas palavras do autor, "o Estado corrupto nega a seu povo acesso ao desenvolvimento tecnológico, à saúde pública e à educação eficientes e menos onerosas. A associação de dado investimento externo com o pagamento de propinas ou de vantagens, ou encarece o produto final ou inviabiliza o próprio investimento" (Rosa, 2023).

ii A democracia como regime político objetivado pela maioria dos Estados contemporâneos passou por um processo de constante reformulação no

Em um contexto em que se afigura com nitidez um ambiente do governo dos mais ricos que conquistam o poder de influenciar a divisão do orçamento cumulado com as retiradas ilícitas do patrimônio público para promover a acumulação ilícita de riqueza, a corrupção afasta a confiança dos cidadãos na Administração Pública, deslegitimando instituições.

3. Perspectivas do movimento anticorrupção

Ao mesmo tempo em que a corrupção está em primeiro lugar entre os problemas que mais preocupam os brasileiros[i], constata-se um

decorrer da história do pensamento filosófico e político, sendo possível ressaltar as seguintes características básicas: (a) dimensão axiológica: a democracia se prende a um conjunto de valores, princípios e referências inerentes ao regime de governo que provém do povo e que visa o interesse geral. Conforme Manoel Gonçalves Ferreira Filho (2001), são três valores inspiradores da democracia: a liberdade, a igualdade e a ordem; (b) dimensão dialógica: a democracia está legitimada pelo consentimento dos cidadãos, apoio, tolerância e aceitação da Constituição e das leis pela população em geral; (c) dimensão substancial: a democracia efetiva-se pelo respeito aos direitos fundamentais; (d) dimensão instrumental: é concretizada não apenas através da participação popular na tomada das decisões políticas, seja de modo direto, seja de modo indireto, mas da existência de instrumentos de prevenção e repressão na condução do processo político em prol do bem comum, dentro do contexto de limitação do poder e acesso à justiça; (e) dimensão funcional: através da existência de sistema eleitoral partidário.

i Segundo pesquisa Datafolha realizada nos dias 25 e 26 de novembro de 2015 em todo o Brasil, 34% dos eleitores colocam a corrupção como principal problema do Brasil na atualidade. O tema começou a ganhar força em junho de 2013. Nas três pesquisas anteriores de 2015, ficou sempre acima de 20% (Disponível em: http://www1.folha.uol.com.br/poder/2015/11/1712475-pela-1-vez-corrupcao-e-vista-como-maior-problema-do-pais.shtml); 70% dos brasileiros entrevistados acreditam que a corrupção é um sério problema para o país; 81% responderam que os partidos políticos são extremamente corruptos (Transparency International, 2013).

movimento de anticorrupção[i] de matiz brasileiro desenvolvido sob a égide da Constituição Federal de 1988, que tem duas perspectivas principais: a jurídica e o sociológica.

Na perspectiva jurídica, no final do século XX, a Constituição Federal de 1988, que não obstante tenha mantido a responsabilidade dos agentes públicos em casos de corrupção, inaugura uma nova era no controle dessa patologia. Nesse documento, reconheceu-se uma diretriz principiológica mais expressa para atuação da Administração Pública resultado do efeito expansivo das normas constitucionais, bem como o fortalecimento do controle social e institucional sobre a Administração Pública (Almeida, 2016, p. 707-718).

Com efeito, na perspectiva jurídica, a fundamentação constitucional decorre de dois argumentos distintos. Em primeiro lugar, o influxo da ordem constitucional vigente na atuação da Administração Pública, como uma expansão axiológica do direito, em prol dos direitos fundamentais. Em segundo lugar, a diretriz principiológica mais expressa admite de maneira crescente e progressiva comportamentos necessários à consecução de seu melhor cumprimento possível.

Como lei diretiva, ao criar diretrizes de atuação do poder estatal em sua organização e no estabelecimento e proteção dos direitos e das garantias fundamentais, funcionando como parâmetro a ser seguido na interpretação, aplicação e integração das normas jurídicas, a Constituição, quer em sentido formal, quer em sentido material, repercute com a formação de um sistema normativo de anticorrupção fundamentado nos eixos da prevenção, detecção, repressão e cooperação.

A segunda perspectiva parte de uma ótica diversa, ainda que correlata: sociologicamente, a anticorrupção representa um movimento social[ii] que dá sustentação à prevenção e ao combate à corrupção, inviabilizando que os governantes possam fazer prevalecer seus interesses e regras na condução da máquina pública, em detrimento da satisfação das necessidades que se apresentam no cenário social.

É um movimento de combate da corrupção na gestão pública caracterizado pelo comprometimento ativo da sociedade e o fortalecimento

---

i É importante ressaltar que o movimento se constitui em um processo desencadeado por diversos fatores, com curvas e reentrâncias.

ii É importante advertir que a anticorrupção é um movimento que sofre variação em relação a fatores políticos, sociais e culturais de cada Estado. Não há única anticorrupção, e, na presente investigação, a abordagem refere-se à anticorrupção de matiz brasileira.

institucional. Sua efetividade reside na aplicação de princípios e processos que visem criar sinergias mais fortes entre Administração Pública e sociedade no exercício da capacidade administrativa do governo objetivando defender e promover o bem público, com uma gestão pública mais próxima do referencial da efetividade e promovendo a qualidade dos serviços públicos e a eficácia das políticas públicas.

4.
Conceito

O movimento anticorrupção é, em termos gerais, o conjunto de elementos repressivos e preventivos fundamentado em um sistema normativo amparado pela Constituição Federal, inseridos em uma ação coletiva não somente de instituições oficiais, mas também da sociedade brasileira, de combate à corrupção na gestão pública.

O objetivo perseguido de enfrentamento da corrupção é, pois, o de criar mecanismos estruturais que reduzam as oportunidades e os incentivos para a corrupção, no sentido de que esse mal passe a ser apenas um comportamento desviante, e não uma regra de comportamento (África 21 Digital, 2017). Na miragem desse objetivo, convertido, a partir da CF/1988, em uma força que motiva e justifica em um resgate dos valores estruturantes do Estado democrático de direito, é necessária uma estratégia de um compromisso permanente coletivo, sem prestar a saciar anseios momentâneos que contribuem para o próprio incremento do mal a ser eliminado e/ou reduzido.

O movimento anticorrupção assenta em um modelo de desenvolvimento calcado em preceitos fundamentais que representam a concretização dos objetivos e fundamentos do Estado democrático de direito. Por esse ângulo, três alicerces foram apontados: (i) prevenção – medidas que visam impedir e dissuadir a corrupção; (ii) detecção – identificação dos atos de corrupção; (iii) repressão – medidas de responsabilização pela prática de atos de corrupção.

5.
Eixo da prevenção no combate à corrupção

O eixo preventivo visa evitar a corrupção, bem como orientar aos agentes público e a sociedade sobre os valores de uma administração proba e ética. Na perspectiva da prevenção, a fundamentação do movimento exige duas formas de prevenção de riscos de corrupção.

Em primeiro lugar, o desenvolvimento de um sistema amplo de integridade pública e o fortalecimento da integridade corporativa, com o desenvolvimento dos princípios da ética no ambiente das organizações.

Uma das medidas é a normatividade de orientação de conduta ética dos agentes públicos na prática de atos administrativos. No direito brasileiro, há a consagração constitucional dos princípios de fomento ao elemento ético na conduta administrativa, no art. 37, *caput*, da Constituição Federal, com a previsão dos princípios da moralidade, impessoalidade e publicidade.

Além da normatividade constitucional, surgem normas infraconstitucionais de aplicação obrigatória por todos os entes públicos, especificando a aplicação dos vetores constitucionais nos âmbitos de atuação administrativa e/ou regulamentando o tema na prática dos atos administrativos.

No contexto normativo de promoção da moralidade no serviço público, surgem comandos específicos em cumprimento ao padrão ético que deve nortear a atuação dos agentes públicos. Fala-se em códigos de ética ou códigos de conduta como documentos que estabelecem uma orientação ética de honestidade e responsabilidade que deve nortear o desempenho da função pública[i]. Um caso que foi paradigmático desse raciocínio foi a prescrição legislativa na elaboração e divulgação do

---

i No âmbito nacional, os códigos de ética funcionam como diretriz fundamental no combate à corrupção, em conformidade com o art. 8º da Convenção das Nações Unidas contra a Corrupção, que preconiza que cada Estado-parte, em conformidade com os princípios fundamentais de seu ordenamento jurídico promoverá, entre outras coisas, a integridade, a honestidade e a responsabilidade entre seus funcionários públicos, por meio de códigos ou normas de conduta para o correto, honroso e devido cumprimento das funções públicas, encampando iniciativas pertinentes das organizações regionais, inter-regionais e multilaterais, tais como o Código Internacional de Conduta para os titulares de cargos públicos,

Código de Conduta e Integridade como Parte Integrante no Estatuto Jurídico da Empresa Pública, da Sociedade de Economia Mista e de suas Subsidiárias, no âmbito da União, dos estados, do Distrito Federal e dos municípios, nos termos da Lei n. 13.303, de 20 de junho de 2016, em razão da ocorrência de fatos relacionados com a corrupção na Petrobrás, cujo conhecimento desencadeou processo de investigação e responsabilização sob a epígrafe da Operação Lava-Jato.

Além dos códigos de conduta, surgem medidas que reforçam a capacidade da administração de se dotar de sistemas normativos que, articulados, permitam uma gestão ética. Nesse quadro, surgem atos administrativos normativos que complementam a normatividade já existente, com divulgação interna e externa, reforçando as diretrizes éticas para nortear a atuação dos agentes públicos.

Além da normatividade, qualifica ainda a ação administrativa como íntegra, a divulgação ampla de práticas e resultados daquilo que são consideradas diretrizes éticas básicas para nortear a atuação dos agentes públicos e sua oferta em caráter constante. Nesse sentido, é imperativo confecção de "Boletins da Ética", com informações claras sobre as condutas éticas e boas práticas, bem como os resultados positivos a partir da gestão da ética na Administração Pública. A divulgação da ética pública há de envolver o engenho e a arte em utilizar o espaço virtual com a enunciação das variáveis normativas e concretas que estão a determinar o agir da Administração Pública de maneira ética à cidadania.

Outra ideia é o monitoramento da evolução patrimonial significa o conjunto de mecanismos que permitem aferir a licitude da evolução patrimonial. Trata-se de uma verificação da compatibilidade dessa evolução com os recursos e as disponibilidades do agente público. O monitoramento pode ser feito por declaração de atividades, relacionada com a verificação dos rendimentos de outras fontes que não os cofres públicos, ou por declaração de bens.

Com relação à promoção da ética pública, no caso de confronto entre interesses público e privado, que possa comprometer o interesse coletivo ou influenciar, de maneira imprópria, o desempenho da função pública, independentemente de lesão ao patrimônio público ou ganho pelo agente público ou por terceiro, durante e após o exercício do cargo ou emprego, a Lei n. 12.813/2013 trouxe um sistema preventivo

---

que figura no Anexo da Resolução n. 51/59 da Assembleia Geral de 12 de dezembro de 1996.

fundamentado em três planos orientados pela diretriz de que todos os ocupantes de cargo ou emprego no Poder Executivo federal deverão agir de modo a prevenir ou a impedir possível conflito de interesses e a resguardar informação privilegiada: (a) plano educacional: com a elaboração e divulgação de materiais de orientação sobre o tema; (b) plano consultivo: com a possibilidade de o agente público consultar órgãos competentes para solucionar dúvida na ocorrência da situação de conflito de interesses, seja pela consulta em dúvida sobre a existência de conflito de interesses em alguma situação concreta, individualizada, seja pelo pedido de autorização para o exercício de atividade privada (ambos os mecanismos estão previstos na Portaria Interministerial n. 333, da Ministra do Planejamento, Orçamento e Gestão e do Ministro Chefe da Controladoria-Geral da União, de 19 de setembro de 2013); (c) plano obrigacional: com a previsão de vedações aplicáveis a todos durante exercício do cargo ou emprego público, das regras e obrigações da lei aplicáveis somente a um grupo específico de agentes públicos cuja atividade proporcione acesso sistemático a informações privilegiadas.

Em segundo lugar, o fundamento do movimento é extraído dos esforços dos cidadãos, das empresas e dos agentes públicos para evitar a corrupção, com destaque à participação cidadã no acompanhamento e controle da gestão pública. É a ampliação do controle social sobre a Administração Pública.

Com o fim da ditadura militar e a promulgação da atual Constituição Federativa do Brasil em 1988, o controle social passou a ter papel de destaque na Administração Pública. Na própria CF/1988 surgem mecanismos de fiscalização cidadão, como a ação popular, utilizada por qualquer cidadão para impugnar atos lesivos ao patrimônio público e à moralidade administrativa, nos termos do art. 5º, inciso LXXIII. Com relação à ampliação do controle social, surgem dois marcos regulatórios, um fiscal, com a Lei Complementar n. 131/2009, e outro geral com a Lei n. 12.527/2011.

A Lei Complementar n. 131/2009[i], que alterou a redação da Lei de Responsabilidade Fiscal (LRF) no que se refere à transparência da

---

[i] A Lei Complementar n. 131/2009 foi regulamentada: (a) pelo Decreto n. 7.185, de 27 de maio de 2010, que define o padrão mínimo de qualidade do sistema integrado de administração financeira e controle, nos termos do inciso III, parágrafo único, do art. 48 da LRF; e (b) pela Portaria n. 548, de 22 de novembro de 2010, da Secretaria do Tesouro Nacional, que estabelece os requisitos mínimos de segurança e contábeis do

gestão fiscal, determina a disponibilização, em tempo real (em meio eletrônico que possibilite amplo acesso público, até o primeiro dia útil subsequente à data do registro contábil no respectivo sistema, sem prejuízo do desempenho e da preservação das rotinas de segurança operacional necessários ao seu pleno funcionamento), das informações pormenorizadas sobre a execução orçamentária e financeira da União, das orçamentária e financeira da União, dos estados, do Distrito Federal e dos municípios.

A transparência fiscal é analisada em dois planos: o formal, quando a Lei Complementar n. 131/2009 estipula prazo de atualização[i]; e o material, quando a referida lei prevê o conteúdo mínimo de informações sobre receita e despesa que devem ser divulgadas na internet[ii].

Outro marco é a Lei de Acesso à Informação, que inaugura uma era de organizações públicas abertas em relação a informações sobre planos, regras, processos e ações. Nessa lei, reconheceu-se a existência de uma série de dispositivos que buscam facilitar e desburocratizar o acesso às informações públicas, o que beneficia a gestão pública e propicia o desenvolvimento de uma cidadania participativa. Contudo, o principal promotor do modelo de Administração Pública aberta foi o Decreto n. 7.724/2012, que regulamenta os procedimentos para a garantia do acesso à informação e para a classificação de informação sobre restrição de acessos.

---

sistema integrado de administração financeira e controle utilizado no âmbito de cada ente da Federação, adicionais aos previstos no Decreto n. 7.185, de 27 de maio de 2010.

i A LC 131 definiu os seguintes prazos, a contar da data de sua publicação (27/05/2009): I – 1 (um) ano para a União, os Estados, o Distrito Federal e os Municípios com mais de 100.000 (cem mil) habitantes – maio de 2010; II – 2 (dois) anos para os Municípios que tenham entre 50.000; (cinquenta mil) e 100.000 (cem mil) habitantes – maio de 2011; III – 4 (quatro) anos para os Municípios que tenham até 50.000 (cinquenta mil) habitantes – maio de 2013.

ii Conforme determinado pela LC n. 131, todos os entes deverão divulgar: quanto à despesa: todos os atos praticados pelas unidades gestoras no decorrer da execução da despesa, no momento de sua realização, com a disponibilização mínima dos dados referentes ao número do correspondente processo, ao bem fornecido ou ao serviço prestado, à pessoa física ou jurídica beneficiária do pagamento e, quando for o caso, ao procedimento licitatório realizado; quanto à receita: o lançamento e o recebimento de toda a receita das unidades gestoras, inclusive referente a recursos extraordinários.

Além dos marcos regulatórios, surgem iniciativas da Administração Pública de permitir que qualquer cidadão possa acompanhar os programas e as ações de Governo, como a Lei n. 9.755/1998, que dispôs sobre a criação de *homepage* intitulada "Contas Públicas" (www.contaspublicas.gov.br) na internet, pelo Tribunal de Contas da União; e a criação em novembro de 2004, do Portal da Transparência pela Controladoria-Geral da União (CGU).

6. Eixo da detecção no combate à corrupção

A detecção é revelada pela intensificação e melhoria dos processos de investigação e controle estatal, incluindo articulação interinstitucional entre órgãos de controle de desvios e irregularidades.

A Lei n. 12.813/2003, com vistas a fiscalizar e avaliar o conflito de interesses envolvendo ocupantes de cargo ou emprego no âmbito do Poder Executivo federal, previu a Comissão de Ética Pública (ocupantes dos seguintes cargos e empregos: ministro de Estado, de natureza especial ou equivalente; presidente, vice-presidente e diretor, ou equivalentes, de autarquias, fundações públicas, empresas públicas ou sociedades de economia mista; e do Grupo-Direção e Assessoramento Superiores (DAS), níveis 6 e 5 ou equivalentes; e da Controladoria-Geral da União (para os demais servidores e empregados públicos).

A partir de abril de 2003, foi criado um Programa de Fiscalização por Sorteios Públicos, ou seja, um programa de fiscalização *in loco* em municípios a partir de sorteios públicos, com base no sistema das loterias da Caixa Econômica Federal. Instituído em caráter definitivo pela CGU por meio da Portaria n. 247, de 20 de junho de 2003, do então Ministro de Estado do Controle e da Transparência, Waldir Pires, para garantir maior transparência e visibilidade à gestão governamental e assegurar a correta aplicação dos recursos públicos, em benefício da população. A partir de 2015, o programa foi aprimorado e rebatizado de Programa de Fiscalização em Entes Federativos, com organização por ciclos e agregação de outras formas de seleção na definição dos entes a serem fiscalizados, como Censo e Matriz de Vulnerabilidade.

Em 2005, foi instituído pelo Decreto n. 5.480/2005 o Sistema de Correição do Poder Executivo Federal, visando à apuração de irregularidades, no âmbito do Poder Executivo Federal, por meio da instauração e condução de procedimentos correcionais, mediante investigação preliminar, inspeção, sindicância, processo administrativo geral e processo administrativo disciplinar.

O Sistema de Correição é integrado por um órgão central (Controladoria-Geral da União); por um órgão consultivo (Comissão de Coordenação de Correição); por unidades setoriais (unidades específicas de correição para atuação junto aos Ministérios); unidades seccionais (unidades específicas de correição nos órgãos que compõem a estrutura dos Ministérios, bem como de suas autarquias e fundações públicas); e órgão especial (Secretaria de Controle Interno da Casa Civil da Presidência da República, que exercerá atribuições de unidade seccional de correição dos órgãos integrantes da Presidência da República e da Vice-Presidência da República, com exceção da Controladoria-Geral da União e da Agência Brasileira de Inteligência).

Um importante instrumento de detecção da corrupção para posterior criação de mecanismos preventivos e repressivos no combate à corrupção com a iniciativa da Controladoria-Geral da União em parceria com a Transparência Brasil foi, em caráter experimental, em 2006, a elaboração de uma metodologia de mapeamento de riscos à corrupção. Nesse cenário, busca-se identificar vulnerabilidades a desvios de recursos e possível influência de interesses indevidos nos diferentes processos de trabalho dos entes públicos[i].

Em 2007, o Governo Federal afirma que um dos eixos que fundamentam a estratégia de melhoria da gestão é o combate à corrupção por meio da articulação e integração entre os órgãos de defesa do Estado.

Em 2011, a Lei de Acesso à Informação incluiu o art. 126-A na Lei n. 8.112/1990, criando uma proteção do servidor denunciante sobre os atos de corrupção consistente na garantia de não sofrer qualquer tipo de responsabilidade civil, penal ou administrativa.

A denúncia geradora da proteção deve ser feita à autoridade superior (chefe imediato do servidor) ou quando houver suspeita de envolvimento desta a outra autoridade competente para apuração de informação concernente à prática de crime ou improbidade de que tenha conhecimento, ainda que em decorrência do exercício do cargo, emprego ou função – nesse caso, deve ser o superior do chefe imediato do servidor (Mattos, 2008, p. 475).

---

[i] Disponível em: <http://www.pm.al.gov.br/intra/downloads/bc_corrupcao/cor_04.pdf>. Acesso em: 10 fev. 2014.

Essa proteção é limitada aos servidores públicos federais. A autoridade que tiver ciência de irregularidade no serviço público é obrigada a promover sua apuração imediata, mediante sindicância ou processo administrativo disciplinar, assegurada ao acusado a ampla defesa. O denunciante deve realizar denúncia em prol do interesse público e sempre de boa fé. Nada impede que possa endereçar a denúncia a mais de uma autoridade.

Sobre a possibilidade de a denúncia ser anônima, em proteção da identidade do denunciante, a Lei n. 8.112/1990 prevê, em seu art. 144, que as denúncias sobre irregularidades serão objeto de apuração, desde que contenham a identificação e o endereço do denunciante e seja formulada por escrito, confirmada a autenticidade. Mesmo diante do dispositivo legal, a Instrução Normativa n. 1/2014 da CGU não exige a identificação, bastando que a denúncia contenha elementos mínimos de autoria e materialidade.

Em 2015, a Controladoria-Geral da União assinou acordo de cooperação com a Polícia Federal para aprimorar a ação fiscalizadora no combate à corrupção. O documento formaliza parceria que já vinha sendo efetuada há anos e fortalece a ação conjunta entre os órgãos, mediante articulação e interação nos procedimentos fiscalizatórios para racionalizar e aperfeiçoar os trabalhos e eventos realizados na proteção do patrimônio público federal[i].

Em 2016, foi publicada a Lei n. 13.341, que extinguiu a Controladoria-Geral da União e transferiu suas competências para o Ministério da Transparência, Fiscalização e Controle. Essa transformação gerou divergência. Para alguns fortalece seu poder de atuação. Para outros, a transformação da CGU, o órgão anticorrupção do governo, em um Ministério foi um retrocesso, já que a referida lei representou a perda da autonomia da Controladoria-Geral da União para fiscalizar e cobrar servidores e ministros de todo o governo, com sua transformação em ministério. Na condição de Ministério, a Controladoria-Geral da União deixa de ser um órgão de assessoramento da Presidência da República, passando a sugerir mudanças, aplicar sanções e cobrar transparência de órgãos da mesma posição hierárquica.

Além da perda da identidade, a mudança acarreta enfraquecimento maior da independência da CGU na fiscalização do governo

---

i Disponível em: <http://www.cgu.gov.br/assuntos/auditoria-e-fiscalizacao/acoes-investigativas/operacoes-especiais/arquivos/acordo-de-cooperacao-cgu-dpf>. Acesso em: 10 fev. 2016.

federal e na defesa do patrimônio público, ocorre o enfraquecimento do poder em promover transparência de gestão por atividades de controle interno, auditoria, ouvidoria e prevenção e combate à corrupção, já que o órgão controlador deveria estar hierarquicamente acima dos órgãos controlados.

No caso da detecção da corrupção, funcionam como importante instrumento os dados coletados em interceptação telefônica[i], telemática[ii] ou captação ambiental[iii]. Tais formas de interceptação de sinais/dados deve ser autorizada pela Justiça competente e configura um mecanismo real disponível para obtenção de prova fundamentada na relatividade dos direitos fundamentais. Com relação à prova obtida, temos duas situações[iv]: (i) o juiz autoriza a interceptação da pessoa com foro privilegiado: a prova é ilícita, pois viola a regra da prerrogativa de foro (princípio do juiz natural); (ii) o juiz autoriza a interceptação da pessoa sem foro privilegiada e acidentalmente (encontro fortuito de provas), intercepta pessoa com foro privilegiado – o juiz deve, então, encaminhar o caso ao tribunal competente, sob pena da prova se tornar ilícita, por usurpação de competência. Nesse caso, a decisão judicial é passível de ratificação pelo tribunal competente.

---

i Mecanismo de obtenção de prova autorizado pela Lei n. 9.296/1996, em seu art. 1º. Refere-se à possibilidade de se interceptar conversas mantidas por meio da telefonia, por meio de autorização judicial, quando houver investigação ou processo criminal que apurem crime punido com reclusão, incluindo os crimes de corrupção passiva (art. 317 do Código Penal), corrupção ativa (art. 333 do Código Penal), peculato (art. 312 do Código Penal), entre outros que configuram corrupção no sentido amplo da palavra.

ii Mecanismo previsto na mesma Lei n. 9.296/1996, em seu art. 1º, parágrafo único. A quebra do sigilo autorizado pelo Poder Judiciário se estende também ao fluxo de comunicações em sistemas de informática e telemática, tais como as conversas mantidas por e-mails, mensagens de texto e aplicativos como WhatsApp, Telegram, entre outros.

iii Instrumento previsto inicialmente pela Lei de Combate ao Crime Organizado (Lei n. 13.850/2013), depois estendido ao combate de qualquer forma de criminalidade pela Lei n. 13.964/2019, que inseriu o art. 8º-A na Lei n. 9.296/1996, prevendo a possibilidade de captação ambiental de sinais eletromagnéticos, ópticos ou acústicos, tal como ocorre quando se instala microfones ou gravadores em determinado local com o fim de captar e gravar conversas mantidas naquele ambiente.

iv Vide Correição Parcial n. 5019555-75.2014.404.0000, do Tribunal Regional Federal da 4ª Região (Brasil, 2014).

7. Eixo da repressão no combate à corrupção

Nesse eixo, fala-se em responsabilização administrativa, política, civil e penal. No eixo da repressão, os textos normativos proclamam a subordinação à possibilidade de sanções por meio da responsabilização jurídica dos agentes públicos e privados decorrentes de atos de corrupção contra Administração Pública brasileira (Schedler, 1999, p. 13-28).

Aqui, a problemática da intervenção penal está em permanente emergência: para alguns, prejudica outras estratégias de uma intervenção em grau necessário, em *ultima ratio* e nos limites das garantias de um Estado social de direito; para outros, funciona como resposta útil e eficaz ao problema da corrupção.

Na Constituição Federal de 1988, encontramos a cassação do mandato de parlamentar quando o procedimento de deputado ou senador for declarado incompatível com o decoro parlamentar, que abrange, além dos casos definidos no regimento interno, o abuso das prerrogativas asseguradas a membro do Congresso Nacional ou a percepção de vantagens indevidas, nos termos do art. 55, §1º.

Em 1992, surge Lei da Improbidade Administrativa (Lei n. 8.429/1992), prevendo a responsabilização de todos, agentes públicos ou não, que induzam ou concorram para a prática do ato de improbidade ou dele se beneficiem sob qualquer forma, direta ou indireta. Busca-se, além da punição do agente, o ressarcimento do dano causado ao patrimônio público, bem como a reversão dos produtos obtidos com o proveito do ato ímprobo.

Sancionada em 4 de junho de 2010, passou a vigorar no dia 7 de junho do mesmo ano, a partir da publicação no Diário Oficial da União, a Lei Complementar n. 135/2010, conhecida como a Lei da Ficha Limpa, impulsionada pela decisão desfavorável do Supremo Tribunal Federal na Arguição de Descumprimento de Preceito Fundamental n. 144, proposta pela Associação dos Magistrados do Brasil (AMB), que justamente pedia a implantação da inelegibilidade mesmo sem o trânsito em julgado de ações de conteúdo grave ou desabonador (criminais ou de improbidade), determinando casos de inelegibilidade e os prazos de sua cessação, a fim de proteger a probidade administrativa, a moralidade para exercício de mandato considerada vida pregressa do candidato, e a normalidade e legitimidade das eleições contra a influência do poder econômico ou o abuso do exercício de função, cargo ou emprego na Administração direta ou indireta (Ramos; Pereira Neto, 2011).

A Lei n. 12.813/2013 previu que quem incorrer em situações que configuram conflito de interesses envolvendo ocupantes de cargo ou emprego no âmbito do Poder Executivo federal, o agente público incorrerá em improbidade administrativa, além de ficar sujeito à aplicação da pena de demissão ou medida equivalente, nos termos da Lei n. 8.112/1990.

No parâmetro repressivo, as primeiras leis elaboradas após a CF/1988 se preocupam exclusivamente com a responsabilidade do corrupto. A corrupção é produto da conduta exclusiva do servidor público ou, de particular quando concorre com o servidor (Lei de Improbidade Administrativa).

No século XXI, é a Lei n. 12.846[i], inspirada em compromissos internacionais assumidos pelo Brasil, que entrou em vigência a partir de fevereiro de 2014, que inaugura uma nova era de responsabilização não só do corrupto, mas também do corruptor. Trata-se de um diploma legal que muda o paradigma do controle da corrupção no Brasil.

Nessa Lei Anticorrupção, reconheceu-se a existência da responsabilidade administrativa e civil das empresas por ato de corrupção, bem como previu-se a aplicação de mecanismos de integridade empresarial. Contudo, o principal promotor do modelo de responsabilidade abrangente foi o Decreto n. 8.420/2015. Abriu-se, portanto, o caminho para a formação da integridade com mecanismos de fiscalização e controles, incentivos a denúncias de irregularidades, programas de integridade (*Compliance*) com foco na conduta ética e criação, atualização e aprimoramento do Código de Ética.

A Lei n. 12.850/2013 traz diretrizes e ferramentas de combate às organizações criminosas. O conceito legal de organização criminosa (união de 4 ou mais pessoas, estruturalmente ordenadas para a prática de crimes com penas superiores a 4 anos ou de caráter internacional, visando à vantagem material) inclui a organização criminosa da espécie endógena ou institucional, que é aquela que tem seu nascedouro dentro do Poder Público e finalidade precípua de enriquecimento ilícito a partir de infrações penais que atentam contra a Administração Pública, incluindo os crimes de corrupção no sentido estrito (corrupção

---

[i] A norma dispõe sobre a responsabilização administrativa e civil de pessoas jurídicas pela prática de atos de corrupção contra a Administração Pública, nacional ou estrangeira.

passiva e ativa, além da corrupção eleitoral) e outros crimes contra a Administração Pública nos quais seus autores buscam vantagens ilícitas, tais como o peculato e as fraudes licitatórias, que tantos prejuízos causam ao erário. A Lei n. 12.850/2013 trouxe importantes instrumentos para combate às organizações criminosas, entre elas as institucionais, como a colaboração premiada (art. 3º-A em diante)[i], a ação controlada (art. 8º)[ii], a infiltração de agentes (art. 10 em diante)[iii] e o acesso a registros, dados cadastrais, documentos e informações (art. 15 em diante)[iv].

Por derradeiro, a Lei n. 13.964/2019, alcunhada de "Pacote Anticrime"[v], trouxe como novidade o acordo de persecução civil, inserindo-o o art. 17-B na Lei de Improbidade Administrativa. O procedimento foi regulamento na sequência, pela Lei n. 14.230/2021, que alterou a redação do art. 17-B e também incluiu na Lei de Improbidade os arts. 17-C e 17-D.

A atual normativa permite que o Ministério Público celebre um acordo com o autor de ato ímprobo, desde que dele advenham, ao menos, os seguintes resultados: o integral ressarcimento do dano causado ao erário e a reversão à pessoa jurídica lesada da vantagem indevida obtida, ainda que oriunda de agentes privados.

---

i Acordo entre o Ministério Público e/ou Delegado de Polícia com um investigado ou réu colaborador, no qual os órgãos estatais concedem benefícios legais, como a redução de pena, em troca de informações importantes para prevenção e combate das organizações criminosas.

ii Consiste no retardamento da intervenção policial ou administrativa relativa a uma ação criminosa, a fim de que ela se concretize em um momento mais eficaz para a formação de provas e obtenção de informações. As autoridades policiais ou administrativas mantêm um monitoramento constante e ininterrupto sobre os membros de uma organização criminosa, até vislumbrar o momento mais propício para a intervenção.

iii Imersão judicialmente autorizada de um policial dentro de uma organização, como se dela fosse membro, buscando e colhendo provas e informações, com o fim de desestruturar a organização.

iv Acesso direto ao membro do Ministério Público ou autoridade policial, sem necessidade de autorização judicial, aos dados cadastrais do investigado, que informem exclusivamente a qualificação pessoal, a filiação e o endereço mantidos pela Justiça Eleitoral, empresas telefônicas, instituições financeiras, provedores de internet e administradoras de cartão de crédito.

v Lei que alterou diversos dispositivos do Código Penal, do Código de Processo Penal, da Lei de Execução Penal e da Lei dos Crimes Hediondos.

Até 2019, não era permitida pelo ordenamento jurídico brasileiro a realização de acordo entre o Estado e o autor de ato de improbidade, porém a atual permissão nos parece acertada, pois evita o ajuizamento de ação civil que se delongaria por anos na Justiça (as quais não raras vezes se findavam após a prescrição e geravam indesejável impunidade de corruptos e corruptores). Além disso, a lei prevê que o acordo somente se faz possível com o integral ressarcimento do dano causado à Administração Pública, objetivo principal de um inquérito civil do Ministério Público instaurado a partir da ocorrência de um ato ímprobo do servidor público.

Referências

ADEODATO, J. M. **Ética & retórica**: para uma teoria da dogmática jurídica. São Paulo: Saraiva, 2009.

ÁFRICA 21 DIGITAL. **Sérgio Moro diz em Portugal que Lava Jato é "anseio da sociedade brasileira"**. 30 maio 2017. Disponível em: https://africa21digital.com/2017/05/30/sergio-moro-diz-em-portugal-que-lava-jato-e-anseio-da-sociedade-brasileira/. Acesso em: 31 maio 2017.

ANDRADE, J. C. V. **Os direitos fundamentais na Constituição Portuguesa de 1976**. Coimbra: Almedia, 1983.

ALMEIDA, F. M. de. Combate à corrupção pelo direito brasileiro: perspectiva constitucional e nova tendência trazida pela Lei das Empresas Estatais. In: CUNHA FILHO, A. J. C. da; ARAÚJO, G. R. B. de; LIVIANU, R. ; PASCOLATI JUNIOR, U. A. (Coords.). **48 visões sobre a corrupção**. São Paulo: Quartier Latin, 2016.

BANCO MUNDIAL. **Helping Countries Combat Corruption**: The Role of the World Bank. PREM, Set. 1997. Disponível em: http://info.worldbank.org/etools/docs/library/18143/fp_summer97.pdf. Acesso em 5 fev. 2014.

BECK, U. **Sociedade de risco**: rumo a uma outra modernidade. Tradução de Sebastião do Nascimento. São Paulo: Editora 34, 2011.

BRASIL. Ministério da Administração Federal e Reforma do Estado. **Plano diretor da reforma do aparelho do Estado**. Brasília: PR/Câmara da Reforma do Estado, Ministério da Administração Federal e Reforma do Estado, 1995. Disponível em: http://www.planalto.gov.br/publi_04/COLECAO/PLANDI.HTM. Acesso em: 5 maio 2014.

BRASIL. Tribunal Regional Federal da 4ª Região. **Correição Parcial n. 5019555-75.2014.404.0000**. Órgão Julgador: Sétima Turma. Relator: Cláudia Cristina Cristofani. Data do julgamento: 7 out. 2014.

BRASIL. Superior Tribunal de Justiça. **Agravo em Recurso Especial n. 804.392/GO**. Relator: Ministro Benedito Gonçalves. Órgão julgador: Decisão Monocrática. Data do julgamento: 1º dez. 2015.

BONAVIDES, P. **Curso de direito constitucional**. São Paulo: Malheiros, 2010.

CAMPBELL, D. Evolutionary Epistemology. In: SCHILPP, P. (Ed.). **Library of Living Philosophers**. La Salle: Open Court, 1974. v. Popper.

CARBONELL, M. **Neoconstitucionalismo(s)**. Madrid: Editorial Trotta, 2005.

DOMINGUEZ LUIS, J. A. El derecho de información administrativa: información documentada y transparencia administrativa. **Civitas: Revista Española de Derecho Administrativo**, Madrid, n. 88, out./dez. 1995.

ESPÍNDOLA, R. S. **Conceito de princípios constitucionais**: elementos teóricos para uma formulação dogmática constitucionalmente adequada. São Paulo: Revista dos Tribunais, 1999.

FERREIRA FILHO, M. G. **Curso de direito constitucional**. São Paulo: Saraiva, 2001.

GARCIA, E. **A corrupção**: uma visão jurídico-sociológica. Rio de Janeiro: TJ/RJ, 2008. Disponível em: http: //www.tjrj.jus.br/institucional/dir_gerais/dgcon/pdf/artigos/direi_const/a_corrupcao_uma_visao.pdf. Acesso em: 30 out. 2014.

GIDDENS, A. **As consequências da modernidade**. Tradução de Raul Fiker. São Paulo: Ed. da Unesp, 1991.

GRAY, J. **Cachorros de palha**: reflexões sobre humanos e outros animais. Tradução de Maria Lucia de Oliveira. Rio de Janeiro: Record, 2005.

HOOD, C. Public management for all seasons? **Public Administration**, Londres, v. 69, n. 1, 1991.

LAMUCCI, S.; BASILI, J. FMI: corrupção e crise política aprofundaram recessão no Brasil. **Valor Econômico**, 7 out. 2015. Disponível em: https://valor.globo.com/brasil/noticia/2015/10/07/fmi-corrupcao-e-crise-politica-aprofundaram-recessao-no-brasil.ghtml. Acesso em: 15 jul. 2023.

LOEWENSTEIN, K. **Teoría de la constitución**. Trad. de Alfredo Gallego Anabitarte. Barcelona: Ariel, 1976.

MATTOS, M. R. G. de. **Tratado de direito administrativo disciplinar**. Rio de Janeiro: América Jurídica, 2008.

MEYER-PLFUG, S. R.; OLIVEIRA, V. E. T. de. O Brasil e o combate internacional à corrupção. **Revista de Informação Legislativa**, Brasília, v. 46, n. 181, p. 187-194, jan./mar. 2009.

MORAES, G. **Controle jurisdicional da administração pública**. São Paulo: Dialética, 1999.

PEREIRA, J. M. Reforma do Estado e controle da corrupção no Brasil. **Caderno de Pesquisas em Administração**, São Paulo, v. 12, n. 2, p. 1-17, abr./jun. 2005.

PINTO, N. M. **Novos desafios à governação democrática**: o impacto da crise global e as vantagens da democracia. Disponível em: http://www.scielo.mec.pt/pdf/ri/n22/n22a03.pdf. Acesso em: 7 jun. 2014.

RAMOS, A. C.; PEREIRA NETO, P. B. **Repertório jurisprudencial elaborado pela PRE-SP sobre a Lei da Ficha Limpa**. São Paulo, maio 2011. Disponível em: http://s.conjur.com.br/dl/repertorio-ficha-limpa-pre-sp.pdf. Acesso em: 10 maio 2014.

RÁO, V. **O direito e a vida dos direitos**. São Paulo: Revista dos Tribunais, 1999.

RONCONI, L. F. de A. **A Secretaria Nacional de Economia Solidária**: uma experiência de Governança Pública. Tese (Doutorado em Sociologia Política). 279 f. – Universidade Federal de Santa Catarina, Florianópolis, SC, 2008.

ROSA, M. F. E. **Corrupção com entrave ao desenvolvimento**. Disponível em https://www.sedep.com.br/artigos/corrupcao-como-entrave-ao-desenvolvimento. Acesso em: 30 abr. 2023.

SALGADO, J. C. O Estado ético e o Estado poiético. **Revista do Tribunal de Contas do Estado de Minas Gerais**, Belo Horizonte, v. 27, n. 2, abr./jun. 1998.

SCHEDLER, A. Conceptualizing Accountability. In: SCHEDLER, A.; DIAMOND, L.; PLATTNER, M. F. (Eds.). **The Self-Restraining State**: Power and Accountability in New Democracies. Colorado: Lynne Rienne, 1999. p. 13-28.

TRANSPARENCY INTERNATIONAL. **Global Corruption Barometer**: Brazil Disponível em: http://www.transparency.org/gcb2013/country//////?country=brazil. Acesso em: 21 set. 2013.

VALLE, V. R. L. do. **Direito fundamental à boa administração e governança**: democratizando a função administrativa. Tese (Pós-doutorado). 254 f. – Escola Brasileira de Administração Pública e de Empresas da FGV, Rio de Janeiro, 2010.

Legalidade, subsidiariedade e a situação brasileira perante o TPI

Legalidad, subsidiariedad y situación de Brasil ante el TPI

Gustavo dos Reis Gazzola

Pós-doutorado pela Ius Gentium Conimbrigae – Faculdade de Direitoda Universidade de Coimbra (2013). Mestre em Direito pela Pontifícia Universidade Católica de São Paulo (2004). Doutor em Direito pela Pontifícia Universidade Católica de São Paulo (2008). Especialista em Jornalismo pela Faculdade Cásper Líbero (1995). Graduado em Administração pelo Fundação Getulio Vargas (1990) e em Direito pela Faculdade de Direito de Itu (1996). Atualmente, é Promotor de Justiça em Sorocaba do Ministério Público do Estado de São Paulo, professor de Direito Penal da Faculdade de Direito de Sorocaba e diretor da Faculdade de Direito de Sorocaba.

Fauzi Hassan Choukr

Pós-doutorado pela Universidade de Coimbra (2012/2013). Doutor (1999) e mestre (1994) em Direito Processual Penal pela Universidade de São Paulo. Especialista em Direitos Humanos pela Universidade de Oxford (New College; 1996) e em Direito Processual Penal pela Universidade Castilla la Mancha (2007). Capacitação profissional para o sistema acusatório junto ao CEJA – Centro de Estudos Jurídicos das Américas (OEA), Chile, 2016. Pesquisador convidado do Instituto Max Planck para direito penal estrangeiro, internacional e criminologia (1997-2008). Pesquisador convidado do Collège de France, cátedra sob regência da Profa. Mirreile Delmas- Marty (2005-2011). Coordenador do PPGD da Facamp – Programa aprovado pela Capes. Pesquisas concentradas nos seguintes temas: direitos fundamentais e sistema penal; internacionalização de direitos e globalização econômica; justiça de transição. Promotor de Justiça no Estado de São Paulo (desde 1989).

Resumo: O presente texto analisa as bases e as finalidades do princípio da legalidade penal e seus reflexos na construção dos tipos penais previstos no Estatuto de Roma conjugando-as com o princípio da complementariedade, com especial observância das deficiências da legislação brasileira.

Palavras-chave: Tribunal Penal Internacional; legalidade; complementariedade; adaptação.

***Resumen**: Este texto analiza las bases y finalidades del principio de legalidad penal y sus efectos en la construcción de los tipos penales previstos en el Estatuto de Roma, combinándolos con el principio de complementariedad con especial observancia de las deficiencias de la legislación* brasileña.

***Palabras clave**: Corte Penal Internacional; legalidade; complementariedade; adaptación.*

penales. 2.4. Las penas bajo el principio de legalidad. 2.5. La interpretación a favor del imputado en el artículo 22. 3. La legalidad como sustento del principio de complementariedad: el estado del arte de la situación brasile*ña. Referencias.*

1. Princípio da legalidade no direito penal

1.1. Perspectiva histórica de sua conformação

Para os julgamentos, nem sempre contaram os magistrados com o apoio de lei que lhes orientasse a formação do veredicto, ao princípio, como se assinala no direito romano primitivo, os casos concretos conferiam oportunidade à formação do próprio direito. Dessa concomitância entre fato a ser julgado e busca por critério de julgamento, formam-se as primeiras leis penais. A par da incriminação de certas condutas, aos tribunais populares remanescia a faculdade de entender puníveis ações que se não previam como tais. Com a substituição destes pelo processo das *quaestiones*, as demandas penais se transferem para o tribunal dos jurados, as condutas só podem ser punidas se delimitada a incriminação (Hungria, 1955, p. 25-26). Inadmitida a punição de um fato reprovável conquanto fosse merecedor de pena.

Na Idade Média, em que prevalece o direito consuetudinário em relação à lei escrita, torna-se despicienda para a prolação de decretos condenatórios a delimitação das figuras penais bem assim de penas, sequer se reclamava que os magistrados se utilizassem da analogia ou do *exemplum legis*; estavam autorizados à consulta da própria consciência, em claro arbítrio. O único interdito era a criação pelo juiz de uma nova espécie de pena (Hungria, 1955, p. 28-30).

Na Inglaterra, ao reverso do continente europeu, a exigência de reserva da lei se entremostra no direito positivo de modo prematuro. O artigo 39 da *Magna Charta* do rei João, datada de 1215, afirma a impossibilidade da utilização da analogia *in malam partem*. Como núcleo normativo, a limitação da autoridade do Estado em face da liberdade do indivíduo. Tempos mais adiante, no século XVIII, com a doutrina de separação dos poderes de Montesquieu, determina-se novo fundamento para a proibição de que se utilizasse da analogia para a solução de conflitos, pois tal proceder implicaria a usurpação das funções do Poder Legislativo pelo Judiciário, que passaria, no silêncio das leis, a reconhecer crimes e impor penas (Hungria, 1955, p. 32).

Sob o ideário dos contratualistas, Beccaria, com a obra *Dei delitti e delle pene* (1764), divulga e sedimenta o princípio da legalidade, e, desse modo, permite sua positivação na Ordenança penal austríaca de José II (*Josefina*), que antecede em dois anos a Declaração dos Direitos do Homem e do Cidadão.

Na América, os *Bills of Rights* e as Constituições das colônias inglesas repercutem a disposição da *Magna Charta*, artigo 39, enquanto o Congresso de Filadélfia (1774) inseriu o princípio da legalidade entre os direitos fundamentais do homem. A Constituição Federal americana (1787) dedica ao princípio disposição que afirma de modo expresso a retroatividade da lei penal (Hungria, 1955, p. 33)[i].

Por influência da legislação das ex-colônias inglesas, a Assembleia Nacional francesa fez escrever na Declaração dos Direitos do Homem e do Cidadão (artigo 8º) o princípio da legalidade. Pelo poder de irradiação da cultura francesa, o princípio ganhou outras nações e integrou-se aos ordenamentos jurídicos como exigência do regime democrático.

Em 1801, Feuerbach escreveu a fórmula latina do princípio da legalidade[ii], com o que faz reverência a seu fundamento político enquanto

---

[i] Em análise que traduz a particularidade do princípio da legalidade como construído no sistema da *common law*, escreve Francisco António de Macedo Lucas Ferreira de Almeida (2009, p. 71): "Diferentemente se passam as coisas nos sistemas de *common Law*. Em Inglaterra, por exemplo, até à Magna Carta de 1215, os princípios da legalidade nunca haviam sido reconhecidos ou consagrados. Apesar disso, resulta incontroverso que as decisões judiciais, mesmo na ausência de um texto constitucional de uma tradição codificadora, sempre se têm apoiado neles. Mais do que permitida, a utilização da analogia em sede de interpretação judicial (fundada num critério de previsibilidade de um homem médio, segundo o qual determinada conduta recairia no âmbito das ofensas de natureza criminal), foi erigida em meio indispensável ao desenvolvimento e à evolução da *common law*; facto que demonstra a essencial diferença intercorrente nos sistemas continentais e nos de *case-law* a respeito do entendimento e da aplicação do princípio da legalidade na esfera do direito penal, sobretudo quando exactamente se trate de estabelecer os parâmetros de latitude em que se considera admissível o recurso à analogia".

[ii] Consoante observa Andrei Zenker Schmidt (2001, p. 138), com apoio em Nilo Batista, "ao contrário do que se difunde frequentemente, das obras de Feuerbach não consta a fórmula ampla *nullum crimen nulla*

afirmador do direito de liberdade do homem frente aos poderes do Estado, e, a um só passo, entrega-lhe função nitidamente jurídico-penal (teoria da coação psicológica). A estipulação prévia da pena associada à determinada conduta tem a função de exercer coação psicológica geral e, por essa via, impedir a ocorrência do crime. Fundamenta-se a aplicação da pena se o autor da conduta incriminada a realiza apesar de ser conhecedor da ameaça de resposta penal. Na exposição de Feuerbach, identificam-se os três postulados que concorrem para a formação do *nullum crimen nulla poena sine lege*: a aplicação de uma pena pressupõe uma lei penal (*nulla poena sine lege*), porquanto a ameaça do mal pela lei gera a possibilidade jurídica da sanção. Por seu turno, a aplicação de uma pena é condicionada à existência do fato que se pretende evitar (*nulla poena sine crimine*), vez que na lei a pena se liga ao fato como pressuposto juridicamente necessário. Por derradeiro, o fato, pressuposto legal, é condicionado pela pena legal (*nullum crimen sine poena legali*), pois o mal, como consequência jurídica necessária, é unido pela lei a certa violação do direito (Hungria, 1955, p. 36-37).

Com franca acolhida nos países com tradição no reconhecimento das exigências do direito, a história recente apresenta dois momentos marcantes em que vulnerado o princípio da legalidade. Na Alemanha, o Código Penal do Reich (1871) disciplinava, no artigo 1º, que uma ação seria punida somente se a sanção estivesse previamente determinada. Entretanto, com a instituição do regime nacional socialista, em 1935, publicou-se lei que alterou de modo significativo o princípio, pois se passou a admitir a utilização de postulados éticos como ensejadores de punição (Schmidt, 2001, p. 140). A segunda ofensa à garantia penal da legalidade se materializou no Código Penal da URSS, que permitia que um ato socialmente perigoso, a despeito de não previsto na legislação repressiva, fosse merecedor de punição se análogo a outros que se fizessem proibidos na lei; admitia-se a analogia.

Nos diplomas internacionais que se estabeleceram após a Segunda Guerra Mundial, afirma-se consagrado o princípio a legalidade (Roxin, 1997, p. 144). Nesse sentido, o artigo XI, 2, da Declaração Universal dos Direitos Humanos[i], e o artigo 15, I, do Pacto Internacional sobre Direitos Civis e Políticos. De se observar, contudo, que, na Declaração

---

poena sine lege, nelas se encontram, sim, uma articulação das fórmulas *nulla poena sine lege, nullum crimen sine poena legali* e *nulla poena (legalis) sine crimine*".

[i] "Artigo XI, § 2. Ninguém poderá ser culpado por qualquer ação ou omissão que, no momento, não constituíam delito perante o direito nacional

Universal, conquanto se afirme a impossibilidade de que alguém seja condenado por um fato que não se constitua delito, inexiste determinação a respeito da fonte normativa para sua caracterização. Sob esse sentir, *a priori*, sem que se socorra de qualquer limitação interpretativa, o costume bem assim como os princípios gerais se perfilariam como fontes legitimadas. No Pacto Internacional, de modo mais incisivo e específico, escreve-se que os princípios gerais de direito permitem a imputação de crime a determinada pessoa. Os diplomas, para que neles se identifique a exigência do princípio da legalidade, carecem de limitação ao alcance do termo "delito" como produto de leis internas dos países em que cometido ou segundo convenções de Direito Internacional.

Nos códigos penais da comunidade das nações, em letras contundentes, e em contraste com os diplomas internacionais referidos, afirma-se o princípio da legalidade segundo a perspectiva adotada na fórmula de Feuerbach, o que os faz modelo para a construção da normatividade internacional. Atendem as disposições nacionais à perspectiva protetiva do cidadão[i], o que é conforme o propósito das convenções internacionais. Assim, de tomar-se a limitação de fonte formal – lei – para a formação do direito penal interno extensível ao direito internacional penal, em que a convenção se apresenta como o sucedâneo no âmbito internacional da produção legislativa interna aos Estados[ii].

Com esse passo interpretativo, importa que se entenda por "delito", como constante no direito penal internacional, modelo de comportamento proibido que se tenha criado por direito convencional. Necessário, portanto, que se restrinja sua definição segundo a fonte formal que lhe confere existência na órbita internacional. De se entenderem por afastadas do conceito de infração penal condutas que, conquanto ofensivas a bens jurídicos de relevância para a comunidade das nações,

---

ou internacional. Tampouco será imposta pena mais forte do que aquela que, no momento da prática, era aplicável ao ato delituoso."

i Conforme o preâmbulo da Declaração Universal dos Direitos Humanos.

ii Para afirmar a particularidade do direito internacional penal frente aos direitos penais dos Estados, argumenta Francisco António de Macedo Lucas Ferreira de Almeida (2009, p. 73): "Enquanto ramo do direito internacional, o direito internacional penal, não constituindo *fac-simile* daquele, reproduz, todavia, o seu travejamento essencial, pelo que seria de todo irreflectido importar, de forma acrítica, o *instrumentarium* do direito penal interno dos Estados para divisar os seus princípios estruturais. Entre ambos, descortinam-se elementos de proximidade, mas também de afastamento e ruptura".

não se formalizaram por meio da convenção como crimes. Não se pode afirmar, por essa construção de pensamento, a existência de comportamentos que se definam como crimes por sua natureza; condutas ontologicamente criminosas, que se perceberiam pelos princípios gerais do direito. Se o comportamento é altamente lesivo aos interesses sociais, tal se mostra como força hábil a gerar processo de sua formalização como crime, o que se faria, no âmbito dos Estados, pela lei; no da comunidade internacional, pela convenção. A restrição social à conduta e a violência que representa aos bens jurídicos são fatores que se prestam à caracterização de fonte material, capaz de forjar a criação da norma proibitiva, que se formaliza por meio da convenção.

Em respeitável raciocínio, doutrina se estabelece no sentido de identificar uma particular conformação do princípio da legalidade no direito internacional penal (Almeida, 2009, p. 76-81). Como instrumento de proteção da ordem internacional, o direito internacional penal se identifica como ramo do direito internacional e, de certo modo, traduz a estrutura deste, notadamente, no que respeita ao tema das fontes normativas, a prevalência do costume. Identifica-se, então, que o próprio direito convencional se apresenta como derivado dos costumes e seu reflexo, contra o qual não se poderia disciplinar. A convencionalidade não retiraria o caráter da fonte consuetudinária. Desse modo, não seria de se exigir, para que se contemplasse o princípio da legalidade, que o comportamento incriminado viesse descrito em lei anterior (norma convencional). A incriminação pelo direito internacional, contudo, pode-se construir quer diretamente pelo costume ou, de modo mediato, pelo pacto (aqui, ainda, direito costumeiro).

No direito internacional penal, conclui-se, segundo o entendimento em apreciação, para que se respeite a legalidade, basta que a infração criminal se defina como comportamento contrário ao direito sem que se reclame lei prévia (*nullum crimen sine lege praevia*). De tal modo, entre o direito penal dos Estados e o direito internacional penal se gizaria diferença de grau, e não de substância. Por conta de referida distinção, no direito internacional penal não se manifestariam corolários do princípio da legalidade exigíveis na esfera do direito penal, quais sejam, a proibição de que se estabeleçam figuras penais pelo costume, de que se empregue a analogia e de que se valha da interpretação extensiva. O costume como fonte das figuras penais decorre da aceitação de sua função no direito internacional, que se transmite para o ramo penal desse direito. De outra parte, o processo de codificação por que passa o direito costumeiro não se mostra capaz de construir modelos de comportamento proibido isentos de lacunas e termos vagos, o que reclama a analogia e a interpretação extensiva como instrumentos para integrar o direito penal. Tais instrumentos interpretativos se mostram, portanto, conaturais ao direito internacional penal, em que as normas se formam segundo padrões não estritamente delineados, porém, sob a perspectiva material, continentes de forte sentido de ofensa ao senso do justo.

Sem que se retire ao direito internacional a fonte costumeira, em apoio a pensamento centrado no princípio da legalidade não exclusivamente como *nullum crimen sine jure*, mas também como *nullum crimen sine lege*, importa identificá-la como fonte material, que se coloca como conteúdo normativo que se reveste de formalidade por meio do processo de codificação. Não se firma a passagem da fonte costumeira em convencional como mecanismo meramente de transposição em que a fungibilidade entre as fontes faz desaparecer a linha divisória entre fonte material e formal. O processo de formalização do direito confere às normas características peculiares. Nesse sentido, conforme a fonte formal, a norma gestada se mostrará dotada de notas próprias. Assim, a imprecisão maior das normas costumeiras se cotejadas às convencionais. Como fonte material, indiretamente o costume pode criar a figura penal, contudo o princípio da legalidade a par de compor-se de norma que proíba o que seja ofensivo deve determiná-lo em contornos bem traçados.

De outra parte, caberia reconhecer que, embora não se retire a pertinência de que o direito internacional penal se conforma segundo estrutura do direito internacional, tal não implica ter por certo que a fonte costumeira é primacial naquele por que o seria neste. Conquanto se tenha reconhecido a importância do costume para formação do direito internacional, não é sua única fonte e, em tempos hodiernos, disputa com as fontes convencionais e com os atos unilaterais e das organizações internacionais a condição de fonte formal. Ademais, o processo de codificação está a revelar caminho em sentido de fortalecer as fontes convencionais.

Não se deve olvidar que o direito internacional penal, embora seja substantivamente direito internacional, sua qualificação como penal empresta-lhe elementos característicos, entre estes o atendimento ao princípio da legalidade, que reclama como fonte formal das normas incriminadoras a lei. Como inexistente órgão legislativo na esfera internacional na exata acepção em que presente nos Estados, a formalização das normas se opera por meio das convenções. Porque um ramo do direito toma como sua fonte uma das que se elencam para o complexo normativo mais amplo em que se insere, não se está autorizado a identificar nesse proceder a subversão aos postulados e princípios de modo a que o ramo especializado se desprenderia do gênero.

Ao reverso, a especificação da fonte normativa convencional como basilar para a criação de normas proibitivas no direito internacional penal se assenta no permissivo lógico de que a espécie tome ao gênero uma das variantes de seus elementos caracterizadores. Nesse movimento, identifica-se, exatamente, a especificação. Como elemento do direito internacional entenda-se a fonte formal. Como variantes desse elemento, a convenção, o costume, os princípios gerais de direito, a equidade. Na especificação do direito internacional penal, a qualificação da fonte convencional como produtora das normas proibitivas.

Assinale-se, por outro giro, o significado do direito penal como fator de proteção do indivíduo frente ao poder punitivo. A norma penal, se certo que cumpre função de delimitar o campo do proibido, confere, a um só tempo, e em movimento contrário, a demarcação do espaço de liberdade. Neste, a impossibilidade de que se imponham sanções diante de condutas levadas a cabo pelo cidadão. Nas linhas traçadas pelo princípio da legalidade para definir o proibido, impende, sob o aspecto estritamente formal, descrever o comportamento interdito. Não basta, portanto, que a conduta seja ofensiva a valores para que se tenha por criminosa, é preciso que se o diga em descrição delimitada. Do mesmo modo, insuficiente que se descrevam comportamentos como delitos se não lesivos a bens jurídicos, vale escrever, se não antagônicos a bens significativos para a vida social. É razoável afirmar-se, portanto, que o princípio da legalidade reclama o encontro dos postulados *nullum crimen sine jure* e *nullum crimen sine lege*.

Não se desconhece que o direito internacional penal se volta à proteção de valores de magna significância para a comunidade das nações, todavia a importância que se atribui aos bens jurídicos e aos sujeitos passivos dos comportamentos agressivos não pode impedir que se considerassem os direitos do sujeito autor. Inerente ao direito penal que pretenda representar fator de intimidação, porém não se lhe outorga a instrumentalização dos indivíduos para o atingimento de seus fins. Quando se voltam os olhos para os bens atingidos e suas vítimas, e se os mantém cerrados para a especificação das condutas, colocam-se seus autores sob os arbítrios do direito penal[i].

1.2. A gramática do princípio da legalidade

Identificada a trajetória de formação do princípio da legalidade, permite-se que se alinhem seus fundamentos contemporâneos, que se entremostram como pilares de sua legitimação quer sob o prisma jurídico-político quer jurídico-penal (Roxin, 1997, p. 144-147). Assim, quatro os fundamentos de legitimação, que se albergam aos pares nas duas categorias mencionadas. Como razões jurídico-políticas, o liberalismo político e a divisão de poderes na democracia, e jurídico-penais, a prevenção geral e o princípio da culpabilidade.

Do liberalismo político se extrai a exigência de vinculação dos poderes Executivo e Judiciário às leis formuladas segundo parâmetros de abstração. Desse modo, o exercício do poder punitivo a encargo de juízes e administradores não se pode dar ao arrepio das disposições da lei, como seja, segundo a tônica da arbitrariedade. Reclama-se clara previsão em lei da conduta que se pretende apenar no caso concreto. Com a previsão abstrata em lei da conduta incriminada se garante ao cidadão espaço de liberdade diante do proceder das autoridades, que se poderia formar em seu prejuízo em função de influência de fatores circunstanciais. As decisões casuísticas devem ceder terreno ao império da força da lei que se ancora em sua abstração.

Da democracia estribada na divisão de poderes se retira que a cominação das penas, porquanto respostas marcadas pela dureza frente à liberdade individual, deve encontrar raízes nas atividades do parlamento, instância dos poderes mais próxima da representação popular. Ao parlamento cabe a tarefa de criação da lei enquanto ao magistrado se confere a função de aplicá-la. Afasta-se o juiz da possibilidade de produzir a norma e o Executivo da atividade de afirmá-la no caso concreto.

---

[i] Claus Roxin (1997, p. 137, grifo nosso) observa como função do direito penal colocar o cidadão ao abrigo dos excessos do poder punitivo: "un Estado de derecho debe proteger al individuo no solo **mediante** el Derecho penal, sino también **del** Derecho penal. Es decir, que el ordenamiento jurídico no sólo ha de disponer de métodos y medios adecuados para la prevención del delito, sino que también ha de impor límites al empleo de la potestade punitiva, para que el ciudadano no quede desprotegido y a merced de una intervención arbitraria o excessiva [...]."

Na separação das funções do poder se estabelece engenharia que confere primazia ao princípio liberal de prevalência da lei.

Ao abrigo das razões jurídico-penais, a prevenção geral fundamenta o princípio da legalidade segundo a "teoria da coação psicológica", nos moldes em que revelada por Feuerbach; a existência da lei incriminadora é fator dissuasório da prática da conduta proibida, pois conforma a vontade dos indivíduos por força da ameaça da pena. Se inexistente lei, ou se obscura esta, a pena se veria privada de sua função intimidatória, porquanto os indivíduos não teriam como regular seu comportamento, dada a incerteza quanto à ação proibida[i].

Na seara das funções da pena, em que factível, também, contextualizar o efeito psicológico da norma retroativa, a coatividade psíquica da norma se coloca na perspectiva da formação de consciência coletiva – prevenção geral – em que o desrespeito aos comandos é gerador de sanções, e não na dimensão do efeito que a pena teria sob a percepção individual do ilícito. Tem-se, pois, que o princípio da legalidade não se mostra despiciendo em virtude de considerações que se produzam estribadas nos efeitos psicológicos da retroatividade quer no campo da culpabilidade, quer no da função preventiva geral da pena.

Na tessitura dos elementos que formam rede de significados que permite suporte à compreensão do princípio da legalidade, a par de seus fundamentos, que acima se passaram em inspeção, alinham-se corolários a ele relativos, que se constroem em forma de proibições, dois deles endereçados ao magistrado e dois outros ao legislador (Roxin, 1997, p. 140-141). As interdições do uso da analogia e do costume, ao juiz; as vedações da retroatividade e da indeterminação, ao legislador.

---

[i] Roxin (1997, p. 146) observa que a função de prevenção geral negativa, caracterizada pela coação psicológica, se complementa pela de positiva, que se consubstancia na formação da consciência dos cidadãos segundo a percepção de validade das normas porquanto cominadas e aplicadas as penas em casos de vulneração da ordem jurídica. *In verbis*: "Actualmente es frecuente considerar superada la teoría de la coación psicológica y por tanto también la fundamentación del principio de legalidad derivada de ella. Pero con ello se desconece que, si se complementa la idea de la intimidación con el 'aspecto positivo' de la prevención general, la fundamentación del principio *nullum crimen* desde la teoría de la pena resulta más actual que nunca. En efecto, si la conminación e imposición de las penas también contribuye substancialmente a estabilizar la fidelidad al Derecho de la población y en muchos casos a construir la predisposición a comportarse conforme las normas [...]."

A analogia em Direito Penal

Se válida a preocupação do legislador em afastar o arbítrio judicial por meio do *nullum crimen, nulla poena sine lege stricta*, resta evidente que os dispositivos legais, sob pena de proliferarem em casuísmos à custa da generalidade e abstração, apresentam em sua construção estrutura que necessita de compreensão à vista do caso concreto que lhes cabe disciplinar. O texto dos dispositivos expresso em termos exatos é uma impossibilidade dado o dinamismo dos fatos e a imprecisão inerente à linguagem[i]. De tal modo, sempre presente a necessidade de interpretá-lo, à guisa de complemento elucidador. Entretanto, se reclamada a interpretação, vedada a analogia, com o que importa traçar os limites entre uma e outra, para que se alcance a revelação do sentido fiel à lei enquanto se cerrem as portas para a ampliação normativa.

Estremam-se também a analogia e a interpretação analógica. A última opera como mecanismo que permite alcançar o significado do conteúdo normativo por meio de processo interpretativo em que a analogia se faz *intra legem*, qual seja, o próprio dispositivo apresenta rol exemplificativo, casuístico, em que os termos enumerados trazem traços semelhantes, que se sintetizam em um termo de encerramento. Espera-se do magistrado que, no esforço interpretativo, faça incluir na cláusula genérica a situação específica não constante do rol, mas que a ele se identifique pela comunhão de características.

Cabe, de outra parte, perquirir quanto à admissibilidade da analogia diante de regras de direito penal não incriminadoras. Responde-se de modo afirmativo com apoio no entendimento de que as regras favoráveis devem ser ampliadas. Mas há resposta pela negativa no sentido de que as normas permissivas, que excluem a ilicitude, culpabilidade, atenuam a pena ou extinguem a punibilidade, porque marcadas pela excepcionalidade, devem ser tomadas em compreensão restrita de modo a restringirem-se aos casos que originalmente disciplinam. Outros há que buscam coerência sistêmica ao inadmitir a analogia diante de qualquer norma de natureza penal. Ou, ainda, aqueles que afirmam a possibilidade da analogia como ferramenta a serviço do arbítrio judicial, mesmo que diante de normas permissivas[ii].

Sem que se deslustrem a lógica de raciocínio e as ponderáveis razões que se alinhavam contra o emprego da analogia *in bonam*

---

[i] Observa Nelson Hungria (1955, p. 52) com apoio em brocardo italiano: *fatta la lege, trovato l'inganno.*

[ii] Cfr. Nelson Hungria, 1955, p. 87-91.

partem, os fundamentos que reclamam sua incidência nas normas permissivas, desde que respeitado seu teor literal, parecem receber maior acolhida. Como na analogia identifica-se a presença de mesma razão a mediar a situação fática regulada pela norma e aqueloutra desguarnecida, se desprezada a semelhança em atenção ao apego à coerência sistêmica ou à necessidade de compreender de modo restrito as regras excepcionais, se produzirão decisões diversas a fazer ver dissonância maior, do próprio direito enquanto instrumento a serviço de ideal de proporção e humanidade. Aqui entendida a exigência de humanidade como compromisso político com a defesa da dignidade daquele submetido a processo. Se assim, de prevalecer o interesse de liberdade do acusado frente ao poder punitivo. Não se nega; caso de afastar-se a coerência do sistema penal, se compreendido como fechado, e preferir-se a primazia da liberdade como fruto de escolha política.

O costume no direito penal

Nullum crimen, nulla poena sine lege scripta, no brocardo, a restrição ao costume como fonte formal do direito penal. Admitido, contudo, como fonte material, em que se identifica sua força propulsora da norma a revelar os interesses, exigências e valores sociais. De se tomar, contudo, cautela e distinguir as diversas espécies de costume, porquanto a vedação não se impõe a todas elas. Nas especificações *contra legem* e *praeter legem*, o costume apresenta caráter revogatório ou criador de normas penais incriminadoras. Porém, o costume *secundum legem* cumpre função, conquanto não integradora, interpretativa de dispositivos penais, mormente aqueles formados por elementos normativos, em que se faz relevante a compreensão de seu conteúdo segundo os valores e práticas sociais.

No afastamento do costume como fonte normativa formal, erige-se a apresentação escrita do comando como mecanismo garantidor dos imputados, pois se lhes assegura sejam determinados os limites da incriminação. De se ter por correto, igualmente, que a norma escrita resulta de órgão "legiferante" específico, em que se dá o processo de codificação, segundo a perspectiva das formas convencionais. Resulta dos debates norma formada segundo a perspectiva da definição da abrangência de seu significado e fixação desse mesmo conteúdo em termos precisos.

Se o caráter revogatório do costume bem como criador de normas incriminadoras é negado, verificável, contudo, poder atuar no plano da eficácia das normas. Destacada a interveniência do costume *praeter legem* na estrutura da ilicitude e da culpabilidade com a função de identificar razões de não responsabilização criminal. Assim, há possibilidade de ampliarem-se os conteúdos de dispositivos na estrutura penal que operam em favor da tutela da liberdade do imputado[i].

Não se permite confundir, contudo, o que seja construção jurisprudencial de conceitos, que se formam diante da dinâmica da vida social e de suas exigências para com o direito, com o costume. Por escolha estrutural do próprio legislador, não se especificam nos diplomas teorias gerais do direito penal que se querem adotadas – ou em razão da dificuldade de fazê-lo ou para que se atenda à variabilidade dos momentos históricos e de evolução científica – de modo que as escolhas da jurisprudência nesses campos abertos se consubstanciam no movimento interpretativo, e não na criação de norma por meio do costume (Roxin, 1997, p. 159-160).

A proibição das normas penais indeterminadas

Defesas as normas vagas e indeterminadas: *nullum crimen, nulla poena sine lege certa.* As figuras penais necessitam se construam segundo termos claros, cujo significado e abrangência se permitam conhecer pelo jurisdicionado, em contrário caminha-se para que se não identifique o que proibido, e, assim, comprometer-se a função preventiva do dispositivo. Devem-se evitar as ambiguidades, indeterminações, os elementos

---

[i] Andrei Zenker Schmidt (2001, p. 204) esclarece o modo de atuação do costume nos elementos estruturais do crime: "no Direito Penal, a grande repercussão do *direito consuetudinário* (*praeter legem*) verifica-se na estrutura da *ilicitude* e da *culpabilidade* penais. Com efeito, sendo a ilicitude considerada, atualmente, como relação de contrariedade entre uma conduta humana e uma norma, da qual resulte *lesividade* a um bem ou interesse penalmente protegido, e, a culpabilidade, por sua vez, como a *reprovação* de um injusto típico, poderá ocorrer que a ineficácia da norma acabe por deslegitimar a proteção de um bem jurídico a qual a própria sociedade vem dispensando tutela, visto que não mais considera a conduta lesiva ou reprovável. E, nesse sentido, dá no mesmo afirmarmos que o *direito consuetudinário* atua como causa de supressão da *lesividade* ou *reprovabilidade jurídica*, ou como causa de justificação ou exculpação penal, até porque uma exclui a outra. A partir disso, pode-se admitir, agora, o *direito consuetudinário contra legem, não no sentido de que este revogaria ou invalidaria a lei penal, mas sim como fator de supressão da tutela penal sobre bens ou interesses por ela protegidos*".

genéricos. O conteúdo da proibição se constrói de modo taxativo com vistas a afastarem-se as linhas difusas dos termos.

Às normas indeterminadas corresponde a sua ausência, porquanto ao arbítrio judicial se entregará a possiblidade de sua construção. Ao cidadão faltará a segurança necessária frente ao poder punitivo do Estado, que se não fará limitado pelos limites da norma incriminadora. De outra parte, a incerteza dos dispositivos permite aos magistrados avançarem sobre a função legislativa, embora construam normas para casos concretos. Não se desconhece que certo grau de indeterminação na construção da norma é intrínseco à sua natureza, voltada aos comandos gerais e, portanto, escoimada de especificidades que a fariam de restrita aplicação e de utilidade questionável. Ademais, a própria necessidade de utilização para a construção normativa de linguagem com seus termos imprecisos e ambíguos transporta para o jurídico a indeterminação e, assim, a premência da interpretação como meio de ajustar os conteúdos.

Entre os termos que se utilizam na edificação da norma de proibição, destaque se lança sobre os conceitos que solicitam complementação valorativa (Roxin, 1997, p. 170-175). Neles não se descreve a conduta antes se pede um juízo de valor. Com efeito, o dispositivo não pode engessar-se em termos unicamente descritivos, porquanto se poderia perder a possibilidade de adaptação do comando ao caso concreto, sob a perspectiva de solução justa. A exigência de termos descritivos conduziria a dispositivos extremamente extensos na perspectiva de traduzir o termo valorativo por linguagem substantiva e minudente. De conseguinte, conclui-se pela necessidade dos termos valorativos e pela impossibilidade técnica de afastá-los por completo.

Para que se permaneça com os termos valorativos, porém, imperioso que se lhes definam limites de indeterminação a partir do que passam a vulnerar o princípio da legalidade. Como parâmetros, então, colocam-se a exigência de que o preceito penal seja capaz de revelar o fim de proteção colocado pelo legislador e que o teor literal dos termos seja o limite para interpretações arbitrárias.

A proibição da retroatividade

Ao abrigo do direito punitivo que se pode revelar exacerbado pelos influxos emocionais gerados pela repercussão de casos específicos ou por desideratos inconfessáveis de perseguir desafetos, o *nullum crimen, nulla poena sine lege praevia* trabalha a favor da segurança jurídica por permitir ao jurisdicionado o conhecimento da norma de proibição e, por deliberação de vontade contrária ao direito, pretender vulnerá-la. Sobre esse corolário da legalidade erige-se manifestação do próprio sentido de justiça, vez que a punição que se impusesse por conduta não incriminada anteriormente saberia a perseguição e não resposta a ato transgressor. Só há transgressão se anteceder a definição do que merecedor de obediência.

Entre os fundamentos do princípio da legalidade, a proibição da retroatividade, conquanto não atente contra a separação entre as funções judicial e legislativa, desrespeita a prevenção geral, que pretende cumpram as normas a tarefa de regular a vida social. À guisa do pacto, as normas incriminadoras só podem projetar seus efeitos sobre fatos que se deem após sua vigência. Há ilogicidade em pretender motivar o comportamento, se já realizado. Impossível ao indivíduo tornar no tempo e desfazer a conduta porque convencido da importância de comportar-se segundo o direito. Se a norma não se volta ao futuro, despe-se de seu poder cogente frente ao comportamento humano e traduz-se em mecanismo de vindita.

Entretanto, admite-se a retroatividade da norma penal se de algum modo favorecer o autor do fato incriminado. Entre as formas de manifestar-se o benefício, alinham-se duas: *abolitio criminis* e *novatitio legis in mellius*. Motivos significativos se levantem a justificar a retroatividade. O primeiro deles diz da inutilidade da imposição de pena a um fato considerado depois de sua prática descriminalizado. Se há consenso no sentido de que a punição deve projetar seus efeitos para o futuro, na perspectiva de alcançar-se, *verbi gratia*, a ressocialização do delinquente, não haveria qualquer razão para que se punisse o autor de conduta não mais vetada. Isso porque certo que o direito não mais considera a conduta merecedora de pena. Nesse caso, a imposição de pena choca-se com o princípio da isonomia, vez que se identificariam duas classes de pessoas – autores de condutas antes tipificadas como infrações penais e autores da mesma conduta ora não incriminada, em que haveria identidade de comportamento –, mas diversidade de resposta oferecida pelo direito diante da prática de cada uma delas.

À retroatividade da lei mais benigna opõe-se a ultratividade das normas excepcionais e temporárias. Ambas apresentarão em comum o tempo de vigência limitado, de que se consegue traçar a duração precisamente (lei temporária, em que estabelecidos o início e o término da vigência) ou de modo não preciso (lei excepcional, em que se condiciona o termo final de vigência à conclusão do movimento excepcional que a originou). Nessa classe de normas, o tempo em que praticada a conduta é elemento fundamental para defini-la enquanto antagônica ao ordenamento. O fator que se mostra com relevo é o tempo (período) em que realizada a conduta, porquanto esta não é desconforme com o direito de *per si*. Em tal classe de leis, o elemento tempo se constitui elementar, cuja falta gera a atipicidade da conduta.

De outra parte, como as leis excepcionais e temporárias, caso se admitisse a retroatividade, trazem a perspectiva de sua revogação, se mostram dotadas de baixa capacidade persuasória. O término da vigência da lei, portanto, só faz revelar a importância da conduta delituosa no período específico em que operada. Ultrapassado esse período, a conduta perde significância penal. O tempo é elementar implícita nos crimes temporário e excepcional.

1.3. Princípio da legalidade sob o aspecto material

Reconhecido o significado do princípio da legalidade em sua expressão formal, traduzida nos quatro corolários que exigem, para que se incrimine determinada conduta, lei prévia, estrita, certa e escrita, de se constatar a sua insuficiência como instrumento garantidor do indivíduo frente ao poder punitivo. Firma-se a convicção de que, conquanto produto relevante do pensamento liberal, o formalismo que acompanha a legalidade carece se construa a par da pertinência do conteúdo da norma proibitiva a sistema protetivo dos direitos humanos. Há duplicidade de requisitos para que se atenda ao princípio da legalidade: o respeito a parâmetros de "como proibir" (legalidade formal) e "o que proibir" (legalidade material). Exsurge, portanto, o acolhimento da construção *nullum crimen, nulla poena sine lege necessarie.*

Não basta que o delito se faça previsto em norma incriminadora originária, no caso do direito internacional penal, de fonte convencional. Em outros termos, o pensamento *juspositivista*, ao definir crime a partir da existência de uma norma formada segundo competência previamente fixada e processo de produção determinado, reduz-se à construção do crime na perspectiva de ente jurídico binário a que à descrição de um comportamento se acopla uma sanção. Virtude há nesse constructo, pois restringe a assertiva de que o crime pode ser focado como "um mal em si", nos ditames do *jusnaturalismo* (*mala in se*), para afirmá-lo uma "ação legalmente má" (*mala prohibita*). Mas, ainda que se tenha avançado, por reconhecer-se que o indivíduo não deve sujeitar-se a critérios substantivistas de valoração das proibições penais – impossibilidade de determinação do caráter delituoso de uma conduta em razão de particular juízo valorativo que mereça[i] – um passo a mais se deveria firmar na direção de sua proteção, este marcado pelo estabelecimento de critérios para que se defina o conteúdo da infração penal (Schmidt, 2001, p. 277-281).

Importa com tais critérios afastar da órbita das proibições penais condutas que, conquanto formalmente estabelecidas como delito e valoradas negativamente sob a perspectiva moral, revelem abuso na incriminação, porque divorciadas de danosidade sob a perspectiva política. Ou seja, o reconhecimento do comportamento como um mal se deve pautar pela "necessidade" de que assim se proceda. Entendida a necessidade como imperativo de criminalização porque útil à segurança social na medida em que se presta à tutela de valores significativos, fundamentais.

O delito não é *mala in se*, tampouco qualquer *mala prohibita.*

Ocupa o direito penal a função de evitar o desenvolvimento na sociedade da perspectiva da vingança privada. Como instrumento eleito para o desempenho da tarefa se apresenta o caráter intimidatório da pena. A perspectiva de imposição de sanção caso desrespeitada a norma de proibição, por realizada a conduta incriminada, é fator de contenção social e, a um só tempo, de interdição ao ofendido de revide em forma de vingança. Assim, somente se deve empreender a criminalização de condutas na medida em que necessária para impedir as repressões privadas.

Caso o custo de intervenção penal se mostre desproporcional, porque oneroso como forma do controle dos comportamentos desviantes se cotejado com outros mecanismos, vislumbra-se a desnecessidade da norma incriminadora. Se outros instrumentos se apresentam como suficientes para que se impeça a instalação de sistema de vingança privada, a norma penal cede lugar.

---

i Luigi Ferrajoli (2006, p. 343) escreve: "Isso acontece sobretudo com as definições substancialistas, que, como se disse, quase sempre são apresentadas, ainda que seja como integração das formalistas, como definições teórico-descritivas que não se limitam a dizer que os delitos 'devem ser' (selecionados entre os) *peccata* em algum sentido desta palavra, senão que afirmam também que 'são' e que precisamente por isso estão *prohibita*. Inversamente, ainda que mais raramente, acontece de as definições formalistas levarem até o fim operação contrária, propondo-se como definições filosófico-prescritivas que não se limitam a dizer que os delitos 'estão' *prohibita*, senão que afirmam também que precisamente por isso 'devem ser' considerados *peccata*".

Na esfera do direito internacional penal, caso a fonte formal da norma se centrasse no costume e na equidade, a legitimação do dispositivo seria verificável mercê de força externa ao direito – a moral. Nessa ordem de pensamento, a legitimação externa se derrama sobre os conteúdos substanciais do direito positivo, de modo a afastar critérios sociopolíticos que confeririam autonomia ao próprio direito. Na perspectiva dessa percepção moralista, os delitos se definem por força de suas características intrínsecas, que se perfazem como produto da moralidade média, do sentimento do povo, das exigências de defesa social. O direito penal resultaria como dotado de valor apriorístico e modulado segundo parâmetro ontológico. De outra parte, a concepção legalista afirma que os comportamentos imorais, anormais e socialmente danosos merecem esses qualificativos porque incriminados pela lei (Ferrajoli, 2006, p. 344).

Não há porque se tomar a legalidade formal em divórcio com sua expressão material, que reclama a atenção à ofensividade da conduta realizada pelo agente, à sua culpabilidade e ao compromisso de exclusiva tutela de bens jurídicos percebidos como importantes. A identificação do objeto de tutela e o desenho da conduta proibida podem expressar-se pelo costume, princípio geral de direito ou equidade, o que corresponde à fonte material da norma, que, na sequência, espera-se que receba a roupagem jurídica por meio das fontes ditas formais. Assim, a legalidade ampla se faz pelas fontes formais, enquanto a legalidade estrita se vale das fontes materiais para entregar-lhe conteúdo.

2. O tratamento do princípio da legalidade no artigo 22 do Estatuto do Tribunal Penal Internacional

A adequada compreensão do princípio da legalidade no Estatuto demanda que se considerem os entraves para que se compatibilizassem sistemas de justiça diversos (*common law /civil law*), os problemas atinentes à compreensão do conteúdo do princípio segundo as várias línguas dos países signatários – a revelar o esforço de homogeneização do significado do termo – e, sobretudo, as dificuldades interpretativas oriundas da norma constante no artigo 21, em que se apresenta rol do direito aplicável na definição dos crimes (Moccia, 2004, p. 204-205).

Considere-se, de modo mais alongado, o conjunto de fontes do direito a ser aplicado para a definição das figuras penais e aplicação aos casos concretos. Os dois outros fatores – diversidade de sistemas de justiça e diferenças linguísticas entre os países signatários – são elementos constantes na celebração de tratados que almejam atingir a universalidade dos Estados, de modo que seus reflexos na compreensão do princípio da legalidade, sem deixar de representar impacto digno de nota, mostram-se de menor contundência que a escolha dos celebrantes por um catálogo das fontes de direito.

No rol estampado no artigo 21, identifica-se ordem sucessiva e prejudicial das fontes, em contraste com o artigo 38 do Estatuto da Corte Internacional de Justiça. Tal arquitetura do artigo do Estatuto de Roma do Tribunal Penal Internacional, por posicionar em primeiro lugar as normas do próprio Estatuto, representa fortalecimento do princípio da legalidade, tendo em vista que assegura, em certa medida, a prevalência de dispositivos escritos, estritos e prévios (*nullum crimen, nulla poena sine lege scripta; nullum crimen, nulla poena sine lege stricta* e *nullum crimen; nulla poena sine lege praevia*) como critérios para a responsabilização penal (parágrafo 1º, alínea "a"). De todo modo, a construção do artigo 21, por seguir-se na apresentação das fontes com os tratados e os princípios e normas do direito internacional, inclusos os princípios estabelecidos no direito internacional dos conflitos armados (parágrafo 1º, alínea "b"), acaba por relativizar a exigência de dispositivos incriminadores respeitantes dos corolários da legalidade, porquanto a ausência de lei, que deveria conduzir à impossibilidade de imputação, é suprida por fonte formal outra representada pelos princípios de direito. Menos prejudicial é a referência a outros tratados porquanto à sua formação segundo processo de codificação representa suporte mínimo às exigências da legalidade.

Em esforço para não permitir a insuficiente proteção aos bens jurídicos alvos da tutela do Estatuto, o artigo 21, nos termos do parágrafo 1º, alínea "c", acaba por contemplar fonte formal que pode comprometer sobremodo o delineamento de figuras penais segundo os parâmetros da legalidade. Escalam-se os princípios gerais de direito não restritos ao direito internacional, como no parágrafo 1º, alínea "b", mas aferíveis do direito interno dos diferentes sistemas jurídicos existentes, nestes compreendidos o direito interno dos Estados que exerceriam jurisdição quanto ao crime. Conquanto se coloquem como filtros a tais princípios a sua compatibilidade com o Estatuto, o direito internacional e as normas e os padrões internacionais reconhecidos, as exigências são incapazes de neutralizar a carência de figura penal que se tenha construído segundo a forma convencional. Vale dizer, a lacuna legal se completa por princípios gerais, com os consectários comprometimentos da certeza e delimitação do fato proibido.

De outra parte, a abertura que a alínea "c" do parágrafo 1º permite, ao convocar os direitos internos dos Estados e os diversos sistemas jurídicos como fontes do direito internacional incriminador, conduz à interseção dos problemas criados pelo rol do artigo 21 com a diversidade linguística dos países signatários e a diferença dos sistemas de *common law* e *civil law*, fatores ora apontados como geradores de dificuldades na formatação do núcleo de significado do princípio da legalidade.

Expande-se a perspectiva de utilização de fontes formais na ausência da disposição escrita no Estatuto, com o parágrafo 2º do artigo 21, em que se faculta ao magistrado socorrer-se da jurisprudência do Tribunal que tenha sustentado a formação de princípios e normas. Merece registro tal ampliação das fontes, vez que sequer o Estatuto da Corte Internacional de Justiça (artigo 38, alínea "d") permite à jurisprudência função integrativa do direito. Na aludida alínea, a doutrina e a jurisprudência se apresentam como meios auxiliares para a determinação das normas existentes. Importa, portanto, vê-las circunscritas a meios de interpretação, e não de criação normativa. Assim, impende concluir que o artigo 21 do Estatuto do Tribunal Penal Internacional, cotejado com o artigo 38 da Corte Internacional de Justiça, conquanto estabeleça a primazia da fonte convencional, alarga as possibilidades de integração por meio da ampliação das fontes formais para nelas incluir a jurisprudência (Moccia, 2004, p. 206-207)[i].

No parágrafo 3º do artigo 21, a disciplina de meio de interpretação teleológica das normas do Estatuto, que se deve fundar no respeito aos direitos humanos internacionalmente reconhecidos. De se ter em linha de consideração que a exigência interpretativa não pode, porém, em nome da magnitude dos bens jurídicos tutelados pelas normas

---

[i] Constata o doutrinador o apequenado avanço do Estatuto no que se refere ao princípio da legalidade: "Na verdade, do ponto de vista da legalidade penal, a única conquista do Estatuto do Tribunal – enquanto aprovado na via convencional e, portanto, sujeito aos procedimentos parlamentares de ratificação no direito interno e destinado a ser aplicado somente para o futuro – é aquela de não mais estar sujeito àquela censura ligada aos aspectos de irretroatividade, que representaram a principal fonte de reservas desde Nuremberg até os tribunais *ad hoc*" (Moccia, 2004, p. 206-207).

incriminadoras, conferir-lhes elasticidade que as estenda à disciplina de fatos não regulados, mas que se mostrem semelhantes a outros regrados. Caso se vislumbre a proteção deficiente de bens jurídicos, não se confere ao magistrado, com apoio em interpretação teleologicamente voltada para a proteção dos direitos humanos, a faculdade de valer-se de analogia.

Consideradas as três articulações do princípio da legalidade com o rol das fontes do direito (artigo 21 do Estatuto), cabe observar, nesse passo, que o ainda não comentado corolário *nullum crimen, nulla poena sine lege certa* deve ser considerado frente ao tratamento que se emprega na construção das figuras penais no Estatuto. A análise dos tipos incriminadores permite a constatação de que as normas não raro se caracterizam pela vagueza e imprecisão, não por inadvertência, mas por opção deliberada para que se lhes confira maior amplitude de aplicação diante dos fatos delituosos sempre dinâmicos e multifacetados (Moccia, 2004, p. 206)[i].

A verificação do acolhimento dos parâmetros de legalidade pelo Estatuto do Tribunal Penal Internacional reclama, portanto, que se analise o artigo 21 para efeito dos corolários atinentes à lei escrita, prévia e estrita, enquanto a lei certa deve ser identificada nas diversas figuras penais incriminadoras.

2.1. Histórico da formação do artigo 21

Os dispositivos do artigo 21 do Estatuto do Tribunal Penal Internacional derivam de texto apresentado pela Comissão Internacional de 1994. Listavam-se três fontes normativas sem que se estabelecesse hierarquia entre elas: o próprio Estatuto, os tratados e princípios de direito internacional e a aplicação extensiva de qualquer regra de direito interno.

---

i Procura o autor compreender a fluidez dos tipos penais segundo necessidade de atender à diversidade da realidade delitiva: "Do mesmo modo, foi sublinhado que o momento de crise da legalidade, em parte justificado pelas sempre maiores dificuldades oriundas da complexidade dos fenômenos criminosos, frequentemente de difícil delimitação em disposições incriminadoras taxativas, ou por questões de política criminal ainda insolúveis que fazem o conteúdo das normas jurídicas carecer de uma *ratio* unívoca; frequentemente a vagueza da disposição é devida a uma opção lúcida do próprio legislador, que remete ao intérprete no caso concreto, ou seja, ao juiz, a individuação do exato significado da própria disposição" (Moccia, 2004, p. 206).

Dissídio estabeleceu-se quanto ao entendimento que se deveria atribuir à lei nacional, se fonte subsidiária ou princípio geral decorrente de práticas internas. Acabou-se por adotar posição intermediária em que a lei nacional é fonte de princípios gerais de direito e também pode ser aplicada caso congruente com os princípios do Estatuto e com o direito internacional (Schabas, 2000, p. 153-155).

Entrementes, a lei nacional coloca-se como fonte terciária, antecedem-na duas fontes primárias do direito: o Estatuto, a incluir o conjunto de normas relativo aos elementos constitutivos dos crimes e o regulamento processual, e os tratados e princípios e normas de direito internacional. Quanto à primeira fonte, o Estatuto prevalece sobre a definição dos crimes e as regras de persecução e prova, consoante disposto nos artigos 9º, parágrafo 3º, 51, parágrafo 5º, e 52. Porém, não há hierarquia entre os elementos dos crimes e as regras de persecução e prova (Schabas, 2000, p. 156).

No parágrafo 2º do artigo 21, pode-se identificar dispositivo desnecessário na medida em que a permissão para que o tribunal aplique princípios e normas conforme já tenha feito remeteria às mesmas fontes elencadas no parágrafo 1º, alíneas "a" a "c" (Schabas, 2000, p. 157). Contudo, para que se não caminhe para interpretação que esvazie o conteúdo da norma, o parágrafo deve ser entendido como a permissão para o emprego de precedentes nos julgamentos. Nos precedentes, há possibilidade de conferir aos princípios e normas extraídos do parágrafo 1º conteúdo definido pela casuística.

Por derradeiro, o parágrafo 3º do artigo 21 evoca os direitos humanos como norte referencial na interpretação das normas do Estatuto.

2.2. Artigo 22 – *nullum crimen sine lege*

Identifica-se a preocupação com o princípio da legalidade nos trabalhos que antecederam o Estatuto do Tribunal Penal Internacional a partir da análise do projeto da Comissão de Direito Internacional, em que se apresenta distinção entre os crimes nucleares ao sistema de justiça internacional penal (genocídio, crimes contra a humanidade, crimes de guerra e crimes de agressão) e aqueles outros previstos em tratados (tráfico internacional de drogas, tortura). Para o primeiro grupo, colocava-se a exigência de que a conduta incriminada encontrasse previsão nas normas do direito internacional; para o segundo, a figura penal se definiria no tratado. Como as normas do direito internacional encontram fonte formal no costume e nos princípios gerais de direito, os crimes nucleares se definiam segundo figuras penais baseadas nessas fontes, segundo o reconhecimento pelas Cortes, que se pronunciavam sobre a retroatividade da norma. De outra parte, os crimes previstos em tratados se apresentavam mais bem delimitados. Desse contraste, vislumbra-se a necessidade de conferir aos crimes nucleares maior nitidez e definição da conduta proibida, para o que se busca amparo na afirmação do princípio da legalidade como princípio geral do Estatuto (Schabas, 2000, p. 159-160).

Com o propósito de afastar a diferença de tratamento penal dado aos crimes nucleares, sem, contudo, identificar a necessidade de inclusão do princípio da legalidade entre os princípios gerais, o Comitê *ad hoc*, em 1995, sugere que o detalhamento de tais crimes deveria ficar fora do projeto de Estatuto, com a manutenção da fonte costumeira e do direito convencional como definidoras das figuras penais, se apropriado. Assim, o princípio do *nullum crimen sine lege* fica fora do relatório produzido pelo Comitê naquele ano, para integrar o do ano de 1996, onde aparece com a denominação *nullum crimen sine lege/ não retroatividade*, pois se elabora distinção entre os dois conceitos. Para o *nullum crimen*, o Comitê entendera que o projeto deveria conter previsão formal, com menção específica quanto à não retroatividade. Entendeu o Comitê preparatório, ainda, por definir os crimes nucleares no próprio Estatuto e vetar o emprego da analogia. E, em abono à fonte costumeira, estipula-se a possibilidade de tipificação de condutas criminosas conforme os termos do direito internacional. A Conferência Diplomática, então, acaba por adotar o princípio *nullum crimen sine lege* no artigo 22, parágrafo 1º, e, no parágrafo 2º, veda a analogia, enquanto no parágrafo 3º refere-se à admissão de tipos penais segundo o reconhecimento do direito internacional. Ao artigo 23 cabe albergar a segunda parte do princípio, *nulla poena sine lege*; e o artigo 24 cuida da irretroatividade (Schabas, 2000, p. 161-163).

Como suporte à inserção do princípio da legalidade de maneira expressa no Estatuto, identifica-se o crescente prestígio do referido princípio em diplomas convencionais anteriores de cunho universal[i], de modo que sua consideração constitui reflexo da própria codificação internacional (Almeida, 2009, p. 224). Em certa medida, o princípio a legalidade pode-se reconhecer como produto do costume internacional,

---

[i] Cfr. artigo 11, parágrafo 2º, da Declaração Universal dos Direitos Humanos; artigo 15 do Pacto Internacional Sobre Direitos Civis e Políticos; artigo 7º da Convenção Europeia dos Direitos do Homem; artigo 9º da Convenção Americana dos Direitos do Homem.

e, ainda que não se fizesse explícito no Estatuto do Tribunal Penal Internacional, a admissão de sua disciplina seria de rigor. Presente de maneira convencional em vários tratados, o princípio da legalidade resultaria positivado por foça do processo de codificação, que se prestaria a revelar sua natureza de costume frente àqueles outros diplomas em que se não escrevesse. Por paradoxal, a legalidade se firmaria pelo costume.

Na confluência do direito penal com o direito internacional, o princípio da legalidade, nos termos em que compreendido no direito internacional penal, sofre influxos quer do pensamento positivista, característica do direito penal interno aos Estados, quer da visão jusnaturalista, mais próxima do direito internacional, em que se não abandonam as fontes centradas no costume e princípios gerais. Desse encontro de forças formadoras do conceito de legalidade no direito internacional penal, resulta, no entendimento de Sergio Moccia (2004, p. 208),

> *um híbrido entre as exigências de* Realpolitik *e afirmação dos princípios de justiça. De um lado, quer-se oferecer as garantias do direito penal substancial, expressões de uma concepção do tipo iluminista liberal; de outro, não pode fundar-se exclusivamente sobre elas, mas deve ter em conta as particularidades das instâncias políticas que caracterizam as relações entre os Estados.*

Para fazer frente às premências políticas internacionais, o princípio da legalidade enquanto garante da taxatividade dos tipos penais, da proibição à analogia, da determinação dos termos em que escrita a proibição, e a própria reserva da lei, como norma decorrente de processo convencional, poderiam se descaracterizar ou, quando menos, adquirir contornos mais elásticos. Sob esse enfoque se construiriam os tipos penais com maior ou menor indeterminação à proporção de sua dimensão política ou ideológica: quanto maior esta, maior a indeterminação da figura incriminadora (Moccia, 2004, p. 209).

Mas a identificação dos interesses políticos ou mesmo a perspectiva centrada na proteção dos direitos humanos a exigirem regras de incriminação para que se evitem situações de proteção deficiente a bens jurídicos de reconhecido valor universal não podem caracterizar álibi para que o princípio da legalidade se transforme em fórmula vazia porquanto vergastada pela força normativa do costume, da analogia e dos princípios gerais de direito internacional. Essa maneira de pensar, em defesa da legalidade, busca alcançar a certeza das normas penais e limitar o arbítrio judicial como forma de preservar o indivíduo frente ao poder punitivo. Ademais, o ideal de proteção dos direitos humanos atende à dupla função de ocupar-se das vítimas do delito e de assegurar aos acusados o respeito à sua dignidade enquanto pessoa humana. Cuida-se de identificar na norma penal delimitada forma de proteção do direito de liberdade do indivíduo.

O esforço de produção das normas penais incriminadoras deve concentrar-se em propósito de atingir-se a clareza e precisão e, assim, tornar viável tipo penal que elimine a discricionariedade judicial e o alargamento dos meios interpretativos com propensão a se resvalar na analogia. De outro ângulo, caso de afirmar-se que os tipos penais determinados operam em favor da igualdade, vez que a clareza tem o condão de afastar a diversidade interpretativa dos magistrados e, assim, diminui-se o risco de a casos semelhantes impor-se de modo desigual a norma (Moccia, 2004, p. 212).

Se tomadas as forças jusnaturalista e juspositivista na dinâmica para que se determine o sentido da legalidade no direito internacional penal, e considerada a impossibilidade de escolha ética entre uma das correntes de pensamento, o processo de codificação se mostra como o caminho que permite a estabilização do campo de influências referido. A fixação dos tipos penais, a disciplina das regras da parte geral e os limites hermenêuticos admissíveis em direito internacional penal atenderiam ao duplo escopo de assegurar a proteção aos bens jurídicos de relevância para a humanidade e preservar o indivíduo diante do poder punitivo, o que vale afirmar o direito de liberdade. A codificação não desconhece a potência do costume e dos princípios gerais de direito como criadores de norma, o que a faz conforme a perspectiva do jusnaturalismo. Não menos certo que a codificação representa a ponte que permite a transformação de fontes menos precisas na fonte convencional, em que o princípio da legalidade se contempla como perspectiva positivista.

Parte-se, pois, da previsão convencional de crimes, consoante as figuras tipificadas nos artigos 6º, 7º e 8º do Estatuto, em que definidos os delitos de genocídio, os crimes contra a humanidade e os crimes de guerra, sem olvidar do artigo 70, em que se estipulam as infrações penais contra a administração da justiça. Estes os dispositivos incriminadores sobre os quais recairá a força interpretativa do direito aplicável segundo pretende o artigo 21. A plasticidade de algumas figuras penais permitirá que os demais tratados, princípios e normas de direito internacional, inclusive aquelas referentes aos conflitos armados, bem assim o direito interno dos diferentes sistemas jurídicos possam delinear os contornos do tipo sem, contudo, alterar-lhe o núcleo de significado.

Os tipos penais do Estatuto representam a estrutura incriminadora conformada pela legalidade. Fora deles, o que se deve entender como ausência de dispositivos expressos, onde se localizem as lacunas, vedada a função integradora das fontes não convencionais (Rodrígues, 2003, p. 198-199)[i]. As demais fontes ou se colocam como fontes materiais, que, em posterior processo de codificação, gerarão novas figuras delitivas, ou se apresentam como complementos dos tipos previstos. No desempenho dessa função, as fontes não convencionais atuam como complemento de lacunas internas aos tipos penais (lacunas *intra legem*), e não como criadoras de direito onde identificadas ausências de incriminação.

Contudo, os tipos penais do Estatuto guardam consistência em sua determinação proibitiva, de modo que os espaços normativos por preencher pelas demais fontes não convencionais devem sê-lo sem que se ultrapasse o campo de significado já definido. O tipo penal não é estrutura vazia de significado que se preenche diante da premência do caso concreto, dos propósitos de justiça dos magistrados, da necessária valorização de bens jurídicos universais. A par da função criminalizadora, a figura penal é garantia de justiça ao acusado.

---

i Sintetiza-se sobre a interação entre o princípio da legalidade e das demais fontes elencadas no artigo 21 do Estatuto: "A modo de conclusión tenemos que, si se tratase de una pirámide kelseniana, el Estatuto, los Elementos de los crimines y las Reglas de Procedimiento y Prueba se situarían en la cúspide. Ello significa que la Corte podrá castigar sólo aquellos delitos cuyo enjuiciamiento le compete y que, con mayor o menor fortuna se describen. Desde luego, ello no empece reconecer que el resto de fuentes a las que alude el artículo 21 serán especialmente eficaces y valiosas a la hora de interpretar e integrar los tipos penales; eso sí, con las dos limitaciones señaladas: que non sean incompatibiles con los derechos humanos y que no contradigan el proprio Estatuto. [...] los instrumentos a los que se refiere dicho precepto han de tener un mero valor interpretativo e integrativo; en consecuencia, en ningún caso han de servir para ampliar la competencia de este Tribunal a otros delitos y, mucho menos, para crear tipos penales. Otra cosa sería burlar el espíritu del proprio Estatuto" (Rodrígues, 2003, p. 198-199).

2.3. Taxatividade dos tipos penais: a legalidade estrita

Da interação entre os artigos 21 e 22 do Estatuto extrai-se necessidade de observância do princípio da legalidade em sua manifestação formalista. Porém, somente a efetiva construção dos tipos penais segundo critérios de taxatividade e determinação é mecanismo hábil a permitir que se expresse a legalidade estrita, em seu significado essencial de garantia da liberdade individual e da segurança jurídica.

Não se desconhece a dificuldade que se coloca ao legislador dos Estados para a construção de tipos penais fechados em que precisas as condutas proibidas e claros os termos escolhidos para traduzir o imperativo da norma, e, assim, de se esperar tormentosas tarefas, no plano internacional, para, por via dos tratados, ultrapassarem-se as diferenças culturais e linguísticas entre os diversos países no afã de produzir norma incriminadora que atenda ao *nullum crimen, nulla poena sine lege certa*. A despeito do esforço, não raro o Estatuto pode revelar em seus tipos penais normas excessivamente abertas, imprecisas e vazadas em termos jurídicos vagos, o que se pode atribuir à necessidade de compatibilizar sistemas jurídicos de matrizes diversas (Rodrígues, 2003, p. 200).

Se verdadeiro que o Estatuto pretende compreender entre suas disposições normas criminalizadoras que coloquem em perspectiva de proteção bens jurídicos de relevo, e, desse modo, colocar cobro à impunidade, não menos crível que tal empreitada possa conduzir a disposições não claras e indeterminadas, forjadas no seio da babel das diversas culturas e sistemas jurídicos dos países signatários. Ao um tempo que tais construções tipológicas podem conferir flexibilidade ao sistema penal, de modo a afastarem-se as demandas frequentes por alteração das figuras incriminadoras, de outra parte carregam a matriz da falta de clareza e precisão.

A técnica na construção dos tipos, portanto, é de merecer aprimoramento. De se evitarem, assim, os termos que representem juízos de valor, porquanto possibilitam extrema discricionariedade judicial quando da apreciação do caso concreto à luz do dispositivo. Com maior razão, caso de se afastarem termos adjetivos da descrição típica. A título de ilustração, aponte-se, no artigo 6º, alínea "b", a menção a ofensas "graves"; no artigo 7º, alínea "k", a expressão "atos desumanos"; no artigo 8º, parágrafo 2º, alínea "a", inciso IV, a "destruição ou a apropriação de bens em larga escala".

De igual modo, carece de cuidado a remissão que o tipo penal faça a outros tratados ou diplomas internacionais, à guisa de complementos das normas incriminadoras previstas no Estatuto. Isso porque as normas complementadoras também devem respeitar os limites da taxatividade, sob condição de, por via oblíqua, carrear-se à figura penal elemento de indeterminação. De outra forma, o uso desmedido das normas penais em branco dificulta o entendimento pelo jurisdicionado do conteúdo do comando de proibição, o que pode conduzir à perda de sua função preventiva.

Nas sendas da indeterminação coloca-se a conduta do partícipe dos crimes, pois que se utilizam termos vagos incapazes de circunscrever os limites de responsabilização frente ao nexo causal, com riscos de regresso ao infinito. Veja-se que o artigo 25, parágrafo 3º, na alínea "c" refere-se àquele que "colaborar de algum modo na prática ou na tentativa de prática do crime", e na "d" permite que se puna aquele que "contribuir de alguma forma para a prática ou tentativa da prática do crime".

Se as deficiências dos tipos penais sobejam quando em tela o *nullum crimen sine lege certa*, não se está autorizado a concluir-se pelo desprestígio absoluto do princípio da legalidade ou pela prevalência das demais fontes do direito internacional como criadoras das figuras penais. Como visto, o estado de construção convencional dos tipos incriminadores resulta da dificuldade de congregar os diversos sistemas e culturas jurídicas e da própria experiência recente em tempo histórico de lançar-se mão de instrumental do direito repressivo como resposta às ofensas severas aos bens jurídicos de relevância universal. O estado atual é um ponto na evolução de cultura jurídica internacional no tratamento das causas penais. Nessa perspectiva, identificam-se passos pelo caminho da legalidade, de que o processo de codificação é marco primordial, conquanto ainda se percorram veredas menos seguras para o direito penal e conquanto conhecidas e trilhadas de há muito pelo direito internacional (Ross, 2000, p. 119-120)[i].

---

[i] Afirma-se o processo evolutivo dos costumes às formas legisladas: "É de supor que o grosso da legislação consistiu, num primeiro momento, em codificar o direito já vigente. Foi somente de modo lento e gradual que a legislação passou a ser um instrumento social e político colimando o regramento consciente e deliberado da vida da comunidade. Enquanto o costume determinou originariamente o direito, com o transcorrer do tempo o direito determinou de maneira cada vez mais crescente o costume. Mas é fácil perceber que o poder do legislador de moldar o desenvolvimento do direito foi limitado. Nos casos em que a divergência entre o direito e as ideias jurídicas herdadas mostrou-se acentuada,

A reforçar a ideia norteadora do Estatuto compromissada com o princípio da legalidade enquanto instrumento de garantia do acusado diante do poder punitivo, o artigo 22, parágrafo 2º, após menção à exigência de clareza da figura penal, estabelece critério hermenêutico de modo a que, se insuficientemente determinado o dispositivo, eventuais ambiguidades se devem resolver em entendimento mais favorável ao imputado. A espancar qualquer dúvida, o artigo veda de modo expresso o emprego da analogia e aponta para as interpretações restritivas.

Em abono à assertiva de que a criação de figuras penais no direito internacional experimenta processo de aprimoramento no sentido de incorporar os parâmetros do princípio da legalidade, vale o cotejo entre os diplomas legais antecedentes e o Estatuto. Parte-se da consideração da conduta como criminosa porque se a percebe como vulneradora de valores significativos (vide: declaração dos países aliados frente ao massacre armênio, artigo 227 do Tratado de Versalhes), em que ganha importância a fonte material da norma sem que se valha de fontes formais precisas para revelá-la. Caminha-se para a Carta de Londres e a Carta de Tóquio, em que os artigos 6º e 5º, respectivamente, desincumbem-se do propósito de moldar, ainda que de modo tímido e impreciso, os contornos das condutas incriminadas.

No Estatuto do Tribunal Penal Internacional, as figuras penais se apresentam como descrições de conduta em que os elementos linguísticos utilizados revelam núcleo semântico que propende para a determinação. Forte é a preocupação com o respeito ao corolário *nullum crimen sine lege certa*, de modo que o Estatuto é pródigo em normas de natureza explicativa. Assim, o artigo 7º, parágrafo 2º, em que as alíneas “a” a “i” se ocupam em definir o significado de vários termos utilizados no parágrafo 1º para a descrição das condutas incriminadas como vulneradoras da humanidade. Cuida-se de interpretação autêntica que procura limitar a discricionariedade judicial quando do julgamento. Com construção semelhante se mostra o artigo 8º, no qual se tipificam os crimes de guerra; o parágrafo 2º em longa lista minudencia os atos de guerra que se entendem como infrações penais. Aqui, de modo mais específico se comparado ao artigo 7º, o artigo 8º não se

---

o direito foi incapaz de modificar a consciência jurídica e se converteu em letra morta. À medida que o direito foi se tornando progressivamente mais fixo através da legislação e da prática dos tribunais, o costume como fonte do direito foi perdendo terreno. Presentemente, o costume – salvo nos usos comerciais – tem importância secundária” (Ross, 2000, p. 119-120).

limita a definir elementos das figuras penais que se identifiquem quase só pelo nome jurídico; vale-se de termos precisos para caracterizar o comportamento incriminado.

Não apenas os artigos tipificadores dos comportamentos incriminados se ocupam em limitar o significado dos elementos linguísticos por que formadas as figuras penais, em arquitetura normativa interna aos dispositivos. O Estatuto agrega, com o propósito de alcançar exaustiva descrição da conduta proibida, um documento anexo (denominado "Elementos dos Crimes") cuja função é complementar suas definições. De tal modo, o princípio da legalidade nos artigos 6º, 7º e 8º se constrói por meio da integração do que expresso nos dispositivos com a complementação das regras expressas nos "Elementos dos Crimes".

O caráter vinculante dos elementos dos crimes constantes do anexo, enquanto normas obrigatórias a juízes e promotores com atuação no Tribunal Penal Internacional, e não apenas modelos interpretativos de adoção facultativa, exsurge do artigo 21, parágrafo 1º, alínea "a", cuja construção afirma de modo impositivo que o Tribunal, no que concerne ao direito aplicável, valer-se-á, em ordem sucessiva e preferencial, das normas do Estatuto (no caso, as figuras penais estipuladas nos artigos 6º, 7º e 8º) e dos elementos constitutivos dos crimes. Nesse diapasão, as normas do anexo integrariam os tipos penais. Em contraponto, o artigo 9º, ao tratar especificamente dos elementos constitutivos dos crimes, vale-se de linguagem mais branda em que se afirma que as normas do anexo "auxiliarão" o Tribunal na interpretação e aplicação dos tipos penais; com o que se abandona a afirmação de que na aplicação do direito a Corte "deverá" valer-se delas.

A despeito de o próprio anexo utilizar-se na introdução geral de termos menos incisivos quanto à sua força vinculante na aplicação do direito, tanto que se refere ao artigo 9º como seu consectário, a sua estrutura revela a pretensão diretiva ao oferecer, na referida introdução geral, especificações quanto aos elementos objetivos e subjetivos dos tipos penais (estrutura comum aos elementos dos diversos crimes), e, em relação a cada grupo de delitos, uma introdução (as disposições gerais atinentes a cada um dos grupos) seguida para cada uma das figuras incriminadoras do detalhamento dos requisitos que se devem verificar para que se possa entender o delito como configurado (elementos do crime propriamente dito). Tal proceder extremosamente cuidadoso com o estabelecimento dos lindes dos tipos de injusto é incomum nos estatutos repressivos internos, que se revelam econômicos em definições e avaros na exposição em rol de requisitos para a caracterização do delito. De se tributar referida arquitetura do anexo a manifesta preocupação com a taxatividade dos tipos penais. E não apenas a despretensiosa apresentação de mero guia interpretativo que se possa ombrear com outras fontes do direito na definição do injusto típico.

2.4. As penas segundo o princípio da legalidade

À metade se cumpriria o princípio da legalidade se apenas o comportamento proibido fosse descrito no dispositivo sem que se fizesse seguir a previsão da pena cabível em caso de descumprimento da norma proibitiva ou mandamental. Importa que se estabeleçam as consequências jurídicas da realização do tipo penal. No artigo 23 do Estatuto, afirma-se que os condenados pelo Tribunal Penal Internacional apenas poderão ser punidos em conformidade com as disposições do próprio Estatuto. Conquanto o artigo limite as possibilidades punitivas aos termos do Estatuto, em prejuízo de outros diplomas internacionais, ou mesmo de princípios gerais de direito e costume, imprecisas e poucas são as regras para tal escopo no diploma (Machado, 2006, p. 421)[i]. De modo que o princípio da legalidade é atendido de maneira franciscana, quase a perecer desguarnecido de diretivas que permitam segurança jurídica ao acusado quanto às penas que se lhe serão aplicadas em caso de condenação (Kreb, 2000, p. 126)[ii].

---

i Anota o autor o acréscimo de função restaurativa às penas em sede de jurisdição do Tribunal Penal Internacional: "O funcionamento do TPI aponta para uma transposição *sui generis* dos princípios de direito penal para a ordem internacional, nomeadamente dos relativos às funções clássicas do direito penal nos domínios da retribuição, reprovação, prevenção geral, prevenção especial de ressocialização e incapacitação. No entanto, a jurisdição internacional preocupa-se com a prossecução de outras finalidades, que transcendem os fins das penas mas que assumem um relevo central nas relações internacionais. É o caso da justiça transicional e restaurativa de reconciliação nacional, a pedagogia moral e jurídica, da preservação da verdade dos registros historiográficos, precludindo a consolidação das *narrativas* dos mais fortes à margem das *contra-narrativas* dos mais fracos, e da reafirmação e restauração psicológica das vítimas e dos seus familiares" (Machado, 2006, p. 421).

ii Explica o autor a indeterminação das penas: "A parte 7 do Estatuto lida com penas em apenas quatro artigos (77 a 80). Pode-se somar a estas normas o princípio *nulla poena sine lege* do artigo 23 e a regra processual contida no artigo 76, mas é de resto verdadeiro que a rede normativa

Cabe ao artigo 77 do Estatuto afirmar as penas em espécie: privativa de liberdade – prisão até o limite superior de trinta anos e prisão perpétua, multa e perda de bens e produtos da prática criminosa. As duas últimas sanções aplicáveis em caráter acessório. Observe-se que os delitos cometidos contra a administração da justiça (artigo 70, parágrafo 3º, do Estatuto) são punidos com pena máxima de cinco anos exclusiva, cumulativa ou alternativamente à multa.

Tais previsões, contudo, são insuficientes para permitir ao acusado a previsibilidade mínima quanto ao tempo de pena que lhe será eventualmente imposto, com o que a norma penal perde em parte sua função de prevenção geral. Assim, a despeito de se estipular a pena máxima privativa de liberdade, não se afirma a mínima, de modo que resta ao magistrado um intervalo de trinta anos para aplicar em concreto a sanção, o que conduz à possibilidade de arbítrio. Tanto mais se levado em apreço que o artigo 78 do Estatuto, ao cuidar da determinação da pena, não oferece elementos que permitam parâmetro a disciplinar a operação a ser conduzida pelo magistrado para a dosimetria penal. Portanto, o dispositivo limita-se a estabelecer, por meio de termos abertos, que o juiz tomará em consideração a gravidade do crime e as condições pessoais do agente. Não há requisitos para que se defina "gravidade" da infração e se esclareçam as "condições pessoais" que se devam levar em conta (Kreb, 2000, p. 128)[i]. Acresça-se que tais elementos "gravidade" e "condições pessoais" se apresentam como não exclusivos para a fixação da reprimenda, são meramente exemplificativos. Nas Regras de Procedimento e Prova (artigo 145, parágrafo 1º, alínea "c"), elencam-se

---

do Estatuto acerca das penas está redigida em condições bastante gerais. Isto não veio como surpresa por aqueles que participaram dos trabalhos do Comitê Preparatório. Lá, já havia se tornado claro que só uma abordagem modesta podia levar a consenso dadas as divergências fortes das soluções nacionais respectivas" (Kreb, 2000, p. 126).

i Analisam-se as dificuldades da prisão perpétua: "Uma minoria significativa de delegações objetou quanto à inclusão da prisão perpétua argumentando com sua respectiva Constituição interna. A exclusão da pena de morte e de prisão perpétua significaria a impossibilidade de alcançar-se consenso. O único caminho era o da aceitação desta última, com alguns requisitos, que acabaram por ser basicamente dois: primeiro, somente poderia ser imposta, justificada pela extrema gravidade do delito (art. 77 (1) (b)). Depois, de muito maior importância prática, a imposição dessa pena deve vir conjugada com a obrigatória revisão da sentença prevista na parte 10, de acordo com o art. 110 (3), segundo o qual a Corte fará a revisão após vinte e cinco anos e verificará se deverá ou não ser a pena reduzida" (Kreb, 2000, p. 128).

outros elementos, ainda não em caráter exauriente, como a extensão do dano causado pelo crime; idade, educação, condição social e econômica do autor. Perfilam-se, igualmente, circunstâncias agravantes e atenuantes, que se devem considerar em conjunto com os elementos referidos (parágrafo 2º, alíneas "a" e "b", do mesmo artigo).

Prejudicada de modo significativo a proporcionalidade das sanções entre as diversas figuras criminais, porquanto as penas não se cominam para cada um dos delitos (Almeida, 2009, p. 233-234)[i]. No caso concreto, caberá ao magistrado, quando da imposição da sanção, considerar os demais crimes para aferir a gravidade daquele em apreço. Dois os movimentos valorativos a serem executados: a pena cabível à espécie de crime e a pena adequada ao acusado diante da gravidade do fato específico e de suas condições pessoais a par dos fatores trazidos pelo artigo 145 das Regras de Procedimento e Prova.

Não se contemplam regras relativas às causas de aumento ou diminuição da pena, *v.g.*, o tratamento dos crimes tentados, da desistência voluntária, do arrependimento posterior, da participação dolosamente distinta. Também não se menciona a gradação punitiva diante do concurso de agentes. Quanto ao concurso de crimes (artigo 78, parágrafo 3º), apenas a estipulação de que as penas parcelares somadas não poderão superar o limite de trinta anos sequer resultar em valor inferior à parcela maior. Não há regras quanto à continuidade delitiva, ao concurso material ou formal.

As regras da pena de multa não ganham em precisão. Entretanto, o artigo 146 das Regras de Procedimento e Prova procura trazer parâmetros. Certo que a pena pecuniária não pode substituir as privativas de liberdade, mas não se clarifica em que circunstâncias se deve cumular com aquelas, sequer são definidos os critérios para sua fixação exceto

---

[i] No sentido da admissão de maior discricionariedade aos magistrados no julgamento dos crimes internacionais, pondera o autor: "Ora, o Estatuto de Roma, ao prever, no art. 23.º, que qualquer pessoa condenada pelo TPI só poderá ser punida em conformidade com as suas disposições, e ao consagrar, no art. 77.º, a pena de prisão até o limite máximo de 30 anos, admitindo, em circunstâncias especiais, a decretação da prisão perpétua (com a concomitante rejeição da pena de morte), parece ter concedido benefício a uma solução mitigada, da qual boa parte da doutrina não desconveio, apesar da ampla margem de apreciação, ainda assim concedida ao Tribunal [...]. Cremos que tal solução, coonestando a especificidade própria do direito internacional penal, não deixa em desamparo a necessidade de salvaguarda das garantias mínimas dos acusados" (Almeida, 2009, p. 233-234).

a consideração quanto à capacidade financeira do autor (limitada a 75% do valor do patrimônio), a existência ou não de reparação às vítimas e o intuito de lucro com a prática delitiva. Ao julgador cabe assinalar o prazo para pagamento da sanção pecuniária, bem como decidir sobre o prolongamento da pena de prisão em caso de não adimplemento.

Em incremento de discricionariedade à Corte, cabe a ela decidir sobre a perda de bens e produtos do crime sob a única condição de que a medida não afete direitos de pessoas de boa-fé, conforme reclama o artigo 77, parágrafo 2º, alínea "b", do Estatuto. Razoável que a perda de bens decorrentes da prática delitiva quer direta quer indiretamente fosse efeito da condenação.

2.5. A interpretação favorável ao acusado no artigo 22

Da Convenção de Viena sobre o Direito dos Tratados, artigo 31[i], extrai-se regra interpretativa focada no texto do tratado – concepção objetiva – e, portanto, não jungida à vontade das partes contratantes – concepção subjetiva. Contudo, a interpretação que se pretende não se assenta na literalidade dos termos do texto, mas deve considerar o contexto em que se colocam os termos bem como o objeto e fim do tratado. Agregam-se, desse modo, à forma textual de interpretar-se a sistemática e a teleológica. Na interpretação contextual, os limites não se cingem ao próprio tratado, mas avançam sobre outros diplomas – instrumentos e acordos – estipulados entre as partes com vistas ao tratado,

i "Artigo 31. Regra geral de interpretação. 1 – Um tratado deve ser interpretado de boa fé, de acordo com o sentido comum a atribuir aos termos do tratado no seu contexto e à luz dos respectivos objeto e fim. 2 – Para efeitos de interpretação de um tratado, o contexto compreende, além do texto, preâmbulo e anexos incluídos: a) qualquer acordo relativo ao tratado e que tenha sido celebrado entre todas as Partes quando da conclusão do tratado; b) qualquer instrumento estabelecido por uma ou mais Partes quando da conclusão do tratado e aceite pelas outras Partes como instrumento relativo ao tratado. 3 – Ter-se-á em consideração, simultaneamente com o contexto: a) Todo acordo posterior entre as Partes sobre a interpretação do tratado ou aplicação das suas disposições; b) Toda prática seguida posteriormente na aplicação do tratado pela qual se estabeleça o acordo das Partes sobre a interpretação do tratado; c) Toda a norma pertinente de direito internacional aplicável às relações entre as Partes. 4 – Um termo será entendido num sentido particular se estiver estabelecido que tal foi a intenção das Partes."

e as práticas e acordos posteriores bem assim normas relevantes de direito internacional (Ambos, 2008, p. 110). Não bastasse, prevê-se que um termo será entendido em sentido particular se essa fora a vontade das partes (artigo 31, parágrafo 4º). Conclui-se, então, que a interveniência da vontade das partes pode subsidiar o movimento interpretativo, de modo que a concepção objetiva se faz entremear pela subjetiva. Porém, a vontade das Partes é de ser aferida segundo o constante do texto. A interpretação volta-se para os termos do tratado, como pretende o método objetivo, mas contempla em perspectiva finalística a vontade das partes, como quer o método subjetivo.

Em caráter de complementariedade, alinham-se os trabalhos preparatórios e as circunstâncias em que concluídos os tratados. Vale afirmar que o método subjetivo, portanto, não se radicaliza a ponto de aferir-se o fim dos próprios elaboradores dos dispositivos dos tratados, mas sim de identificar a "vontade jurídica objetiva geral" (Ambos, 2008, p. 111). Mas se limitam os meios complementares a situações em que a interpretação resulta ambígua, obscura ou produza resultado absurdo ou incongruente[i].

A par das regras interpretativas retiradas da Convenção de Viena, no caso dos tratados de direito internacional penal, perfilam-se como métodos os princípios do "*effet utile*" e a interpretação dinâmica do tratado, de certo modo contemplada no artigo 31, parágrafo 3º, alíneas "a" e "b", da Convenção de Viena. Para o acolhimento da interpretação dinâmica, deve-se partir do padrão humanitário existente quando da interpretação do tratado, e não daquele verificado quando de sua elaboração. Cuida-se de interpretação progressiva. Para que se confira relevo aos princípios do efeito útil, necessário que se tenha em perspectiva a finalidade do tratado centrada na valorização dos direitos humanos frente à criminalidade (Ambos, 2008, p. 113-114).

A aplicação das sobreditas normas interpretativas ao Tratado do Tribunal Penal Internacional se dá, contudo, segundo dois parâmetros limitadores. Primeiro, o princípio do efeito útil não pode conferir poder integrador ao intérprete de modo a colmatar lacunas convencionais por

---

[i] "Artigo 32. Meios complementares de interpretação. Pode-se recorrer a meios complementares de interpretação, designadamente aos trabalhos preparatórios e às circunstâncias em que foi concluído o tratado, com vista a confirmar o sentido resultante da aplicação do artigo 31.º, ou a determinar o sentido quando a interpretação dada em conformidade com o artigo 31.º: a) Deixe o sentido ambíguo ou obscuro; ou b) Conduza a um resultado manifestamente absurdo ou incoerente."

meio da analogia (artigo 22, parágrafo 2º, primeira figura, do Tratado). Segundo, as ambiguidades dos dispositivos se resolvem em interpretação favorável ao acusado, ainda que outra se prestasse ao reconhecimento de padrão humanitário contemporâneo (artigo 22, parágrafo 2º, segunda figura, do Tratado).

3. A legalidade como sustentação do princípio da complementariedade: o estado da arte da situação brasileira

O princípio da complementaridade é um dos princípios fundamentais do Tribunal Penal Internacional (TPI) estabelecido pelo seu Estatuto de Roma (Kleffner, 2008). Esse princípio afirma que o TPI é uma corte cuja função é complementar a jurisdição nacional dos Estados.

De acordo com o princípio da complementaridade, os Estados têm a responsabilidade primária de investigar e processar crimes internacionais dentro de sua jurisdição. O TPI só pode intervir quando os Estados não estão dispostos ou não são capazes de realizar investigações ou processos genuínos e imparciais. Assim, o TPI atua apenas quando os Estados falham em cumprir suas obrigações (Schabas, 2008, p. 5).

Portanto, o princípio da complementaridade estabelece uma relação de cooperação entre o TPI e os Estados, buscando garantir que os crimes internacionais sejam devidamente investigados e punidos, promovendo, assim, a responsabilização dos perpetradores e a proteção dos direitos das vítimas.

Mas essa concepção que se pode dizer "processual" somente opera quando houver a devida adaptação da legislação interna (Ambos, 2008, p. 108-109) ao marco da legalidade estrita estabelecida pelo Estatuto de Roma (Ramos, 2015).

Caso contrário, o nacional de um país envolvido em condutas tidas como potencialmente subsumíveis aos crimes previstos no TPI está desamparado de sua jurisdição nacional, que, portanto, não será atuada. Nesse cenário, a jurisdição do TPI não é "complementar" à legislação nacional, mas sim "a" jurisdição a ser exercida.

A legalidade estrita da tipificação das condutas no direito interno é, pois, condicionante a que se possa cogitar na existência da complementariedade.

A relação entre o Brasil e o Tribunal Penal Internacional é muito impactada pela falta de normas internas compatíveis com a estrutura internacional, o que causa um profundo descompasso entre as duas esferas, deixando o princípio da complementaridade ignorado e fazendo com que os nacionais brasileiros fiquem sujeitos à jurisdição do Tribunal na ausência de normas necessárias de direito interno.

Das normas previstas no artigo 5º do Estatuto de Roma, apenas o crime de genocídio tem correspondência no marco da legalidade estrita do direito interno brasileiro. Os crimes de guerra estão previstos no ordenamento brasileiro pelo Código Penal Militar (Decreto-Lei n. 1.001, de 21 de outubro de 1969), que define o que constitui crime em tempos de guerra e de paz, aqueles previstos no art. 10 da parte geral do código define crimes militares em tempo de guerra, enquanto a parte especial descreve os crimes específicos nesse contexto. Esses regulamentos são projetados para fornecer orientação e responsabilidade para o pessoal militar em tempos de guerra e paz. No entanto, nenhuma dessas previsões corresponde ao determinado no Estatuto de Roma.

Igualmente não existe qualquer similar na legislação interna brasileira aos denominados *crimes contra a humanidade*, com as mesmas consequências jurídicas antes apontadas.

Em 20/11/2007, foi encaminhado conjuntamente pelo Ministério da Justiça, pelo Ministério das Relações Exteriores e pela Advocacia-Geral da União[i] minuta de Projeto de Lei[ii] sobre a adaptação da legislação brasileira ao TPI a fim de sanar esse grave problema jurídico. No dizer da própria justificativa do texto enviado:

---

i Assinado por: Paulo Vannuchi, Tarso Genro, Celso Amorim e José Antonio Dias Toffoli. Disponível em: <https://www.camara.leg.br/proposicoesWeb/prop_mostrarintegra?codteor=600460&filename=PL%204038/2008>.

ii Dando entrada na Câmara dos Deputados sob o n. 4.038/2008 apensado ao PL n. 301/2207. A última movimentação deu-se em 16/02/2016: "Apresentação do Requerimento de Urgência (Art. 155 do RICD) n. 3937/2016, pelo Deputado Weverton Rocha (PDT-MA) e outros Líderes, que: 'Requeremos, nos termos do artigo 155, do Regimento Interno da Câmara dos Deputados, urgência para apreciação do PL nº 4.038/2008, que "dispõe sobre o crime de genocídio, define os crimes contra a humanidade, os crimes de guerra e os crimes contra a administração da justiça do Tribunal Penal Internacional, institui normas processuais específicas, dispõe sobre a cooperação com o Tribunal Penal Internacional, e dá outras providências"' (Disponível em: <https://www.camara.leg.br/proposicoesWeb/fichadetramitacao?idProposicao=410747>).

> *O presente Projeto de Lei tem como propósito possibilitar o exercício da jurisdição primaria pelo Estado brasileiro e viabilizar a cooperação com o Tribunal Penal Internacional. Assegura-se, assim, que, em nenhuma hipótese, uma pessoa ou um crime internacional sujeito à jurisdição penal brasileira renda ensejo à atuação da jurisdição do Tribunal Penal Internacional, pois se dota o País dos instrumentos jurídicos necessários ao cumprimento de suas obrigações internacionais.*

E aqui se está a falar de um constante e potencial risco de denegação de cidadania plena a militares envolvidos em inúmeras situações de potencial exposição a cenários conflituosos, mesmo porque a participação em operações de paz é um instrumento sensível da política externa brasileira[i], destacando-se:

- *desde 2011, a Marinha brasileira comanda a Força-Tarefa Marítima da Força Interina das Nações Unidas no Líbano (FTM-UNIFIL). O Brasil lidera as operações que contam com a participação de aproximadamente mil oficiais, entre eles nacionais e não nacionais oriundos de Bangladesh, Alemanha, Grécia, Indonésia e Turquia. Cerca de 250 militares brasileiros da Marinha integram a Força-Tarefa Marítima, a primeira do tipo a participar de uma operação de paz das Nações Unidas. Operante desde 2006, a Força-Tarefa presta apoio à Marinha libanesa no monitoramento de suas águas territoriais, garantindo a segurança da costa e impedindo a entrada não autorizada de armamento ou material semelhante por mar.*[ii]-[iii]
- *O Brasil, no Haiti, forneceu a espinha dorsal da missão de manutenção da paz da ONU na missão conhecida como MINUSTAH. Suas tropas estiveram presentes durante a missão entre 2004-2017. No total, participaram 30.378 homens e mulheres. As forças de paz ajudaram na transição do Haiti*

---

i Ver, entre outros: Pujol, 2014; Miyamoto, 2008; e, também, Rodrigues; Migon, 2017.

ii Disponível em: <https://unicrio.org.br/conheca/brasil-na-onu/#:~:text=O%20Brasil%20nas%20For%C3%A7as%20de%20Paz%20da%20ONU&text=Integrou%20opera%C3%A7%C3%B5es%20na%20%C3%81frica%20(Rep%C3%BAblica,Europa%20(Chipre%2C%20Cro%C3%A1cia)>.

iii Ver também: Gallo et al., 2019.

para uma democracia e apoiaram os esforços de reconstrução e estabilidade daquele país após o terremoto de janeiro de 2010. Estima-se que 220.000 haitianos morreram como resultado do terremoto. As tropas brasileiras desempenharam um trabalho excepcional, onde distribuíram material temporário de moradia para pessoas desabrigadas pelo desastre em Porto Príncipe.[i]-[ii]

- *desde 2015, ao Brasil está sendo confiado o comando da Missão de Estabilização da Organização das Nações Unidas na República Democrática do Congo (MONUSCO), ratificando o preparo e a capacidade de nossos líderes militares, no enfrentamento a facções e grupos armados ilegais que atuam naquele país Para a estabelecimento da Paz mundial, o Brasil enviou aproximadamente 57.700 militares para missões de paz de ONU. E para que outros possam viver, durante todo o nosso histórico em participações de peacekeeping, um total de 42 soldados de manutenção da paz brasileiros perderam suas vidas no cumprimento do dever em operações de relevante importância, sob a égide da ONU.*[iii]-[iv]

A conclusão nesta quadra histórica é a de que o Estado brasileiro, omitindo-se na adaptação adequada das bases do Estatuto de Roma no ordenamento brasileiro descumpre sua missão de conferir plena cidadania aos nacionais brasileiros que podem se envolver potencialmente em situações subsumíveis aos tipos penais de competência do Tribunal Penal Internacional.

---

i Disponível em: <https://www.gov.br/defesa/pt-br/assuntos/relacoes-internacionais/copy_of_missoes-de-paz/historico-da-participacao-brasileira-em-missoes-da-onu>. Ver ainda: Almeida, 2017, p. 35.

ii Ver: Bracey, 2011; e, também: Vieira, 2019.

iii Disponível em <https://www.gov.br/defesa/pt-br/assuntos/relacoes-internacionais/copy_of_missoes-de-paz/historico-da-participacao-brasileira-em-missoes-da-onu>.

iv Ver, também, Ferreira, 2019.

Referências

ALMEIDA, C. H. M. de. A participação brasileira na Unifil: contribuição para as relações Brasil-Líbano. **Brasil Líbano**, 2017.

ALMEIDA, F. A. de M. L. F. de. **Os crimes contra a humanidade no actual direito internacional penal**. Coimbra: Almedina, 2009.

AMBOS, K. **A parte geral do direito penal internacional**. São Paulo: Revista dos Tribunais, 2008.

AMBOS, K. Internationales Strafrecht-Strafanwendungsrecht, Völkerstrafrecht und Europäisches Strafrecht. **Revista CEJ**, v. 11, n. 36, p. 108-109, 2008,

BRACEY, D. O Brasil e as operações de manutenção da paz da ONU: os casos do Timor Leste e Haiti. **Contexto internacional**, v. 33, p. 315-331, 2011.

FERRAJOLI, L. **Direito e razão**: teoria do garantismo penal. São Paulo: Revista dos Tribunais, 2006.

FERREIRA, V. C. O potencial das operações de paz na África para o Brasil: uma análise a partir da Monusco. **O Cosmopolítico**, v. 6, n. 1, p. 133-144, 2019.

GALLO, R. et al. **O Brasil e a Unifil**: considerações sobre a participação brasileira na Força Tarefa Marítima. 2019. Disponível em: https://www.gov.br/defesa/pt-br/arquivos/ensino_e_pesquisa/defesa_academia/cadn/artigos/xiv_cadn/oa_brasila_ea_aa_unifila_consideracoesa_sobrea_aa_participacaoa_brasileiraa_naa_forcaa_tarefaa_martima.pdf. Acesso em: 15 jul. 2023.

HUNGRIA, N. **Comentários ao código penal**. 3. ed. Rio de Janeiro: Forense, 1955. v. I. t. 1.

KLEFFNER, J. K. **Complementarity in the Rome Statute and national criminal jurisdictions**. OUP Oxford, 2008.

KREB, C. Penas, execução e cooperação no estatuto para o tribunal penal internacional. In: CHOUKR, F. H.; AMBOS, K. (Orgs.). **Tribunal penal internacional**. São Paulo: Revista dos Tribunais, 2000. p. 126-128.

MACHADO, J. E. M. **Direito internacional**: do paradigma clássico ao pós-11 de setembro. 3. ed. Coimbra: Coimbra Editora, 2006.

MIYAMOTO, S. A política externa brasileira e as operações de paz. **Revista Brasileira Estudos Políticos**, v. 98, p. 361, 2008.

MOCCIA, S. O tribunal penal internacional: os perfis da legalidade. **Revista IBCCRIM**, São Paulo, n. 47, p. 203-231, 2004.

PUJOL, M. M. As operações de paz da ONU como instrumento da política externa brasileira: a liderança brasileira na Minustah. **Revista Novas Fronteiras**, v. 1, n. 1, 2014.

RAMOS, E. S. Jurisdição penal internacional: o Tribunal Penal Internacional e a soberania estatal. **Revista do CEPEJ**, n. 16, 2015,

RODRIGUES, A. de O.; MIGON, E. X. F. G. O papel do Brasil na evolução das Operações de Paz. **Carta Internacional**, v. 12, n. 3, p. 77-103, 2017.

RODRÍGUEZ, C. V. El principio de legalidad en el Estatuto de la Corte Penal Internacional. In: COLOMER, J-L. G. et al. (Orgs.) **La Corte Penal Internacional**: un estúdio interdisciplinar. Valencia: Tirant lo Blanch, 2003. p. 198-200.

ROSS, A. **Direito e justiça**. Bauru: Edipro, 2000.

ROXIN, C. **Derecho penal**: parte general. Madrid: Civitas Ediciones, 1997.

SCHABAS, W. A. Complementarity in Practice: Some Uncomplimentary Thoughts. **CrIm. lF**, v. 19, p. 5, 2008.

SCHABAS, W. A. Princípios gerais de direito penal. In: CHOUKR, F. H.; AMBOS, K. (Orgs.). **Tribunal penal internacional**. São Paulo: Revista dos Tribunais, 2000. p. 153-163.

SCHMIDT, A. Z. **O princípio da legalidade penal no Estado democrático de direito**. Porto Alegre: Livraria do Advogado, 2001.

VIEIRA, F. M. A atuação de forças policiais nas missões de paz: um estudo de caso da missão no Haiti. **Relações Internacionais-Florianópolis**, 2019.

Comunidade internacional:
o que passa e o que fica

Comunidad internacional:
lo que va y lo que queda

Ives Gandra da Silva Martins

Professor Emérito das Universidades Mackenzie, UNIP, UNIFIEO, UNIFMU, do CIEE/O Estado de São Paulo, das Escolas de Comando e Estado-Maior do Exército (Eceme), Superior de Guerra (ESG) e da Magistratura do Tribunal Regional Federal da 1ª Região. Professor Honorário das Universidades Austral (Argentina), San Martin de Porres (Peru) e Vasili Goldis (Romênia). Doutor Honoris Causa das Universidades de Craiova (Romênia), da PUCPR e da PUCRS. Catedrático da Universidade do Minho (Portugal). Presidente do Conselho Superior de Direito da Fecomercio/SP.

Ana Regina Campos de Sica

Advogada assistente do Dr. Ives Gandra da Silva Martins desde 2007. Especialista em Direito Tributário pela Universidade de São Paulo (USP), em Processo Civil pelo Centro de Extensão Universitário (CEU) e em Direitos Humanos pela Universidade de Coimbra. Pós-graduada em Direito Público pela Universidade Anhanguera-Uniderp. Mediadora de Conflitos pelo Instituto de Mediação e Arbitragem do Brasil (IMAB). Psicanalista pelo Centro de Estudos Psicanalíticos (CEP). Especialista em Psicoterapia Breve Psicanalítica e em Psicossomática Psicanalítica pela Sedes Sapientiae. Coautora de livros publicados.

Resumo: Este artigo analisa a comunidade internacional a partir dos pressupostos do direito supranacional, da política, da economia, da filosofia e da sociologia. Com tal diálogo de fontes, estuda-se a globalização em suas implicações culturais, econômicas, políticas, tributárias, constitucionais e ambientais. Percebeu este texto a revolução nos conceitos clássicos do direito no atual século XXI. Por fim, discute-se, aqui, o chamado "direito de ingerência" das nações ricas contra países como Iraque, Afeganistão, Kosovo, Haiti e Ucrânia.

Palavras-chave: comunidade internacional; século XXI; globalização; ingerência.

Resumen: *Este artículo analiza la comunidad internacional a partir de los supuestos del derecho supranacional, la política, la economía, la filosofía y la sociología. Con este diálogo de fuentes, se estudia la globalización en sus implicaciones culturales, económicas, políticas, fiscales, constitucionales y medioambientales. En este texto se ha percibido la revolución de los conceptos clásicos del derecho en el actual siglo XXI. Finalmente, se discute aquí el llamado "derecho de injerencia" de las naciones ricas contra países como Irak, Afganistán, Kosovo, Haití y Ucrania.*

Palabras clave: *comunidad internacional; el siglo XXI; la globalización; interferencia.*

Sumário: 1. Introdução. 2. As Constituições e a globalização. 3. A tributação e a globalização. 4. Os princípios da Revolução Francesa em prol da comunidade internacional. 5. Conclusão. Referências.

Sumilla: *1. Introducción. 2. Constituciones y globalización. 3. Fiscalidad y globalización. 4. Los principios de la Revolución Francesa en beneficio de la comunidad internacional. 5. Conclusiones. Referencias.*

1. Introdução

Embora não seja nosso campo de atuação profissional, estamos honrados com o convite para escrever em um livro sobre comunidade internacional, pois temos constantemente procurado refletir sobre um direito supranacional à luz da política, da economia, da filosofia e da sociologia.

Ora, tal "diálogo das fontes"[i] ocorre porque, ao falarmos em comunidade internacional, é importante examinar questões jurídicas decorrentes da globalização em suas implicações culturais, econômicas, políticas, tributárias, constitucionais, ambientais etc., com particular enfoque sobre as dificuldades inerentes à conciliação dos regimes legais dos países individualmente e dos espaços regionais ou comunitários, que formatam o direito supranacional moderno.

Nesta esteira, é importante perceber que o século XXI está conhecendo uma profunda revolução nos clássicos conceitos jurídicos, não só a partir de uma visão do direito constitucional à luz da soberania das nações, mas também do direito supranacional, que vai se universalizando pelo prisma da formação dos blocos regionais.

Basta ter em mente o denominado *direito de ingerência*, que as nações mais desenvolvidas, em nome de um pretendido consenso de representatividade do concerto das nações, outorgam-se para intervir em outros países, como ocorreu no Iraque, no Afeganistão, em Kosovo, no Haiti e, mais recentemente, na Ucrânia – esta com inaudita violência por implicar também a busca por conquistar territórios de outras nações –, intervenções estas de maior visibilidade e repercussão.

Haja vista, portanto, os inúmeros aspectos que envolvem o tema proposto, abordaremos a globalização sob os enfoques das Constituições e da política tributária levantando, por fim, uma análise dos princípios da fraternidade, da igualdade e da liberdade, que, ainda que pareçam utópicos, marcaram nosso passado e merecem reflexão para configuração da comunidade internacional no presente, possibilitando que, assim, pensemos em um futuro.

Então vejamos.

---

i A "teoria do diálogo das fontes" surgiu em 1995, na Alemanha, quando em seu *Curso de Direito Internacional* o Prof. Erik Jayme (Faculdade de Helderberg) referiu-se à importância de integrar as mais diversas fontes do direito na solução de um conflito. A expressão foi importada para o Brasil pela Professora Titular da Universidade Federal do Rio Grande do Sul (UFRGS), Dra. Claudia Lima Marques (2012, p. 18).

2.
As Constituições e a globalização

Por *globalização* há de se entender, teoricamente, o fenômeno da universalização das relações agropecuárias, industriais, mercantis e de serviços em economia de mercado.

Embora o comércio internacional sem fronteiras, após a queda do muro de Berlim, tenha ofertado a abertura dos mercados, tal formulação caráter teórico revelou-se, no tempo, superior ao pragmatismo idealizado. É que a selvagem disputa de espaços econômicos, entre as nações desenvolvidas, que a teorizam, contrapõe-se à adoção de práticas ultrapassadas e contraditórias, voltando tais países ao estranho protecionismo nos segmentos, em que não eram e ainda não são competitivos [i].

---

i O primeiro subscritor deste artigo escreveu: "Os primeiros anos do século XXI serão o teste definitivo da globalização da economia. Poderão os países emergentes sair de suas crises e ganhar competitividade suficiente para enfrentar a melhor tecnologia e o maior capital das nações desenvolvidas, ou não?
Estas, no seu afã de obter a abertura irreversível dos mercados emergentes e o fechamento dos seus, levaram a Seattle duas teses que apenas a elas beneficiariam:
1) considerar que os baixos salários pagos nos países emergentes representariam um "dumping social" e
2) considerar que a falta de proteção das florestas dos países emergentes representaria um "dumping ambiental", justificando a imposição de restrições à importação dos produtos desses países pelas nações mais desenvolvidas –apesar de estas não terem tido a preocupação de preservar suas próprias reservas florestais.
À evidência, a OMC não considera que estão sendo praticados um "dumping econômico" e um "dumping tecnológico" por aquelas nações que partiram para a globalização somente, quando sua superioridade manifesta não sofreria mais reações por parte da desfeita União Soviética, sabendo que dispunham de capitais e de tecnologias mais avançadas que a dos países em desenvolvimento.
E nem se fala no "dumping energético", que é aquele que voltou à baila, neste virar do milênio, com o preço do petróleo tendo piques que superam os 30 dólares o barril, ofertando fantásticos lucros para as grandes empresas controladas pelos capitalistas das grandes nações.
Por outro lado, a busca da estabilidade da moeda, nos países emergentes, tem provocado recessão e desemprego, pois a política de estabilização praticada até o presente só foi possível graças a estes dois ingredientes

Essa dupla face da globalização desfigurou sensivelmente o ideal de construção de uma nova era mundial e tem dificultado a própria ação do órgão dedicado a tornar a disciplina jurídica da concorrência, no plano internacional, justa e leal, qual seja, a Organização Mundial do Comércio (OMC), com sucessivos insucessos, sem falar no complexo rito processual para que se obtenha um pronunciamento da entidade. Acrescente-se a isso que, para ver implementadas as decisões que profere, permanece na dependência da diplomacia entre as nações em litígio, assim como do livre exercício de soberania de cada uma delas.

Nesse contexto, à evidência, ganha relevo o papel das Constituições, visto que perfilam, em cada país, o regime jurídico maior das relações econômicas. Grande parte dos países, principalmente os da União Europeia, já adaptaram aos seus textos supremos o princípio da prevalência dos tratados internacionais sobre o direito interno, o mesmo tendo feito alguns países da América do Sul, como Argentina, Paraguai e Uruguai.

No Brasil, desde a Emenda Constitucional n. 45/2004, os tratados e as convenções internacionais que versem sobre direitos humanos, desde que aprovados pelo Congresso Nacional, são equiparados às emendas constitucionais[i].

Já nos Estados Unidos, os tratados internacionais têm nível hierárquico infraconstitucional[ii]. Há, inclusive, restrições passíveis de apresentação pelo Congresso, nos tratados assinados pelo governo, se os *lobbies* locais persistirem na defesa de um protecionismo cada vez mais

---

perversos. E a recessão e o desemprego são ruins para a formação de grupos nacionais fortes.
Acresce-se um terceiro aspecto, ainda mais preocupante, que é a real desnacionalização dos empreendimentos nacionais dos países emergentes, lembrando-se que os países desenvolvidos não permitem que isto ocorra em seus territórios" (Martins, 2000a, p. 79-80).

i O art. 5º, § 3º, da CF/1988 dispõe: "Os tratados e convenções internacionais sobre direitos humanos que forem aprovados, em cada Casa do Congresso Nacional, em dois turnos, por três quintos dos votos dos respectivos membros, serão equivalentes às emendas constitucionais."

ii Artigo II, Seção 2, da Constituição dos Estados Unidos prevê: "O Presidente será o chefe supremo do Exército e da Marinha dos Estados Unidos, e também da Milícia dos diversos estados, quando convocadas ao serviço ativo dos Estados Unidos. [...] **Ele poderá, mediante parecer e aprovação do Senado, concluir tratados, desde que dois terços dos senadores presentes assim o decidam.** [...]" (grifo nosso).

evidente no direito americano, não obstante o fato de ser o país que mais defendeu o livre comércio e a liberdade das relações econômicas.

A globalização, ao contrário das organizações internacionais, não tem perfil definitivo nem estrutura oficial. Decorre das características próprias da economia, uma ciência psicossocial, não ideológica, nem matemática. Isso porque a ideologia atrapalha e a matemática é um mero instrumento para entender o fenômeno psicossocial, em que os agentes econômicos, em função de seus interesses, detectam, estimulam ou protegem seus recursos em prol de um desenvolvimento, que é consequência exclusiva da busca do lucro.

Aspectos sociais, valorizados pelos países desenvolvidos são sempre decorrentes. Quando os programas dessa natureza são bem-sucedidos, isso advém do próprio desenvolvimento econômico, e não de formulações ideológicas, que, como registra o bolivarianismo do desastrado ditador venezuelano, não são capazes de garantir o bem-estar social.

Sendo assim, o desenvolvimento econômico globalizado decorre da universalização do conhecimento, da educação dos povos, do combate bem-sucedido à corrupção e, principalmente, da estabilidade jurídica para que os investimentos, a médio e longo prazos, possam ser assegurados. Como dois prêmios Nobel de Economia demonstraram em seus estudos (Ronald Coase e Douglas North), sem instituições jurídicas estáveis, não há economia de escala e, sem economia de escala, não há desenvolvimento.

Hoje, as etapas de zonas de livre comércio, união aduaneiras, mercados comuns ou união de países, em que as decisões transcendem as próprias conformações econômicas para adentrar em um desenho institucional político-jurídico, estão a demonstrar que já não é uma ilusão pensar em uma Constituição de Nações ou mesmo na formação de novas Federações – não confederação de países –, com estatuto constitucional e regime jurídico próprios em relação com outras áreas do globo.

Nessa esteira, temos a convicção de que a União Europeia, do ponto de vista estritamente constitucional, é uma Federação, não uma confederação de países, visto que o Conselho, a Comissão, o Parlamento Europeu, o Tribunal de Justiça, o Tribunal de Contas e o Banco Central da UE adquirem, de mais em mais, força nos denominados assuntos comunitários, prevalecendo o direito integrado sobre o direito nacional [i].

É de se notar que o espectro de atuação do direito comunitário é cada vez mais abrangente, reduzindo, ano após ano, a autonomia – já que não se deve falar em "soberania" quando esta foi livremente abdicada a favor da União Europeia – de cada país ao enfrentar seus problemas locais ou as disciplinas legais nos regimes de convivência entre residentes e nascidos no país. E tal prevalência absoluta vislumbra-se na rigidez do Banco Central Europeu para controlar o Euro.

Portanto, o desafio crescente, nos diversos espaços mundiais, que começam, em maior ou menor intensidade, a seguir o exemplo europeu, é a adaptação de dois regimes constitucionais, com duas "soberanias" definidas, uma por abdicação do direito próprio em relação à comunidade, e outra por exclusão, nos assuntos locais, não comunitários, fato que exigirá dos constitucionalistas de todos os países maior reflexão.

3. A tributação e a globalização

Em um contexto de universalização dos espaços políticos e da redução do âmbito do direito local em prol do direito comunitário, em que as Constituições se redimensionalizam para novos regimes jurídicos, é de se compreender a relevância da política tributária.

Isso porque, nos novos espaços comunitários, a competitividade interna será definida pela correção das políticas tributárias. Quanto maior for a incidência sobre o patrimônio, a renda, a poupança e a circulação de bens e serviços, tanto maior será a fuga de investimentos para países menos opressivos.

Em verdade, o grande desafio que se coloca, desde já, está na capacidade de alavancar desenvolvimento por meio de uma política

---

[i] Em 2000, o primeiro subscritor escreveu: "À medida em que os direitos comunitários vão ganhando expressão no mundo, nitidamente os direitos locais perdem relevância e um conceito de "soberania subordinada" passa a vigorar, pois os países, ao abdicarem de sua soberania de dizer o direito para acatarem o direito dito pela comunidade, conformam um novo tipo de relação jurídica a que denomino de o direito da "Federação Comunitária." (Martins, 2000a, p. 135).

tributária adequada e não desestimuladora, sem ferir as regras interespaciais de uma economia regionalizada, em um mundo globalizado.

É princípio cediço que quanto menor a carga tributária, maior o desenvolvimento, visto que a excessiva imposição dificulta a concorrência entre as empresas, desenvolvendo-se apenas aquelas nações cujas cargas tributárias sejam menores ou mais modernas.

É evidente que maior tecnologia, maior volume de capitais e melhor nível econômico são elementos que alargam o diferencial entre países desenvolvidos e emergentes, mesmo que a carga tributária seja, naqueles, mais elevada, visto que esta é compensada por outros fatores que não retiram a competitividade dos países evoluídos. Afinal, a qualidade dos serviços públicos oferta melhores condições concorrenciais do que nos emergentes, em que as empresas e os cidadãos são obrigados a se autoprestarem serviços públicos, em razão da falta de atuação adequada do Estado.

Ora, nos espaços comunitários e nas economias que não se fecham à globalização – e hoje são pouquíssimas e de países inexpressivos –, nada obstante as variáveis protecionistas subsistentes nos denominados *países globalizados*, a tributação, por excelência, é a indireta, pois sua uniformização faculta a integração, pela simplificação das disciplinas legais.

Os tributos aduaneiros perderam relevância nos espaços comunitários, embora os protejam contra a competitividade externa, e, nas "uniões aduaneiras", a tarifa externa comum (TEC) sirva de proteção ao desenvolvimento dos espaços internos.

Os tributos sobre o patrimônio e a renda, se incorretamente dosados, terminam por afastar investimentos e poupanças para outros países fora da comunidade, com o que – menos por interesse dos governantes, que buscam equacionar qualquer problema de caixa por elevação de tributos, e mais pela imposição da competitividade – os limites da tributação condicionam os governos. Em outras palavras, não há como elevar consideravelmente a tributação sem amarrar o desenvolvimento e gerar um empecilho concorrencial para o país[i].

---

[i] O primeiro subscritor escreveu: "O mercado, portanto, vai determinando o que é a política tributária razoável, estando todas as nações do mundo – mesmo as muito fechadas, como o Iraque e a Albânia – em permanente conflito entre a carga tributária que os governos desejam e aquela que os investidores internacionais almejam, pouco valor tendo, nestas circunstâncias, os conceitos teóricos das ideologias, que

A globalização está trazendo como consequência a necessidade de políticas tributárias mais compatíveis, sendo hoje contestável a ideia de que as despesas públicas tendem sempre a crescer com o aumento das imposições, como consequência. Isso porque os países principiam a definir caminhos compatíveis com a concorrência e com a necessidade de reduzir a "capacidade de gastos do Estado", objetivando melhores resultados no comércio exterior. Seguindo esse raciocínio, é uma pena que a redução da carga burocrática ainda não seja realidade no Brasil, atravancando o crescimento do país.

Essa é a razão pela qual a harmonização dos regimes jurídicos dos tributos circulatórios deve ser seguida por limites concorrenciais impostos pela competitividade internacional, para que alavanque o desenvolvimento e a tributação não atrase o progresso das nações.

Nos espaços comunitários, o regime jurídico único dos tributos circulatórios (IVA de preferência, no perfil adotado pela União Europeia), a eliminação das tarifas aduaneiras internamente, salvo eventual lista de exceções, devem ser acompanhados de uma política de harmonização também dos tributos patrimoniais e de renda, assim como das contribuições sociais e de outra natureza.

A falência da Seguridade Social no mundo inteiro tem levado muitos países a manter elevadas imposições sobre os que trabalham para suportar as falhas de um sistema público insustentável, em que a longevidade e os direitos adquiridos tornam, a médio e longo prazos, inviável seu financiamento.

Nesse campo, em que o direito local prevalece sobre o direito comunitário, é certo que países que mantêm sistema previdenciário mais flexível e menos oneroso, ofertam mais possibilidades de desenvolvimento às empresas e ao seu povo. Talvez seja esse tipo de tributação que apresenta maiores dificuldades de se obter solução a curto prazo. A adequação à concorrência externa dos tributos sobre circulação, patrimônio e renda está na área de atuação do governo, no que concerne aos próprios gastos. Na Seguridade Social não, na medida em que a sociedade não abre mão de seus direitos e a implantação de um sistema de capitalização para não ferir direitos adquiridos sempre terá resultados apenas a longo prazo.

---

são afastados, em face da necessidade de capitais externos." (Martins, 2000b, p. 238).

À evidência, se é certo que os tributos diretos podem ser dimensionados por uma política correta e incentivadora, os indiretos, por um regime jurídico adequado e universal, com leis da adequação às despesas públicas adaptadas, no que se refere às contribuições sociais – que no Brasil têm natureza tributária – a equação do problema não se faz tão fácil.

A esse elemento complicador acrescente-se o do crescimento da dívida governamental de países desenvolvidos e emergentes, que, apesar de alongada no tempo e com juros compatíveis, pode a qualquer momento se desequilibrar, principalmente em um mundo com capitais voláteis[i].

É de se considerar, entretanto, que em todos os países há um risco sistêmico, pois a confiabilidade na segurança dos investimentos é cada vez menor, em face dos próprios escândalos e das fragilidades que o mercado de capitais e o sistema financeiro global vêm apresentando nos últimos tempos.

Essa realidade pode levar, muitas vezes, os países a exigirem compensações tributárias para enfrentar as fragilidades financeiras e sociais, criando empecilhos à globalização, à competitividade e ao próprio desenvolvimento, com indiscutível reflexo negativo sobre o nível de empregos – já prejudicado pela questão tecnológica – e, por decorrência, sobre o mercado consumidor.

No Brasil, por exemplo, uma elevada carga tributária sem serviços públicos adequados amarra o desenvolvimento e a competitividade externa, embora seu mercado de 207 milhões de habitantes[ii] compense em parte a baixa *performance* no comércio exterior.

Fato é que o alto endividamento, a inadequada política previdenciária e a elevada carga burocrática atrasam o progresso, gerando economia informal de relevo. Por fim, técnicas inadequadas de tributação (como a cumulatividade de tributos circulatórios) criam um protecionismo às avessas, com privilégios maiores ofertados aos produtos importados do que aos nacionais.

---

i Ernane Galvêas (1998, p. 128) acrescentou o desemprego como outro elemento complicador: "O problema crucial da primeira metade do século XXI será o desemprego, o desemprego em massa".

ii Dados do IBGE até dezembro de 2022, disponíveis em: POP2022_Brasil_e_UFs.pdf (ibge.gov.br).

Como se vê, definitivamente, a política tributária é um grande instrumento a ser considerado em prol de uma comunidade internacional, sem prejuízo do desenvolvimento interno.

4.
Os princípios da Revolução Francesa em prol da comunidade internacional

Diante de todo este panorama, tanto constitucional quanto tributário, cremos que seja conveniente a compreensão do quanto que o resgate dos princípios da Revolução Francesa[i] – fraternidade, igualdade e liberdade – que foram tão marcantes no período de 1789 a 1799 na Europa, pode ser elementar na configuração do direito supranacional, em pleno século XXI.

Ora, a moralidade dos governantes, que devem servir ao povo e não dele se servirem está, à luz da fraternidade, em buscar a igualdade não apenas formal, mas real daqueles que estão sob sua condução. E trata-se aqui de uma igualdade na qual todos teriam direito à parte dos benefícios de uma sociedade evoluída com uma "ordem socialmente justa"[ii].

O princípio da fraternidade, portanto, é hoje o desiderato maior da conformação de um verdadeiro Estado de direito, que, na definição de Izquierdo e Hervada, transforma o direito em uma "ordem social justa"[iii]. Realmente, o direito que conforma uma comunidade em determinado espaço geográfico, em que ela se situa, sob a tutela de um

---

i A Revolução Francesa gerou um modelo constitucional próprio destinado fundamentalmente ao cidadão – que é o verdadeiro detentor do poder, que existe para servi-lo –, nada obstante ter propiciado um dos maiores banhos de sangue da história.

ii Não é a igualdade a que, ironicamente, referia-se Anatole France ao dizer que pelo princípio da igualdade "todos os franceses, ricos ou pobres, poderiam viver debaixo das pontes".

iii No discurso de posse na Academia Brasileira de Filosofia, o primeiro subscritor lembrou que: "Com efeito, a descoberta de uma tensão permanente entre o fato, o valor e a norma, característica do direito positivo em permanente mutação, levou-o a encontrar, na dialética hegeliana, a explicação da cadeia interminável de busca da 'ordem social justa', objetivo maior do direito. É, de resto, a melhor definição, a partir da descoberta de um núcleo imodificável, pertinente ao direito natural, e que se desenha na linha dos direitos fundamentais do ser humano, que Javier governante, necessita ser justo para que a paz permita e impregne todas as relações que se perpetuam, sob sua égide.

Não sem razão, nessa concepção da verdade, que leva o direito, em uma autêntica democracia, a lastrear-se na lei eterna, a Declaração Universal dos Direitos Humanos (1948) surge como um verdadeiro tratado de direito natural, que se perpetua na história, não por força de uma evolução dos costumes, mas por ser inerente, desde a concepção, a todos os seres humanos.

Talvez por essa razão seu relator, o jusfilósofo naturalista Renée Cassin (1971, p. 5), tenha afirmado:

> *não é porque as características físicas do homem mudaram pouco desde o começo dos tempos verificáveis que a lista de seus direitos fundamentais e liberdades foi idealizada para ser fixada permanentemente, mas em função da crença de que tais direitos e liberdades lhe são naturais e inatos.*

É que há determinados direitos que transcendem a força dos governos, não cabendo ao Estado criar, mas apenas reconhecer.

Ora, essa Declaração de Direitos Fundamentais, cuja base está conformada nos três princípios da Revolução Francesa, tem sido muito mais mencionada do que vivida ao ponto de Norberto Bobbio, em seu *A era dos direitos*, ter escrito que o século XX foi o século da enunciação dos direitos universais, mas o século XXI teria que ser o século de sua aplicação, vale dizer, mais do que ter direitos, muitas vezes impossíveis de serem vividos, na atualidade, seria necessário que o Estado, os governos e o povo entendessem que tais direitos existem para serem usufruídos (Bobbio, 1992).

E, nesse ponto, apenas as democracias lastreadas na "liberdade" de agir e pensar poderiam gerar a revolução social da "fraternidade", gerando o objetivo maior do direito que é a "igualdade" entre os povos, dando-se a cada um o que é seu.

Ora, o tripé da Revolução Francesa assenta-se na moralidade permanente cujos alicerces dizem respeito à moralidade da igualdade, da liberdade e, principalmente, da fraternidade. Esta, por sua vez, não implica, como dizia Marx, uma luta de classes para prevalência da "ditadura do proletariado", mas o social decorrente da busca de harmonia

---

Hervada e Miguel Izquierdo, em seu 'Compêndio de Direito Natural', ofertam ao direito: 'a ordem social justa'" (Martins, 2008, p. 22-23).

entre as classes sociais, da procura de soluções não conflitantes que representem os ideais de uma comunidade justa, que não gere um combate permanente para eliminação de classes nem permita o predomínio deste ou daquele segmento.

Ao contrário, a junção de uma luta justa para possibilitar o equilíbrio, respeitadas as diferenças necessárias para a equivalência dos desiguais – não há igualdade se os desiguais não forem tratados desigualmente para chegar à igualdade – termina por desembocar no verdadeiro espírito da fraternidade.

Em última análise, é o princípio da fraternidade que deságua em uma ordem social justa, a busca maior do direito[i]. Esse é, pois, o sentido do direito natural, alicerçado nos princípios fundamentais dos direitos individuais e da tríplice revolução principiológica conformada a partir da Revolução Francesa, não havendo conflito entre o direito positivo e o direito natural[ii].

---

i Luís Carlos de Azevedo (1985, p. 34) esclarece: "Mas, a par da lei natural, imprescindível se mostra o concurso da lei positiva; a lei natural abrange princípios e normas de caráter geral, enquanto a lei positiva, emanada da autoridade, procurará encontrar solução para hipóteses mais restritas e concretas, espancando as dúvidas e imprecisões que a primeira não pôde resolver. E porque proveniente dá autoridade, a lei positiva dispõe de força coativa, destinando-se a assegurar a ordem e a justiça na sociedade onde é imposta. Não obstante, a lei humano-positiva há de estar em consonância com a lei natural; e, em terceiro estágio, com a lei eterna; porque, se estiver contra, não será lei, mas apenas uma aparência de lei. Ainda assim, deve-se acatá-la, enquanto não se a revoga. E só quando a injustiça for de tal modo flagrante, caberá repudiá-la. E não cumpri-la!".

ii Walter Moraes (1985, p. 14-15) lembra que: "As regras do direito natural formam o direito natural objetivo, ou seja, a lei natural, que são as prescrições da razão natural que enunciam deveres de justiça. A lei natural não é uma teoria e sim um fato: um dado de experiência. O fato concreto de atribuição do justo que suscita, em qualquer homem, um juízo deôntico em torno dos Conceitos elementares de bem e de mal, e que se traduz em lei de agir, que é a lei natural/ A doutrina ou teoria do direito natural é a explicação científica dos dados de experiência que constituem a lei natural. Assim, não se confunde com a lei natural ou direito natural objetivo. Por outra parte, a lei natural não é um produto cultural. Ela deriva da estrutura psicomoral do ser humano como operação natural da razão prática E ademais é uma operação distinta das decisões de conveniência, preferência e apetite que podem certamente contrariar o imperativo da razão. Estabelece-se,

Ora, se toda essa lógica faz sentido no contexto do direito interno, com muito mais razão, não há de ser afastado diante de um direito supranacional que conforme a Comunidade Internacional, na qual a busca por uma ordem social justa é ainda mais crucial.

Considerando, portanto, que o direito natural é inerente ao homem, os princípios tão projetados na Revolução Francesa é o que do passado da humanidade ficou e sempre ficará.

5.
Conclusão

Por todo o exposto, fica evidente que a transição dos clássicos conceitos de soberania para o conceito da soberania comunitária é um dos grandes desafios que o direito constitucional enfrentará no século XXI.

A adaptação das Constituições às realidades mundiais leva, cada vez mais, à criação de um superdireito constitucional definido na formação de espaços geográficos e políticos capazes de implementar mecanismos regionais de defesa e proteção das virtualidades próprias de conjuntos de nações, formando-se mercados que se abrem e se fecham no interesse das nações envolvidas. É nesse contexto que a tributação entra como um dos grandes instrumentos dos países para a implementação de um Estado com características de Governo Mundial.

Ora, reconhecemos que a integração das medidas jurídicas nacionais e supranacionais, em face dos desafios e das crises que a globalização tem ofertado, merecem cuidadosa análise, não sendo os países infensos à crise de elevadas proporções.

O certo, todavia, é que o mundo futuro é fascinante, pois a necessidade de encontrar regimes econômico, tributário e jurídico universais,

---

a lei natural, em razão dos fins intrínsecos do homem individual e social, pois que os seus juízos deônticos têm como ponto de referência a própria natureza humana. E é lei obrigatória. A sanção natural, conquanto não essencial à obrigatoriedade da lei, está na mesma degradação, perturbação e frustração do indivíduo na sociedade. A lei natural não se induz nem se deduz. O modo de captação da lei natural não é um raciocínio: capta-se conhecendo a natureza humana; conhece-se seus fins naturais, e os juízos deônticos daí defluem por evidência. Constitui-se, destarte, de prescrições concretas: de preceitos, e não de princípios abstratos, os quais são próprios da ciência do direito natural ou mesmo do conhecimento vulgar".

seja nos padrões regionais ou no globalizado, está presente independentemente dos variados níveis culturais, de desenvolvimento econômico, político e social dos países e dos povos, com desafios diferentes a serem por eles enfrentados.

Se, entretanto, as nações desenvolvidas não se mostrarem tão resistentes na proteção de seus setores descompetitivos e excessivamente agressivas nos setores em que são competitivas, e se as nações emergentes conseguirem melhorar o nível de suas políticas administrativas, com uma compactação adequada das despesas públicas, é certo que todos estaremos caminhando, em meio à turbulência, para um mundo melhor, em que uma ordem social justa se torne realidade.

Nessa esteira, a fraternidade é a base da solidariedade, e um povo que não se mostra solidário com todas as camadas sociais, por mais liberdade que julgue ter, vive apenas uma liberdade formal. A Revolução Francesa, portanto, evidenciou no século XVIII uma grande luta que certamente continuará sendo travada pelo homem no século XXI, qual seja, a efetivação, em plano mundial, dos três princípios que, mais do que direitos individuais, são direitos sociais inatos.

Não negamos que a sinalização de que a globalização oferta produtos melhores e mais baratos e um desenvolvimento nacional, político e econômico maior para todos os países ainda é um sonho. Os primeiros passos, entretanto, estão sendo dados.

Referências

AZEVEDO, L. C. de. In: **Caderno de Direito Natural nº 1**: lei positiva e lei natural. Belém-PA: Editor Gengis Freire, 1985. p. 34.

BOBBIO, N. **A era dos direitos**. Rio de Janeiro: Campus, 1992.

CASSIN, R. **Human Rights since 1945**: an Appraisal, The Great Ideas. Ed. Britannica, 1971.

GALVÊAS, E. **O estado do futuro**. Curitiba: Pioneira, 1998.

MARQUES, C. L. (Coord.). **Diálogo das fontes**. São Paulo: Revista dos Tribunais, 2012.

MARTINS, I. G. da S. **A era das contradições**: desafios para o novo milênio. São Paulo: Futura, 2000a.

MARTINS, I. G. da S. **Em busca de uma ordem social justa**. São Paulo: Ed. Acad. Paulista de História/Acad. Bras. de Filosofia/CIEE, 2008.

MARTINS, I. G. da S. **O direito tributário no Mercosul**. Rio de Janeiro: Forense, 2000b.

MORAES, W. In: **Caderno de Direito Natural nº 1**: lei positiva e lei natural. Belém-PA: Editor Gengis Freire, 1985. p. 14-15.

Direito comparado como discurso científico

El derecho comparado como discurso científico

Ivo Dantas

Professor Titular (aposentado) da Faculdade de Direito do Recife (UFPE). Doutor em Direito Constitucional (UFMG). Livre Docente em Direito Constitucional (UERJ). Livre Docente em Teoria do Estado (UFPE). Membro da Academia Brasileira de Letras Jurídicas. Membro da Academia Brasileira de Ciências Morais e Políticas. Presidente de Honra da Comissão de Estudos Constitucionais do Instituto dos Advogados de Pernambuco. Presidente da Comissão de Estudos Constitucionais da OAB, Secção de Pernambuco (2 mandatos). Professor *Honoris Causa* da Escola Superior do Ministério Público do Estado do Ceará. Presidente do Instituto Pernambucano de Direito Comparado. Presidente da Academia Pernambucana de Ciências Morais e Políticas. Miembro del Instituto IberoAmericano de Derecho Constitucional México. Miembro del Consejo Asesor del Anuario IberoAmericano de Justicia Constitucional, Centro de Estudios Políticos y Constitucionales (CEPC), Madrid. Ex-Diretor da Faculdade de Direito do Recife (UFPE). Membro da Academia Pernambucana de Letras Jurídicas. Fundador da Associação Brasileira dos Constitucionalistas Democráticos. Membro Efetivo do Instituto dos Advogados de Pernambuco. Membro do Instituto Pimenta Bueno – Associação Brasileira dos Constitucionalistas. Professor Orientador Visitante do Programa de Pós-Graduação em Ciências da Saúde, Universidade Federal do Rio Grande do Norte, conforme aprovação do Colegiado, em 31 de maio de 2001. Juiz Federal do Trabalho aposentado. Ex-Vice-Presidente da Comissão de Precatórios Judiciais da OAB, Secção de Pernambuco. Presidente da Comissão de Estudos Constitucionais (2 mandatos) da OAB, Secção de Pernambuco. Presidente da Comissão de Precatórios Judiciais da OAB, Secção de Pernambuco. Parecerista. Advogado.

Janini de Araújo Lôbo Silvestre

Doutora e mestre Direito pela Universidade Federal de Pernambuco (UFPE). Bacherala em Direito pela Universidade Católica de Pernambuco. Professora. Pesquisadora. Advogada.

Resumo: O debate científico acerca do direito comparado e sua natureza jurídica permanece atual e necessário, sobretudo em virtude do avanço da necessidade de estudos que busquem discernir as fontes dos direitos pátrios, a fim de compreender a finalidade de seus institutos e o modo pelo qual se torna possível aprimorá-los e otimizá-los. Por essa razão, a compreensão do direito comparado e de sua respectiva metodologia torna-se imprescindível para o caráter científico e a qualidade das pesquisas, e não poderia ser diferente, principalmente quando se busca a análise do direito enquanto ciência. Nesse sentido, o presente artigo científico se debruça sobre a natureza jurídica do direito comparado, a partir de uma análise sistemática de abalisada doutrina, para, então, compreender em que sentido se pode tratá-lo enquanto ciência e, sem seguida, estabelecer-se o correto método cienfífico sem o qual não será possível produzir uma comparação eficiente entre os diversos sistemas jurídicos. No desenvolvimento do presente estudo, realizou-se uma revisão bibliográfica, a fim de mapear conceitos com fins a avaliar a própria história do conceito de direito comparado, de modo a distingui-lo da história comparada e do direito estrangeiro.

Palavras-chave: direito comparado; direito estrangeiro; história comparada; metodologia comparada; direito e ciência.

Resumen: *El debate científico sobre el derecho comparado y su naturaleza jurídica sigue siendo actual y necesario, especialmente por el avance de la necesidad de estudios que busquen discernir las fuentes de los derechos nacionales, a fin de comprender la finalidad de sus institutos y la forma en que se hace posible mejorarlos y optimizarlos. Por ello, la comprensión del derecho comparado y su respectiva metodología se vuelve fundamental para el carácter científico y la calidad de la investigación, y no podría ser de otra manera, especialmente cuando se busca el análisis del derecho como ciencia. En este sentido, el presente artículo científico se centra en la naturaleza jurídica del derecho comparado, a partir de un análisis sistemático de la sana doctrina, a fin de comprender en qué sentido puede ser tratado como una ciencia, a fin de establecerse el correcto método científico sin que no será posible producir una comparación eficiente entre los diferentes sistemas jurídicos. En el desarrollo del presente estudio se realizó una revisión bibliográfica con el fin de mapear conceptos a fin de evaluar la propia historia del concepto de derecho comparado, a fin de distinguirlo de la historia comparada y derecho extranjero.*

Palabras clave: *ley comparativa; derecho extranjero; historia comparada; metodología comparada; derecho y ciencia.*

1.
A questão terminológica

Qualquer tentativa de conceituação e fixação de objeto e método de uma ciência implica, evidentemente, *valoração* por parte daquele que vai empreender o estudo. Em outras palavras, pode-se dizer que não existe posição *certa* ou *errada* em tais tentativas, uma vez que o entendimento filosófico-epistemológico e subjetivo do autor é que determinará a ***rota preliminar***[i] a ser seguida na tarefa de elaborar as hipóteses, a estrutura do estudo, o conteúdo bibliográfico, os parâmetros conceituais.

Neste instante, a escolha do roteiro como um todo caberá ao autor do estudo, e só a ele, pois, como discutiremos adiante, neste momento, ele desempenha funções filosóficas, valorativas, emitindo juízos de valor. Rota, sim; alteração de resultados, não. Não há dúvidas de que a preocupação em enfrentar a existência das ciências sociais faz com que muitos "pesquisadores" desviem seus trabalhos, ora na fase de arrecadarem os dados (pesquisa de campo), ora na fase de interpretação daqueles elementos e/ou no momento de conclusão de suas pesquisas.

Se tal ocorre até mesmo nas ciências ditas *avançadas*, muito mais presente está nas ciências sociais, geralmente nascidas no século XIX, embora com certos precursores desde a antiguidade greco-romana e da qual não fogem os estudos políticos, representados pela *reflexão valorativa* de Aristóteles, Platão, Tomás de Aquino, Agostinho, Rousseau,

[i] Referimo-nos à *rota preliminar,* pois a prática nos tem ensinado que nenhum trabalho chega ao final de sua redação da forma como foi iniciado.

Montesquieu, Marx e tantos outros, mas que só recentemente passaram a preencher os requisitos de cientificidade.

A conclusão de parte da doutrina no sentido de reconhecer a cientificidade das reflexões sobre o social, entretanto, não afasta a constatação de que não são poucos os autores que ainda hoje lançam dúvidas quanto a tal característica. Para estes, tais dúvidas estão assentadas, entre outros motivos, na presença de uma **flexibilidade terminológica** e pela **inexistência de um paralóquio inteligível ao homem de cultura média**, ou seja, uma metalinguagem que explique e seja aceita, tanto quanto possível, pelo universo dos que se dedicam a tais estudos. Assim, na sociologia, por exemplo, os conceitos de *sociedade* ou mesmo de *fato social* ainda não conseguiram uma aceitação pacífica, muito embora tentativas nesse sentido existam desde Durkheim e outros, o mesmo acontecendo com o de *Estado*, nos estudos jurídicos e políticos tal como temos nos ocupado em todos os trabalhos já referidos.

Preocupado com o direito, afirma Paul Valéry (1962, p. 37) que "nous parlons facilement du droit, de la race, de la proprieté. Mais qu'est-ce, que le droit, que la race, que la proprieté? Nous le savons, et ne le savons pas".

Referindo-se aos dois sentidos do vocábulo *direito*, tal como já por nós mencionado (= *processo* e *conhecimento*), Alberto Calsamiglia (1988, p. 49), ao estudar *El Estatuto Científico de la Dogmática*, referindo-se à "*ambiguedad del término derecho*", afirma que uma das principais acepções da palavra *direito* é aquela que a identifica com a própria ciência do direito, compreendida enquanto saber jurídico, ao mesmo tempo em que pode ser compreendida enquanto direito subjetivo, em uma perspectiva de justiça.

Em outras palavras, não podemos perder de vista – e já o afirmamos – que com a mesma expressão tanto designamos o *ordenamento jurídico-positivo* quanto o estudo que se efetua sobre ele. Dizendo melhor: o mesmo substantivo tanto é usado para significar o *processo* (ou sistema, ordenamento) em si quanto o *conhecimento* que sobre ele se formula, a ponto de Héctor Fix-Zamudio (1968, p. 57), no livro *Metodologia, docencia e investigación jurídicas*[i], destacar, inclusive que o termo *direito* se identifica com a denominação da disciplina de que se ocupa seu estudo, alertando que não se deve confundir o nome

---

[i] Trata-se de fundamental livro sobre os temas que aborda, sendo que, em vários capítulos, o direito comparado é o objeto de estudos.

da disciplina com a matéria, a despeito de entender que o direito se trata, sim, de um objeto de conhecimento.

Embora reconhecendo a inexistência de uma rigidez vocabular nos estudos jurídicos, Cândido Dinamarco (1987, p. 101-102) já identifica nele um progresso que o torna "mais minucioso e apurado", de modo que a linguagem jurídica atual denota maior sofisticação científica.

Finalmente, relembre-se de que a necessidade de precisar o sentido dos vocábulos já era realçada por Aristóteles (1973, p. 26) nos seguintes termos:

> *É útil ter examinado a pluralidade de significados de um termo, tanto no interesse da clareza (pois um homem está mais apto a saber o que afirma quando tem uma noção nítida do número de significados que a coisa pode comportar), como para nos certificarmos de que o nosso raciocínio estará de acordo com os fatos reais e não se referirá apenas aos termos usados. Pois, enquanto não ficar bem claro em quantos sentidos se usa um termo, pode acontecer que o que responde e o que interroga não tenham suas mentes dirigidas para a mesma coisa; ao passo que, depois de se haver esclarecido quantos são os significados, e também qual deles o primeiro que se tem em mente quando faz a asserção, o que pergunta pareceria ridículo se deixasse de dirigir seus argumentos a esse ponto. Isso também nos ajuda a evitar que nos enganem e que enganemos os outros com falsos raciocínios; porque, se conhecemos o número de significados de um termo, certamente nunca nos deixaremos enganar por um falso raciocínio, pois perceberemos facilmente quando o que interroga deixa de caminhar seus argumentos ao mesmo ponto.*

A flexibilidade terminológica do vocábulo *direito* agrava-se de maneira mais gritante quando utilizado na expressão *direito comparado*, visto que, apesar de reconhecidas sua existência e autonomia, sua denominação permanece como ponto de discordância, o que, por sinal, ocorre com suas "primas" *teoria do estado* e *ciência política*, nesta última destacando-se a chamada *política comparada*, sendo que Ronald H. Chilcote (1998, p. 15)[i], ao tratar questões da teoria e da investigação comparativa, leciona que "o estudo da política comparativa

---

[i] Ver: Almond; Powell Jr., 1972. No âmbito dos estudos econômicos, consultem-se: Corazza, 2003, principalmente os textos de Eleutério F. S. Prado (p. 189), Sérgio M. M. Monteiro (p. 207) e de Ângela Ganem

tem evocado muita confusão tanto para estudantes como para acadêmicos graduados; nele uma diversidade de termos é usada frouxa e intercambiavelmente".

2. A expressão "direito comparado"

René David (1953, p. XV)[i] alerta para a diversidade de significados atribuídos à expressão *direito comparado*.

Felipe de Solá Cañizares (em sua *Introducción al derecho comparado*, 1954, p. 95[ii]), além de reconhecer o aspecto mencionado, fala-nos de um uso inadequado da expressão e entende que não se pode conferir emprestar a expressão *direito comparado* o mesmo papel que cumprem aquelas que se referem, por exemplo, ao direito civil, ou direito penal, entre outros, já que, em seu entender, não há que se falar de uma expressão que delimita um conteúdo próprio.

No mesmo sentido, Pierre Arminjon, Baron Boris Nolde e Martin Wolff (1950, p. 10) escrevem que o direito comparado implica uma comparação no que diz respeito aos diversos ramos do direito.

Dessa inadequação nos fala René David (1953, p. 5), ao afirmar que, por evocar uma analogia entre diversos ramos do direito positivo, os quais, por si, possuem seu próprio objeto, a expressão *direito comparado* revela-se inequívoca, razão pela qual considera mais adequado o uso da expressão *comparação de direitos*, no sentido de método comparativo.

Aliás, entre os que preferem substituir a expressão *direito comparado* por *comparação de direito*, cumpre lembrar Alberto Tripiccione, que denomina seu livro de *La comparazione giuridica* (1961), nele estabelecendo uma verdadeira *teoria do direito comparado*, além de

---

(p. 301). E, ainda: Laufenburger, [s.d.]; Loucks; Whitney, 1981. Nos estudos filosóficos: Lewin, 1991.

i Vale observar que essa edição, além desse texto, traz um prólogo a la edición española e outro a la edición francesa (Paris: LGDJ, 1950) que não trazem os dois textos.

ii Vale lembrar que outro é o livro *Les grands systèmes de droit contemporains* (Paris, 1992, em atualização de Camille Jauffret-Spinosi), com edição em espanhol e português (Lisboa: Meridiano, Ltda, 1978; São Paulo: M. Fontes, 2. ed., 1993).

fazer análises dos sistemas soviético e islâmico do direito. A mesma opção acontece com A. J. Van Der Helm e V. M. Meyer no livro *Comparer en droit* (1951).

H. C. Gutteridge (1953, p. 17-18[i]), apoiando-se em Lee, entende que o direito comparado não consiste em um ramo específico do direito, tal qual ocorre com o direito de família, por exemplo, ou mesmo com o direito marítimo.

Ora, se atentarmos que o direito comparado é ramo do conhecimento sobre o *processo* (= ordenamento jurídico), não temos nenhum inconveniente no uso da expressão, a qual equivale, em essência, ao que os alemães chamam de *rechtsvergleichung*, que podemos traduzir como "comparação de direitos" [ii].

Referindo-se à expressão alemã, Cañizares (1954, p. 95-96) chega a dizer que é "más afortunada", pois "indica comparación de derechos, y por lo tanto, da una idea más exacta de lo que en realidad es lo que denominamos derecho comparado, que es la comparación de sistemas juridicos distintos y no un conjunto de reglas aplicables a una materia determinada".

2.1. Direito estrangeiro, legislação comparada, direito comparado[iii]

Além da denominação já mencionada (*direito comparado*) e sua tradução para diversos idiomas (*derecho comparado, droit comparé, diritto comparato, comparative law*), outras são utilizadas, entre elas *rechtsvergleichung, direito estrangeiro* e *legislação comparada* embora todas tragam em si impropriedades e um crescente desuso[iv].

---

i Há uma tradução do Instituto de Derecho Comparado (Barcelona, 1954).

ii Ana Lucia de Lyra Tavares, em artigo intitulado "Nota sobre as dimensões do direito constitucional comparado" (1999, p. 90), chega a utilizar a expressão *disciplina parajurídica*.

iii Para um contato inicial com a *comparação*, consultem-se os seguintes livros: Morlino, 2010; Sartori; Morlino, 1999. Além desses, ver: Tobeñas, 1957; Lombardi, 1986; e Nohlen, 2007.

iv Esse equívoco é muito comum entre os autores brasileiros, os quais, em bom número, costumam dizer, por exemplo, "no *direito comparado*, a Constituição italiana...", quando deveriam, corretamente, afirmar: "no *direito estrangeiro*, a Constituição italiana...". O direito comparado

Comparemo-las com a denominação *direito comparado* iniciando esta análise pela expressão *direito estrangeiro*[i], lembrando logo a lição de Vergottini (2010, p. 233-235), que critica o uso indevido das duas expressões, de modo que entende que têm significados distintos e que não devem ser confundidos.

Roberto Scarciglia (2011, p. 20)[ii] critica a confusão conceitural entre as expressões *direito estrangeiro* e *direito comparado*, de modo que, enquanto no direito estrageiro busca-se compreender determinado sistema jurídico alienígena, o direito comparado pressupõe o uso de uma metodologia comparativa, prévia a qualquer estudo de direito comparado, conforme lições do grande comparativista italiano Gino Gorla (Scarciglia, 2011, p. 21-22).

Chame-se a atenção para um importante detalhe: **Existe alguma utilidade prática do direito comparado na aplicação judicial da lei?** A resposta é simples: fica o magistrado livre para fazer referência ao sistema jurídico estrangeiro, valendo lembrar que ao fazê-lo, não significa que ele possa substituir a referência legislativa do sistema nacional, pela referência estrangeira. Esta servirá para reforçar uma interpretação que ele faça do modelo nacional. Nesse sentido, o já citado Vergottini (2010, p. 237) adverte que "*siempre que una sentencia cite Derecho extranjero, ocurre como consecuencia de un cuidado recorrido argumental desarrollado en las fases anteriores al juicio*".

> *El Derecho extranjero no se* aplica *en el própio ordenamiento por parte del juez. No constituye fuente normativa que se añade a las fuentes válidas para el juez. Es más bien una* variable cognitiva *que se suma a la generalidad de los elementos fácticos que deben ser considerados (ambientales, sociales, históricos y, por tanto tambien jurídicos de natureza normativa,*

é a análise que será feita, levando-se em conta o direito nacional e o direito estrangeiro.

i No âmbito do processo civil, vejam-se os seguintes exemplos: Cappelletti, 1973, p. 3-ss.; Sidou, 1999; Castillo, 1968. Exemplos interessantes: Casas Duarte, 2004; Taruffo, 2013. No direito penal, recente e interessante é o livro de Hendler, 2014. Na mesma linha: Pradel, 1995; e Richi, 1991. No âmbito do direito civil, mencione-se Del Árbol, 2014. De leitura agradável é o livro de Hazard JR.; Dondi, 2011.

ii Trata do tema ao defender a criação da disciplina e ao responder "cuáles pueden ser las razones las razones para desarrollar esta asignatura" (Scarciglia, 2011, p. 20).

> *jurisprudencial y doctrinal de procedência externa). Lo subrayado para la invocación de normativas constitucionales y legislativas es válido también para las refencias a precedentes jurisprudenciales.* (Vergottini, 2010, p. 242)

Vale recordar que todo o raciocínio desenvolvido por Vergottini (2010) se encontra limitado ao uso e manuseio do direito estrangeiro, não fazendo até agora nenhum exercício de direito comparado. Em outras palavras, ele destaca a importância e o "como" trabalhar com o ordenamemnto alienígena. Nada mais.

Por sua vez, enfrentando o tema, Marc Ancel (1980, p. 109-110)[i] ensina que "a distinção entre o direito comparado e o direito estrangeiro era clássica, desde antes de 1900; mas ela não é sempre muito clara, e menos ainda respeitada". Em seguida, destaca, com plena razão, que "o direito comparado está na dependência dos estudos de direito estrangeiro" e que o "direito estrangeiro é a *matéria-prima* do direito comparado. Ninguém, com efeito, é comparativista sem ter praticado, inicialmente, o direito estrangeiro, assim como ninguém é chefe de orquestra sem ser, ou ter sido inicialmente, instrumentista". Em outra passagem, ainda Ancel (1980, p. 109) afirma que se impõe a distinção, ou ao menos a contraposição, entre o estudo do direito estrangeiro e o direito comparado, devendo-se atentar para o fato de que o direito comparado vai além do estudo e da descrição das leis estrangeiras[ii].

A colocação feita por Marc Ancel (1980) põe em destaque um ponto sobre o qual se deve insistir: o direito estrangeiro é a *conditio sine qua non* para a possibilidade de *fazer-se direito comparado*, isso porque não poucos pensam que, no simples fato de citarem o direito estrangeiro em seus estudos, tal significa que estejam fazendo estudo comparado. Não é bem assim. Uma coisa é citar uma ou várias legislações estrangeiras; outra coisa é comparar o texto estrangeiro e proceder a uma comparação com o sistema nacional[iii].

---

i Vale a leitura do livro pelo aspecto didático da exposição.

ii A título de esclarecimento, vale lembrar que "justaposição" significa "reunião de palavras para criar uma nova palavra".

iii Antes de mudarmos de assunto, vale indicar o livro de Basil Markesinis, *Il Metodo della Comparazione*, especialmente, o Capítulo 4 (2004, p. 191-222). Apesar da referência ao direito penal, ver: Jescheck, 2006, pois a leitura do texto é útil para qualquer área do direito comparado.

Com idêntica linha de raciocínio, Ana Lúcia de Lyra Tavares, desta feita em artigo intitulado "Nota sobre as dimensões do direito constitucional comparado" (1999, p. 92), escreve:

> *Muitas vezes ocorre que a análise justapõe estruturas constitucionais estrangeiras sem compará-las, fugindo, portanto, ao próprio objetivo da matéria. Na verdade, é usual a leitura de textos que se intitulam de direito comparado, quando, efetivamente, o que fazem é justapor disposições de ordenamentos estrangeiros, sem a preocupação de detectar, sistematicamente, semelhanças e diferenças em torno de pontos específicos. Acacianamente, poderíamos concluir que* comparar não é justapor.[i]

Outra questão que pode ser trazida à colação é diferenciar-se *direito comparado* e *história comparada,* isso porque se, em nosso modo de entender, a existência de um ou mais sistemas jurídicos diferentes e vigentes funciona como um dos polos indispensáveis ao direito comparado, não é correto pensar-se neste (direito comparado) quando, por exemplo, estuda-se a evolução histórica de sistemas não mais vigentes, ou de um instituto dentro do mesmo sistema [ii].

A propósito, para Giuseppe Lumia (2003, p. 14), a história do direito – que estuda os ordenamentos jurídicos do passado – contrapõe-se à

---

i Em outro artigo, intitulado "A crescente importância do direito comparado", Tavares (2001, p. 156-157) escreve: "A denominação *direito comparado,* diversamente do que ocorre com outras disciplinas parajurídicas, de regra, requer uma explicação adicional, a fim de que se desfaçam os equívocos daqueles que nele apenas veem um prolongamento do direito internacional ou pretendem reduzir o epíteto *comparado* ao emprego do método comparativo no direito. Essa postura natural de desconhecimento inicial levou-nos a explicitar no programa dessa cadeira, por ora eletiva, que retornou ao currículo da graduação do Departamento de Direito da PUC-Rio, há mais de vinte anos, que o direito comparado, cuja matéria-prima é o estudo dos sistemas jurídicos, tem por objetivo cotejar, sob determinados aspectos, esses sistemas, a fim de serem identificadas e justificadas as semelhanças e diferenças neles encontradas, bem como a meta, cada vez mais constante, de analisar o fenômeno da circulação de modelos jurídicos ou as chamadas recepções de direito, cujo estudo também sobressai na famosa coletânea de trabalhos elaborados em homenagem a Edouard Lambert".

ii Contrária a esse entendimento é a posição de Miranda, 1981-1986, p. 201-222.

ciência do direito comparado, já que esta implica a comparação de ordenamentos jurídicos vigentes em países diversos.

Exemplificando: se alguém pretende estudar o federalismo na Constituição Federal de 1988 e estabelece uma análise de sua evolução nos textos nacionais anteriores, simplesmente, faz *história constitucional*, passando ao domínio do *direito comparado* quando, por exemplo, compara-o com o federalismo norte-americano (vigente). Insista-se: não basta, entretanto, citar a Constituição americana; necessário é que se estabeleçam as semelhanças e dessemelhanças existentes entre ambos os modelos.

Estaremos, por outro lado, no domínio da *história constitucional comparada* se as análises são voltadas para os textos constitucionais de determinado período histórico passado, pertencentes a Estados ou sistemas estrangeiros não mais vigentes.

No tocante à expressão *legislação comparada*, sua impropriedade inicia-se no instante em que se tenta identificar *direito* com *legislação*, mormente quando estamos lembrados que aquele tem um sentido bem mais amplo que esta, uma vez que ela (a legislação) é apenas uma das formas de manifestação do direito positivo.

Quando se empreende um estudo de direito comparado, a tarefa vai muito além daquele instante refletido na norma posta, já que deve analisar "o quadro geral em que a norma se encontra", inclusive, a doutrina e a jurisprudência. Nesse sentido, Enrico Dell'Aquila (1992, p. 22) afirma que, para realizar uma comparação, faz-se necessário considerar os direitos em sua totalidade, inseridos em um sistema jurídico, considerando-se suas fontes e os respectivos princípios gerais, ponderando-se, ainda, a jurisprudência.

> *En la comparación hay que considerar los Derechos en su totalidad y no únicamente en su aspecto legislativo porque, de hacerse así, su estudio resultaria incompleto y muy a menudo se correría el riesgo de llegar a conclusiones equivocadas. Habrá que considerar así los sistemas jurídicos en su conjunto, empezando por las fuentes del Derecho y por los principios generales de cada sistema. Además de las leyes es menester tener en cuenta también la jurisprudencia, ya que muy a menudo ocurre que hay diferencias entre el Derecho que se desprende de la simple lectura de los textos legislativos y el Derecho real, es decir el Derecho que* de facto *es aplicado todos los días por los jueces. También en los sistemas jurídicos de tradición romanista*

que han sido codificados ocurre que la jurisprudencia elabora nuevas instituciones, ofrece soluciones de los nuevos problemas que no están previstos en los Códigos y hasta formula nuevos principios generales. El papel de la doctrina es también muy importante, sobre todo en los sistemas jurídicos derivados del Derecho romano (los llamados sistemas jurídicos de tradición romanista), donde el labor de interpretación de los letrados siempre ha sido fundamental, tanto en el desarollo del Derecho como en la formación técnico-profesional de los juristas (jueces, abogados, notarios, etc.), de modo que sería imposible hacer comparaciones en el ámbito de estos sistemas sin tener en cuenta los ensayos, las monografías y demás trabajos de los investigadores. (Dell'Aquila, 1992, p. 22-23)

A propósito, lembra Caio Mário da Silva Pereira (1955, p. 37-38):

Quando se criaram no Brasil as primeiras cátedras, esta era a tendência dominante e esta a denominação. Quem lê as obras de CLÓVIS BEVILÁQUA, Lições de Legislação Comparada e CÂNDIDO DE OLIVEIRA, Curso de Legislação Comparada, não encontra senão esta concepção para a disciplina. Obras do fim do século passado traduzem bem as idéias em voga, que reduziam as atividades comparatistas a pouco mais que uma resenha estatística de textos de lei. O Direito Comparado, porém, vê a realidade dos sistemas jurídicos em seu conjunto e deve ter presente além da legislação, a jurisprudência, o conhecimento do meio social, a prática contratual, a tendência da técnica jurídica. O direito, ainda nos países de direito escrito como o Brasil, onde sua fonte primordial está na lei, não se limita a esta. O investigador comparatista, realizando sua obra com o material legislativo apenas, fecha seus horizontes, e não tem a desenvoltura que a pesquisa de cunho nitidamente científico reclama. Para que possua estas qualidades essenciais, deve o autor da obra deste gênero verificar o que o legislador dispôs, e investigar também o que registram os arestos dos Tribunais, as influências da doutrina, aquelas imponderáveis de todo organismo jurídico que TULIO ASCARELLI denomina 'as premissas implícitas' dos sistemas em foco, econômicas, doutrinárias,

> *às vezes não formuladas, mas sempre presentes nos sistemas de direito.*[i]

Ana Lúcia De Lyra Tavares (1987, p. 1), após afirmar que "a expressão *direito comparado* deve ser entendida aqui em seu sentido restrito e, para a grande maioria dos comparativistas contemporâneos, bastante distinto de *direito estrangeiro*", escreve:

> *na verdade, o estudo de ordenamentos jurídicos alienígenas constitui uma fase preparatória indispensável para a comparação jurídica, mas com ela não se confunde, uma vez que pode limitar-se a meras descrições sobre um ou outro aspecto daqueles ordenamentos ou a eventuais cotejos sistemáticos. Nos casos em que são focalizadas com exclusividade as fontes legislativas, têm-se ensaios de legislação comparada, campo que, de resto, precedeu historicamente o direito comparado.* (Tavares, 1999, p. 96)

Desta distinção entre *legislação comparada* e *direito comparado*, igualmente, nos fala Cañizares (1954, p. 96): "También se emplea todavia la expresión 'Legislación Comparada', pero va cayendo en desuso, porque su sentido restrictivo parece insuficiente, pues el vocablo 'derecho' tiene un sentido más amplio que 'legislación'".

De maneira ilustrativa, lembremos que nas denominações de algumas sociedades e institutos é conservada a expressão *legislação comparada*, muito embora em suas publicações oficiais utilizem *direito comparado.* Como exemplo, cite-se a Sociedade de Legislação Comparada criada em Paris em 1869, muito embora não se possa esquecer que, em 1900, o primeiro Congresso Internacional já incorporava em sua designação oficial a expressão *direito comparado* (Cañizares, 1954, p. 48-49).

Em Recife, por iniciativa nossa, foi criado naquele ano o Instituto Pernambucano de Direito Comparado, tendo sido realizado, sob seu patrocínio, o I Congresso Brasileiro de Direito Constitucional Comparado, que teve como ponto central das discussões o tema *constitucionalismo e globalização.*

---

[i] A título de complementação, mencionem-se que o livro de Clóvis Beviláqua intitula-se *Lições de legislação comparada* (Salvador: Liv. Magalhães, 1897), e o de Cândido de Oliveira, *Curso de legislação comparada* (Rio de Janeiro: Jacintho Ribeiro dos Santos Editor, 1903).

2.2. A história comparada[i]

Apesar de termos nos referido em vários momentos à expressão ***história comparada***, acreditamos que a devemos esclarecer de maneira mais detalhada, para que as expressões não sejam tomadas como sinônimas. Para tanto, usaremos como texto básico o que escrevemos em outro trabalho dedicado à filosofia da história.

Comecemos afirmando que não é de hoje que são discutidas a possibilidade e o caráter de *cientificidade da história comparada*, frente à qual existem as mesmas dúvidas que acontecem com relação ao *direito comparado*, para ambos valendo as mesmas premissas, questões e interrogações que por ora apenas apresentamos.

Marc Bloch (1998) dedica alguns textos, que compõem a *Terceira parte*, exatamente, à história comparada e Europa, em que, logo de início, no estudo *Para uma história comparada das sociedades europeias*, faz várias afirmativas que merecem reflexão. Assim, inicia defendendo a generalização e o aperfeiçoamento do método comparativo "uma das necessidades mais prementes que hoje se impõem aos estudos históricos" (Bloch, 1998, p. 119). Mais adiante, prossegue:

> *A expressão 'história comparada', que hoje é corrente, teve o destino de quase todas as expressões habituais: os desvios de sentido. Deixemos de lado certos empregos abusivos. Rejeitados estes erros, subsiste ainda um equívoco: em ciências humanas, estamos sempre a reunir sob a expressão método comparado dois processos intelectuais diferentes. Apenas os linguistas parecem preocupados em os distinguir com cuidado. Procuremos por nossa vez o rigor, do ponto de vista próprio dos historiadores. Antes do mais, no domínio de nossos estudos,* o que é comparar? *Incontestavelmente, é o seguinte: escolher, em um ou vários meios sociais diferentes, dois ou vários fenómenos que parecem, à primeira vista, apresentar certas analogias entre si,*

---

i Veja-se: Barros, 2014; e Sartoli; Morlino, 1999, obras que contemplam estudo de natureza epistemológica de grande utilidade para nossos interesses. Além destes livros, vejam-se os seguintes artigos, que podem ser facilmente encontrados na internet com o uso do Google: Sérgio Schneider e Cláudia Job Schmitt ("O uso do método comparativo nas ciências sociais"); José D'Assunção Barros ("Origens da história comparada: as experiências com o comparativismo entre o século XVIII e a primeira metade do século XX"); e João Casqueira Cardoso ("As vantagens da comparação jurídica de sistemas").

> *descrever as curvas da sua evolução, encontrar as semelhanças e as diferenças e, na medida do possível, explicar umas e outras. São, portanto necessárias duas condições para que haja, historicamente falando, comparação: uma certa semelhança entre os factos observados – o que é evidente – e uma certa dissemelhança entre os meios onde tiveram lugar. [...] Na prática, criou-se o hábito de reservar quase exclusivamente a expressão história comparada para o confronto de fenómenos que se desenrolaram dos dois lados da fronteira de um Estado ou nação.* (Bloch, 1998, p. 120-121)

Em seguida, Marc Bloch (1998, p. 121-122) passa a indicar que o processo de comparação é:

> *Susceptível de duas aplicações totalmente diferentes pelos seus princípios e resultados. Primeiro caso: escolhemos sociedades separadas no tempo e no espaço por distâncias tais que as analogias observadas de um lado e do outro, entre este ou aquele fenómeno, não possam, com toda a evidência, explicar-se por influências mútuas ou por alguma comunidade de origens. [...] Mas há outra aplicação do processo de comparação: estudar paralelamente sociedades a um tempo vizinhas e contemporâneas, incessantemente influenciadas umas pelas outras, cujo desenvolvimento está submetido, precisamente por causa da sua proximidade e do seu sincronismo, à acção das mesmas grandes causas e que remontam, pelo menos em parte, a uma origem comum.*

Finalizando esta primeira parte da lição do conhecido historiador, e que se aplica, inclusive, no caso do direito comparado, é de suma importância sua afirmativa a seguir transcrita:

> *Antes da interpretação dos fenómenos vem a sua descoberta. É neste esforço primordial que primeiro nos surge a utilidade do método comparado. Mas, dirão talvez, será preciso ter tanto trabalho para ´descobrir´ os factos históricos? Só são nossos conhecidos ou cognoscíveis através de documentos; para os ver em plena luz, diante dos nossos olhos, não bastará ler textos ou monumentos? Claro, mas é preciso saber ler. Um documento é uma testemunha; como a maior parte das testemunhas, só fala se interrogado. O difícil é elaborar o questionário. É aí que*

> *a comparação proporciona a esse perpétuo juiz de instrução que é o historiador um precioso auxílio.* (Bloch, 1998, p. 123)

Noutro instante, agora no capítulo intitulado "Comparação", escreve:

> *Não é a história da palavra, que é da língua corrente, o que importa aqui. O seu significado, nos seus usos gerais, não tem dificuldades. Podemos servir-nos da definição do* Dictionnaire générale *de Hatzfeled e Darmsteter, análogo, no seu fundo, ao do Littré, mas mais desenvolvido e preciso:* 'Comparar – *aproximar duas ou mais coisas para determinar os seus pontos de semelhança e de dessemelhanças'. Esta fórmula tem o mérito – que, veremos, não é de desprezar – de insistir na percepção ao mesmo tempo das diferenças e das similitudes. Torna-se evidente que a comparação, assim entendida, é inerente a quase todo o conhecimento. O importante, num* Vocabulário histórico, *é conseguir determinar como é que esta operação do espírito, ao mesmo tempo essencial e banal, pôde dar origem, nas ciências humanas, a um método de aplicação muito preciso: o método comparativo. Por outras palavras, o que procuraremos definir é a comparação histórica.* (Bloch, 1998, p. 111)

Mais adiante, depois de afirmar que "foi a linguística a primeira ciência a elevar a comparação ao nível de *método racional*" (Bloch, 1998, p. 122), prossegue:

> *É indubitável que se desenha hoje um forte movimento para alargar o método comparativo a fenómenos humanos e sociais cada vez mais complexos. Procurou-se brilhantemente constituir uma filosofia comparada. Nasceu toda uma escola de literatura comparada, mas há que dizer que, por vezes, pelo menos alguns dos seus representantes, não todos, por certo, estão talvez demasiado exclusivamente dispostos a reduzir as pesquisas comparativas ao estudo das influências, o que é apenas um dos aspectos.* (Bloch, 1998, p. 112-113)

Finalmente, doutrina:

> *Por certo não será grande paradoxo dizer que para um historiador – tomo a palavra no seu sentido lato – a primeira idéia sugerida pela expressão método comparativo é a de uma diferença, uma diferença entre dois sistemas sociais. Quando, para estabelecer a verdade sobre um acontecimento do passado, ponho*

> *diante dos olhos os diversos relatos feitos, quando, segundo a idéia genial de Mabillon, para poder criticar com segurança e autenticidade de um documento "diplomático" vou ver se ele apresenta os mesmos caracteres das actas saídas da mesma chancelaria, quando, enfim, para descrever a evolução industrial da França contemporânea estudo concomitantemente o desenvolvimento de vários empreendimentos, a operação mental a que me entrego resulta incontestavelmente do que a linguagem corrente chama comparação.* (Bloch, 1998, p. 113)

Boris Fausto e Fernando J. Devoto (2004, p. 9) afirmam logo na "Introdução" o que segue:

> *A história comparada foi uma das grandes promessas da historiografia ocidental durante o século XX. Já em fins do XIX, sua necessidade foi postulada por um historiador tão empirista como lorde Acton, e, em 1900, outro historiador muito tradicional, Charles V. Langlois aplicou-a em um conhecido trabalho que confrontava a França e a Inglaterra durante a Idade Média. Na Alemanha, por sua vez, Otto Hintze, em dois ensaios publicados em 1897 e mais tarde em numerosas obras de pesquisa, dedicou monumentais esforços à construção de uma história comparada dos Estados modernos, no intuito de assentar as bases para uma história constitucional geral atenta às diferenças e avessa aos enfoques sistemáticos. Entretanto, foram esforços isolados. A razão desse escasso interesse resultava da busca de diferenciação da história, no momento de sua constituição como disciplina acadêmica, em relação às demais ciências físico-naturais ou sociais. A história devia ser uma disciplina que operasse sobre o único, o singular, o cronológico, postulado que supostamente garantia a veracidade dos conhecimentos obtidos e, ao mesmo tempo, legitimava suas modestas ambições científicas. Isto a diferenciava radicalmente das ciências sociais constituídas no século XIX, que fizeram do comparativismo um instrumento essencial de análise, permitindo-lhes fixar uma mesma sequência de etapas em que caberiam todas as sociedades e, assim, revelar as leis gerais que regiam a evolução social.*

Mais adiante, e depois de estabelecer um paralelo entre os historiadores e os cultores de outras ciências sociais, sobretudo os sociólogos, afirmam ainda Fausto e Devoto (2004, p. 10):

> *Contudo, não deixa de ser surpreendente a desconfiança da maioria dos historiadores em relação ao comparatismo. É evidente que comparar está na base mesma da tarefa do historiador, ainda que não o proclame nem o faça de maneira explícita. A própria idéia de que cada fato histórico é individual, único, pressupõe uma comparação com todos os outros que seriam diferentes. Até a clássica operação investigativa da história erudita implica avaliar cada documento, analisando-o comparativamente com outros, para poder confirmar sua 'veracidade' e extrair dele o núcleo de é 'verdade'. E mais, os próprios critérios que o historiador utiliza para analisar o passado remetem a uma implícita comparação com seu presente, que serve de parâmetro para a análise. Dada a resistência dos historiadores profissionais a admitir de maneira explícita a utilização de um método comparativo, ou até de um simples instrumento de comparação, não é de estranhar que a grande expansão do comparativismo no entreguerras tenha ocorrido ou fora da profissão ou entre seus renovadores. No primeiro grupo, destacam-se as grandes sínteses de Oswald Spengler e Arnold TOYNBEE e as análises de Max Weber; no segundo, as propostas de Henri Pirenne e Marc Bloch, embora por motivos diferentes.* [i]

Paul Veyne (1983) dedica algumas considerações à história comparada, iniciando por afirmar que "o difícil é dizer onde termina a história propriamente dita, onde começa a história comparada" (Veyne, 1983, p. 156), para, mais adiante, prosseguir:

> *A julgar pelos resultados, não vemos então muita diferença entre um livro de história comparada e um livro de história que não o é: somente o quadro geográfico considerado é mais ou menos amplo. A verdade é que a história comparada (e diríamos o mesmo da literatura comparada) é original menos pelos seus resultados, que são, que são de história propriamente dita, do que pela sua elaboração; mais precisamente, a expressão equívoca e falsamente científica de história comparada [...]*

---

i As obras e as concepções de Spengler, Toynbee e Weber serão objeto de outro ensaio, exatamente quando analisarmos a filosofia especulativa da história. Só a título de esclarecimento, vale lembrar o título do livro de Arnold J. Toynbee: *Estudio de la historia* (Madrid: Alianza Editorial, 1975, 3 v.), e o de Oswald Spengler: *A decadência do Ocidente* (2. ed., Rio de Janeiro: Zahar Editores, 1973).

> *designa duas e mesmo três diligências diferentes: o recurso à analogia para suprir as lacunas de uma documentação, a aproximação para fins heurísticos de factos recolhidos em nações ou períodos diversos, finalmente o estudo de uma categoria histórica ou de um tipo de acontecimento através da história, sem ter em conta unidade de tempo e de lugar.* (Veyne, 1983, p. 157)

Finalmente, conclui:

> *Mas, mesmo assim, a história* 'por itens' *ou* 'comparada' *continua a ser história: ela consiste em compreender acontecimentos concretos que se explicam por causas materiais, fins e acasos; só há uma história.* (Veyne, 1983, p. 158)

Aldo Natale Terrin (2003, p. 20, grifo nosso), em texto que se aplica totalmente às discussões que estamos levando a efeito, escreve:

> *É evidente, porém, que a história das religiões não pretende apenas 'informar' e oferecer dados, mas quer também oferecer seu método específico de pesquisa. Os pontos de maior relevância, considerados segundo a perspectiva do método, poderiam ser assim resumidos: ·* ***em primeiro lugar****, a história das religiões utiliza um estudo meticuloso das fontes das respectivas línguas originais (estudo dos textos sagrados e dos documentos mais importantes); ·* ***em segundo lugar****, demonstra especial preocupação com o estudo das religiões na linha vertical, isto é, segue o desenvolvimento histórico e as passagens internas que ocorrem no tempo; ·* ***em terceiro lugar****, a história das religiões procurou e procura manter certa 'neutralidade' diante do objeto de seu estudo, isto é, a própria religião, para não comprometer o caráter 'científico' da pesquisa. Ressalte-se que esse ponto de vista será um dos mais contestados por outras disciplinas, especialmente pela fenomenologia da religião; ·* ***por fim,*** *a história das religiões apresenta-se como uma disciplina altamente especializada em seu setor, em seu campo de pesquisa, razão pela qual tem como consequência também outra limitação: não pode ter a pretensão de chegar a um conhecimento específico de todas as religiões. Cada historiador das religiões é especialista em* uma *religião, mas conhece as outras religiões apenas indiretamente. Assim, um estudioso de religiões ou é budólogo e indólogo, ou é grecista, ou é egiptólogo etc.*

Mais adiante, arremata:

> *O método adotado pelos comparatistas é descritivo dos fenômenos religiosos, mas, na medida em que toda comparação é também uma interpretação, a confrontação entre as religiões manifesta a sua tendência de ir 'além', procurando entender o valor e o significado das religiões.* (Terrin, 2003, p. 21)

A referência de Fausto e Devoto (2004) a uma *história constitucional geral* nos põe em condições de distinguir as expressões *direito comparado* e *história comparada*, isso porque, em nosso modo de entender, a existência de um ou mais sistemas jurídicos diferentes e vigentes funciona como um dos polos indispensáveis ao direito comparado, pelo que não é correto pensar-se neste quando, por exemplo, estuda-se a evolução histórica de sistemas não mais vigentes, ou de um instituto dentro do mesmo sistema[i] (hipótese em que se trata de história comparada).

A propósito, escreve Giuseppe Lumia (2003, p. 14):

> *À história do direito, que estuda os ordenamentos jurídicos do passado, contrapõe-se a ciência do direito comparado, a qual coteja ordenamentos jurídicos vigentes em países diversos para colocar em evidência os elementos de semelhança e de diferença que apresentam em relação à diversidade das condições sociais, econômicas e políticas e também das tradições e das ideologias dominantes em cada país.*

Reiterando o exemplo anterior: se alguém pretende estudar o federalismo na Constituição Federal de 1988 e estabelece uma análise de sua evolução nos textos nacionais anteriores, simplesmente, faz ***história constitucional***, passando ao domínio do ***direito comparado*** quando, por exemplo, compara-o com o federalismo norte-americano (vigente). Estaremos, por outro lado, no domínio da ***história constitucional comparada,*** se as análises são voltadas para os textos constitucionais de determinado período histórico passado, pertencentes a Estados ou sistemas estrangeiros não mais vigentes.

Insista-se: não basta, entretanto, apenas fazer referência ao sistema nacional e ao(s) sistema(s) estrangeiro(s), pois, neste caso, estaria, quando muito na seara da ***legislação estrangeira***, que não podendo ser visto, nem de longe, como ***direito comparado;*** estes estudos exigem

---

[i] Contrária a esse entendimento é a posição de Jorge Miranda, 1981-1986, p. 201-222.

a análise da legislação, mas não só. São necessárias que a doutrina e a jurisprudência sejam consideradas.

Para sintetizar tudo o que foi dito até aqui, trazemos à colação o ensinamento de um autor insuspeito e jurista de escol, Francisco Carnelutti (1994, p. 2-3):

> *para conocer el Derecho vigente hace falta también el Derecho passado, como para conocer el dereho de un país es preciso estudiar asimismo el de outro. Se compreende así el benefício que rinden a la ciência del Derecho la* história *en sentido estricto, es decir, como narración de hechos pasados y la comparación: uma y otra extienden el campo de observación en el tempo y en el espacio. História y comparación son dos manifestaciones de una tendência, o más bien de una exigencia única: la comparación, entendida como investigación del dercho vigente, es también história, o sea representación de hechos, y a la vez la historia, entendida como investigación del Derecho vigente en otros tempos, es asimismo comparación, puesto que la utilización se conocer el Derecho pasado no se revela sino al confrontarlo com el Derecho actual. Pero ello no quiere decir que la introducción al Derecho procesual haya de abarcar un conjunto de notícias acerca del Derecho pasado o del Derecho extanjero, que proporcionado en esa forma al alumno ayuno aun de los princípios de aquél, sólo serviría para complicar la representación de los fenómenos sobre los que se desenvuelva la indagación; y es evidente que desde el punto de vista didáctico, esa representación de los fenómenos sobre los que se desenvuelva la indagación; y es evidente que desde el punto de vista didáctico esa representación há de reducirse al mínimum indispensable, so pena de engendrar uma confusión nociva. La história y la comparación deben, en cambio, acompanãr la exposición de los princípios, siempre que el contraste del Derecho vigente com el Derecho pasado o con el extranjero se útil para la mejor compreensión de su alcance.*

Em síntese: **se os sistemas são vigentes, temos direito comparado; se os sistemas perderam sua aplicação, apenas são passados, temos história comparada**[i].

---

[i] Veja-se: Barros (2014), no qual o autor traça um interessante quadro da disciplina.

3.
Considerações finais

Conforme se observou nesta exposição, o direito comparado ora é compreendido enquanto método, ora enquanto ciência. Particularmente nos filiamos ao entendimento que o considera uma ciência, ciência esta que, para nós, vale-se do método comparado. A despeito da divergência doutrinária quanto a ser considerado um ramo do direito, a doutrina majoritária caminha no sentido de não reconhecê-lo como um ramo específico do direito, já que, em verdade, seu produto poderá integrar, sim, vários ramos do direito, a depender do que se esteja comparando.

Inobstante, para além da discussão quanto a natureza jurídica do direito comparado, seja método, seja ciência, é unanimidade doutrinária que aquele que deseja comparar não poderá limitar-se a enumerar legislações estrangeiras, o que, por sinal, torna-se imperioso na própria distinção conceitual entre o direito comparado em si mesmo considerado e o direito estrangeiro.

Com efeito, a atividade comparativa pressupõe, para tanto, o uso da metodologia comparativa, que não poderá limitar-se à enumeração legislativa ou mera citação, tornando-se necessário ir além para identificar proximidades e distanciamento, sem descuidar-se de que a compreensão jurídica pressupõe análise normativa, mas considerada no contexto de um ordenamento jurídico, compreendendo-se, inclusive, de que forma o Judiciário a concebe no exercício de sua atividade aplicadora e interpretativa.

No decorrer deste texto, observou-se, ainda, que, tão mais avançado esteja campo científico, maior será a depuração de conceitos. É por considerar a natureza científica do direito que empreendemos esforços no sentido de construir aquilo que podemos chamar de *paralóquio científico*, de modo a reduzir progressivamente imprecisões e caminharmos em direção da formação de conceitos consolidados universais, a despeito da diversidade jurídica que informa os diversos sistemas jurídicos existentes para preservar-lhes seu núcleo científico comum.

Referências

ALMOND, G. A.; POWELL JR., G. B. **Uma teoria de política comparada**. Rio de Janeiro: Zahar Editores, 1972.

ANCEL, M. **Utilidades e métodos do direito comparado**: elementos de introdução geral do estudo comparado dos direitos. Porto Alegre: Sérgio Antônio Fabris Editor, 1980.

ARISTÓTELES. **Tópicos I**. São Paulo: Abril, 1973. (Coleção Os Pensadores).

ARMINJON, P.; NOLDE, B. B.; WOLFF, M. **Traité de droit comparé**. Paris: Librairie Générale de Droit et de Jurisprudence, 1950. Tome I.

BARROS, J. D'A. **História comparada**. Petrópolis: Vozes, 2014.

BLOCH, M. **História e historiadores**. Textos reunidos por Étienne Bloch. Lisboa: Editorial Teorema, 1998.

CALSAMIGLIA, A. **Introducción a la ciencia jurídica**. Barcelona: Editorial Ariel, 1988.

CAÑIZARES, F. de S. **Introducción al derecho comparado**. Barcelona: Instituto de Derecho Comparado, 1954.

CAÑIZARES, F. de S. **Les grands systèmes de droit contemporains**. 10. ed. Paris, 1992.

CAPPELLETTI, M. **El Proceso Civil en el Derecho Comparado**. Buenos Aires: EJEA, 1973.

CARNELUTTI, F. **Sistema de Derecho Procesal Civil – I – Introducción y Función del Proceso Civil**. Buenos Aires: Unión Tipografica Editorial Hispano-Americana, 1944, Tomo I.

CASAS DUARTE, R. H. de las. **Derecho Islámico Comparado con el Derecho en México y España**. México: Editorial Porrua, 2004.

CASTILLO, N. A-Z. **Veinticinco años de evolución del Derecho Procesal**. México: UNAM, 1968.

CHILCOTE, R. H. **Teorias de política comparativa**: a busca de um paradigma reconsiderado. Petrópolis: Editora Vozes, 1998.

CORAZZA, G. (Org). **Métodos da ciência econômica**. Porto Alegre: UFRGS Editora, 2003.

DAVID, R. **Tratado de derecho civil comparado**: introducción al estudio de los derechos extranjeros y al método comparativo. Madrid: Revista de Derecho Privado, 1953.

DEL ÁRBOL, E. V. **Derecho Civil Comparado aplicado a la Traducción Jurídico-Judicial (Reino Unido y España)**. Madrid: Dykinson S. L, 2014.

DELL'AQUILA, E. **Introducción al Estudio del Derecho Ingles**. Secretariado de Publicaciones, Universidad de Valladolid, 1992,

DINAMARCO, C. **Fundamentos do processo civil moderno**. São Paulo: Editora RT, 1987.

FAUSTO, B.; DEVOTO, F. J. **Brasil e Argentina**: um ensaio de história comparada (1850-2002). São Paulo: Editora 34, 2004.

FIX-ZAMUDIO, H. **Metodologia, docencia e investigación jurídicas**. México: Editorial Porrua, 1968.

GUTTERIDGE, H. C. **Le droit comparé**: introduction à la méthode comparative dans la recherche juridique et l'étude du droit. Paris: Librairie Générale de Droit et de Jurisprudence, 1953.

HAZARD JR., G.; DONDI, A. **Ética jurídica**: um estudo comparativo. São Paulo: Martins Fontes, 2011.

HELM, A. J. V.; MEYER, V. M. **Comparer en droit**. Strasbourg: Cerdic-Publications, 1991.

HENDLER, E. S. **Sistemas penales comparados**. Buenos Aires: Didot, 2014.

JESCHECK, H-H. **Desenvolvimento, tarefas e métodos do direito penal comparado**. Porto Alegre: Sergio Antonio Fabris Editor, 2006.

LAUFENBURGER, H. **Finanças comparadas**. Rio de Janeiro: Edições Financeiras S/A, [s.d.].

LEWIN, K. **Epistemologia comparada**. Madrid: Editorial Tecnos, 1991.

LOMBARDI, G. **Premesse al Corso di Diritto Pubblico Comparato**: Problemi di Metodo. Milano: Giuffrè Editore, 1986.

LOUCKS, W. N; WHITNEY, W. G. **Sistemas econômicos comparados**. Rio de Janeiro: Livros Técnicos e Científicos, 1981.

LUMIA, G. **Elementos de teoria e ideologia do direito**. São Paulo: M. Fontes, 2003.

MARKESINIS, B. **Il Metodo della Comparazione**. Milano: Dott. A. Giuffrè Editore, 2004.

MIRANDA, J. Sobre o direito constitucional comparado. **Revista Direito e Justiça**, Coimbra, v. II, p. 201-222, 1981-1986.

MORLINO, L. **Introducción a la Investigación Comparada**. Madrid: Alianza Editorial, 2010.

NOHLEN, D. **Instituciones políticas en su contexto**: las virtudes del método comparativo. Santa Fé: Rubinzal-Culzoni Editores, 2007.

PEREIRA, C. M. da S. Direito comparado e seu estudo. **Revista da Faculdade de Direito da Universidade Federal de Minas Gerais**, ano VII – Nova Fase –, p. 37, out. 1955.

PRADEL, J. **Droit penal comparé**. Paria: Dalloz, 1995.

RICHI, E. **Derecho Penal Economico Comparado**. Madrid, 1991.

SARTORI, G.; MORLINO, L. (Comp.). **La comparación en las ciencias sociales**. Madrid: Alianza Editorial, 1999.

SCARCIGLIA, R. **Introducción al Derecho Constitucional Comparado**. Madrid: Editorial Dykinson, 2011.

SIDOU, O. **Processo civil comparado**: histórico e contemporâneo. Rio de Janeiro: Forense Universitária, 1999

TARUFFO, M. **Processo civil comparado**: ensaios. Madrid: Marcial Pons, 2013.

TAVARES, A. L. de L. A crescente importância do direito comparado. **Revista** Brasil**eira de Direito Comparado**, Rio de Janeiro: Instituto de Direito Comparado Luso-Brasileiro, n. 19, p. 156-157, 2001.

TAVARES, A. L. de L. A utilização do direito comparado pelo legislador. **Revista Contextos**, Rio de Janeiro: Pontifícia Universidade Católica do Rio de Janeiro, ano I, n. 1, mar. 1987.

TAVARES, A. L. de L. Nota sobre as dimensões do direito constitucional comparado. **Direito, Estado e Sociedade**, Rio de Janeiro, n. 14, p. 90-96, jan./jul. 1999.

TERRIN, A. N. **Introdução ao estudo comparado das religiões**. São Paulo: Paulinas, 2003.

TOBEÑAS, J. C. **Reflexiones sobre el Derecho Comparado y el Método Comparativo**. Discurso proferido en la solemne apertura de los Tribunales, celebrada el 16 de septiembre de 1957. Madrid: Instituto Editorial Reus, 1957.

TRIPICCIONE, A. **La comparazione giuridica**. Padova: CEDAM, 1961.

VALÉRY, P. **Regards sur le monde actuel**. Paris: Gallimard, 1962.

VERGOTTINI, G. de. **Más allá del diálogo entre tribunales**: comparación y relación entre jurisdicciones em item intitulado derecho extrajero y comparación – referencia al método. Madrid: Cuadernos Civitas, 2010.

VEYNE, P. **Como se escreve a história**. Lisboa: Edições 70, 1983.

A Constituição para além do Estado:
uma proposta a partir da obra
"Fragmentos constitucionais",
de Gunther Teubner

La Constitución más allá del Estado:
una propuesta a partir de la obra
"Fragmentos constitucionales",
de Gunther Teubner

Janaína Soares Schorr

Doutora em Direito Público pela Universidade do Vale do Rio dos Sinos (Unisinos). Mestra em Direitos Humanos pela Universidade do Noroeste do Estado do Rio Grande do Sul (Unijuí). Professora de graduação e pós-graduação na Faculdade de Direito de Santa Maria (Fadisma). Coordenadora-Geral da pós-graduação, coordenadora do MBA em Cooperativismo, Liderança e Integridade Corporativa e coordenadora do Curso Superior de Tecnologia em Gestão de Compliance e Políticas Corporativas. Advogada OAB/RS. Pesquisadora do Grupo de Pesquisa em Direito Constitucional Comparado da Unisinos.

Resumo: O presente artigo tem por objetivo analisar a proposta apresentada pelo professor alemão Gunther Teubner em sua obra *Fragmentos constitucionais: constitucionalismo social na globalização.* Para tanto, o texto utiliza o método sistêmico, com amparo, especialmente, na obra analisada, além de artigos escritos a partir do livro. Está, assim, dividido em duas partes: a primeira, dedicada à apresentação do livro e de seu autor, de modo a situar o leitor em que contexto o livro foi escrito, e a segunda, analisando a nova questão constitucional apresentada e a proposta de construção de uma Constituição que ultrapasse os Estados nacionais. A pesquisa concluiu que, ainda que, de certa maneira, seja uma proposta ousada, haveria possibilidade de ser implantada se houvesse a união dos Estados-nação.

Palavras-chave: constitucionalismo; direito constitucional; globalização; Gunther Teubner.

***Resumen**: El presente artículo tiene por objetivo analizar la propuesta presentada por el profesor alemán Gunther Teubner en su obra "Fragmentos constitucionales: constitucionalismo social en la globalización". Para eso, el texto utiliza el método sistémico, con apoyo, especialmente, en la obra analizada, además de artículos escritos a partir del libro. Se divide en dos partes: la primera, dedicada a la presentación del libro y de su autor, de forma a situar al lector en qué contexto el libro fue escrito, y la segunda, analizando la nueva cuestión constitucional presentada y la propuesta de construcción de una Constitución que sobrepase los Estados nacionales. La investigación concluyó que, aunque, de cierta manera, sea una propuesta audaz, habría posibilidad de ser implantada si hubiera la unión de los Estados-nación.*

***Palabras clave**: constitucionalismo; derecho constitucional; la globalización; Gunther Teubner.*

1. Introdução

A obra *Fragmentos constitucionais: constitucionalismo social na globalização* apresenta, sem sombra de dúvida, uma nova proposta em termos de direito constitucional e de constitucionalismo em plena era globalizada. É sabido que o mundo não tem mais fronteiras delimitadas como o tinha décadas atrás, contudo, a ideia apresentada pelo professor alemão ultrapassa a ideia de Estado-nação e desconstrói, de alguma maneira, o direito constitucional como existente até hoje.

Assim, tem o presente artigo o objetivo de, analisando a obra supracitada, expor as ideias de Teubner, de modo a trazer ao debate a proposta de construção e efetivação de um Estado global ou um globalismo jurídico, que, transpondo as barreiras hoje impostas pelos Estados, atinja e se direcione a toda população mundial e alcance, inclusive, as organizações e empresas transnacionais.

Para tanto, o estudo utiliza o método sistêmico, que é um conjunto de passos sistematizados que leva à organização do pensamento e ao alcance dos resultados, mantendo-se na direção dos objetivos e na aprendizagem proposta pelo tema central, por ser este o que melhor se adapta ao problema de pesquisa, à angústia que ele traz consigo e ao autor em estudo. A pesquisa bibliográfica, embasada especialmente na obra analisada, ampara-se, igualmente, em artigos escritos a partir do livro, de modo a auxiliar na formação de um pensamento crítico de sua autora.

Ademais, para uma melhor abordagem, o estudo está dividido em duas partes, a primeira, dedicada à apresentação do livro e de seu autor, de modo a situar o leitor em que contexto o livro foi escrito, e a segunda, analisando a nova questão constitucional apresentada e a proposta de construção de uma Constituição que ultrapasse os Estados nacionais.

2. A obra "Fragmentos constitucionais" e seu impacto frente a comunidade acadêmica e a sociedade

Gunther Teubner nasceu na Alemanha, em 30 de abril de 1944, e atualmente é professor catedrático de direito privado e sociologia do direito da Goethe Universität Frankfurt am Main, Centennial Professor na London School of Economics e do Instituto Europeu de Florença, além de membro das principais academias de ciências no mundo.

Ainda, o autor vem acumulando uma série dos mais relevantes prêmios atribuídos às ciências do direito na academia global. Inclusive, no Brasil, o autor passou a ganhar reconhecida distinção depois da publicação, em português, da obra *Direito como sistema autopoiético*, ao final dos anos 1980.

O principal desafio a que ele se propõe é trabalhar a teoria do direito aliada à sociologia e outras ciências, contudo, utilizando-se para tanto da teoria dos sistemas – mesmo que inúmeras vezes ele critique, em suas obras e falas, o professor Niklas Luhmann – no modo de desenvolver seu pensar.

Uma das principais obras do autor, quiçá a mais importante atualmente, é *Fragmentos constitucionais: constitucionalismo social na globalização*, considerada por muitos o marco zero de sua produção científica, publicada no Brasil ao final do ano de 2016 – e em mais seis idiomas –, e que, conforme consta na Apresentação à 1ª edição, escrita por Marcelo Neves, Rodrigo Octávio Bróglia Mendes, Ricardo Campos e Pedro Henrique Ribeiro, "foi pensado como uma monografia sistemática sobre o tema do constitucionalismo 'para além do Estado', como resposta às críticas que esse programa e a ideia de 'fragmentos constitucionais' recebem" (Teubner, 2020).

Contudo, ao final, o livro

> *resultou em um* tour de force *sistemático e inovador do pensamento de Teubner e em uma intervenção de peso neste mesmo debate, não apenas defendendo e estendendo as premissas do constitucionalismo para além do Estado de forma sistemática, como também inovando e deitando as bases de seu pensamento teórico, 'colocando-as à prova' no espelho de seus críticos.* (Teubner, 2020)

Essa obra se alicerça em seu principal questionamento: "qual conceito de constituição é adequado para o novo contexto transnacional?" (Teubner, 2020). A partir da perda da unidade da Constituição, há que se reorganizar o pensar sobre o fenômeno constitucional moderno, tanto para compreender o contexto da modernidade tardia quanto para compreender o papel da constituição e do constitucionalismo face a nova realidade mundial (Teubner, 2020).

A sociedade fragmentada que ora tem se formado produz uma nova questão constitucional, conforme consta na apresentação da obra:

> *Para o autor, a "nova questão constitucional" estaria já implícita na atenção da comunidade acadêmica e seria palpável tanto nos "escândalos públicos" de diversas sortes, desde violações de direitos humanos por empresas multinacionais até risco de mercados de capitais, corrupções na medicina e armazenamento de dados por organizações privadas, quanto nos debates acalorados dos constitucionalistas nos dois lados do atlântico* (Verfassungsstreit) *sobre a possibilidade de se pensar a constituição para além do Estado nacional (principalmente, mas não apenas, no âmbito transnacional).* (Teubner, 2020)

Essa sociedade, estudada a partir do constitucionalismo transnacional se forma a partir de uma dupla fragmentação, ou seja, uma primeira fragmentação embasada "[n]os setores modernos da sociedade mundial dotados de atuação autônoma insistam, com persistência, em constituições próprias que concorram com as constituições dos Estados Nacionais" (Teubner, 2020). E uma segunda fragmentação, baseada no fato de ser o mundo formado por diferentes culturas regionais, que se assentam em diretrizes e uma organização social fundamentalmente diferentes, tornando ilusória a possibilidade de se identificar padrões unificados para uma constituição mundial.

Nas palavras de Teubner (2020), "Quando se pretende manter fiel à ideia de uma 'constituição mundial', a fórmula apenas pode ser a interligação das constituições próprias dos fragmentos globais – das nações, dos regimes transnacionais, das culturas regionais – umas com as outras, formando um direito constitucional de colisões (*Verfassungskollisionsrecht*)".

Ela parte, assim, de uma sociedade fragmentada em diferentes culturas regionais, porque não é mais possível observar o mundo através de um único viés, já que a globalização abriu a possibilidade de percepção de pequenas sociedades que têm cultura, direito e costumes próprios, os quais devem ser considerados pelo constitucionalismo atualmente. Além do que, esse constitucionalismo que ultrapassa o Estado Nacional, traz consigo a certeza de que os problemas/dificuldades/situações oriundos das questões constitucionais estão localizados em processos políticos transnacionais, dentro dos setores privados da sociedade.

A obra parte da análise de uma nova questão constitucional, que pode, conforme o autor ser dividida em duas frentes: de um lado, há os que defendem a derrocada do constitucionalismo moderno, representado pelas constituições políticas do Estado nacional, e atingido pela unificações europeia e pelos regimes transnacionais; de outro, há o deslocamento dos processos políticos de poder, antes na mão dos atores públicos, que hoje se encontram com os atores coletivos privados, ou seja, as multinacionais.

Surge, assim, a vontade de criar um ordenamento constitucional que abarcasse toda a sociedade mundial:

> *Um ambicioso direito internacional público constitucionalizado, uma esfera pública mundial deliberativa, uma política doméstica mundial institucionalizada, um sistema transnacional de negociações entre atores coletivos globais e uma restrição constitucional do poder social no processo político global abririam perspectivas promissoras para a concretização, na sociedade mundial, de novas formas de instituições erigidas sob o prisma da democracia e do Estado de Direito.* (Teubner, 2020)

Há ainda uma "terceira via", que não pode ser chamada de *intermediária*, no pensar de Teubner, que coloca em dúvida as duas primeiras e formula uma terceira possibilidade. Seria uma teoria sociológica do constitucionalismo social, que se sustenta em quatro variantes e tem como escopo ligar as análises histórico-empíricas do fenômeno constitucional com as perspectivas normativas.

Para tanto, ela parte das teorias gerais acerca da diferenciação social, passando pela sociologia da constituição e pela teoria do *private government*, para chegar, ao final, no conceito de constitucionalismo social. O direito, nesse sentido, passa a perceber a autonomia social, constitucionalizando as responsabilidades de uma forma sistêmica.

O Professor Anderson Vichinkeski Teixeira (2014, p. 407), ao abordar o tema do direito transnacional, diz que Teubner sustenta que estamos "diante de uma *new constitutional question*, pois o tradicional paradigma nacional não responde mais pelo fenômeno constitucional, visto que os diversos processos de globalização passaram a promover a privatização e a transnacionalização da política".

Ainda, uma das principais questões apontadas com esse novo modelo de análise refere-se às constituições, já que elas têm desde a função de tutelar os direitos fundamentais até limitar o poder político. Em razão disso, são elas que geram a constante oscilação entre regulação política e regulação social. Contudo, o fenômeno da globalização acabou por transferir a responsabilidade quanto a essa oscilação à ordem internacional, uma vez que questões externas afetarão tanto as questões políticas quanto as questões sociais, em especial temas econômicos (Teixeira, 2014).

A consequência são sérios problemas e violações a importantes direitos, ocorridos especialmente dentro das empresas multinacionais, e que ameaçam, no mais das vezes, o direito à saúde e a um meio ambiente equilibrado, corrupções tanto na área científica quanto de saúde, além de ataques à liberdade oriunda da rede mundial de computadores. Esses problemas, mesmo que se busque diuturnamente combatê-los, acabam ocorrendo fora das fronteiras dos Estados, para além do Estado nacional, longe dos "olhos" do controle político e da fiscalização.

Em outras palavras, cada vez mais aparenta esvaziar-se o Estado Nacional, pois há a transferência de suas atividades para organizações, regimes e redes transnacionais, o que pode gerar, para alguns – o que Teubner não concorda – uma espécie de vazio constitucional transnacional. É nesse sentido o questionamento do professor alemão: "O constitucionalismo está próximo de seu fim ou vivencia um renascimento?" (Teubner, 2020).

> *A constatação de que esse vazio constitucional do espaço transnacional se trata de uma falácia pode ser corroborada empiricamente. Análises das ciências sociais de um "novo constitucionalismo", assim como as pesquisas desenvolvidas há tempos por economistas e estudiosos do direito econômico sobre as instituições emergentes de uma constituição econômica mundial, e também os estudos de direito internacional sobre a crescente relevância de normas constitucionais no âmbito transnacional apontam exatamente para a direção oposta àquela da tese de um vazio constitucional. Atualmente, já se estabeleceram no espaço transnacional instituições constitucionais de uma densidade impressionante.* (Teubner, 2020)

Como exemplo estão as instituições transnacionais que surgiram a partir dos anos de 1940, especialmente após o Consenso de Washington, e estão sofrendo um processo de constitucionalização.

Carlos Alexandre Michaello Marques e Liége Paim Lansoni (2014, p. 4), ao analisar a obra *Direito, sistema e policontexturalidade*, referem que, para Teubner, está ocorrendo um movimento de transferência de tarefas importantes ao domínio privado que antes cabiam ao

Estado. E, quanto ao tema, é necessário que se pense além da dicotomia público-privado de maneira a perceber sua complexidade, propondo-se alternativas que contemplem o desafio que está atrelado à pluralidade de autonomias privadas distintas existente.

> *Teubner quer superar esses dogmas constitucionais tradicionais, centralizadores, que caem constantemente nas armadilhas do "nacionalismo metodológico". Nesse sentido, a alternativa dada pelas "constituições civis" aparece como modelo muito mais interessante, especialmente num cenário onde as organizações internacionais não são atores exclusivos, dividindo espaço com as corporações transnacionais, que também recebem impulsos constitucionais, através do estabelecimento de seus "códigos de conduta". Com a autoconstitucionalização das ordens globais independentes, surge concomitantemente o risco de se desenvolverem normas constitucionais corruptas acopladas às constituições em favor de interesses privados. Para Teubner, esse é o grande desafio para a autonomia do direito global.* (Elmauer, 2016, p. 19)

Esses atores da "nova" sociedade global, são, especialmente, as organizações transnacionais, traduzidas, no mais das vezes, nas grandes corporações e nas organizações não governamentais globais. Além disso, na maioria dos casos, também não estão limitadas pelas fronteiras dos Estados, apresentando-se como as principais candidatas à obtenção de uma constitucionalização independente.

3. O constitucionalismo social a partir de Gunther Teubner

Para Teubner (2020), o que deve ocorrer não é a criação de uma nova ordem constitucional partindo do ponto zero, e sim uma nova reformulação da ordem constitucional, uma reforma fundamental embasada na ordem constitucional transnacional que, faticamente, já existe. Não um Estado mundial como sujeito constitucional, e sim uma reforma de fundamentos.

Tudo isso porque temos ordens constitucionais (e não constitucionais) extremamente diferentes. De um lado, construções de ordens sociais liberais – constituição de âmbitos sociais parciais –, que protegem liberdades individuais, mas não legislam a respeito da problemática constitucional do âmbito não estatal. De outro, regimes sociais totalitários, sistemas sociais subjugados pelo sistema político, com total falta de autonomia e com politização dos sistemas privados (Teubner, 2020).

Nas palavras de Teubner (2020),

> *A resposta mais radical às tendências centrífugas da sociedade moderna foi dada pelos totalitarismos políticos do século XX. O constitucionalismo liberal havia remetido as diversas ordens sociais à latência jurídico-constitucional, mas essas se deslocaram, nos conceitos totalitários, para o centro da pretensão estatal de controle. Sabidamente, o Estado totalitário distingue-se por tentar subjugar à sua constituição política cada uma das instituições sociais. Isso se dá na forma de uma consistente regulação de todos os âmbitos sociais, em relação aos quais não se fixam parâmetros apenas na forma de uma constituição parcial geral ou na forma de leis gerais, mas sim prevalece uma intervenção política imediata. Também aqui a questão de um constitucionalismo social permanece em latência, não porém pelo fato de os âmbitos sociais parciais serem ignorados, mas por serem subjugados à pretensão totalitária político-estatal. A isso serve principalmente o partido político único, que se estabelece como burocracia paralela sobre cada uma das atividades sociais, controlando-as politicamente.*

E justamente decorrência dessa repressão é que as constituições sociais totalitárias se encontram hoje definitivamente desacreditadas. Já as constituições dos Estados sociais, com o final da Segunda Grande Guerra, estão permeadas pelo respeito à autonomia e pela recusa a estruturas fundamentais que façam controle político direto, ou seja, há delimitações constitucionais moderadas.

O Estado de bem-estar social "organiza vários regimes sociais funcionais sob sua direção: educação, ciência, saúde, radiodifusão e televisão são constituídos como instituições semiestatais, às quais o Estado concede uma autonomia limitada" (Teubner, 2020). Contudo, ele também permite que sistemas parciais, como a economia, utilizem de sua "autonomia social, assumindo para si, no entanto, a tarefa de coordenação da sociedade como um todo. Com essa orientação, a política do Estado de bem-estar social tem a pretensão de normatizar, além da mera regulação da sociedade, também a constituição interna dos âmbitos sociais parciais autônomos" (Teubner, 2020).

Além da discussão quanto às constituições, Teubner se preocupa em trabalhar tanto os sujeitos quanto as normas constitucionais transnacionais, a fim de estudar regimes, organizações, redes, funções, âmbitos de regulação, processos e estruturas. Ainda, as tensões entre o público e o privado, entre o nacional e o global, que acabam formando fragmentos de sistemas e estados jurídicos.

Em suas palavras,

> *No mar da globalidade, formam-se apenas ilhas de constitucionalidade. Mostram-se pedaços esparsos de uma nova realidade constitucional global, que se caracteriza por meio da coexistência de ordens independentes, não apenas aquelas estatais, mas também aquelas de instituições sociais não estatais autônomas. O abrangente acoplamento estrutural entre política e direito – como observou Luhmann em relação às constituições do Estado Nacional – claramente não encontra nenhuma correspondência no plano da sociedade mundial. Contudo, também se deve ver que acoplamentos ocasionais surgem conforme a necessidade dos problemas sociais. Normas jurídicas constitucionais são desenvolvidas ad hoc quando o conflito atual apresenta dimensões constitucionais e exige decisões jurídicas constitucionais.* (Teubner, 2020)

Disso ele conclui que o sistema político da sociedade mundial, atualmente, não dispõe de nenhuma Constituição exaustiva, e sim de fragmentos constitucionais que são criados e incorporados em segmentos específicos. Um exemplo é a Organização das Nações Unidas, ou mesmo parcelas do direito internacional público e do direito administrativo global, que se tratam de "impulsos constitucionais que partem do sistema político da sociedade mundial em direção a outros setores da mesma sociedade" (Teubner, 2020).

Podem, portanto, os regimes transnacionais se configurarem em sujeitos constitucionais? Para os constitucionalistas arraigados ao modelo de Estado Nacional, não, tendo em vista que

> *Seriam constitucionáveis apenas grupos de dominação organizados politicamente nos moldes do Estado Nacional, não organizações internacionais e regimes transnacionais, e muito menos regimes transnacionais "privados". Faltaria aos pretensos*

> *processos de constitucionalização para além do Estado um substrato social capaz de constituir o objeto adequado para as constituições. A ausência de capacidade constitucional dessas "formações" seria comprovada por uma impressionante lista de carências. Faltariam aos regimes transnacionais as seguintes características, que fundamentam a capacidade constitucional de um ordenamento:*
>
> - *um demos como coletivo da constituição;*
> - *a dialética de um poder constituinte – poder constituído;*
> - *a dinâmica da formação do poder e da vontade política;*
> - *a legitimação a partir do consenso democrático de todos os afetados;*
> - *a infraestrutura de um pluralismo político;*
> - *o superávit simbólico de um mito fundacional coletivo.* (Teubner, 2020)

O próprio conceito de Constituição conduz para esse entendimento, uma vez que "a rica história das constituições dos Estados-nação tem muitas lições a dar", e para isso, "o que se pede é que o conceito de sujeito constitucional talhado para o Estado-nação seja generalizado e reespecificado para os equivalentes existentes tanto no plano transnacional quanto no da sociedade civil" (Teubner, 2020).

E nisso reside, inclusive, seu amparo metodológico na teoria dos sistemas, já que será ela que excluirá a possibilidade de identificar seres humanos individuais, o conjunto da população ou uma mera relação de poder entre grupos sociais quando analisa o conceito de poder constituinte, pois ela o pensará como um fenômeno de comunicação social. "Aqui se deve fazer a sugestão de compreender o poder constituinte como um potencial comunicativo, portanto como um tipo de energia social, literalmente como um tipo de 'força'" (Teubner, 2020). E essa força, quando se utiliza das normas constitucionais, "atualiza-se em poder constituído, mas que permanece sempre presente como perene fator de irritamento do poder constituído" (Teubner, 2020).

A Constituição tem por finalidade estruturar comunicações. Ela não estrutura os seres humanos. Necessário se faz refletir, a partir da ideia da teoria dos sistemas, a respeito do indivíduo e dos próprios sistemas sociais. O "sujeito constitucional" não é apenas um "artefato semântico da comunicação ao qual se atribuem atos constitucionais, mas [...]

um processo real e pulsante do encontro de sistema social e consciência, como cujo produto o poder constituinte aparece" (Teubner, 2020).

> *No entanto, isso não deve novamente recair na falsa ideia de um coletivo que se forma a partir de um grupo de seres humanos. O poder constituinte não é uma faculdade de uma soma de indivíduos nem de uma relação social, mas esse poder surge como potencial comunicativo, como energia social que se forma precisamente no momento de perturbação entre consciências individuais e comunicações sociais. "Poder comunicativo" seria um conceito adequado para isso, se já não tivesse sido ocupado por outra tradição teórica.* (Teubner, 2020)

Para Teubner (2020), é importante "retomar o conceito de Constituição desenvolvido a partir do acoplamento estrutural entre Direito e política na Teoria dos Sistemas Sociais de Luhmann". Isso fará com que se possa construir uma identidade e autonomização da política em ordem mundial como resultado de reflexões que partam de um metacódigo híbrido, as normas secundárias, para se chegar na formação de constituições globais.

4. Conclusão

Gunther Teubner, apresentando uma proposta inovadora e extremamente aliada ao mundo globalizando, propõe que, em razão da sociedade mundial não estar mais devidamente dividida em Estados-nações, mas sim estar fragmentada em sociedades que se interligam, deveria ser desenvolvido uma ordem constitucional reformada, que não parte do ponto zero, mas que pensa e planeja as questões fundamentais para abrigar todas as sociedades.

O constitucionalismo social, através da sociologia constitucional, quer auxiliar de modo sustentável a fim de equilibrar, manter e promover o ambiente e todos os seus núcleos sociais. Um exemplo que bem pode denotar esse pensamento do autor é trazido no final de sua obra, quando disserta a respeito das colisões normativas que se estendem em âmbito intercultural. Por meio da teoria dos sistemas e do conceito de dupla fragmentação da sociedade mundial, há como identificar a ameaça à integridade das culturas regionais tradicionais e proteger os conhecimentos tradicionais.

A proposta como um todo do professor alemão é extremamente ousada e levanta adeptos e opiniões contrárias mundo afora. Contudo, não se pode afirmar, jamais, que ela é impossível de ser concretizada. Para tanto, é necessário e urgente, como o é para várias (ou quase todas) questões importantes, o diálogo entre nações e a união de esforços, tanto estatais quanto não estatais.

Referências

ELMAUER, D. Sociedade global e fragmentação constitucional: os novos desafios para o constitucionalismo moderno. **Revista de Direito da Universidade de Brasília**, Brasília, v. 2, n. 2, p. 11-43, 2016. Disponível em: https://periodicos.unb.br/index.php/revistadedireitounb/article/download/24485/21681/46950. Acesso em: 10 abr. 2023.

MARQUES, C. A. M.; LANSONI, L. P. Policontexturalidade e direito privado: relações contratuais complexas em uma sociedade fragmentada na perspectiva de Gunther Teubner. **Derecho y Cambio Social**, 1º abr. 2014. Disponível em: https://www.derechoycambiosocial.com/revista036/POLICONTEXTURALIDADE_E_DIREITO_PRIVADO.pdf. Acesso em: 15 jul. 2023.

TEIXEIRA, A. V. Direito público transnacional: por uma compreensão sistêmica das esferas transnacionais de regulação jurídica. **Revista Novos Estudos Jurídicos – Eletrônica**, v. 19, n. 2, p. 400-429, maio/ago. 2014. Disponível em: https://siaiap32.univali.br/seer/index.php/nej/article/view/6013/3289. Acesso em: 10 abr. 2023.

TEUBNER, G. **Fragmentos constitucionais**: constitucionalismo social na globalização. Coordenação de Ricardo Campos. 2. ed. São Paulo: Saraiva Educação, 2020. (Série IDP, linha Direito Comparado).

Mercosul e Previdência Social: a importância do Acordo Multilateral de Seguridade Social

Mercosur y la seguridad social: la importancia del Acuerdo Multilateral de Seguridad Social

Maria Fernanda Augustinhak Schumacker Haering Teixeira

Doutoranda em Direito Econômico e Desenvolvimento pela Pontifícia Universidade Católica do Paraná. Mestre em Direito na área de Poder, Estado e Jurisdição pelo Centro Universitário Internacional Uninter. Especialista em Direito Previdenciário e Direito e Processo do Trabalho pela Unibrasil. Bacharel em Direito pelo Unicuritiba. Advogada e professora universitária.

Luís Alexandre Carta Winter

Professor Titular do Programa de Pós-Graduação em Direito da Pontifícia Universidade Católica do Paraná (PPGD-PUCPR). Coordenador do Núcleo de Estudos Avançados em Direito Internacional e Desenvolvimento Sustentável da PUCPR (NEADI-PUCPR).

Vladimir Passos de Freitas

Professor Titular do Programa de Pós-Graduação em Direito da Pontifícia Universidade Católica do Paraná (PPGD-PUCPR). Ex-Presidente do Tribunal Regional Federal da 4ª Região. Ex-Secretário de Justiça do Governo Federal.

Resumo: O presente trabalho tem por objetivo geral analisar a importância do Acordo Multilateral de Seguridade Social para o Mercosul, celebrado pela Argentina, Brasil, Paraguai e Uruguai, em 15 de dezembro de 1997, em Montevidéu, Uruguai. Para tanto, esta pesquisa se propôs a responder às seguintes perguntas: o que é o Acordo Multilateral de Seguridade Social e qual a sua importância para o Mercosul? Através do método de abordagem dedutivo, foram analisadas as especificidades do Tratado Multilateral de Seguridade Social do Mercosul e sua importância para fins de harmonização da legislação previdenciária no bloco econômico. A possibilidade de tal harmonização não é compreensível, por fim, sem uma análise prévia quanto à formação do Mercado Comum do Sul e quanto aos aspectos gerais da Previdência Social na Argentina, Brasil, Paraguai e Uruguai.

Palavras-chave: globalização; Mercosul; integração regional; Seguridade Social; tratado multilateral.

***Resumen**: El objetivo general del presente trabajo es analizar la importancia del Acuerdo Multilateral de Seguridad Social para el Mercosur, firmado por Argentina,* Brasil, *Paraguay y Uruguay el 15 de diciembre de 1997, en Montevideo, Uruguay. Para ello, esta investigación se propuso responder a las siguientes preguntas: ¿qué es el Convenio Multilateral de Seguridad Social y cuál es su importancia para el Mercosur? A través del método de enfoque deductivo, se analizaron las especificidades del Acuerdo Multilateral de Seguridad Social del Mercosur y su importancia para la armonización de la legislación de seguridad social en el bloque económico. La posibilidad de tal armonización no es comprensible, finalmente, sin un análisis previo de la formación del Mercado Común del Sur y de los aspectos generales de la Seguridad Social en Argentina,* Brasil, *Paraguay y Uruguay.*

***Palabras clave**: globalización; Mercosur; integración regional; Seguridad Social; tratado multilateral.*

Sumário: 1. Introdução. 2. A integração regional do Mercosul. 3. Aspectos gerais da Previdência Social nos Estados-partes do Mercosul. 4. O Acordo Multilateral de Seguridade Social do Mercosul. 3.1. Argentina. 3.2. Brasil. 3.3. Paraguai. 3.4. Uruguai. 5. Considerações finais. Referências.

***Sumilla**: 1. Introducción. 2. La integración regional del Mercosur. 3. Aspectos generales de la Seguridad Social en los Estados partes del*

Mercosur. 4. El Acuerdo Multilateral de Seguridad Social del Mercosur. 5. Consideraciones finales. Referencias.

1. Introdução

O Mercado Comum do Sul (Mercosul), desde a sua fundação em 26 de março de 1991, teve como objetivo principal a criação de um espaço comum que estimulasse novas oportunidades comerciais e investimentos, através de uma integração competitiva de seus países-membros para com o mercado internacional. Em decorrência dessa integração e da livre circulação de pessoas no recém-formado bloco econômico, surgiu a necessidade de se olhar com mais atenção e cuidado para todos aqueles trabalhadores estrangeiros que se encontravam realizando atividades laborativas no território dos países-membros do Mercosul, principalmente ao se depararem com situações de desemprego involuntário, velhice e incapacidade mental ou física que os impossibilitem de prover sua própria subsistência e de seus dependentes legais.

Em razão da necessidade de harmonização da legislação previdenciária no contexto do Mercosul e proteção social dos trabalhadores e seus dependentes legais, o estudo buscou responder às seguintes perguntas: o que é o Acordo Multilateral de Seguridade Social e qual a sua importância para o Mercosul? Através do método de abordagem dedutivo, foram analisadas as especificidades do Tratado Multilateral de Seguridade Social do Mercosul e sua importância para fins de harmonização da legislação previdenciária no bloco econômico.

Para isso, o presente trabalho se subdivide em três partes. A primeira, analisada a partir de um método de procedimento histórico, contextualiza a integração regional do Mercosul, surgimento, marco jurídico e seu instrumento de instituição: o Tratado de Assunção. Contextualizado o Mercosul, na segunda parte, passou-se à análise dos aspectos gerais da Previdência Social nos Estados-partes do Mercosul: Argentina, Brasil, Paraguai e Uruguai, a partir dos métodos de procedimento histórico e comparativo. Por fim, a terceira e última parte deste examinou-se o Acordo Multilateral de Seguridade Social do Mercosul, por meio dos métodos de procedimentos histórico e observacional, para averiguar a importância do referido Acordo para o bloco em comento e a fim de responder às perguntas aqui propostas nas considerações finais.

2.
A integração regional do Mercosul

Antes de se iniciar a análise sobre a formação do Mercosul, faz-se necessário compreender, brevemente, o surgimento da integração econômica latino-americana, especialmente após a Segunda Guerra Mundial (1939-1945). Referida integração decorre da dualidade enfrentada, à época, pelas nações modernas no tocante ao liberalismo comercial *versus* protecionismo (Pabst, 1998, p. 93). Nesse contexto, os Estados latino-americanos objetivaram, nas décadas de 1960 e 1970, a criação de organismos de integração, os quais, muito embora não tenham atingido os resultados esperados, "refletiram a busca pela autodeterminação de seus povos e a superação dos vínculos de submissão aos interesses geopolíticos dos norte-americanos na região" (Soares, 1997, p. 73-74).

Assim, em 13 de fevereiro de 1960, durante a Conferência Intergovernamental para o estabelecimento de uma zona de livre comércio entre países da América Latina, foi assinado[i] o Tratado de Montevidéu, o qual estabeleceu uma zona de livre comércio e instituiu a Associação Latino-Americana de Livre Comércio (ALALC). Sobre a ALALC, Soares (1997, p. 73) consigna:

> *O objetivo do Tratado era a criação de zona de livre comércio entre os Estados signatários no prazo de doze anos e, a posteriori, ampliado para 20 anos, visando superar os obstáculos das negociações de produtos novos, de menor complementariedade econômica, após obter-se resultados satisfatórios no desgravamento tarifário dos produtos tradicionalmente comercializados na região.*

Não obstante, em decorrência da instabilidade política acometida na América Latina no final da década de 1970, os Estados-membros da ALALC entenderam pela necessidade de mudança e reformulação, de modo que, em 12 de agosto de 1980, foi celebrado[ii] um novo Tratado de

---

[i] O Tratado de Montevidéu de 1960 foi assinado, inicialmente, pelos representantes da Argentina, Brasil, Uruguai, Chile, Peru, México e Paraguai. Posteriormente, foi assinado também pelos representantes da Bolívia, Colômbia, Equador e Venezuela.

[ii] O Tratado de Montevidéu de 1980 foi celebrado, inicialmente, pelos seguintes Estados: a República Argentina, o Estado Plurinacional da Bolívia, a República Federativa do Brasil, a República da Colômbia, a

Montevidéu, que instituiu a Associação Latino-Americana de Integração – ALADI. O objetivo da ALADI é a criação de um mercado comum latino-americano, sem a predeterminação de metas e cronogramas e em um âmbito flexível, que possibilite a criação de relacionamentos entre Estados e sub-regionais e permita o desenvolvimento do processo de integração de diferentes formas, através do abandono da cláusula da nação mais favorecida (Tratado de Montevidéu, 1980).

> *Em 1980, tendo em conta o fracasso da ALALC, firmou-se o Tratado de Montevidéu, que criou a Associação Latino-Americana de Integração (ALADI) entre Brasil, Argentina, Bolívia, Chile, Colômbia, Equador, México, Paraguai, Peru, Uruguai e Venezuela. Ainda em 1980, Brasil e Argentina celebram o Convênio de Cooperação Nuclear. Cinco anos mais tarde, a Declaração de Foz do Iguaçu. Em 1986, os mesmos países se comprometeram por meio da celebração do Programa de Integração e Cooperação Econômica (PICE), tendo, no mesmo ano, sido firmada a Ata de Amizade Argentino-Brasileira para a Democracia, Paz e Desenvolvimento. Em 29 de novembro de 1988, os mesmos governos assinaram o Tratado de Integração, Cooperação e Desenvolvimento. No ano de 1990, firmou-se a Ata de Buenos Aires, ao mesmo tempo em que se criava o Grupo Binacional para a Conformação de um Mercado Comum entre Argentina e Brasil. Deste Grupo Binacional, em que se fizeram incluir Paraguai e Uruguai, originou-se o Grupo Mercado Comum, que é o núcleo embrionário do que é hoje o Mercosul, criado efetivamente por intermédio do Tratado de Assunção, de 26 de março de 1991.* (Pagliarini, 2004, p. 241)

E é justamente através da ALADI que surge o marco jurídico do Mercosul, de cuja leitura do Tratado de Montevidéu de 1980 decorre, em várias passagens[i], o objetivo claro e expresso de criação de um mercado comum regional.

República do Chile, a República do Equador, os Estados Unidos Mexicanos, a República do Paraguai, a República do Peru, a República Oriental do Uruguai e a República Bolivariana da Venezuela. Posteriormente, em 1999, houve a adesão da República de Cuba e, em 2012, a República do Panamá.

[i] A título exemplificativo, cita-se a previsão do artigo 1º, segundo o qual "Esse processo terá como objetivo a longo prazo o estabelecimento, em

Assim, em 26 de março de 1991, foi subscrito em Assunção, Paraguai, o Tratado para a constituição de um Mercado Comum entre a República Argentina, a República Federativa do Brasil, a República do Paraguai e a República Oriental do Uruguai, denominado Mercado Comum do Sul (Mercosul). O Tratado de Assunção (1991), inclusive, logo em seu início, faz expressa menção de que ele "deve ser considerado como um novo avanço no esforço tendente ao desenvolvimento progressivo da integração da América Latina, conforme o objetivo do Tratado de Montevidéu de 1980". Sobre o momento histórico da assinatura do referido Tratado, Carta Winter (2004, p. 124-125) pontua:

> *Assinado em 26.03.1991, pelos Presidentes Carlos Menem, pela Argentina, Fernando Collor de Mello, pelo Brasil, Andrés Rodrigues Pedotti, pelo Paraguai e Júlio Maria Sanguinetti pelo Uruguai, o Tratado de Assunção começou a vigorar internacionalmente em 29.11.1991, com o depósito das ratificações. Entre 1986 e 1990, fatos importantes aconteceram nos países signatários do Tratado de Assunção. A Argentina realiza suas eleições em 08.07.1989, novamente passa por severa crise política e econômica, em um clima de extrema instabilidade, enfrentando rebeliões de caserna e com uma hiperinflação, elege um representante da oposição, o peronista Carlos Saúl Menem (1989-1995 e 1995-1999). No Brasil, tem-se a Constituição de 1988 e eleições diretas para presidente em 1989; tal como na Argentina anteriormente, o clima é de crise econômica e hiperinflação; elege-se Fernando Collor de Mello do inexpressivo Partido da Reconstrução Nacional (PRN), aparentemente alheio aos desgastados partidos tradicionais. No Paraguai, em 1989, um golpe palaciano derruba o ditador Alfredo Stroessner, substituído pelo comandante da primeira divisão de cavalaria, General Andrés Rodrigues Pedotti, também pertencente ao partido Colorado, mas comprometido com a restauração democrática do País. E, finalmente, no Uruguai, a restauração democrática ocorrera um pouco antes, com o primeiro governo do colorado Julio Maria Sanguinetti (1985-1990), sucedido pelo Blanco Luis A. Lacalle (1990-1995). No plano continental, ressalta-se a "Iniciativa para as Américas", lançada em junho de 1990, pelo então Presidente George Bush.*

---

forma gradual e progressiva, de um mercado comum latino-americano" (Tratado de Montevidéu, 1980).

Inicialmente, o Tratado que instituiu o Mercosul previa uma estrutura provisória e flexível, cuja definitividade se concretizaria com a consolidação em mercado comum, a ser estabelecida até 31 de dezembro de 1994, em atenção ao contido em seu primeiro artigo[i]. Os Estados-partes, entretanto, ao constatarem a impossibilidade de o Mercosul atingir o estágio de mercado comum até a referida data, firmaram, em 17 de dezembro de 1994, o Protocolo Adicional ao Tratado de Assunção sobre a Estrutura Institucional do Mercosul – Protocolo de Ouro Preto (Mercosul, 1994), a partir do qual o Mercosul deu início à segunda etapa do processo de integração – a união aduaneira – sem, contudo, ter completado os requisitos[ii] necessários para tanto. Por esse motivo, o Mercosul passou a ser classificado como uma união aduaneira imperfeita (Gomes, 2012, p. 114). Desde então, o Bloco celebrou inúmeros protocolos em prol de seu desenvolvimento e objetivando atender ao contido no Tratado de Assunção, a saber: (i) Protocolo de Ushuaia Sobre Compromisso Democrático no Mercosul, Bolívia e Chile, de 24 de julho de 1998 (Mercosul, 1998); (ii) Protocolo de Olivos para a Solução de Controvérsias no Mercosul, de 18 de fevereiro de 2002 (Mercosul, 2002); (iii) Protocolo de Constituição do Parlamento do Mercosul, de 8 de dezembro de 2005 (Mercosul, 2005), entre outros (Mercosul, 2022b).

Além dos Estados fundadores (Argentina, Brasil, Paraguai e Uruguai), o Mercosul também é constituído pelos Estados Associados – países-membros da ALADI que firmaram acordos de alcance parcial com o Mercado Comum do Sul, atualmente Chile, Colômbia, Equador, Guiana, Peru e Suriname (Mercosul, 2022a). Além desses países, o Estado Plurinacional da Bolívia se encontra em processo de adesão também na qualidade de associado. Por fim, importante destacar que, muito embora a República Bolivariana da Venezuela tenha aderido ao Tratado constitutivo do Mercosul, em 2006, ela se encontra, desde 2017, suspensa de todos os direitos e obrigações inerentes à sua condição de Estado-parte do Mercosul, em decorrência da ruptura da ordem democrática em seu país (Mercosul, 2017). O Mercosul é um acordo de

---

i "Artigo 1. Os Estados Partes decidem constituir um Mercado Comum, que deverá estar estabelecido a 31 de dezembro de 1994, e que se denominará "Mercado Comum do Sul" (MERCOSUL). [...]". (Tratado de Assunção, 1991).

ii Segundo Paulo Borba Casella (1996, p. 33-34), as principais modalidades de integração, em ordem crescente e cumulativas, são: zona livre de comércio; união aduaneira; mercado comum; união econômica; união monetária; e, união política.

natureza sub-regional, celebrado dentro da ALADI, registrado como sendo o Acordo de Complementação Econômica n. 18 (Aladi, 1992).

3. Aspectos gerais da Previdência Social nos Estados-partes do Mercosul

A proteção social do ser humano está diretamente atrelada à estrutura e função do Estado, em especial o contemporâneo, que tem, como regra, "a proteção social dos indivíduos em relação a eventos que lhes possam causar a dificuldade ou até mesmo a impossibilidade de subsistência por conta própria, pela atividade laborativa." (Castro; Lazzarri, 2022, p. 39).

Entre os vários documentos que tratam a respeito do tema, cabe aqui destacar a Declaração Universal dos Direitos Humanos, de 1948 (ONU, 1948), que, além de ter reconhecido a Seguridade Social como um direito inerente ao ser humano, previu a necessidade de proteção desse indivíduo pelo Estado em casos de desemprego, incapacidades temporária e/ou permanente, maternidade, velhice, viuvez e incapacidade involuntária de subsistência (Leitão; Meirinho; Lima, 2022, p. 14).

Feita essa consideração a respeito do tema e considerando o objeto de análise deste tópico, passa-se à análise dos aspectos gerais da Previdência Social nos países fundadores do Mercosul: Argentina, Brasil, Paraguai e Uruguai.

3.1. Argentina

O surgimento da Previdência Social argentina ocorreu no início do século XX, associado à criação de determinados regimes previdenciários para beneficiar as atividades econômicas consideradas estratégicas e as atividades associadas ao Estado (Arza, 2012). Tratava-se dos membros da Suprema Corte de Justiça, magistrados, professores e empregados da Administração Pública. Assim, a partir de 1904, o regime de aposentadorias argentino passou a ser organizado de maneira sistemática, através da criação da Caixa de Aposentadorias e Pensões para os empregados públicos.

Desde então, nos anos que se sucederam, foram instituídos outros regimes previdenciários: em 1915, para os ferroviários; em 1921, para todos os servidores públicos; em 1923, para os bancários; em 1939, para os jornalistas; em 1939, para os marítimos; em 1944, para os empregados comerciantes; em 1946, para os empregados industriais; em 1954, para os trabalhadores rurais, empresários e trabalhadores autônomos, distintos entre si; e, em 1956, para os empregados domésticos. Entretanto, em decorrência da Lei n. 18.037, de 30 de dezembro de 1968 (Argentina, 1968a), os regimes de aposentadorias e pensões para trabalhadores decorrentes de vínculos empregatícios foram concentrados e por ela regidos. Igualmente, a Lei n. 18.038, de 30 de dezembro de 1968 (Argentina, 1968b), instituiu novo regime de aposentadoria e pensões para os autônomos.

Referidos regimes, contudo, acabaram sendo substituídos pela Lei n. 24.241, de 1993 (Argentina, 1993), que introduziu o sistema integrado de aposentadorias e pensões de âmbito nacional e instituiu a Administração Nacional da Seguridade Social (ANSES), órgão responsável pelo Sistema Integrado de Aposentadorias e Pensões (SIJP) e outros programas. Com essa integração, o SIJP passou a fazer parte do Sistema Único de Previdência Social (SUSS), de filiação obrigatória, dividido em dois sistemas: (i) sistema público de pensão, baseado na concessão de benefícios pelo Estado e financiados através de um sistema de repartição; (ii) sistema de financiamento individual, baseado na capitalização individual. Seu principal objetivo é dar cobertura aos benefícios de velhice, invalidez e morte. Ainda, uma recente peculiaridade do sistema previdenciário argentino e que alterou o SIJP decorre do Decreto n. 475, de 2021 (Argentina, 2021), por meio do qual os cuidados maternos passaram a ser computados como tempo de serviço para fins previdenciários.

Em termos constitucionais, há uma única menção[i] à Previdência Social na Constituição da Nação Argentina, de 1853 e com última alteração em 1994, da qual decorre a obrigatoriedade do Estado em conceder os benefícios previdenciários, de caráter abrangente e irrenunciável (Argentina, 1853).

---

i "Artículo 14 bis. [...] El Estado otorgará los beneficios de la seguridad social, que tendrá carácter de integral e irrenunciable. En especial, la ley establecerá: el seguro social obligatorio, que estará a cargo de entidades nacionales o provinciales con autonomía financiera y económica, administradas por los interesados com participación del Estado, sin que pueda existir superposición de aportes; jubilaciones y pensiones móviles; la protección integral de la familia; la defensa del bien de familia; la compensación económica familiar y el acceso a uma vivienda digna" (Argentina, 1853).

3.2. Brasil

No sistema previdenciário brasileiro, a Previdência Social, juntamente com a Saúde e a Assistência Social, encontra-se inserida na Seguridade Social, nos termos do art. 194 da Constituição da República Federativa do Brasil de 1988[i] (CF/1988). A Carta de 1988, além de elencá-la como um direito social[ii], também tem uma Seção[iii] destinada exclusivamente à Previdência Social. É um sistema composto pelos regimes previdenciários: (i) os básicos, também denominados *cogentes* ou *obrigatórios*, nos quais se enquadram o Regime Geral de Previdência Social (RGPS) e os Regimes Próprios de Previdência Social (RPPS); e (ii) os complementares, também denominados *facultativos* (Leitão; Meirinho, 2022,p .36).

O RGPS é organizado pela União e operacionalizado pelo Instituto Nacional do Seguro Social (INSS), uma autarquia federal criada para gerenciar e administrar a concessão dos benefícios e serviços prestados pelo RGPS. Já a gerência do RGPS é atribuída, atualmente, ao Ministério do Trabalho e Previdência, e exercida pelos respectivos órgãos e entidades vinculadas. Segundo consta no art. 201[iv] da CF/1988, o RGPS é dotado de caráter contributivo, filiação obrigatória e deve preservar o equilíbrio financeiro a atuarial para fins de concessão dos benefícios.

Os RPPS são aqueles organizados pela União, pelos estados, pelo Distrito Federal e pelos municípios, nos casos em que cada um desses entes os tenha criado. Na ausência de criação de um regime próprio, seus servidores deverão, obrigatoriamente, ser filiados ao RGPS. A previsão constitucional do RPPS está contida no art. 40[v] da CF/1988, pela qual também se denota o caráter contributivo e solidário do

---

i "Art. 194. A seguridade social compreende um conjunto integrado de ações de iniciativa dos Poderes Públicos e da sociedade, destinadas a assegurar os direitos relativos à saúde, à previdência e à assistência social" (Brasil, 1988).

ii Nesse sentido, ver o art. 6º da CF/1988.

iii Nesse sentido, ver o Título VIII, Capítulo II, Seção III da CF/1988.

iv "Art. 201. A previdência social será organizada sob a forma do Regime Geral de Previdência Social, de caráter contributivo e de filiação obrigatória, observados critérios que preservem o equilíbrio financeiro e atuarial, e atenderá, na forma da lei, a: [...]" (Brasil, 1988).

v "Art. 40. O regime próprio de previdência social dos servidores titulares de cargos efetivos terá caráter contributivo e solidário, mediante contribuição do respectivo ente federativo, de servidores ativos, respectivo ente, dos servidores ativos, dos aposentados e pensionistas e que preservem o equilíbrio financeiro a atuarial.

Além das disposições constitucionais, o sistema previdenciário brasileiro é regido por outras fontes normativas, entre as quais se destacam a Lei n. 8.212, de 24 de julho de 1991 (Brasil, 1991a), que dispõe sobre a organização da Seguridade Social, institui Plano de Custeio e dá outras providências; a Lei n. 8.213, de 24 de julho de 1991 (Brasil, 1991b), que dispõe sobre os Planos de Benefícios da Previdência Social e dá outras providências; o Decreto n. 3.048, de 6 de maio de 1999 (Brasil, 1999), que aprova o Regulamento da Previdência Social e dá outras providências; e a Instrução Normativa n. 128, de 28 de março de 2022 (Brasil, 2022), do Instituto Nacional do Seguro Social, que disciplina as regras, procedimentos e rotinas necessárias à efetiva aplicação das normas de direito previdenciário. Entre os principais benefícios, encontram-se a aposentadoria por incapacidade permanente, a aposentadoria por idade urbana e rural, a aposentadoria especial, o auxílio por incapacidade temporária, o auxílio por incapacidade temporária, o salário-família, o auxílio-acidente, a pensão por morte e o auxílio-reclusão.

No tocante às Forças Armadas, constituídas pela Marinha, pelo Exército e pela Aeronáutica, há o Sistema de Proteção Social dos Militares, previsto no art. art. 142, § 3º, inciso X[i], da CF/1988 e regido pela Lei n. 3.765, de 4 de maio de 1960 (Brasil, 1960), que dispõe sobre as pensões militares; a Lei n. 6.880, de 9 de dezembro de 1980 (Brasil, 1980), que dispõe sobre o Estatuto dos Militares; a Lei n. 8.059, de 4 de julho de 1990 (Brasil, 1990), que dispõe sobre a pensão especial devida aos ex-combatentes da Segunda Guerra Mundial e a seus dependentes; e a Lei n. 13.954, de 16 de dezembro de 2019 (Brasil, 2019), que alterou, entre outras, disposições previstas no Estatuto dos Militares e na Lei do Serviço Militar.

---

de aposentados e de pensionistas, observados critérios que preservem o equilíbrio financeiro e atuarial." (Brasil, 1988).

i "Art. 142 [...] § 3º Os membros das Forças Armadas são denominados militares, aplicando-se-lhes, além das que vierem a ser fixadas em lei, as seguintes disposições: [...] X–a lei disporá sobre o ingresso nas Forças Armadas, os limites de idade, a estabilidade e outras condições de transferência do militar para a inatividade, os direitos, os deveres, a remuneração, as prerrogativas e outras situações especiais dos militares, consideradas as peculiaridades de suas atividades, inclusive aquelas cumpridas por força de compromissos internacionais e de guerra." (Brasil, 1988).

3.3. Paraguai

A Constituição da República do Paraguai, de 1992, contém em seu texto apenas uma previsão constitucional sobre a Previdência Social (Paraguay, 1992a). De acordo com o seu art. 95[i], caberá à lei estabelecer o sistema obrigatório e abrangente previdenciário para os trabalhadores dependentes e familiares abrangidos. Ainda, segundo esse mesmo artigo, os serviços prestados pelo sistema previdenciário paraguaio poderão ser públicos, privados ou mistos, porém, em todos os casos, deverão ser supervisionados pelo Estado. Uma peculiaridade desse sistema é ele estar diretamente associado ao direito do trabalho, cuja vinculação se dá exclusivamente aos empregados formais, incluindo os do setor público. Em contrapartida, os trabalhadores rurais, informais e autônomos encontram-se excluídos do sistema na forma como ele se encontra atualmente.

O sistema previdenciário paraguaio é dividido em dois regimes: obrigatório e complementar.

O regime obrigatório é gerido pelo Instituto de Previdência Social (IPS), criado através do Decreto-Lei n. 17.071, de 18 de fevereiro de 1943 (Paraguay, 1943), entidade autônoma e autossuficiente, com personalidade jurídica e patrimônio próprio, regida por leis e regulamentos vigentes da própria instituição, responsável por regulamentar as aposentadorias, as pensões e a saúde da população. Referido decreto foi alterado pelo Decreto-Lei n. 1.860, de 1º de dezembro de 1950 (Paraguay, 1950), e aprovado pela Lei n. 375, de 27 de agosto de 1956 (Paraguay, 1956), com o objetivo de ampliar o alcance de proteção a todos os trabalhadores assalariados, inclusive os funcionários de instituições autônomas.

Em 1958, com a edição da Lei n. 537, de 20 de setembro de 1958 (Paraguay, 1958), houve a inclusão dos maestros e catedráticos do magistério primário e normal da República como beneficiários do

---

i "Artículo 95 - DE LA SEGURIDAD SOCIAL. El sistema obligatorio e integral de seguridad social para el trabajador dependiente y su familia será establecido por la ley. Se promoverá su extensión a todos los sectores de la población. Los servicios del sistema de seguridad social podrán ser públicos, privados o mixtos, y en todos los casos estarán supervisados por el Estado. Los recursos financieros de los seguros sociales no serán desviados de sus fines específicos y; estarán disponibles para este objetivo, sin perjuicio de las inversiones lucrativas que puedan acrecentar su patrimonio." (Paraguay, 1992a).

IPS. Posteriormente, em 1973, foram promulgadas a Lei n. 430, de 8 de dezembro (Paraguay, 1973a), que estabelece o direito aos benefícios de aposentadoria e pensão complementar pelo IPS, e a Lei n. 432, de 19 de dezembro (Paraguay, 1973b), que estabeleceu a contribuição do empregador de 0,50% ao IPS para cobrir despesas com a campanha da erradicação da malária. Em 1980, através da Lei n. 842, de 19 de dezembro de 1980 (Paraguay, 1980), foi criado o Fundo de Aposentadorias e Pensões dos Membros do Poder Legislativo da Nação.

Posteriormente, na década de 1990, foi aprovada a Lei n. 98, de 15 de outubro de 1992 (Paraguay, 1992b), que estabelece o Sistema Unificado de Aposentadoria e Pensões e faz outras alterações, a partir da qual passaram a estar incluídas no regime de seguros: os trabalhadores assalariados que prestem serviços ou realizem trabalho em decorrência de contrato de trabalho, verbal ou escrito, independentemente de idade ou remuneração, aprendizes e funcionários de entidades descentralizadas do Estado ou empresas mistas; docentes do ensino privado; funcionários domésticos; professores do ensino primário e normal da República, dependentes do Ministério da Educação e Culto e professores do ensino secundário, educação profissional e de idiomas dependentes deste Ministério; professores universitários de instituições públicas e privadas. Essa lei também prevê o Seguro Geral Voluntário ao trabalhador independente e para os abrangidos por regimes especiais regulamentados pelo Conselho de Administração do IPS.

Não obstante a Lei n. 98/1992 tenha estabelecido o Sistema Unificado de Aposentadorias e Pensões, não se encontram abrangidos por ela: os funcionários e empregados da Administração Central; os funcionários dos bancos privados e oficiais da República; os membros das Forças Armadas e Policiais; e os trabalhadores da Estrada de Ferro "Carlos Antonio López" inscritos no Fundo de Previdência Social até a da promulgação da Lei, os quais encontram-se filiados à caixa de seguro social correspondente.

Referida lei, além de estabelecer normas sobre o regime unificado de aposentadorias e pensões, apresenta os três tipos de aposentadorias possíveis: a ordinária, a por enfermidade comum e a por acidente de trabalho ou enfermidade profissional e os respectivos critérios a serem preenchidos e observados para fins de concessão.

Por fim, no tocante ao regime complementar, além de ele ser um complemento efetivamente ao regime obrigatório, é de filiação obrigatória aos segurados e é gerido por seguradoras privadas.

3.4. Uruguai

A Constituição da República Oriental do Uruguai, de 1967, e com última alteração em 2004, prevê, em seu art. 195, a criação do Banco da Previdência Social – uma entidade autônoma – com a finalidade de coordenar os serviços estatais de assistência social e organizar a Previdência Social, de acordo com a regras a serem estabelecidas por lei (Uruguay, 1967). Assim, em atendimento à disposição constitucional, por meio da Lei n. 16.713, de 3 de setembro de 1995 (Uruguay, 1995), foi criado o Sistema de Pensão, baseado no princípio da universalidade e com cobertura imediata e obrigatória a todas as atividades amparadas pelo Banco da Previdência Social.

Com vigência a partir de 1º de abril de 1996, referida Lei reformulou o sistema previdenciário uruguaio e adotou um modelo misto, composto por dois programas. O primeiro deles é o Programa Público Reformado, gerido pelo Banco de Previdência Social – órgão central de Seguridade Social Uruguaio – e que, baseado no Sistema de Repartição Simples, concede um benefício básico aos segurados. O segundo deles é o Programa Sistema Individual da Capitalização Integral, gerido por pessoas jurídicas de direito privado, organizadas em sociedades anônimas – as Administradoras de Fundos de Poupança Previdenciária (AFAPS) – supervisionadas pelo Banco Central, de livre escolha dos segurados e que possibilitam o pagamento de um benefício complementar.

Da leitura do art. 7º[i] da Lei n. 16.713/1995, infere-se que esse modelo de sistema é dividido em três níveis, a saber: (i) primeiro nível,

---

i "Artículo 7º. (Delimitación de los niveles). A los fines de la aplicación de cada régimen, se determinan los siguientes niveles de ingresos individuales de percepción mensual siempre que constituyan asignaciones computables. A) Primer Nivel. (Régimen de jubilación por solidaridad intergeneracional). Este régimen comprende a todos los afiliados por sus asignaciones computables o tramo de las mismas hasta $ 5.000 (cinco mil pesos uruguayos), dando origen a prestaciones que se financian mediante aportación patronal, personal y estatal. B) Segundo Nivel. (Régimen de jubilación por ahorro individual obligatorio). Este régimen comprende el tramo de asignaciones computables superiores a $ 5.000 (cinco mil pesos uruguayos) y hasta $ 15.000 (quince mil pesos uruguayos) dando origen a prestaciones que se financian exclusivamente con aportación personal. Su administración estará a cargo de entidades propiedad de instituciones públicas, incluido el Banco de Previsión Social o de personas u organizaciones de naturaleza privada que compreende todos os segurados por todos os seus vencimentos computáveis ou parcelas de até cinco mil pesos uruguaios, dando origem as prestações que se financiam mediante contribuições patronais, pessoais e estatais; (ii) segundo nível – regime de aposentadoria por poupança individual obrigatório, o qual compreende parcelas com vencimentos superiores a cinco mil pesos uruguaios e até quinze mil pesos uruguaios, dando origem a prestações que se financiam exclusivamente com contribuição pessoal. A administração desse nível está sob a responsabilidade de entidades públicas, incluído o Banco de Previsão Social ou de pessoas ou organizações de natureza privada, nos termos do art. 92[i] da Lei; (iii) terceiro nível – poupança voluntária, que compreende as parcelas de vencimentos computáveis que excedem quinze mil pesos uruguaios, e no qual o trabalhador tem a faculdade de escolha da entidade administradora.

Importa destacar que apesar da mencionada reformulação do sistema previdenciário uruguaio, ela só passou a ser aplicada às futuras filiações, de modo que os já aposentados ou pensionistas no momento da vigência da supramencionada lei, bem como aqueles que estavam em vias de se aposentar mantiveram-se associados ao sistema de previdência de repartição simples, baseado na solidariedade intergeracional. Por fim, nos termos da Lei n. 16.713/1995, o sistema previdenciário uruguaio tem cobertura para os seguintes benefícios: aposentadoria

---

(artículo 92 de la presente ley). C) Tercer Nivel. (Ahorro Voluntario). Por el tramo de asignaciones computables que excedan de $ 15.000 (quince mil pesos uruguayos), el trabajador podrá aportar o no a cualquiera de las entidades administradoras referidas en el inciso anterior." (Uruguay, 1995).

i "Artículo 92. (Entidades receptoras de los ahorros). Los aportes destinados al régimen de jubilación por ahorro individual serán administrados por personas jurídicas de derecho privado, organizadas mediante la modalidad de sociedades anónimas, cuyas acciones serán nominativas, denominadas Administradoras de Fondos de Ahorro Previsional (AFAP), en adelante también Administradoras, las que estarán sujetas a los requisitos, normas y controles previstos en la presente ley. El Banco de Previsión Social, el Banco de la República Oriental del Uruguay, el Banco Hipotecario del Uruguay y el Banco de Seguros del Estado, actuando conjunta o separadamente podrán formar Administradoras, de las cuales serán propietarios. A los efectos de este artículo también quedan habilitadas a formar Administradoras las instituciones de intermediación financiera privadas mencionadas por el artículo 1° del Decreto Ley N° 15.322 de 17 de setiembre de 1982, concordantes y modificativos." (Uruguay, 1995).

comum, aposentadoria por idade avançada, aposentadoria por incapacidade total, benefício por incapacidade parcial e pensão por morte.

4.
O Acordo Multilateral de Seguridade Social do Mercosul

A internacionalização da Previdência Social decorre da necessidade de integração econômica, política, social e cultural das sociedades e, para que isso seja possível, é necessário que sejam consideradas as diferentes realidades dos países envolvidos para garantia da preservação e consolidação de uma unidade regional econômica-cultural autônoma frente a um mundo globalizado e independente (Borrego, 1996, p. 183).

O texto inicial do Tratado de Assunção não fazia menção expressa à temática das questões sociais e laborais, mas por prever como objetivo a harmonização das legislações para áreas de interesse, tornou-se possível a inclusão dessa temática (Borrego, 1996, p. 183). Assim, por meio da Resolução n. 11, de 1991 (Mercosul, 1991), do Grupo Mercado Comum, foi criado o Subgrupo de Trabalho n. 11 "Assuntos Trabalhistas" e, posteriormente, com a edição da Resolução 11, de 1992 (Mercosul, 1992a), também do Grupo Mercado Comum, houve a substituição da denominação do Subgrupo para "Relações Trabalhistas, Emprego e Segurança Social". Ainda nesse mesmo, foi realizada no dia 7 de maio a segunda reunião do Subgrupo 11 (Mercosul, 1992b), a partir da qual foram criadas comissões temáticas de trabalho: (i) Relações Individuais de Trabalho; (ii) Comissão de Relações Coletivas de Trabalho; (iii) Comissão de Emprego; (iv) Comissão de Formação Profissional; (v) Comissão de Saúde e Segurança do Trabalho; (vi) Comissão de Previdência Social; (vii) Comissão de Setores Específicos; (viii) Comissão de Princípios.

A partir de 1995, o Subgrupo 11 passou a ser denominado por Subgrupo 10 "Assuntos Trabalhistas, Emprego e Seguridade Social" e, entre os dias 24 e 25 de outubro de 1995, foi realizada a primeira reunião do novo Subgrupo (Mercosul, 1995), no qual restou determinada a finalização e implantação da proposta de celebração de um acordo multilateral de Seguridade Social. Assim, em 15 de dezembro de 1997, foi celebrado o Acordo Multilateral de Seguridade Social do Mercosul (Mercosul, 1997).

O Uruguai foi o primeiro dos quatro países a ratificar o Acordo, que se deu através da Lei n. 17.207, de 24 de setembro de 1999 (Uruguay, 1999). Em 2001, com a edição do Decreto Legislativo n. 451 (Brasil, 2001), foi o Brasil quem ratificou o referido Acordo e seu Regulamento Administrativo. No ano seguinte, também foi ratificado na Argentina pela Lei n. 25.655 de 2002 (Argentina, 2002)e, por fim, em 13 de dezembro de 2004, por meio da Lei n. 2.513 (Paraguay, 2004), foi ratificado no Paraguai. Com o depósito do documento, o Acordo Multilateral de Seguridade Social e seu Regulamento Administrativo entraram em vigor em 1º de junho de 2005 e permanecem vigentes até a presente data.

Ao partir da premissa de que a Seguridade Social está sujeita aos impactos demográficos, econômicos e políticos de cada Estado – cada qual com sua realidade e projeção –, faz-se necessária a regulação da população em geral, em especial a dos trabalhadores estrangeiros, que devem gozar de iguais benefícios trabalhistas e previdenciários que os trabalhadores nacionais (Borrego, 1996, p. 185). Disso, principalmente por se tratar de um bloco econômico, decorreu a necessidade do Mercosul em harmonizar as disposições legislativas, administrativas e parlamentares de cada país-membro no que tange às contribuições previdenciárias e aos benefícios contemplados pelo Acordo.

Assim, por intermédio do Acordo Multilateral de Seguridade Social firmado pelos países-membros do Mercosul, objetivou-se garantir o computo da totalização dos períodos de contributivos ou de seguro vertidos para qualquer um de seus países-membros, a fim de se assegurar a concessão dos direitos previdenciários previstos no Acordo – concessão de aposentadoria por idade, aposentadoria por incapacidade permanente, benefício por incapacidade temporária e pensão por morte – para os trabalhadores e seus dependentes legais, residentes ou em trânsito.

Referido Acordo, além de garantir o direito humano à proteção contra as consequências do desemprego, da velhice e de incapacidade física ou mental que impossibilitem o ser humano a obter meios de subsistência, também se releva como um importante instrumento de proteção a todos os indivíduos, e seus dependentes legais, que em algum momento de suas vidas exerceram atividades laborativas no exterior e têm o direito de soma ao cômputo dos períodos contributivos tanto em seu país de origem quanto em qualquer um dos demais países-membros do Mercosul, onde exercem ou exerceram atividade laborativa.

5. Considerações finais

Para atender aos anseios de integração regional por parte dos Estados latino-americanos, foi dado início, a partir da década de 1960, à criação de organismos internacionais voltados à autodeterminação dos povos e à superação de submissão dos referidos países aos interesses geopolíticos dos norte-americanos. O Tratado de Montevidéu, de 1960, além de estabelecer uma zona de livre comércio entre os países da América Latina, institui a Associação Latino-Americana de Livre Comércio (ALALC). Entretanto, em decorrência da instabilidade política acometida no território latino-americano na década de 1970, os Estados-membros da ALALC entenderam pela necessidade de reformulação, a qual deu origem a um novo Tratado de Montevidéu, de 1980, e que instituiu a Associação Latino-Americana de Integração (ALADI).

A expressa previsão de criação de um mercado comum regional no supramencionado Tratado de 1980 possibilitou, em março de 1991, através do Tratado de Assunção, a constituição de um mercado comum entre a República Argentina, a República Federativa do Brasil, a República do Paraguai e a República Oriental do Uruguai, a fim de atender – ainda que parcialmente – aos anseios de desenvolvimento progressivo da integração latino-americana. Em decorrência de não ter conseguido atingir o estágio de mercado comum até a data 31 de dezembro de 1994, foi firmado o Protocolo de Ouro Preto, a partir do qual o Mercosul passou a ser considerado uma união aduaneira imperfeita, com a ressalva de ser uma terminologia adequada a um modelo pré-existente, de Bella Balassa.

Não obstante a referida classificação do Mercosul, com o avanço no processo de integração econômica, política, social e cultural dos Estados – em especial a de seus países-membros –, surgiu também a necessidade de harmonizar a legislação previdenciária da Argentina, Brasil, Paraguai e Uruguai para a proteção dos trabalhadores e dependentes legais, face as especificidades próprias de cada um dos Estados, para dar cobertura às situações de desemprego involuntário, velhice e incapacidade mental ou física que os impossibilitem de exercer atividades laborativas e prover meios de subsistência.

Claro que essa questão poderia ser feita mediante Acordos bilaterais, mas dada a existência do bloco mercosulino e da proposta futura, da criação de um "Mercado Comum do Sul", que inclui uma harmonização da legislação de seguridade social, diante dessa necessidade, foi celebrado o Acordo Multilateral de Seguridade Social pela Argentina, Brasil, Paraguai e Uruguai, em 15 de dezembro de 1995, e vigente desde 1º de junho de 2005, um instrumento internacional voltado à garantia de proteção social de todos os indivíduos habitantes de algum dos países-membros do Mercosul, independentemente de sua nacionalidade, e que também garante aos trabalhadores do bloco, e seus dependentes legais, a igualdade de direitos e obrigações em matéria previdenciária.

Tal garantia se revela de grande importância, a partir do momento em que, além de considerar o próprio pressuposto de existência do bloco – a integração –, também garante o direito humano à previdência social e possibilita aos trabalhadores dos países-membros do Mercosul o cômputo dos períodos de seguro ou contribuição previdenciária cumpridos no território de qualquer um dos seus Estados-membros, para fins de concessão dos benefícios de aposentadoria por idade, aposentadoria por incapacidade permanente, benefício por incapacidade temporária e pensão por morte.

Referências

ALADI. **Acordo de alcance parcial de complementação econômica subscrito entre Argentina, Brasil, Paraguai e Uruguai (Acordo n. 18)**. 23 jan. 1992. Disponível em: http://www2.aladi.org/biblioteca/publicaciones/aladi/acuerdos/ace/pt/ace18/ACE_018_pt.pdf. Acesso em: Acesso em: 27 jan. 2023.

ARGENTINA. **Constitución de la Nación Argentina**. 1853. Disponível em: https://siteal.iiep.unesco.org/pt/bdnp/897/constitucion-nacion-argentina. Acesso em: 12 nov. 2022.

ARGENTINA. **Decreto n. 475 de 2021**. Sistema Integrado De Jubilaciones Y Pensiones. Disponível em: https://www.argentina.gob.ar/normativa/nacional/decreto-475-2021-352106/texto. Acesso em: 22 nov. 2022.

ARGENTINA. **Ley n. 18.037, 30 de diciembre de 1968a**. Nuevo régimen de jubilaciones y pensiones para los trabajadores en relación de dependência. Disponível em: http://servicios.infoleg.gob.ar/infolegInternet/anexos/25000-29999/28127/norma.htm. Acesso em: 12 nov. 2022.

ARGENTINA**. Ley n. 18.038, 30 de diciembre de 1968b**. Nuevo regimen de jubilaciones y pensiones para los trabajadores autônomos. Disponível em: http://servicios.infoleg.gob.ar/infolegInternet/anexos/30000-34999/31924/norma.htm#:~:text=LEY%2018.038%20del%2010%2F01%2F69&text=Tenemos%20el%20honor

%20de%20elevar,para%20dicho%20sector%20de%20trabajadores. Acesso em: 12 nov. 2022.

ARGENTINA. **Ley n. 24.421 de 1993**. Sistema Integrado de Jubilaciones y Pensiones. Disponível em: http://servicios.infoleg.gob.ar/infolegInternet/nexos/0-4999/639/norma.htm#:~:text=Ley%2024.241%20SANCIONADA%20SEPTIEMBRE%2023%20DE%201993&text=ARTICULO%201%C2%BA%20%2D%20Instit%C3%BAyese%20con%20alcance,de%20Seguridad%20Social%20(SUSS). Acesso em: 12 nov. 2022.

ARGENTINA. **Ley n. 25.655 de 2002**. Mercado Común del Sur. Apruébanse el Acuerdo Multilateral de Seguridad Social y el Reglamento Administrativo para su aplicación, suscriptos en Montevideo el 15 de diciembre de 1997. Disponível em: https://www.argentina.gob.ar/normativa/nacional/ley-25655-78719/texto. Acesso em: 13 nov. 2022.

ARZA, C. Quem recebe o quê? Princípios e impactos distributivos do sistema previdenciário argentino. **Revista Tempo do Mundo**, Brasília, v. 4, n. 2, p. 183-205, ago. 2012. Disponível em: https://repositorio.ipea.gov.br/bitstream/11058/6296/1/RTM_v4_n2_Quem.pdf. Acesso em: 12 nov. 2022.

BORREGO, S. M. Mercosur: libre circulación de trabajadores y seguridade social. *In*: GHERSI, C. A. (Org.). **Mercosur**: perspectivas desde el derecho privado – parte segunda. Buenos Aires: Editorial Universidad, 1996.

BRASIL. **Constituição da República Federativa do Brasil de 1988**. Disponível em: https://www.planalto.gov.br/ccivil_03/constituicao/constituicaocompilado.htm. Acesso em: 12 nov. 2022.

BRASIL. **Decreto n. 3.048, de 6 de maio de 1999**. Aprova o Regulamento da Previdência Social, e dá outras providências. Disponível em: https://www.planalto.gov.br/ccivil_03/decreto/d3048.htm. Acesso em: 12 nov. 2022.

BRASIL. **Decreto Legislativo n. 451, de 2001**. Aprova o texto do Acordo Multilateral de Seguridade Social do Mercado Comum do Sul e seu Regulamento Administrativo, celebrados em Montevidéu, em 15 de dezembro de 1997. Disponível em: https://www2.camara.leg.br/legin/fed/decleg/2001/decretolegislativo-451-14-novembro-2001-418580-acordo-1-pl.html. Acesso em: 13 nov. 2022.

BRASIL. **Lei n. 3.765, de 4 de maio de 1960**. Dispõe sobre as pensões militares. Disponível em: https://www.planalto.gov.br/ccivil_03/leis/l3765.htm. Acesso em: 12 nov. 2022.

BRASIL. **Lei n. 6.880, de 9 de dezembro de 1980**. Dispõe sobre o Estatuto dos Militares. Disponível em: http://www.planalto.gov.br/ccivil_03/leis/l6880.htm. Acesso em: 12 nov. 2022.

BRASIL. **Lei n. 8.059, de 4 de julho de 1990**. Dispõe sobre a pensão especial devida aos ex-combatentes da Segunda Guerra Mundial e a seus dependentes. Disponível em: http://www.planalto.gov.br/ccivil_03/leis/l8059.htm. Acesso em: 12 nov. 2022.

BRASIL. **Lei n. 8.212, de 24 de julho de 1991a**. Dispõe sobre a organização da Seguridade Social, institui Plano de Custeio, e dá outras providências. Disponível em: http://www.planalto.gov.br/ccivil_03/leis/l8212cons.htm. Acesso em: 12 nov. 2022.

BRASIL. **Lei n. 8.213, de 24 de julho de 1991b**. Dispõe sobre os Planos de Benefícios da Previdência Social e dá outras providências. Disponível em: https://www.planalto.gov.br/ccivil_03/leis/l8213cons.htm. Acesso em: 12 nov. 2022.

BRASIL. **Lei n. 13.954, de 16 de dezembro de 2019**. Altera a Lei n. 6.880, de 9 de dezembro de 1980 (Estatuto dos Militares), a Lei n. 3.765, de 4 de maio de 1960, a Lei n. 4.375, de 17 de agosto de 1964 (Lei do Serviço Militar), a Lei n. 5.821, de 10 de novembro de 1972, a Lei n. 12.705, de 8 de agosto de 2012, e o Decreto-Lei n. 667, de 2 de julho de 1969, para reestruturar a carreira militar e dispor sobre o Sistema de Proteção Social dos Militares; revoga dispositivos e anexos da Medida Provisória n. 2.215-10, de 31 de agosto de 2001, e da Lei n. 11.784, de 22 de setembro de 2008; e dá outras providências. Disponível em: https://www.planalto.gov.br/ccivil_03/_ato2019-2022/2019/lei/l13954.htm#view. Acesso em: 12 nov. 2022.

BRASIL. Ministério do Trabalho e Previdência. Instituto Nacional do Seguro Social. **Instrução Normativa PRES/INSS n. 128, de 28 de março de 2022**. Disponível em: https://www.in.gov.br/web/dou/-/instrucao-normativa-pres/inss-n-128-de-28-de-marco-de-2022-389275446. Acesso em: 12 nov. 2022.

CASELLA, P B. **Mercosul**: exigências e perspectivas – integração e consolidação de espaço econômico (1995-2001-2006). São Paulo: LTr, 1996.

CASTRO, C. A. P. de; LAZZARI, J. B. **Manual de direito previdenciário**. 25. ed. Rio de Janeiro: Forense, 2022.

GOMES, E. B. **Manual de direito da integração regional**. Curitiba: Juruá, 2012.

LEITÃO, A. S; MEIRINHO, A. G. S.; LIMA, A. C. D. M. **Direito previdenciário**. 6. ed. São Paulo: SaraivaJur, 2022.

MERCOSUL. **Acordo Multilateral de Seguridade Social**. 15 dez. 1997. Disponível em: https://www.mre.gov.py/tratados/public_web/DetallesTratado.aspx?id=Xd-cOFIqCvDYVPBvaoxgXIg%3d%3d. Acesso em: 13 nov. 2022.

MERCOSUL. **Decisão sobre a suspensão da Venezuela no Mercosul**. 5 ago. 2017. Disponível em: https://www.mercosur.int/pt-br/decisao-sobre-a-suspensao-da-republica-bolivariana-da-venezuela-no-mercosul/. Acesso em: 10 nov. 2022.

MERCOSUL. Grupo Mercado Comum. **Resolução n. 11, de 17 de dezembro de 1991**. Subgrupo de Trabalho 11 "Assuntos Trabalhistas". Disponível em: https://normas.mercosur.int/public/normativas/2290. Acesso em: 13 nov. 2022.

MERCOSUL. Grupo Mercado Comum. **Resolução n. 11, de 1º de abril de 1992a**. Substituir a denominação do sgt 11 por: "Relações Trabalhistas, Emprego e Segurança Social". Disponível em: https://normas.mercosur.int/public/normativas/2299. Acesso em: 13 nov. 2022.

MERCOSUL. Grupo Mercado Comum. Sgt 10. Assuntos Trabalhistas, Emprego e Seguridade Social. **Ata n. 1, de 23 e 24 de outubro de 1995**. Disponível em: https://documentos.mercosur.int/public/reuniones/doc/5099. Acesso em: 13 nov. 2022.

MERCOSUL. Grupo Mercado Comum. Sgt 11 Assuntos Trabalhistas. **Ata n. 2, de 7 de maio de 1992b**. Disponível em: https://documentos.mercosur.int/public/reuniones/doc/8489. Acesso em: 13 nov. 2022.

MERCOSUL. **Países do Mercosul**. Disponível em: https://www.mercosur.int/pt-br/quem-somos/paises-do-mercosul/. Acesso em: 10 nov. 2022a.

MERCOSUL. **Protocolo de Constituição do Parlamento do Mercosul**. 8 dez. 2005. Disponível em: https://www.parlamentomercosur.org/innovaportal/file/7555/1/protocolo_pt.pdf. Acesso em: 10 nov. 2022.

MERCOSUL. **Protocolo de Olivos para a Solução de Controvérsias no Mercosul**. 18 fev. 2002. Disponível em: https://www.mercosur.int/pt-br/documento/protocolo-olivos-solucion-controversias-mercosur/. Acesso em: 10 nov. 2022.

MERCOSUL. **Protocolo de Ouro Preto**. 17 de dezembro de 1994. Disponível em: https://www.mercosur.int/pt-br/documento/cmc-1994-protocolo-ouro-preto/. Acesso em: 10 nov. 2022.

MERCOSUL. **Protocolo de Ushuaia Sobre Compromisso Democrático no Mercosul, Bolívia e Chile**. 24 de julho de 1998. Disponível em: https://www.mercosur.int/pt-br/documento/protocolo-de-ushuaia-sobre-compromisso-democratico-no-mercosul-bolivia-e-chile/. Acesso em: 10 nov. 2022.

MERCOSUL. **Tratados, Protocolos e Acordos**. Disponível em: https://www.mercosur.int/pt-br/documentos-e-normativa/tratados/. Acesso em: 10 nov. 2022b.

ONU. **Declaração Universal dos Direitos Humanos**. 10 dez. 1948. Disponível em: https://www.ohchr.org/en/human-rights/universal-declaration/translations/portuguese?LangID=por. Acesso em: 12 nov. 2022.

PABST, H. **Mercosul**: direito da integração. Rio de Janeiro: Forense, 1998.

PAGLIARINI, A. C. **Constituição e direito internacional:** cedências possíveis no Brasil e no mundo globalizado. Rio de Janeiro: Forense, 2004.

PARAGUAY. **Constitución de la República del** Paraguay, **1992a**. Disponível em: https://siteal.iiep.unesco.org/sites/default/files/sit_accion_files/py_3054.pdf. Acesso em: 12 nov. 2022.

PARAGUAY. **Decreto-Ley n. 17.071, de 18 de febrero de 1943**. Por el cual se crea el Instituto de Previsión Social. Disponível em: https://baselegal.com.py/docs/f33fae3d-b18e-11eb-8314-525400c761ca. Acesso em: 12 nov. 2022.

PARAGUAY. **Decreto-Ley n. 1.860, de 1º de diciembre de 1950**. Por el cual se modifica el Decreto-Ley 18.071, del 18 de febrero de 1943 de cración del Instituto de Previsión Social. Disponível em: https://oig.cepal.org/sites/default/files/1950_ley1860_pry.pdf. Acesso em: 12 nov. 2022.

PARAGUAY. **Ley n. 375, de 27 de agosto de 1956**. Por el cual de aprueba el Decreto-Ley 1.860 del 1º de diciembre de 1950, por ela cual se modifica el Decreto-Ley 17.071 de fecha 18 de febrero de 1943 de cración del Instituto. Disponível em: https://baselegal.com.py/docs/8b36004c-3010-11eb-a564-525400c761ca. Acesso em: 12 nov. 2022.

PARAGUAY. **Ley n. 537, de 12 de septiembre de 1958**. Que declara obligatoria la inclusión del seguro del Instituto de Previsión Social a todos los maestros y catedráticos del magisterio primario y normal de la República. Disponível em: https://baselegal.com.py/docs/98dbbe8d-3011-11eb-a564-525400c761ca?-view=965. Acesso em: 12 nov. 2022.

PARAGUAY. **Ley n. 430, de 8 de diciembre de 1973a**. Que estabelece el derecho al beneficio de jubilaciones y pensiones complementarias a cargo del Instituto de Previsión Social. Disponível em: https://baselegal.com.py/docs/797410c8-30a-6-11eb-a564-525400c761ca/text. Acesso em: 12 nov. 2022.

PARAGUAY. **Ley n. 432, de 19 de diciembre de 1973b**. Que estabelece un aporte patronal del medio por ciento (0.50%) al Instituto de Previsión Social, destinado a sufragar gastos de la campaña de erracicación del paludismo. Disponível em: https://baselegal.com.py/docs/cf40da14-30a7-11eb-a564-525400c761ca/text. Acesso em: 12 nov. 2022.

PARAGUAY. **Ley n. 842, de 18 de deciembre de 1980**. Crea el fundo de jubilaciones y pensiones para los miembros del Poder Legislativo de la Nación. Disponível em: https://baselegal.com.py/docs/1684ad31-9bd1-11ec-878f-525400c761ca. Acesso em: 12 nov. 2022.

PARAGUAY. **Ley n. 98, de 15 de octubre de 1992b**. Estabelece el régimen unificado de jubilaciones y pensiones y modifica las disposiciones del Decreto-Ley 1.850/50, aprobado por la Ley 375/56 y las Leyes complementarias 537 del 20 de setiembre de 1958, 430 de fecha 28 de diciembre de 1973 y 1286 de fecha 4 de diciembre de 1987. Disponível em: https://baselegal.com.py/docs/f9022a03-301f-11eb-a564-525400c761ca. Acesso em: 12 nov. 2022.

PARAGUAY. **Ley n. 2.513 de 2004**. Aprueba Acuerdo Multilateral de Seguridad Social del Mercado Común del Sur y el Reglamento Administrativo. Disponível em: https://www.bacn.gov.py/leyes-paraguayas/4009/ley-n-2513-aprueba-el-acuerdo-multilateral-de-seguridad-social-del-mercado-comun-del-sur-y-el-reglamento-administrativo-para-la-aplicacion-del-acuerdo. Acesso em: 13 nov. 2022.

SOARES, M. L. Q. **Mercosul**: direitos humanos, globalização e soberania. Belo Horizonte: Inédita, 1997.

TRATADO DE ASSUNÇÃO. 26 de março de 1991. Disponível em: https://www.mercosur.int/documento/tratado-de-assuncao-para-a-constituicao-de-um-mercado-comum/. Acesso em: 10 nov. 2022.

TRATADO DE MONTEVIDÉU. 13 de fevereiro de 1960. Disponível em: https://www.aladi.org/sitioaladi/language/pt/alalc-2/. Acesso em: 10 nov. 2022.

TRATADO DE MONTEVIDÉU. 12 de agosto de 1980. Disponível em: https://www2.aladi.org/biblioteca/Publicaciones/ALADI/Secretaria_General/Documentos_Sin_Codigos/Caja_062_001_pt.pdf. Acesso em: 10 nov. 2022.

URUGUAY. **Constitución de la República Oriental del Uruguay**. 1967. Disponível em: https://siteal.iiep.unesco.org/sites/default/files/sit_accion_files/siteal_uruguay_3001.pdf. Acesso em: 13 nov. 2022.

URUGUAY. **Ley n. 16.713, de 3 de setiembre de 1995**. Crease el sistema previsional que se basa en el principio de universalidad y comprende en forma inmediata y obligatoria a todas las atividades amparadas por el Banco de Prevision Social. Disponível em: https://oig.cepal.org/sites/default/files/uruguay_ley_16.713_1995.pdf. Acesso em: 13 nov. 2022.

URUGUAY. **Ley n. 17.207, de 24 de septiembre de 1999**. Apruébase el Acuerdo Multilateral de Seguridad Social del Mercado Común del Sur, suscrito en Montevideo, el 14 de diciembre de 1997, durante la XIII Reunión del Consejo Mercado Común. Disponível em: https://www.bps.gub.uy/bps/file/12090/1/ley17207-acuerdo-miltilateral-de-seguridad-social-con-mercosur.pdf#:~:text=ARTICULO%206-,1.,de%20origen%20autorice%20su%20otorgamiento. Acesso em: 13 nov. 2022.

WINTER, L. A. C. As condições existentes à época da assinatura do tratado de criação do Mercosul. In: WINTER, L. A. C. (Org.). **Múltiplas facetas do Estado-Região**. Curitiba: Juruá, 2004.

Judicialização da saúde e as relações federativas existentes no Brasil

Judicializacion de la sanidad y relaciones federativas en Brasil

Marina Faraco Lacerda Gama

Doutora e mestre em Direito do Estado pela Pontifícia Universidade Católica de São Paulo (PUC-SP). Professora da Faculdade de Direito da PUC-SP. Coordenadora Adjunta do Programa de Pós-Graduação *Stricto Sensu* em Direito Constitucional Econômico da UNIALFA/GO e Professora do mesmo Programa. Vice-líder do Grupo de Pesquisa "Hermenêutica e Justiça Constitucional: STF" (CNPq-PUC-SP).

Solange de Oliveira

Doutoranda em Direito Constitucional pela Pontifícia Universidade Católica de São Paulo (PUC-SP). Mestre em Direito Constitucional pela PUC-SP (2017). Especialista em Direito Constitucional pela Escola Superior de Advocacia (ESA/OAB/SP). Advogada. Pesquisadora do Grupo de Pesquisa Hermenêutica e Justiça Constitucional: STF (CNPq-PUC-SP). Membro do Instituto Brasileiro de Estudos Constitucionais (IBEC).

Resumo: O presente artigo realiza uma pesquisa conduzida pelo aspecto bibliográfico sobre a judicialização da saúde e as relações federativas existentes no Brasil. Para essa análise, apresentamos uma leitura sobre o Estado Unitário e o Estado Federal brasileiro e a organização político-administrativa da República Federativa do Brasil. Tudo sem perder de vista o desenho institucional do Sistema Único de Saúde, que trata de uma política de Estado que foi criado pela Constituição, organizado com responsabilidades estabelecidas para as três esferas da federação de acordo com o art. 23, inciso II, da CF/1988. No entanto, para que tudo isso possa ocorrer, é necessário que o Estado-Executivo formule políticas públicas que possam cumprir o desejo da Constituição "saúde é direito de todos e dever do Estado" como possibilidade de se enfrentar a excessiva judicialização da saúde no país.

Palavras-chave: judicialização; Executivo; saúde.

***Resumen**: Este artículo realiza una investigación por el aspecto bibliográfico sobre la judicialización de la salud y las relaciones federativas existentes en Brasil. Para este análisis, presentamos una lectura sobre el Estado Unitario y el Estado Federal Brasileño y la organización político-administrativa de la República Federativa de Brasil. Todo ello sin perder de vista el diseño institucional del Sistema Único de Salud que trata de una política de Estado que fue creada por la Constitución, organizada con responsabilidades establecidas para las tres esferas de la federación según el art.23, II, de la CF/1988. Sin embargo, para que todo eso ocurra, es necesario que el Estado Ejecutivo formule políticas públicas que puedan cumplir el deseo de la Constitución de que "la salud es un derecho de todos y un deber del Estado" como posibilidad de enfrentar la excesiva judicialización de la salud en el país.*

***Palabras clave**: judicialización; Ejecutivo; salud.*

el Sistema Único de Salud. 3.1. Características. 3.2. Distribución de competencias entre los entes federales. 4. El Sistema Único de Salud y el federalismo. 5. Judicialización de la salud o exigencias legales en salud. 6. Consideraciones finales. Referencias.

1.
Introdução

A Constituição Brasileira de 1988 dispõe que a saúde é direito de todos e dever do Estado (art. 196); incluído na categoria dos direitos sociais. É um direito constitucional que a população por vezes não vivencia plenamente em seu cotidiano essa realidade. Diante desse quadro, as pessoas que têm acesso à justiça fazem uso desse direito e recorrem ao Poder Judiciário demandando por serviços de saúde como tratamentos, medicamentos, exames, internações entre outros que o Estado brasileiro não tem oferecido quer em sua perspectiva individual, quer em sua perspectiva coletiva.

Em meio ao intenso crescimento de ações judiciais no setor da saúde, surge a "judicialização da saúde entendida como o fenômeno das ações judiciais contra o Sistema Único de Saúde (SUS)" (Conasems, 2021, p. 3) em razão de falhas no planejamento estatal e que precisam ser protegidos. Assim, o Judiciário como protagonista vem sendo cada dia mais cobrado para que atue e, dessa forma o direito à saúde nos moldes da Constituição seja efetivado na busca por definições de competências para cada ente federado, a fim de que seja responsabilizado para a entrega das ações e serviços públicos de saúde que estão sendo demandados.

Para Daniel Sarmento e Cristina Telles (2012, p. 117) existe uma interrogação:

> *Será que converter o Judiciário em principal arena decisória no campo sanitário é, sob o ângulo do desenho institucional, uma solução razoável, que realmente assegura o direito à saúde em igualdade de condições para todos, sobretudo em um cenário em que o acesso à justiça é extremamente assimétrico?*

Trata-se de questão complexa que serve de pano de fundo para compreensão da discussão que neste artigo procuraremos discutir sobre a utilização do fenômeno da judicialização no Brasil e as relações entre os entes federados para o atendimento por meio da tutela jurisdicional facultada ao cidadão pleiteá-lo para os serviços e ações de saúde.

2. Considerações necessárias sobre Estado unitário e Estado federal

Compreende-se, para o propósito deste artigo, o Estado em uma dimensão mais dinâmica antes de analisarmos o Estado unitário e o federal. Assim, filiamo-nos a Jorge Miranda (1996, p. 49), que pensa o Estado como construção histórica:

> *Quer como ideia ou concepção jurídica ou política quer como sistema institucional, o Estado não se cristaliza nunca numa forma acabada; está em contínua mutação, através de várias fases de desenvolvimento progressivo (às vezes regressivo); os fins que se propõe impelem-no para novos modos de estruturação e eles próprios vão-se modificando e, o mais das vezes, ampliando.*

Esse conceito enfatiza que o Estado não está paralisado, o que possibilita no decorrer dos anos várias transformações. Dessa maneira, passou-se por vários momentos, seja na forma de (i) Estado estamental; depois em (ii) Estado liberal com a ideia de liberdade e nela ancorando com a intenção de reduzir as funções do Estado perante a sociedade; até chegarmos no (iii) Estado social. Todos eles com formatos específicos em sua forma de organização, mas dotados da presença dos elementos essenciais para seu funcionamento, como o indivíduo, o território e o poder.

Para a doutrina clássica, os Estados classificam-se em simples (modelo unitário) e compostos (modelo federal). André Ramos Tavares (2020, p. 884) esclarece que o *Estado unitário* se apresenta como uma forma de Estado em que o poder se encontra enraizado em um único ente estatal que domina todo o território. Isso significa a concentração de poder nas mãos de uma única pessoa ou em um órgão (Tavares, 2020, p. 884). O mesmo autor acentua que existe a possibilidade de divisões internas em um Estado unitário em uma perspectiva administrativa, mas não sendo possível no campo político. Isso porque o Estado unitário é a forma que tradicionalmente é menos complexa.

De outro lado, J. H. Meirelles Teixeira (2011, p. 562) apresenta como modelo de Estado unitário a França e a Inglaterra, mas não diverge de André Ramos Tavares sobre descentralização e centralização.

O Estado federal consiste segundo André Ramos Tavares (2020, p. 861) "como o conjunto de entidades autônomas que aderem a um vínculo indissolúvel, integrando-o". Observa-se, nesse formato de Estado, que existe uma divisão vertical entre os poderes que, no espaço horizontal, conhece-se a separação das funções executiva, legislativa e judiciária.

Para Marlon Alberto Weichert (2014, p. 13) a distância conceitual entre Estado unitário e Estado federal na prática não se confirma, porque, segundo ele, os Estados unitários têm experimentado formas cada vez mais efetivas de descentralização, inclusive com previsão constitucional.

O conceito trazido por J. H. Meirelles Teixeira (2011, p. 564) sobre o Estado federal ou a forma federativa é:

> *aquela em que, num mesmo território, e sobre as mesmas pessoas, coexistem, simultânea e harmonicamente, pelo menos duas categorias de ordenamento jurídicos – o central e os regionais – e pelo menos duas categorias de governos – o central e os regionais – cujos poderes são distribuídos e assegurados por uma constituição rígida.*

Observamos, portanto, que o estatuto legal do Estado federal é a Constituição que deve balizar o Estado central, bem como os estados-membros. Enquanto no Estado unitário, com a "descentralização política" (como é o caso da Inglaterra), seu estatuto é simplesmente a lei ordinária, uma vez que não conhece o sistema de Constituição rígida (Teixeira, 2011, p. 564).

No caso brasileiro, a forma de governo é federal, pois a descentralização foi claramente estabelecida pela Constituição em seu art. 1º, que diz: "A República Federativa do Brasil, formada pela união indissolúvel dos Estados e Municípios e do Distrito Federal, constitui-se em Estado Democrático de Direito", incorporando a cidadania como base para a concretização do Estado democrático de direito (Brasil, 1988). Mais adiante, no art. 60, § 4º, da CF/1988 menciona que: "Não será objeto de deliberação a proposta de emenda tendente a abolir: I – a forma federativa de Estado" (Brasil, 1988).

3. Federalismo no Brasil e o Sistema Único de Saúde

3.1. Características

O Estado federal tem como características: (a) a repartição de competências e de rendas pela Constituição, que, em sua origem, tem como base um "pacto implícito" em que os entes partes do Estado detinham todas as competências que não houvessem sido expressamente atribuídas ao ente central; (b) a capacidade de possuir rendas próprias e de auto-organização e autogoverno dos estados-membros na participação e na formação do Estado federal, conforme o preceituado no art. 18[i] e no art. 25[ii] da CF/1988; (c) a rigidez constitucional; (d) a indissolubilidade do vínculo federativo, isso porque a Constituição foi elaborada pela nação brasileira em sua totalidade dos estados-membros, de modo que esses estados não são soberanos e não podem pôr fim à Federação; e, por último, (e) a existência de um tribunal constitucional para a solução de conflitos federativos (Tavares, 2020, p. 866; Teixeira, 2011, p. 568).

3.2. Repartição de competências entre os entes federados

No art. 23, inciso II, a CF/1988 seguiu um modelo de federalismo cooperativo e estabeleceu que determinadas atividades e serviços públicos, como é o caso da saúde fossem desenvolvidos mediante atuação conjunta dos entes federados (União, estados e municípios) visando à "criação de políticas públicas nacionais" (Sarmento; Telles, 2012, p. 121) para a realização de ações e serviços de saúde, conforme entendimento da jurisprudência do Supremo Tribunal Federal (STF). Como exemplo:

---

i CF/1988: "Art. 18. A organização político-administrativa da República Federativa do Brasil compreende a União, os Estados, o Distrito Federal e os Municípios, todos autônomos, nos termos desta Constituição" (Brasil, 1988).

ii CF/1988: "Art. 25. Os Estados organizam-se e regem-se pelas Constituições e leis que adotarem, observados os princípios desta Constituição" (Brasil, 1988).

> *EMENTA: CONSTITUCIONAL E ADMINSTRATIVO. EMBARGOS DE DECLARAÇÃO EM RECURSO EXTRAORDINÁRIO COM REPERCUSSÃO GERAL RECONHECIDA. AUSÊNCIA DE OMISSÃO, CONTRADIÇÃO OU OBSCURIDADE. [...] RESPONSABILIDADE SOLIDÁRIA NAS DEMANDAS PRESTACIONAIS NA ÁREA DA SAÚDE. 1. É da jurisprudência do Supremo Tribunal Federal que o tratamento médico adequado aos necessitados se insere no rol dos deveres do Estado, porquanto responsabilidade solidária dos entes federados. O polo passivo pode ser composto por qualquer um deles, isoladamente ou conjuntamente. Vistos, relatados e discutidos estes autos, acordam os Ministros do Supremo Tribunal Federal, em Sessão Plenária de 22.5.2019, sob a Presidência do Ministro Dias Toffoli, na conformidade da ata de julgamento e das notas taquigráficas, por unanimidade de votos, em conhecer, preliminarmente, dos embargos de declaração. No mérito, por maioria, o Tribunal rejeitou os embargos, nos termos do voto do Ministro Edson Fachin, Redator para o acórdão, vencidos os Ministros Luiz Fux (Relator), Alexandre de Moraes, Roberto Barroso e Dias Toffoli (Presidente). Na sequência, a Corte deliberou fixar tese de repercussão geral em assentada posterior. Na sessão Plenária de 23.5.2019, o Tribunal, por maioria, fixou a seguinte tese de repercussão geral (Tema 793): "Os entes da federação, em decorrência da competência comum, são solidariamente responsáveis nas demandas prestacionais na área da saúde, e diante dos critérios constitucionais de descentralização e hierarquização, compete à autoridade judicial direcionar o cumprimento conforme as regras de repartição de competências e determinar o ressarcimento a quem suportou o ônus financeiro", nos termos do voto do Ministro Edson Fachin, Redator para o acórdão, vencido o Ministro Marco Aurélio, que não fixava tese.* (STF, Emb. Decl. no Recurso Extraordinário n. 855.178/SE. Relator Min. Luiz Fux. Redator do Acórdão Min. Edson Fachin.)

Isso não significa que os entes[i] federados deverão realizar as mesmas atividades. A CF/1988 sinaliza para as especificidades que devem

---

[i] Convém esclarecer que todos os entes federados têm competência legislativa para editarem leis sobre sua própria estrutura administrativa, podendo também criar autarquias, fundações e empresas estatais, organização de seus serviços, procedimentos administrativos e regime jurídico de seus servidores (Cambi, 1998, p. 249).

ser respeitadas: (a) art. 30, inciso VII: cooperação técnica e financeira da União e dos estados; (b) art. 198, inciso II: descentralização político-administrativa das atividades sanitárias. Também a Lei n. 8.080/1990: (c) art. 7º, inciso IX, alínea "a": descentralização político-administrativa, com direção única em cada esfera de governo com ênfase na descentralização dos serviços para os municípios; (d) art. 16, incisos I a XIX: com atribuições específicas à União no sentido de formular, normatizar, avaliação e financiamentos no âmbito de políticas nacionais do Sistema Único de Saúde; (e) art. 17, incisos I a XIV: à direção estadual do Sistema Único de Saúde na tarefa de promover e conduzir a descentralização para os municípios dos serviços e das ações de saúde no sentido de oferecer apoio técnico e financeiro e prestando quando for o caso, serviços assistenciais; e (f) art. 18, incisos I a XII: à direção municipal do Sistema Único de Saúde na execução direta das ações e serviços de saúde.

Como visto, todos os entes federados são competentes. O que pressupõe que deva existir entre eles "o equilíbrio do desenvolvimento e do bem-estar em âmbito nacional" (Brasil, 1988, art. 23, § único).

4. O Sistema Único de Saúde e o federalismo

A Constituição Brasileira foi promulgada no dia 5 de outubro de 1988 e foi precedida pelo Movimento da Reforma Sanitária Brasileira (MRSB), constituído por diversos segmentos da sociedade civil como intelectuais, operários, estudantes e profissionais de saúde. Teve importante participação na seção "da Saúde" da Constituição vigente. Esse vigoroso movimento foi construído como expressão da Reforma Sanitária, cujo lema foi *Democracia é saúde*, difundido na VIII Conferência Nacional de Saúde (realizada em Brasília, de 17 a 23 de março de 1986). Teve, portanto, papel decisivo na construção do Sistema Único de Saúde, que foi implementado gradualmente com a criação do Sistema Único e Descentralizado de Saúde (SUDS); depois incorporado o Instituto Nacional de Assistência Médica da Previdência Médica da Previdência Social (Inamps) ao Ministério da Saúde (Decreto n. 99.060, de 7 de março de 1990), só então entrou em vigor a Lei Orgânica da Saúde (Lei n. 8.080, de 19 de setembro de 1990) e, passados dois meses, foi editada a Lei n. 8.142, de 28 de dezembro de 1990, que imprimiu ao SUS o controle social (Oliveira, 2017, p. 85).

Como se vê, a saúde é um dos direitos fundamentais garantidos a todos indistintamente por meio da CF/1988, que rompeu juridicamente com as Constituições anteriores ao estabelecer a universalidade como um dos princípios do SUS, eliminando a ideia de saúde restrita às pessoas que tinham vínculo empregatício (carteira assinada), ou seja, a saúde em decorrência de acesso trabalhista. E aos excluídos desse mercado formal de trabalho restava a condição de indigentes que se valiam das instituições filantrópicas e aos serviços que eram mantidos pelo Ministério da Saúde ou da Educação (Centros e Hospitais Universitários) e pelas Secretarias Estaduais e Municipais de Saúde.

O SUS organiza-se de acordo com as seguintes diretrizes e princípios: (i) **descentralização**, com direção única em cada esfera de governo; (ii) **atendimento integral**, deve ser disponibilizado para a população; (iii) **participação da comunidade**, (iv) **universalidade**, direito de acesso a qualquer pessoa para ser atendido pelos órgãos de saúde como bem coletivo (v) **igualdade**, todas as pessoas têm direito a tratamento equânime sem qualquer discriminação ou privilégios; (vi) **gratuidade de acesso**, para todas as ações e serviços; (vii) **regionalização e hierarquização**, para a prestação dos serviços de saúde por meio de divisões territoriais e na divisão da prestação de serviço em classes de acordo com o grau de complexidade das ações e dos serviços de saúde que poderão ser ofertados e que serão essenciais para o tipo de pacto que se formará entre o estado e o município, dando suporte para as políticas públicas em que os recursos são escassos e à complexidade dos serviços (Mendes, 2009, p. 78-79); (viii) **equidade**, oferecer mais a quem mais precisa, a fim de diminuir as diferenças injustas e evitáveis; e (ix) **informação**, direito das pessoas e de seus familiares a terem conhecimento sobre seu estado de saúde, bem como das terapias utilizadas e de eventuais implicações no tratamento utilizado.

A CF/1988 inovou na existência de serviços de relevância pública (art. 197) ao definir que "são de relevância pública as ações e serviços de saúde" (Brasil, 1988), cabendo ao Poder Público dispor, nos termos da lei, sobre sua regulamentação, fiscalização e controle, devendo sua execução ser feita diretamente ou através de terceiros e, também, por pessoa física ou jurídica de direito privado. O art. 129, inciso II, atribui ao Ministério Público a função de zelar pelo efetivo respeito dos Poderes Públicos e de serviços de relevância pública, como é o caso da saúde pública.

Sobre ações e serviços que se deve prestar, compreendemos as políticas públicas como o "conjunto heterogêneo de medidas do Estado" que integram "programas de ação governamental destinados ao cumprimento das metas coletivas fixadas na Constituição" (Faraco, 2015, p. 653). Nas palavras de Maria Paula Dallari Bucci (2006, p. 241):

> *Política Pública é o programa de ação governamental que resulta de um processo ou conjunto de processos juridicamente regulados – processo eleitoral, processo de planejamento, processo de governo, processo orçamentário, processo legislativo, processo administrativo, processo judicial – visando coordenar os meios à disposição do Estado e as atividades privadas, para a realização de objetivos socialmente relevantes e politicamente determinados.*

Nesse sentido, o desenho institucional do Sistema Único de Saúde reflete uma política de Estado que foi criada pela Constituição a partir de um modelo organizado com responsabilidades estabelecidas para as três esferas da federação, de acordo com o art. 23, inciso II, da CF/1988, e com direção única (art. 198), de modo que todas "as ações e serviços públicos de saúde integram uma rede regionalizada e hierarquizada e constituem um sistema único [...]" (Brasil, 1988).

Portanto, a realização dessas ações e desses serviços é feita diretamente pelas instituições jurídicas que compõem o SUS, quais sejam: Ministério da Saúde, Secretarias Estaduais de Saúde, Secretarias Municipais de Saúde, Secretarias de Saúde do Distrito Federal, autarquias hospitalares, agências reguladoras, fundações etc., que são aquelas atreladas às Administrações diretas ou indiretas da União, dos estados, dos municípios e do Distrito Federal (Oliveira, 2017, p. 87-88).

Observa-se que esse desenho do SUS é articulado e suas ações são continuadas, organizadas com responsabilidades das três esferas da federação. No entanto, existem ações que são típicas para cada ente federado, conforme veremos.

A União edita normas gerais e os estados, o Distrito Federal e os municípios complementam-as de acordo com suas peculiaridades. Marlon Alberto Weichert (2004, p. 211) anota que, para estados, Distrito Federal e municípios, têm campos que são próprios de complementação normativa, no que diz respeito à organização e distribuição dos próprios serviços em que todos reportam-se diretamente às nomas federais, não devendo os municípios, a princípio, observância às normas complementares.

Conforme já pontuado neste artigo, a CF/1988 adotou um modelo de federalismo cooperativo[i] e, no art. 23, expressou que atividades (como é o caso da saúde) fossem fomentadas e executadas mediante atuação conjunta de todas as esferas da Federação. Daniel Sarmento e Cristina Telles (2012, p. 120-122), porém, orientam-se no sentido de que a Constituição "não define, diretamente quais são os campos ou as tarefas preferenciais de cada esfera federativa em cada uma das hipóteses de competência comum". Anota-se também, que, assim como o art. 23 da CF/1988 torna os entes federados corresponsáveis pelas atividades e serviços que são enumerados, mas de igual modo não impõe à corresponsabilidade o regime em caráter obrigatório da solidariedade. Muito pelo contrário, o conteúdo "cooperação" dá à ideia de atribuições (Sarmento; Telles, 2012, p. 120-122). E que já está delimitado pela Constituição (arts. 30, VII, e 198) ao vocacionar pela construção de um sistema único de saúde com vertente descentralizadora e participativa. Em que se vê nos arts. 16 a 19 da Lei do SUS (Lei n. 8.080/1990).

No entanto, para que tudo isso possa ocorrer, é necessário que o Estado-Executivo formule políticas públicas que possam cumprir o desejo da Constituição "saúde é direito de todos e dever do Estado" como possibilidade de se enfrentar a excessiva judicialização da saúde no país.

5. Judicialização da saúde ou as demandas judiciais em saúde

Com certeza a Constituição reconheceu formalmente muitos direitos. É um fato que não se pode negar. Contudo, a realidade também é clara em se afirmar que são inúmeros os desrespeitos à lei. Constata-se a existência dos direitos que formalmente estão presentes e que não são aplicados. Exemplo é o caso da saúde pública, que não tem sido cuidada devidamente pelo Estado brasileiro por meio de seus três níveis de governo para a promoção de políticas públicas. Ainda restando um longo caminho a ser percorrido para que esse direito tão essencial à cidadania seja efetivado. Isso aumenta expressivamente o número de reivindicações judiciais buscando o direito aos cuidados de saúde, seja para acesso a medicamentos ou a tratamentos médicos. Por essa razão,

---

[i] No *site* do STF (www.stf.br) encontra-se o Emb. Decl. no RE n. 855.178/SE, Relator Min. Luiz Fux, Redator do Acórdão Min. Edson Fachin.

caberá ao Poder Judiciário atuar para a resolução dessas questões e assim proteger o direito à saúde.

Como atrás dito, o fenômeno da judicialização[i] ganhou importância nos mais diversos meios e colocou o Poder Judiciário no centro para a garantia do direito à saúde. Exemplo desse papel de destaque foi o chamamento pelo STF em maio de 2009 para uma audiência pública para discutir as questões do direito à saúde e o SUS em razão do elevado número de ações judiciais envolvendo a saúde e gastos de recursos públicos que decorrem desses processos. É o debate na mais alta Corte brasileira da judicialização da saúde compreendendo, portanto, as mais diversas ações para obtenção de medicamentos, procedimentos cirúrgicos, tratamentos terapêuticos ambulatoriais e hospitalares para o tratamento da enfermidade em questão, mas que nem sempre têm previsão nas políticas públicas de saúde implementadas pelo Estado.

Sobre garantir a integralidade e a universalidade para o direito à saúde, Silvia Badim Marques e Sueli Gandolfi Dallari (2007, p. 101-107) salientam "para que o Estado brasileiro possa manter esses preceitos legais, é preciso que implemente políticas públicas e serviços públicos de saúde e assistência farmacêutica, em escala coletiva".

Para Marques e Dallari (2007, p. 101-107), as políticas públicas de saúde são indispensáveis para o exercício do direito social que tem raízes jurídicas fortes, capazes de obrigar os governantes à prestação ordenada e sistêmica para o mais alto cuidado com a saúde. Amparadas pelos dispositivos legais e constitucionais pertinentes, como a Lei Orgânica da Saúde (Leis n. 8.080 e n. 8.192 de 1990) e a CB/1988 (art. 196 a 200).

> *Negar a força do princípio da integralidade de assistência à saúde e amarrá-lo à política pública é deixar o cidadão à mercê dos administradores públicos. Apesar de os gestores de saúde merecerem todo o respeito e consideração em sua escolha discricionária de oferta coletiva de fármacos, o direito deve ir além, pois os administradores e gestores públicos podem negligenciar o atendimento individual e deixar os cidadãos sem atendimento específico, que seja capaz de, na prática, salvar sua vida ou minimizar seu sofrimento.* (Marques; Dallari, 2007, p. 101-107)

---

[i] Luís Roberto Barroso define *judicialização* como a mera possibilidade de levar conflitos à apreciação do Judiciário. Trata a questão como um fenômeno inevitável, presente nas principais democracias.

Como salientado pela autora, a judicialização da saúde pode salvaguardar o direito de as pessoas reivindicarem suas necessidades e serem atendidas pelo Estado.

Por outro lado, Reynaldo Mapelli Júnior (2015) entende que em muitos casos existe a falta de legitimidade constitucional de decisões judiciais e que não se pode confundir o direito à saúde com seu pedido perante o Poder Judiciário, como se fossem coisas interligadas. Para ele, saúde é um direito que deve ser exigido, mas não necessariamente por meio de ações judiciais. Entende que o Poder Judiciário está em muitos casos despreparados para resolver problemas de saúde e que deve ser procurado quando não for possível a obtenção espontânea da assistência farmacêutica.

Compreendemos que o Estado brasileiro deve atender por meio das demandas judiciais em saúde aquele que precise de atendimento integral quando tiver uma doença e ausente meio disponível para tratamento, sem perder de vista que a judicialização em saúde é um problema que está sendo construído pelo próprio Estado brasileiro ao negligenciar o Sistema Único de Saúde e deixar de dotá-lo com fontes estáveis de financiamento, a fim de que possa torná-lo sustentável e assim enfrentar as dificuldades.

No entanto, devem-se promover esforços também para que os entes federados (União, estados e municípios) construam mecanismos interfederativos e extrajudiciais de encaminhamentos ao SUS, sem a necessidade de buscar assistência à saúde pela via judicial. Para tanto, o direito à saúde (art. 196) deve ser promovido por meio de políticas públicas conforme o desenho realizado para o SUS nos termos constitucionais. Dessa maneira, tendo condições de ser a porta de entrada para as ações e serviços de saúde de qualidade a serem ofertadas à população.

6.
Considerações finais

O *Estado unitário* se apresenta como uma forma de Estado em que o poder se encontra enraizado em um único ente estatal que domina todo o território. O que significa a concentração de poder nas mãos de uma única pessoa ou em um órgão.

O *Estado federal,* segundo André Ramos Tavares (2020, p. 861), consiste no "conjunto de entidades autônomas que aderem a um vínculo indissolúvel, integrando-o". Nesse formato de Estado existe uma divisão vertical entre os poderes que, no espaço horizontal, conhece-se a separação das funções executiva, legislativa e judiciária.

A CF/1988 sinaliza para as especificidades que devem ser respeitadas entre os entes federados, o que não significa que devem realizar as mesmas atividades.

A saúde é um dos direitos fundamentais garantidos a todos indistintamente por meio da CF/1988, que rompeu juridicamente com as constituições anteriores ao estabelecer a universalidade como um dos princípios do SUS.

Compreendemos que o Estado brasileiro deve atender, por meio das demandas judiciais em saúde, aquele que precisa de atendimento integral quando tiver uma doença e ausente meios disponíveis para tratamento, sem perder de vista que a judicialização em saúde é um problema que está sendo construído pelo próprio Estado brasileiro ao negligenciar o Sistema Único de Saúde e deixar de dotá-lo com fontes estáveis de financiamento, a fim de que possa torná-lo sustentável e assim enfrentar as dificuldades.

Devem-se promover esforços também para que os entes federados (União, estados e municípios) construam mecanismos interfederativos e extrajudiciais de encaminhamentos ao SUS, sem a necessidade de buscar assistência à saúde pela via judicial.

Referências

BRASIL. **Constituição da República Federativa do** Brasil. Brasília, 1988. Disponível em: https://www.planalto.gov.br/ccivil_03/constituicao/ConstituicaoCompilado.htm. Acesso em: 10 dez. 2022.

BUCCI, M.P.D. **Direito administrativo e políticas públicas**. São Paulo: Saraiva, 2006.

CAMBI, E. Normas gerais e a fixação da competência concorrente na federação brasileira. **Revista de Processo**, São Paulo, v. 23, n. 92, p. 244-261, out./ dez. 1998.

CONASEMS – Conselho Nacional de Secretarias Municipais de Saúde. Judicialização da saúde nos municípios: como responder e prevenir. **Direito à Saúde, Judicialização e a Jurisprudência do Supremo Tribunal Federal**, v. 2, 2021.

FARACO, M. Poder Judiciário e crise hídrica no Brasil: o protagonismo judicial no controle de políticas públicas. **Revista Brasileira de Estudos Constitucionais**, Belo Horizonte: Fórum, ano 9, n. 33, p. 647-667, set./dez. 2015.

MAPELLI JÚNIOR, R. **Judicialização da saúde e políticas públicas: assistência farmacêutica, integralidade e regime constitucional do SUS**. 2015, 390 f. Tese (doutorado em Direito) – Universidade de São Paulo (USP), São Paulo, 2015.

MARQUES, S. B.; DALLARI, S.G. A garantia do direito à assistência farmacêutica no Estado de São PAULO. **Revista de Saúde Pública**, São Paulo, v. 41, n. 2, p. 101-107, 2007.

MENDES, E. V. **As redes de atenção à saúde**. Belo Horizonte: Escola de Saúde Pública de Minas Gerais, 2009. p. 78-79.

MIRANDA, J. **Manual de direito constitucional**. 3. ed. Coimbra: Editora Coimbra, 1996. Tomo I.

OLIVEIRA, S. de. **O direito à saúde na Constituição brasileira**: complexidades de uma relação público-privada no SUS. 2017. 231 f. Dissertação (Mestrado em Direito) –P ontifícia Universidade Católica de São Paulo, São Paulo. 2017.

SARMENTO, D.; TELLES, C. Judicialização da saúde e responsabilidade federativa: solidariedade ou subsidiariedade. In: ASENSI, F. D.; PINHEIRO, R. (Orgs.). **Direito sanitário**. Rio de Janeiro: Elsevier, 2012.

TAVARES, A. R. **Curso de direito constitucional**. 18. ed. São Paulo: Saraiva Educação, 2020.

TEIXEIRA, J. H. M. **Curso de direito constitucional**. Organização de Maria Garcia. Florianópolis: Conceito Editorial, 2011.

WEICHERT, M. A. **Saúde e Federação na Constituição brasileira**. Rio de Janeiro: Lumen Juris, 2004.

Seção 3

Organizadores do livro e coautores

Alexandre Coutinho Pagliarini e Luis Felipe Echeverria Nasser

Mário Lúcio Quintão Soares e Débora Cristina Veneral

A desmedida ascensão do Poder Judiciário: contextualização e crítica ao julgamento da ADO n. 26 pelo Supremo Tribunal Federal

El ascenso desenfrenado del Poder Judicial: contextualización y crítica de la sentencia del ADO n. 26 de la Corte Suprema Federal

Alexandre Coutinho Pagliarini

Pós-Doutor em Direito pela Universidade de Lisboa. Doutor e mestre em Direito pela PUC-SP. Pós-doutorando em Direito pela Universidad de León. Professor Titular do Centro Universitário Internacional. Advogado.

Luis Felipe Echeverria Nasser

Bacharel em Direito pela Pontifícia Universidade Católica do Paraná (PUCPR). Mestrando em Direito pelo Centro Universitário Internacional Uninter.

Resumo: O Poder Judiciário tem sido alçado ao posto de principal Poder da República. O novo constitucionalismo atribuiu papel de extrema relevância aos magistrados e suas decisões, que têm o potencial de pautar o debate público, bem como de, por vezes, determinar a própria condução de políticas públicas, até mesmo em termos penais, o que parece bastante perigoso e, em certa medida, inconstitucional. Diante disso, mostra-se essencial adentrar no estudo das origens dessa ascensão, para fins de melhor compreender o fenômeno e perceber se, ao final, trata-se de um movimento legítimo e saudável à separação dos poderes e, em última análise, à própria democracia.

Palavras-chave: direito constitucional; direito penal; ascensão do Poder Judiciário.

***Resumen**: El Poder Judicial ha sido elevado a la posición de principal Poder de la República. El nuevo constitucionalismo ha atribuido un papel extremadamente relevante a los jueces y a sus decisiones, que tienen el potencial de orientar el debate público, así como de determinar, a veces, la propia conducción de las políticas públicas, incluso en términos penales, lo que parece bastante peligroso y, hasta cierto punto, inconstitucional. Ante ello, resulta imprescindible profundizar en el estudio de los orígenes de este auge, con el fin de comprender mejor el fenómeno y darnos cuenta de si, en definitiva, se trata de un movimiento legítimo y saludable para la separación de poderes y, en definitiva, para la propia democracia.*

***Palabras clave**: derecho constitucional; derecho penal; auge del Poder Judicial.*

Sumário: 1. Introdução. 2. Teoria da separação dos poderes e a experiência brasileira. 3. Judicialização da política. 4. A decisão exarada na ADO n. 26. 5. Considerações finais. Referências.

***Sumilla**: 1. Introducción. 2. La teoría de la separación de poderes y la experiencia brasileña. 3. La judicialización de la política. 4. La decisión en el ADO n. 26. 5. Consideraciones finales. Referencias.*

1. Introdução

Viveu-se no Brasil durante o período de 2020 a 2022, talvez, o momento mais tenso entre os Poderes constituídos. Seja por invasões indevidas nas competências dos demais, seja por discursos inflamados, por vezes com arroubos autoritários, a separação de poderes esteve em evidente crise, que pode seguir no atual governo. A vermos.

De todo modo, diante desse grave problema, o presente trabalho pretende, em linhas breves, traçar um panorama sobre a teoria da separação dos poderes e sua superação em termos absolutos, notadamente a partir da instauração dos *checks and balances*.

Na sequência, será analisada a chamada *judicialização da política*, buscando entender sua origem, bem como seus benefícios e riscos para a democracia.

Por fim, será analisado um caso emblemático, em que o Supremo Tribunal Federal parece ter excedido suas competências, passando a legislar e criar novos tipos penais, a partir de interpretações extensivas, contra o primado do direito penal de que a lei penal se interpreta de maneira estrita.

2. Teoria da separação dos poderes e a experiência brasileira

A discussão acerca da separação dos poderes do Estado não é recente. O debate remonta à Grécia antiga, em que Aristóteles, influenciado por Platão, escreveu sobre a divisão dos poderes em três *magistraturas*.

Segundo o filósofo, todo e qualquer regime de governo escolhido apresentará três partes. A primeira delas é referente às deliberações sociais – equivalente ao atual Poder Legislativo –, a segunda diz respeito aos atos executivos – equivalente ao atual Poder Executivo – e a terceira ao exercício da justiça – equivalente ao atual Poder Judiciário (Aristóteles, 1998, p. 325).

A partir das ideias dos filósofos gregos, a teoria da separação dos poderes se difundiu e ganhou novos contornos com John Locke (2015, p. 329), que tratava sobre os riscos de se concentrar nas mãos das mesmas pessoas o poder de criar leis e de executá-las, pois seria evidente a tentação de, ao cumprir as leis, os próprios criadores desvirtuarem sua finalidade. Por isso que, segundo o autor, é essencial que, após aprovarem as leis, seus autores se separem e se sujeitem às regras estabelecidas.

Por sua vez, Montesquieu (2008, p. 166-186) fez um apanhado sobre a liberdade, relacionando-a com a necessidade de se cumprir os regramentos existentes. Nesse sentido, definiu que a liberdade se perfaz na exata medida do cumprimento das leis, pois se a liberdade fosse tamanha, a ponto de permitir ignorar as regras, ninguém mais seria livre, pois todos poderiam agir a seu bel prazer.

Seguindo, o célebre autor define que a liberdade dos cidadãos só será plena quando o governo não abusar de seus poderes e, para isso, é necessário que "o poder freie o poder" (Montesquieu, 2008, p. 167), o que se obtém a partir da distribuição das prerrogativas do governo. Se cada um se mantiver adstrito à sua competência, não haverá espaço para tiranias e o povo será livre.

Em suma, a divisão dos poderes garante que as funções governamentais sejam exercidas por órgãos distintos e especializados, os quais, sem concentrar mais de uma dessas funções, não terão meios viáveis de exercê-las de modo tirânico (Silva, 2011, p. 108).

Trazendo os conceitos filosóficos para a realidade brasileira, é importante notar que desde a Constituição do Império a separação dos poderes já estava devidamente garantida. No primeiro momento, ainda se previa a figura do Poder Moderador, contudo, clara era a divisão dos poderes e a indicação de que isso se fazia em prol dos direitos dos cidadãos. No art. 9 da Constituição do Império, de 1824, estava previsto: "A Divisão, e harmonia do Poderes Políticos é o princípio conservador dos Direitos dos Cidadãos, e o mais seguro meio de se fazer effectivas as garantias, que a Constituição offerece" (*sic*).

Até mesmo as Constituições autoritárias de 1937 e 1969 previram as funções governamentais de modo separado, outorgando, em âmbito nacional, ao Congresso Nacional a função legislativa, à Presidência da República a função Executiva e ao Supremo Tribunal Federal o topo da função judicial.

Feita essa breve digressão conceitual e histórica, demonstrando a essencialidade da efetiva divisão dos poderes para que se evite a tirania, agora impende destacar algumas distinções e tratar sobre a superação da ideia de separação absoluta dos poderes.

2.1. Distinção necessária

Inicialmente, deve-se tratar da distinção entre o que se entende pelas funções do Estado e o que se entende pela separação de poderes. Nas palavras de Pontes de Miranda (2011, p. 63-86):

> *um conceito é o de distinção das* funções *do Estado em função* legislativa, *função* executiva *e função* judiciária*; outro o de* separação absoluta dos Poderes *segundo tal critério distintivo. Quer se adote o* princípio da separação absoluta, *quer não se adote, a distinção existe, porque é de ordem fática, isto é, pertence à natureza dos fatos da vida social. Por outro lado, pode haver separação sem correspondência subjetiva perfeita e, até, sem paridade [...].*

A partir do trecho transcrito, é simples notar que as funções do Estado sempre estarão divididas, pois se trata de um fato natural: a função legislativa é distinta da executiva, que, por sua vez, distingue-se da judiciária.

O que causa inquietação, e é o objeto do presente artigo, é a separação subjetiva dessas funções, ou seja, a análise acerca de quem será o responsável por exercer cada uma das funções, pois caso os poderes se concentrem na mão de apenas um órgão estará estabelecida a tirania.

Assim, é importante que a sociedade esteja sempre atenta ao exercício desses poderes, pois o simples fato de o Legislativo, o Executivo e o Judiciário existirem de modo objetivamente separado não garante, por si só, qualquer liberdade aos cidadãos.

Ainda mais, como se verá no tópico a seguir, nem mesmo a separação subjetiva – órgãos distintos encarregados de cada uma das funções – mostra-se suficiente nos tempos atuais, sendo necessária uma releitura da teoria da separação absoluta dos poderes para adequá-la aos tempos atuais e à ânsia humana por poder.

2.2. Superação da teoria em termos absolutos em razão da inter-relação entre os poderes

O art. 2º da Constituição da República define: "São Poderes da União, independentes e harmônicos entre si, o Legislativo, o Executivo e o Judiciário".

O texto constitucional de 1988 define, desde logo, a superação da separação absoluta entre os Poderes. Ao definir que estes são independentes e harmônicos entre si, evidentemente que se estabeleceu certo grau de inter-relação, dentro da qual as interações devem ser harmônicas.

Se no período posterior às monarquias absolutistas o grande receio era o exercício dos poderes por um único órgão ou pessoa, o que conduziria inevitavelmente, nas palavras de Montesquieu (2008, p. 169), à tirania, contemporaneamente é nítida a impossibilidade da absoluta separação.

Inclusive, se assim fosse, seria possível conceber a criação de uma nova espécie de tirania, pois havendo absoluta separação, não poderia um poder intervir no outro para coibir eventuais abusos. A inter-relação harmoniosa, portanto, faz-se cogente.

Nesse diapasão, Carlos Ayres Britto (2011, p. 35-50) apresenta as formas de interação harmônica entre os poderes, a fim de que a sua independência seja garantida:

> *Historicamente, muito mais na teoria que na prática, conceberam-se três modelos ou mecanismos de equilíbrio entre os poderes governamentais, no rastro luminoso do pensamento jurídico-liberal dos séculos XVII e XVIII, na Europa e nos Estados Unidos da América. São eles: a) atribuição de cada função básica do Estado a um único órgão, que se especializaria no exercício dela, sem possibilidade de exercer função paralela. Exemplificando, a função legiferante seria confiada ao Poder Legislativo, com exclusividade, ficando ele proibido de desempenhar atividades administrativas ou jurisdicionais; b) atribuição das três clássicas funções estatais a cada poder governamental, sendo que uma em caráter principal, finalístico, e duas em caráter secundário, instrumental. Assim, "verbi gratia", o Poder Judiciário teria por função preponderante e específica o julgamento dos litígios entre as pessoas físicas ou jurídicas, e, num plano acessório e inespecífico, o desempenho das atividades administrativas e legislativas. O Executivo operaria na faixa da execução das leis, "ex officio", de modo principal. Secundariamente, atuaria no campo da legislação e da jurisdição. E o Poder Legislativo, na esteira dessa orientação, legislaria como atividade especificamente sua e, subsidiariamente,*

> *faria breves incursões nos domínios da jurisdição e da administração; c) a mesma fórmula indicada na letra "b", supra, mas complementada com uma refinada técnica de atribuição de uma função relevante do Estado, não a um órgão isoladamente, porém a dois deles ou até mesmo a todos em conjunto. Isto é, para a prática de determinado ato, ou exercício de certa função, tornar-se-ia necessária a participação de mais de um Poder, numa espécie de colaboração forçada. E para efeito de contenção de cada Poder nas fronteiras da sua competência constitucional, todos disporiam de meios eficientes para impedir a usurpação de funções e fazer refluir o órgão exorbitante para os limites daquele espaço em que a atuação dele seria legítima.*

Nesse cenário, seguindo o exemplo dos Estados Unidos, o Brasil adotou o sistema de *checks and balances*, no qual, além de cada poder exercer, em seu âmago, as três funções do Estado, também se constata a existência de atos específicos que dependem da manifestação de dois ou, até, dos três poderes em conjunto.

Isso porque, como bem defendido no trecho transcrito, parece inviável conceber a absoluta separação dos poderes. Para tanto, seria necessário admitir que o Poder Executivo administrasse o orçamento do Legislativo e do Judiciário. Por outro lado, caberia ao Judiciário julgar questões internas do Executivo e do Legislativo. Por fim, caberia ao Legislativo criar regramentos detalhados acerca do cotidiano dos demais poderes. Tal solução inevitavelmente conduziria à total falta de harmonia entre os poderes e à ruína da ideia de separação.

Exemplo dessa atuação conjunta dos poderes – e amplamente compatível com o tema ora apresentado – é a nomeação de Ministros da Suprema Corte. Em um enredo que junta os três Poderes constituídos, o Presidente da República indica um indivíduo de notório saber jurídico e reputação ilibada, o qual será sabatinado e deve ser aprovado pela maioria absoluta dos membros do Senado Federal, para, então, assumir uma cadeira na cúpula do Poder Judiciário.

Em que pese se possam tecer críticas a essa forma de escolha, trata-se de uma evidente mostra de atuação independente e harmoniosa entre os poderes, pois nada impõe ao Senado Federal a obrigatoriedade de aprovação, bem como não compete ao Judiciário rejeitar a decisão tomada pelos outros poderes.

3.
Judicialização da política

Discussão que ganha cada vez mais importância é justamente a relativa à ascensão do Poder Judiciário, seja por seus atos de ofício, seja mediante provocação, nítido é o atual avanço sobre os demais poderes constituídos.

Nesse contexto, muito se debate se estaria havendo a judicialização da política, isto é, se os políticos estariam levando suas discussões ao Judiciário, ou se o que ocorre é a politização do Judiciário, com seus membros tomando partido em causas inerentes aos demais poderes.

Seja qual for a conclusão – talvez até ambas em concomitância –, fato é que se os federalistas apontavam que, àquele tempo, o Judiciário era o poder mais fraco e menos perigoso aos direitos dos cidadãos (Madison; Hamilton, 1993, p. 479), atualmente não se pode refutar a conclusão de que este é o poder mais forte da República.

Considerando o grau de extensão da atual Constituição Federal – com a implementação do Estado de bem-estar social – e o dever imposto ao Supremo Tribunal Federal de zelar pelo seu cumprimento, basicamente é possível que tudo o que se discute em solo brasileiro – seja no âmbito público, seja no privado – chegue à Suprema Corte, que, então, proferirá a última palavra sobre o tema (Hirschl, 2009, p. 139-178), muitas vezes em detrimento dos demais poderes constituídos.

Nesse sentido, brilhante é a constatação de Tercio Sampaio Ferraz Júnior (1994, p. 12-21) quando analisa o papel do Poder Judiciário e a atual impossibilidade de sua neutralização política:

> *Os direitos sociais, produto típico do estado do bem-estar social, não são, pois, conhecidamente, somente normativos, na forma de um* a priori *formal, mas têm um sentido promocional prospectivo, colocando-se como exigência de implementação. Isto altera a função do poder Judiciário, ao qual, perante eles ou perante a sua violação, não cumpre apenas julgar no sentido de estabelecer o certo e o errado com base na lei (responsabilidade condicional do juiz politicamente neutralizado), mas também e sobretudo examinar se o exercício discricionário do poder de legislar conduz à concretização dos resultados objetivados (responsabilidade finalística do juiz que, de certa forma, o repolitiza). [...] Tal responsabilidade, que, pela clássica divisão dos*

> *poderes, cabia exclusivamente ao Legislativo e ao Executivo, passa a ser imputada também à Justiça.*

Tal conclusão denota a relevância e o poderio adquirido pelo Poder Judiciário no decorrer do tempo, deixando de ser um mero aplicador da lei para ser um fiscalizador geral das políticas públicas estabelecidas em âmbito constitucional.

3.1. Origem dos debates: a revisão judicial

Ab initio, insta consignar que a origem desta discussão passa necessariamente pela ampliação do que originariamente se previu como competência do Poder Judiciário.

Se Montesquieu idealizou esse poder para meramente aplicar as leis advindas do Legislativo, sem discutir sua conformidade com o ordenamento jurídico, com a decisão tomada pela Suprema Corte dos Estados Unidos no caso *Marbury vs. Madison*, em que o Tribunal trouxe para si a incumbência de definir quais leis eram compatíveis com o sistema constitucional e quais não eram – inaugurando o conceito de controle difuso de constitucionalidade –, criou-se o precedente para que o Judiciário passasse a ser o censor dos atos do legislativo, adentrando em discussões até então eminentemente políticas (Canela Jr., 2011, p. 74).

Longe de se criticar tal competência do Poder Judiciário, ela busca justamente zelar pela integridade da Constituição de um país. Trata-se da última barreira de contenção do Poder Legislativo, que, muito embora legítimo para editar leis, não pode fazê-las de modo a desvirtuar o texto constitucional, pois, ao fim e ao cabo, estaria contrariando a própria vontade popular traduzida pela Assembleia Nacional Constituinte no texto final da Constituição da República (Gargarella, 1997, 50-70).

O grande ponto a ser debatido neste tópico não é efetivamente o controle judicial e a revisão judicial de leis inconstitucionais, mas sim compreender o limite desse controle.

Isso porque, por vezes, a Constituição nada trata sobre determinado tema e, então, os magistrados passam a exercer o papel do legislador, criando fórmulas hermenêuticas para fazer valer sua visão de mundo. O mesmo vale para hipóteses que estão devidamente regulamentadas em normas de eficácia plena, mas que mesmo assim os magistrados passam a interpretar para dar uma roupagem até então inexistente (Gargarella, 1997, 50-70). Esse é o momento em que as tensões entre os poderes se exacerbam e passam a preocupar os entusiastas da separação dos poderes.

De outro canto, importante é a teoria que trata sobre o "diálogo institucional", como forma de romper com as tensões mencionadas. De acordo com este entendimento, a derrubada de uma lei pelo Judiciário seria apenas o início do chamado *diálogo*, pois a partir disso caberia ao Legislativo retomar o controle da discussão e ajustar a legislação para adequá-la ao entendimento dos magistrados, ou simplesmente reeditar a lei nos mesmos termos, reforçando sua posição (Tremblay, 2023).

Ocorre que, como se verá adiante, algumas pressões políticas no cenário brasileiro – como o fato de os legisladores serem julgados pelos membros da Suprema Corte – podem impedir, na prática, a aplicação da interessante ideia do "diálogo institucional".

3.2. Papel contramajoritário do Poder Judiciário

Um sistema democrático que pretenda ser perene não pode aceitar a ideia de "o vencedor leva tudo". Em que pese as deliberações governamentais demandem maioria para aprovação no Congresso Nacional, permitir que a essa mesma maioria possa fazer o que bem entender inevitavelmente conduziria o sistema à falência, em uma espécie de ditadura (Peixoto, 2012, p. 42).

A real democracia é aquela que garante a todos os seus cidadãos direitos e liberdades previstas constitucionalmente, ainda que sejam minoria e não possam angariar a maior parte das vitórias em discussões legislativas (Hircshl, 2020, p. 30).

Os meios disponíveis para buscar uma sociedade mais igualitária, em que a maioria não passe a governar de modo tirânico apenas por contar com o apoio popular são a constitucionalização e a revisão judicial (Hircshl, 2020, p. 31). Isso porque a partir da definição de uma Lei Maior, no caso a Constituição, é possível atribuir ao Judiciário o poder de revisar leis ordinárias que eventualmente infrinjam as diretrizes ali definidas pelos constituintes.

Do contrário, fossem todas as leis de igual valor, angariando-se a maioria do Congresso Nacional, a posição dominante não teria freios, tampouco uma referência para definir se suas deliberações ferem direitos e garantias individuais da minoria.

É por isso que, se aplicado com honestidade intelectual, o papel contramajoritário do Judiciário se revela essencial na proteção de minorias, contra abusos da maioria. Agora, se aplicado de maneira a simplesmente inverter o jogo do poder, pode se desvirtuar e passar ele próprio a gerar abusos da minoria, a partir da tecnocracia dos tribunais, conflitando com os demais poderes igualmente constituídos e amparados pela maioria.

Nesse sentido, bem explica Ran Hirschl (2020, p. 77-78) acerca das teorias evolucionistas da constitucionalização:

> *Sob um disfarce contramajoritário, esta concepção salienta o fato de que ao facilitar o "acesso" para grupos de interesses definidos, a constitucionalização de direitos e o estabelecimento de uma revisão judicial ativa promove a difusão do poder político, adiciona mecanismos de veto, restringe a margem de manobra dos agentes políticos, e limita o poder das maiorias nas legislaturas. De acordo com esta visão, tribunais independentes, especialmente aqueles investidos de competências para a revisão judicial ativa, não apenas monitoram órgão executivos e legislativos indignos de confiança como facilitam a representação política de minorias difusas, porém bem organizadas. Esta representação cria oportunidades para certos grupos participarem na elaboração de políticas públicas, caminho que para eles estaria interditado no jogo das maiorias políticas parlamentares.*

A partir disso, é simples constatar que as maiorias formadas no Congresso e a eleição do Chefe do Poder Executivo precisam ser respeitadas na adoção de políticas públicas. O papel contramajoritário do Judiciário deve ficar adstrito a barrar abusos dessa maioria, mas nunca atribuir poder decisório acerca de políticas públicas à minoria através de seus votos.

Os rumos do país precisam ser trilhados por aqueles que a maior parte do povo escolheu para fazê-los, sob pena de descredibilizar o jogo democrático, com decisões sendo tomadas diuturnamente por Ministros e pautados por aqueles minoritários que não tiveram seus projetos de país avalizados nas urnas.

Se hoje o adversário está no poder e é boicotado pela implementação de políticas públicas de seus opositores pela via do Judiciário, no próximo momento – caso haja independência ideológica dos julgadores – pode ser o inverso e, ano após ano, o país estará impedido de fazer valer a vontade da maioria.

4.
A decisão exarada na ADO n. 26

Como todo e qualquer ser humano, o magistrado tem suas emoções, suas paixões e suas preferências. O mundo ao seu redor e, portanto, as pressões populares exercem papel relevante na tomada de decisão.

Ocorre que a jurisprudência advinda das decisões proferidas por esses mesmos magistrados, em tese, refletem análises técnicas e imparciais acerca de determinado assunto.

Em uma demanda de natureza concreta, em que litiguem duas partes opostas, não se pode conceber que as paixões do magistrado acabem por definir em favor de um dos lados sem que a técnica jurídica permitisse tal resultado.

Mais grave é pensar que uma decisão abstrata, com efeito vinculante possa ser tomada em um cenário em que as paixões pessoais do julgador, ou, então, pressões populares pautarão a definição.

O Poder em que as emoções, as paixões e as pressões populares se fazem presentes – e sem qualquer demérito, pelo contrário – é o Legislativo. Talvez por isso, a fim de melhor representar todas as paixões sociais envolvidas no processo de elaboração de uma legislação, é que o número de integrantes de tal Poder se revela tão elevado. Eventuais visões heterodoxas de mundo se diluem no mar de representantes do povo eleitos para a Câmara dos Deputados, por exemplo.

Por outro lado, na cúpula do Poder Judiciário, atualmente com onze membros, uma eventual visão heterodoxa do direito tem potencial de causar grandes danos, notadamente quando se deixa a técnica jurídica de lado para empregar um discurso político.

Exemplo claro e recente do perigo aqui mencionado, foi o julgamento da Ação Direta de Inconstitucionalidade por Omissão (ADO) n. 26, de relatoria do Ministro Celso de Mello.

Ao arrepio da melhor técnica jurídica em âmbito penal, o Supremo Tribunal Federal (STF), por maioria de votos, não só declarou a omissão do Poder Legislativo em relação à criminalização da homofobia e da transfobia – conforme preconiza o art. 103, § 2º, da Constituição da República –, mas também decidiu, por si, resolver a dita omissão.

Contrariando norma constitucional de eficácia plena, que garante não haver crime sem lei anterior que o defina, nem pena sem prévia cominação legal, a Suprema Corte, aplicando uma interpretação ontológica-constitucional do conceito de racismo, entendeu por bem criminalizar toda e qualquer conduta de homotransfobia.

O ponto de destaque para o presente estudo diz respeito justamente às emoções dos Ministros, que a partir disso acabaram deixando de lado todo o histórico de proteção às garantias constitucionais dispensadas aos acusados, para defender uma pauta de extrema força nos meios sociais.

Como sabido, a composição do nosso Tribunal Constitucional ao tempo do julgamento era dividida, na área penal, entre aqueles que se enquadram dentre os garantistas e aqueles que se enquadram dentre os punitivistas.

Ocorre que um dos expoentes do garantismo no Plenário do Supremo, Ministro sempre pronto para defender o rigor da técnica processual em favor dos acusados em geral, foi justamente o responsável por relatar um dos julgamentos mais controversos em matéria penal.

O voto apresentado pelo relator, Ministro Celso de Mello, demonstra inequivocamente a ampla influência de suas emoções na tomada de decisão. Ao citar inúmeros casos de violência contra integrantes do grupo LGBTQI+ como um dos fundamentos de sua posição[i], o Relator

---

[i] Transcrevemos trecho do voto em questão: "Nesse sentido, cabe referir que o "Grupo Gay da Bahia – GGB", admitido nestes autos como "amicus curiae" e em funcionamento desde 18/03/1983, monitora os dados relacionados à violência contra a população LGBT, tendo apresentado, anualmente, relatórios que demonstram que o Brasil é "o campeão mundial desse tipo de crime". Eis algumas das conclusões reveladas pelos estudos elaborados por referida entidade com base em informações obtidas na rede mundial de computadores, nos meios de comunicação social e, ainda, por intermédio de voluntários que atuam em atividade de cooperação com o grupo LGBT: a) aumento de 30%, em 2017 em relação ao ano anterior, dos homicídios contra o grupo LGBT, atingindo o número de 445 mortes no período; b) 56% dos assassinatos ocorrem em via pública; c) das 445 vítimas referidas, 194 (43,6%) eram gays , 191 (42,9%) trans, 43 (9,7%) lésbicas, 5 (1,1%) bissexuais e 12 (2,7%) heterossexuais, estes incluídos porque foram mortos em circunstâncias que revelam condutas homofóbicas dos agressores, v.g. em defesa de gays amigos/parentes; d) o número de transgêneros mortos entre 2016 e 2017 demonstra que o Brasil é o primeiro colocado no "ranking " mundial, tal como referido pelo Relatório Mundial da Transgender Europe, organização que registra dados relacionados ao tema; e) jovens que são rejeitados por sua família têm alto índice de tentativa de suicídio (8,4 vezes mais); f) foram

deixa claro que a opção ali externada pouco prezava pela técnica jurídica e muito prezava pela comoção social em torno do tema (Waldron, 2009, p. 139).

Note-se: não se ignoram os graves e inaceitáveis episódios de violência sofridos por essa população. Indaga-se apenas se caberia ao Supremo Tribunal Federal, em prejuízo do Congresso Nacional e, em última análise, da própria Constituição da República e da separação dos poderes, criminalizar uma conduta até então atípica.

Hoje é possível buscar um fim nobre, de defesa das minorias. Talvez no futuro, porém, novos integrantes da Corte, pautando-se nesse mesmo precedente, passem a criminalizar condutas outras, a seu bel prazer, sob o pretexto de omissão do Congresso Nacional. Tem-se aqui um risco essencial ao Estado democrático de direito, ainda que tenha nascido a partir de uma causa louvável.

É amplamente aplicável ao presente exemplo a constatação feita por Ran Hirschl (2009, p. 139-178):

> *Essas questões de megapolítica – que muitas vezes envolvem a própria definição da nação como tal – têm custos políticos muito altos e escassas diretrizes constitucionais aplicáveis à sua solução. Portanto, é difícil de entender como, ao responderem a essas questões, os juízes conseguiriam basear suas decisões em princípios ou considerações qualitativamente diferentes de princípios ou considerações típicos do processo legislativo ou dos referendos nacionais – e que podem ser mais bem definidos nesses fóruns.*

O trecho é de perfeito aplicação à discussão posta, pois o voto do Ministro relator é, de fato, brilhante, desde que tivesse sido proferido no plenário da Câmara dos Deputados, ou do Senado Federal. Quando alardeado no Plenário do Supremo Tribunal Federal, causa certa preocupação.

Sobre o tema, esclarecedora é a lição de Rui Carlo Dissenha e Camila Saldanha Martins (2020, p. 383-419):

---

registrados, até outubro, no ano de 2018, 347 homicídios de pessoas LGBT no país". (Disponível em: https://portal.stf.jus.br/processos/downloadPeca.asp?id=15344606459&ext=.pdf. Acesso em: 3 mar. 2023)

> *Não obstante a prática de atos homofóbicos ser moralmente reprovável, só pode ser combatida por meio da legalidade, posto que esta decorre das regras constitucionais da separação de poderes e da previsão de que a criação de leis penais depende de ato exclusivo do Poder Legislativo. A criminalização de qualquer conduta invade a liberdade do sujeito, além de ferir o postulado da intervenção mínimo do direito penal, daí por que o método utilizado é absolutamente proibido na seara penal, por aumentar o alcance de uma norma incriminadora e se configurar em verdadeira hipótese de analogia* in malam partem.

Infelizmente, porém, os casos de julgamentos que pouco primaram pela técnica são inúmeros no Supremo Tribunal Federal[i].

E note-se: não se está aqui a defender que haja algum tipo de intervenção igualmente arbitrária no Judiciário a partir dos outros Poderes, o que denotaria a total ruptura institucional, mas apenas e tão somente que se apliquem os remédios já existentes há anos e que se faça cumprir os *checks and balances* previstos na Constituição Cidadã.

A solução interna – menos traumática – para tal problema, longe de ser simples no atual momento, é explicada por Clémerson Merlin Cléve (2011, p. 659-676):

> *O juiz não é neutro. Mas deve fazer um esforço para alcançar a neutralidade quando decide uma questão. Deve procurar controlar os mecanismos psíquicos que comandam o seu processo decisório. Deve procurar afastar a carga irracional que contamina o seu alcance intelectual. Deve procurar afastar os conceitos pré-formados (preconceitos) para mergulhar na complexidade da questão submetida à sua apreciação. Esse processo é difícil, todos sabem. Nem sempre é possível, ninguém desconhece. Mas deve ser experimentado, deve ser praticado, deve ser concretizado, deve ser tentado, insistentemente pelo juiz. O universo da decisão judicial deve ser o universo da racionalidade. O esforço do juiz é o esforço de despir-se dos processos mentais irracionais para alcançar a razão (como reclamavam os iluministas). A dialética processual e a discussão judicial concretizam uma caminhada que corresponde àquela*

---

[i] Vide, a título de exemplo, a Ação Penal n. 969/DF e o *Habeas Corpus* n. 154.248/DF. Por economia, citam-se apenas esses exemplos, mas sabendo que os casos se multiplicam exponencialmente, a cada dia.

mesma experimentada pela ciência. A verdade última é a verdade decorrente do embate das ideias, onde apenas a força do argumento (ajustado aos paradigmas postos pela ciência ou pelo direito) deve prevalecer.

Processos irracionais, como visto, devem estar alheios à tomada de decisão. Não se pode aceitar que a pessoa investida do poder jurisdicional o exerça movido por paixões. O processo é técnico e a decisão final exige tecnicidade, como forma, inclusive, de respeito à separação dos poderes. Interpretar a lei é fundamental, mas aplicá-la de modo a subverter o ordenamento jurídico é inaceitável.

Em tempo, é importante indicar que, quando da elaboração deste texto científico, encontra-se vigente a Lei n. 14.532/2023, a qual, ainda que de modo aberto e, portanto, novamente contrário aos ditames do direito penal clássico, determina aos juízes que, quando da interpretação da Lei n. 7.716/1989 (Lei do Crime Racial), devam considerar discriminatórias quaisquer atitudes ou tratamentos dados a grupos minoritários que cause constrangimento, humilhação, vergonha, medo ou exposição indevida[i].

Percebe-se, aqui, certa evolução no trato da criminalização de condutas, deslocando tal competência do Poder Judiciário para o Poder Legislativo, como nunca deveria ter deixado de ser. Ocorre que, novamente, a lei peca por definir conceitos abertos e que, ao cabo, novamente conduzirão o Poder Judiciário a definir o que se entende por "grupos minoritários".

Hoje pode parecer óbvio que a discriminação direcionada ao grupo LGBTQI+ está inserida na expressão "grupos minoritários". Contudo, nada permite concluir que no futuro essa mesma expressão não será utilizada por magistrados e ministros para ampliar o escopo punitivo da norma, atingindo condutas até então atípicas, a partir de simples decisões judiciais, ao largo do Poder Legislativo. Assim, então, o ciclo se repetirá, no que pode parecer ser um eterno *looping*.

---

[i] Nos termos da Lei n. 14.532/2023, a Lei do Crime Racial passa a prever, no art. 20-C, o seguinte: "Art. 20-C. Na interpretação desta Lei, o juiz deve considerar como discriminatória qualquer atitude ou tratamento dado à pessoa ou a grupos minoritários que cause constrangimento, humilhação, vergonha, medo ou exposição indevida, e que usualmente não se dispensaria a outros grupos em razão da cor, etnia, religião ou procedência."

5. Considerações finais

A partir do que exposto, percebe-se que, em verdade, está-se diante de um contexto relativamente novo e ainda a ser melhor compreendido e estudado. Isso porque, se por um lado é essencial que o Judiciário atue como um freio aos demais poderes, por outro não se pode negar que atribuir a ele o papel de censor é demasiadamente perigoso ao jogo democrático, notadamente na seara criminal.

Se os federalistas apontavam que, àquele tempo, o Judiciário era o poder mais fraco e menos perigoso aos direitos dos cidadãos (Madison; Hamilton, 1993, p. 479), atualmente não se pode refutar a conclusão de que esse é o poder mais forte da República. Ao menos é aquele que detém a última palavra em inúmeros assuntos e o único com a prerrogativa de, a partir de uma decisão, acabar com a liberdade de locomoção de um indivíduo.

Assim, é importante que os *checks and balances* funcionem para todos os poderes, de modo a não permitir que um deles se torne o censor geral, determinando, até mesmo, quais são condutas aptas a serem punidas penalmente, enquanto os demais, acuados, permitem tal avanço passivamente.

Em conformidade com as regras constitucionais e, portanto, respeitando aos direitos individuais, os poderes necessitam coexistir com independência e harmonia. Longe da retórica, essa importante definição constitucional garante a todos os poderes a chance de exercer suas prerrogativas sem a constante interferência dos demais, fazendo valer a vontade da maioria democrática e garantindo que as minorias não sejam aviltadas em seus direitos.

Referências

ARISTÓTELES. **Política**. Edição bilíngue. Tradução de Antônio Campelo Amara e Carlos Gomes. [s.l.]: Vega, 1998.

BRITTO, C. A. Separação dos Poderes na Constituição brasileira. **Doutrinas Essenciais de Direito Constitucional**, v. 4., maio 2011.

CANELA JR, O. **Controle judicial de políticas públicas**. São Paulo, Saraiva, 2011.

CLÉVE, C. M. Poder Judiciário: autonomia e justiça. **Doutrinas Essenciais de Direito Constitucional**, v. 4, p. 659-676, maio 2011.

DISSENHA, R. C.; MARTINS, C. S. Do caso Ellwanger à criminalização da homofobia: a atividade legislativa do Supremo Tribunal Federal e a violação da reserva absoluta da lei em matéria penal. **Revista Brasileira de Ciências Criminais**, v. 172, p. 383-419, out. 2020.

FERRAZ JR, T. S. O Judiciário frente à divisão dos poderes: um princípio em decadência? **Revista USP**, São Paulo, n. 21, p. 12-21, 1994.

GARGARELLA, R. La dificuldad de defender el control judicial de las leyes. **Isonomía**, n. 6, p. 55-70, abr. 1997.

HIRSCHL, R. O novo constitucionalismo e a judicialização da política pura no mundo. Tradução de Diego Werneck Arguelhes e Pedro Jimenez Cantisano. **Revista de Direito Administrativo**, n. 251, p. 139-178, maio/ago. 2009.

HIRSCHL, R. **Rumo à juristocracia**: as origens e consequências do novo constitucionalismo. Tradução de Amauri Feres Saad. Londrina: Editora E.D.A, 2020.

LOCKE, J. **Dois tratados do governo civil**. Tradução de Miguel Morgado. Lisboa: Almedina, 2015. (Textos filosóficos).

MADISON, J.; HAMILTON, A. ; JAY, J. **Os artigos federalistas**. Edição integral. Tradução de Maria Luiza X. de A. Borges. Rio de Janeiro: Nova Fronteira, 1993.

MIRANDA, P. de. Independência e harmonia dos poderes. **Doutrinas Essenciais de Direito Constitucional**, v. 4, p. 63-86, maio 2011.

MONTESQUIEU, C. **O espírito das leis**: as formas de governo – a Federação – a divisão dos poderes. Tradução de Pedro Vieira Mota. 9. ed. São Paulo: Saraiva, 2008.

PEIXOTO, L. S. D. **Supremo Tribunal Federal**: composição e indicação de seus ministros. São Paulo: Método, 2012.

SILVA, J. A. da. **Curso de direito constitucional positivo**. 34. ed. São Paulo: Malheiros, 2011.

TREMBLAY, L. **The legitimacy of judicial review**: the limits of dialogue between courts and legislatures. Disponível em: http://icon.oxfordjournals.org/content/3/4/617.full.pdf+html. Acesso em: 8.fev.2023.

WALDRON, J. Legislatures judging in their own cause. **Legisprudence**, v. 3, n. 1, p. 125-145, 2009.

Novas perspectivas do direito
da União Europeia

Nuevas perspectivas del derecho
de la Unión Europea

Mário Lúcio Quintão Soares

Mestre e doutor em Direito Constitucional pela Universidade Federal de Minas Gerais (UFMG). Professor do bacharelado, mestrado e doutorado da Faculdade Mineira de Direito da PUC Minas. Ex-Conselheiro Federal da OAB.

Débora Cristina Veneral

Doutora em Direito pela Universidad Católica De Santa Fé (UCSF, Argentina). Mestra em Educação e Novas Tecnologias pelo Centro Universitário Internacional Uninter. Diretora e Professora da Escola Superior de Gestão Pública, Política, Jurídica e Segurança do Centro Universitário Internacional Uninter.

Resumo: Trata-se de uma abordagem hermenêutica da atual fase de transição, demarcada pela tensão política, do bloco econômico da União Europeia, especificamente o Tratado Constitucional. Com a ratificação do Tratado de Lisboa, constrói-se o direito da União Europeia em detrimento do acervo histórico do legado do direito comunitário. Consideramos tal fase um retrocesso estratégico que visa preservar os pilares da União Europeia, como espaço de circulação de bens, pessoas e serviços, superando as diversidades regionais, mediante o discurso de maior legitimidade democrática.

Palavras chave: União Europeia; Tratado de Lisboa; direito da União Europeia; direito comunitário; tratado constitucional; TJUE.

***Resumen**: Se trata de una aproximación hermenéutica a la actual fase de transición, marcada por la tensión política, del bloque económico de la Unión Europea, concretamente del Tratado Constitucional. Con la ratificación del Tratado de Lisboa, se construye el derecho de la Unión Europea en detrimento del patrimonio histórico del legado del derecho comunitario. Consideramos esta fase un retroceso estratégico que pretende preservar los pilares de la Unión Europea, como espacio de circulación de bienes, personas y servicios, superando las diversidades regionales, a través del discurso de una mayor legitimidad democrática.*

***Palabras clave**: Unión Europea; Tratado de Lisboa; derecho de la Unión Europea; derecho comunitário; tratado constitucional; TJUE.*

Instituto Monetario Europeo. 3.10. Tribunal de Justicia de la Unión Europea (TJUE). 3.11. Tribunal General y Tribunais Especializados. 4. Conclusión. Referencias.

1. Introdução

Neste artigo, pretende-se analisar o novo arcabouço jurídico, construído a partir do Tratado de Lisboa, no processo de integração europeu, pautado na correção das distorções geradas pelo déficit democrático.

Ocorreram evoluções gradativas, bem como retrocessos estratégicos, na implementação dos tratados instituidores da União Europeia e de seus alargamentos sucessivos, com intuito de se preservar a unidade do bloco econômico, não obstante a diversidade dos Estados-membros.

A singularidade da ordem jurídica da União Europeia ensejou um diálogo constante com as ordens jurídicas nacionais.

Nessa linha de argumentação, será realizada uma breve reflexão sobre a eficácia do controle do arcabouço jurídico do processo de integração europeu: a interlocução entre o Parlamento Europeu, a Comissão e os tribunais da União Europeia e os nacionais, em face dos mecanismos de sanção capazes de serem acionados em caso de violação do Direito da União Europeia[i].

2. A natureza jurídica e a concretização dos tratados da UE

A formação de unidades políticas regionais, no contexto da mundialização, acabou por exigir a elaboração de tratados constitutivos de comunidades internacionais com características bem peculiares.

---

[i] Site oficial da UE: <http://europa.eu.int>.
Site dos Tribunais de Justiça da UE: <http://www.curia.eu.int/pt/transitpage.htm.
Site do Direito da União Europeia: <http://europa.eu.int/eur-lex/pt/index.html>.
Site com inteiro teor dos Tratados: <http://europa.eu.int/eur-lex/lex/pt/treaties/index.htm>.

As Comunidades Europeias, até o advento Tratado de Lisboa[i], eram reguladas internamente por normas assentes em ordenamento jurídico '*sui generis* de caráter derivado unilateral e supranacional, alicerçadas em tratados comunitários, gerando direitos e obrigações e vinculando as instituições comunitárias, os Estados-membros, e as pessoas físicas e jurídicas (Soares, 2016, p. 168).

Da análise da evolução jurídica das aludidas instituições e normas supranacionais foram erigidos os pilares do direito comunitário, derivado do DIP, especificamente do direito dos tratados, com o intuito de regular o funcionamento de entidades supranacionais diferenciadas dos Estados nacionais e dos organismos internacionais.[ii]

Para Fausto de Quadros (1991, p. 192), os tratados comunitários europeus são tratados internacionais, pois denotam, em sua interpretação e aplicação, especialidades do direito comum de tratados. Como instrumentos do direito internacional, não podem ser confundidos, em hipótese alguma, com os textos constitucionais estatais.

Esses tratados dotaram as Comunidades Europeias de personalidade jurídica (art. 210 do Tratado da CEE), conferindo-lhes existência própria, caráter permanente, vontade distinta de seus membros e autonomia de atuação, exercida através de seus órgãos, patrimônio e recursos (Monaco, 1977, p. 179-ss).

As Comunidades Europeias são pessoas de direito público, calcadas na jurisprudência do TJC (casos n. 43, 45 e 48/59) e nas práticas comunitárias. O caráter público da personalidade jurídica da Comunidade decorre dos poderes e atribuições que lhe são próprios, sendo indispensáveis para a consecução de seus fins (Casella, 1994, *passim*).

As Comunidades Europeias, ora abrangidas pela União Europeia, têm sua configuração jurídica discutida em três perspectivas básicas:

- as uniões internacionais de Estados, cujos atos não incidem diretamente sobre posições jurídicas dos próprios Estados, antes são atos recebidos pelos ordenamentos estatais por força de norma interna;

---

[i] Analisamos, sempre, todo o percurso histórico das Comunidades e da União Europeia nos livros a seguir indicados: Pagliarini, 2005; 2022; e 2021.

[ii] Essas entidades supranacionais têm poderes diretos e coercitivos sobre os Estados-membros e respectivas sociedades.

- órgãos dos Estados, com a particularidade de serem comuns a diversos Estados, implicando considerar os atos das Comunidades como internos dos Estados-membros;
- organizações de natureza mista fundadas com base em tratado internacional, que, no tocante aos Estados, não se distinguem de outras normas internacionais, mas que, simultaneamente, aproximam-se dos ordenamentos estatais, pois podem emanar normas diretamente disciplinadoras de certas relações jurídicas (Canotilho, 1996, p. 902).

A melhor doutrina assegura que as Comunidades não compõem uma federação, vez que os Estados-membros preservam a individualidade enquanto sujeitos do Direito das Gentes, exceto no que se refere às competências delegadas para as Comunidades.

Ao assumirem o *status* de membros das Comunidades, os Estados renunciaram a considerável parcela de suas competências tradicionais e, simultaneamente, outorgam-nas às instituições comunitárias.

Com a criação de mercado comum e a realização das primeiras fases da união econômica, almejou-se o exercício de competências e poderes muito vastos de caráter legislativo e executivo e de natureza jurisdicional e política – com exclusão, nos domínios assim submetidos a uma gestão comum, do exercício dos Estados-membros de poderes paralelos e concorrentes (Mota de Campos, 1995, p. 555-ss, v. I.).

Os tratados, geradores desses direitos constitucionais comunitários, fixaram disposições de natureza institucional referentes às competências e atribuições das instituições comunitárias.

Estabeleceram, ainda, atribuições de "natureza material" na regulação de produção, do comércio e da utilização de certos bens e produtos, bem como na definição das políticas comuns e das liberdades fundamentais (Baracho, 1987, p. 100).

O direito comunitário Europeu, desde seus tratados constitutivos até seus atos normativos, judiciários e executivos, pressupõe limitação de competência das autoridades nacionais em favor dos órgãos comunitários. O caso das Comunidades Europeias, segundo Mariño Menéndez (1995, p. 303), torna-se paradigmático no tocante à limitação de competência por duas razões:

- a competência comunitária exclusiva para concluir tratados internacionais se exerce sobre determinado âmbito material que cresce na medida que se desenvolve a integração, que se concretiza na proporção decrescente do âmbito de competência dos Estados-membros;

- as normas dos tratados internacionais concluídos pelas Comunidades em virtude de suas competências se impõem aos seus membros como Direito Comunitário Europeu (1995: 303).

Os Tratados de Paris e Roma, englobados pelo Tratado da União Europeia, são considerados a "Constituição" das Comunidades Europeias, por abranger o enunciado de objetivos fundamentais, a definição de estrutura institucional, as bases essenciais dos direitos econômico, financeiro e social das Comunidades integradas e as disposições pertinentes à salvaguarda desta ordem jurídica.

Alguns doutrinadores assinalam que o contexto comunitário apresenta os "acordos constitucionais", os quais influenciam a evolução e o funcionamento das instituições comunitárias,[i] apesar de não se tratarem de atos que, enquanto tais, sejam juridicamente obrigatórios, mas de atos que esclarecem as convicções dos Estados que os subscreveram.[ii]

O direito comunitário compreende duas categorias de disposições: as constitucionais, concretizadoras dos tratados e a legislação ordinária do CEE, cujo objetivo global é a criação de mercado comum. Com efeito, a legislação comunitária abrange diversos objetivos:

- assegurar a livre circulação de bens, serviços e pessoas;
- manter as condições de uma concorrência sadia;
- suprimir os obstáculos à sua estruturação, às iniciativas supranacionais dos operadores econômicos, colocando à disposição destes os instrumentos comuns ou harmonizadores (vide moeda única).

O *direito comunitário* pode ser definido, portanto, como ramo do direito, cujo objeto é o estudo dos tratados comunitários, a evolução

---

i Criação do Conselho Europeu e declarações sobre os princípios dos direitos humanos e democráticos.

ii Esses atos não são, portanto, regras de direito, mas, ao mesmo tempo, não deixam, por isso, de ser indícios e revelações de princípios jurídicos e de regras jurídicas em vigor, sendo, desse modo, passíveis de inserção na "Constituição" da Comunidade (Casella, 1994, p. 291).

jurídica resultante de sua regulamentação e a interpretação jurisprudencial das cláusulas estabelecidas nos indigitados tratados.

O Tratado de Lisboa, em face da frustração da aprovação da Constituição europeia, modificou, substancialmente, em termos normativos, a estrutura política do processo de integração europeu, especificamente os tratados instituidores. Daí a nova nomenclatura: direito da União Europeia.

O direito comunitário deve ser utilizado para se referir ao direito produzido no âmbito das antigas comunidades europeias, ou seja, CECA, CEEA OU EURATOM, CEE e AUE[i].

O *direito da União Europeia* pode ser definido, por sua vez, como ramo do direito, cujo objeto é o estudo dos tratados da UE, a evolução jurídica resultante de sua regulamentação e a interpretação jurisprudencial das cláusulas estabelecidas nos aludidos tratados.

3. Novo quadro institucional da União Europeia após o Tratado de Lisboa

A União Europeia dispõe de um quadro institucional único (artigo 13, TUE, alterado pelo Tratado de Lisboa), que deve assegurar a coerência e a continuidade das ações empreendidas no sentido de atingir os seus objetivos estratégicos, respeitando e desenvolvendo, simultaneamente, o acervo comunitário.

O Tratado de Lisboa é composto pelos dois principais Tratados da UE revistos: o Tratado da União Europeia (TUE) e o Tratado que institui a Comunidade Europeia, ou seja, o Tratado sobre o Funcionamento da União Europeia (TFUE), bem como por vários protocolos e declarações.

Entre as diversas inovações que esse tratado incorpora, são incluídas uma série de referências explícitas sobre os parlamentos nacionais no articulado do processo de integração, partindo-se da premissa que estes contribuem ativamente para o bom funcionamento da União Europeia (artigo 12, TUE), em termos de legitimação democrática.

---

i Vide Tratado de Paris (1951), Tratados de Roma (1957) e Ato Único Europeu (1987).

Com o propósito de corrigir distorções, no que tange à legitimidade, o Tratado de Lisboa ampliou a competência do Parlamento Europeu, ao estabelecer um processo de codecisão com o Conselho, e se tornou responsável também pela aprovação do orçamento da União Europeia. Além disso, atribui-se ao Parlamento a função de nomear o presidente da Comissão, o que torna a Comissão, ainda que de maneira indireta, um órgão supranacional mais democrático.

A União Europeia, atrelada à concretização dos direitos fundamentais, recepcionados no artigo 2º do TUE, deve se pautar pela perspectiva do Estado de direito. Este, considerado valor intrínseco da União, construído também pela Comissão de Veneza, determina como seus pressupostos os seguintes princípios:

a. a legalidade jurídica;
b. a segurança jurídica;
c. a existência de tribunais independentes e imparciais;
d. a utópica igualdade perante a lei.

O Estado de direito deve ser considerado pedra angular de qualquer processo democrático, constituindo-se em um dos princípios base dos Estados-membros para se integrar em bloco econômico em mundo globalizado.

Nessa linha de argumentação, o Tratado de Lisboa incorporou a Carta dos Direitos Fundamentais da União Europeia e recepcionou a Convenção Europeia dos Direitos do Homem[i], os direitos fundamentais da metacidadania europeia, os princípios democráticos da UE e as competências exclusivas do bloco econômico, bem como definiu os poderes do Parlamento Europeu, articulados com o cidadão europeu.

---

[i] Vide processo de adesão formal da UE à Convenção Europeia de Direitos Humanos (CEDH), firmada em Roma, em 04/11/1950, no âmbito do Conselho da Europa, organização intergovernamental, de âmbito regional, com finalidade específica de cooperação política entre seus membros (art. 10, Estatuto do Conselho da Europa) e dotada de instância jurisdicional, a Corte Europeia de Direitos Humanos (Corte EDH). Essa corte concretizou a necessária legalidade supranacional aos seus signatários e deu início ao processo de construção de uma farta jurisprudência sobre a implementação e sistemática de reparação de violações em matéria de direitos humanos no cenário europeu (Soares, 2000, p. 232-ss).

Segundo Mireille Delmas-Marty (2007, p. 21), para se aferir a coerência da construção da unidade europeia, em especial dos direitos fundamentais, deve-se inserir o debate sobre o Tratado Constitucional, a CEDH, lembrando que foi ratificada por quarenta e seis Estados, incluindo a Turquia e a Rússia, e que suas violações são sancionadas pelos juízes de Strasbourg.

Em síntese, o Tratado de Lisboa, estrategicamente, reforçou ainda as competências dos parlamentos nacionais no âmbito do processo legislativo europeu, consagrando a possibilidade dos órgãos legiferantes de cada Estado-membro poderem manifestar, aos presidentes do Parlamento Europeu, do Conselho e da Comissão Europeia, a sua opinião sobre determinada proposta legislativa europeia.

Essa pronúncia pode ser formulada, por um lado, mediante um parecer fundamentado, no qual o parlamento nacional refira que a proposta regula uma área que, sendo da competência partilhada entre os Estados-membros e a UE, seria melhor regulada por cada Estado-membro do que por regras europeias, observando-se o princípio da subsidiariedade.

Por outro prisma, os parlamentos nacionais podem pronunciar-se por meio de pareceres em que exprimam comentários sobre aspectos substanciais das propostas legislativas, estabelecendo um diálogo político com a Comissão Europeia.

Com as alterações advindas do Tratado de Lisboa, há uma nova disposição dos órgãos institucionais da União Europeia, além da inovação no que se refere a um novo modelo de repartição de competências entre a União e os Estados-membros.

Rompe-se com a estrutura de pilares, que anteriormente consagrava as três comunidades (CECA, CEE e Euratom), a política externa e de segurança comum e a cooperação policial e cooperação judiciária penal.

Houve ainda unificação da representação diplomática da União Europeia, com a criação do cargo de Alto Representante para os Negócios Estrangeiros e Política de Segurança. Entre outras funções, o Alto Representante da União para os Negócios Estrangeiros e a Política de Segurança participa nos trabalhos do Conselho Europeu.

Além disso, a presidência da União Europeia, antes semestral e rotativa entre os Estados-membros, passou a ser exercida durante o período de dois anos e meio.

Na atual engenharia constitucional, as instituições da União Europeia ficaram definidas conforme segue[i].

3.1. Conselho Europeu

Órgão de direção política da União Europeia, composto pelos Chefes de Estado ou de Governo dos Estados-membros e, ainda, pelo presidente da Comissão. Reúne-se duas vezes por ano. O Presidente do Conselho Europeu, eleito por maioria qualificada, exerce mandato de dois anos (Mota de Campos, 2010, p. 118).

Consoante o artigo 15 do TUE, compete a esse Conselho proporcionar à União os impulsos necessários ao seu desenvolvimento e definir as respectivas orientações políticas gerais.

Na prática, o Conselho funciona

> *como uma instância de recurso onde são levados os problemas que pelo seu melindre ou importância política não encontrem solução no escalão inferior, de nível ministerial e não encontram solução na medida em que os ministros têm tendência para deixar arrastar os problemas difíceis, devolvendo aos Chefes de Estado ou de Governo, reunidos em Conselho Europeu, a responsabilidade de resolvê-los.* (Mota de Campos, 2010, p. 116)

De acordo com Fausto de Quadros (2004, p. 226), não se pode confundir o Conselho Europeu com o Conselho da União Europeia, ou simplesmente o Conselho, como quer o Tratado de Lisboa. Ambos têm composição e regimes jurídicos diferentes, caracterizando-se como órgãos completamente distintos entre si.

3.2. Parlamento Europeu

Órgão que, na elaboração dos atos comunitários, conforme o artigo 14 do TUE, além de preservar sua função consultiva original, exerce, juntamente do Conselho, as funções legislativas, orçamentais e de controle político. Também lhe é conferido o direito de escolher o presidente da Comissão.

---

[i] Criou-se a função de Alto Representante da União para os Negócios Estrangeiros e a Política de Segurança.

Em busca de se corrigir o déficit democrático que demarcava o processo de legitimação da UE, alterou-se, com Tratado de Lisboa, o leque de competências lhe atribuídas, ao ensejar maior participação popular.

Sua sede situa-se em Strasbourg, onde se realizam os doze períodos de sessões plenárias mensais, incluindo a sessão orçamental. Os períodos de sessões plenárias suplementares realizam-se em Bruxelas, onde, também, reúnem-se suas comissões.

O secretário do Parlamento, por sua vez, mantém sua estrutura burocrática em Luxemburgo (decisão do Conselho Europeu de 11/12 dez. 1992).

Os parlamentares europeus, eleitos por sufrágio direto, secreto e universal, organizam-se em diversos grupos políticos[i] para exercer um mandato de cinco anos em nome dos cidadãos da União.

O total de representantes no Parlamento Europeu não pode superar a 750 deputados, além do presidente. A representação é degressivamente proporcional, como o limiar mínimo de seis membros por Estado integrante da União. Conforme o artigo 14, n. 2, do TUE, a nenhum Estado-membro pode ser atribuído mais de noventa e seis lugares[ii].

Instituiu-se um sistema de "alerta precoce" mediante o qual os parlamentos nacionais têm o direito de formular pareceres sobre os projetos legislativos a serem deliberados pelo Parlamento Europeu, para verificar se a União não está ultrapassando o limite de suas competências ou atuando em matérias que seriam de domínio nacional ou local.

O artigo 12 do Tratado de Lisboa autorizou aos parlamentos nacionais a contribuir ativamente para o funcionamento da UE e para tanto:

---

i As candidaturas devem ser apresentadas por grupo político ou por, de, no mínimo, 40 deputados.

ii No Protocolo Relativo aos Parlamentos Nacionais na União Europeia, os signatários manifestaram o interesse de "incentivar uma maior participação nos Parlamentos Nacionais nas atividades da União Europeia." Vide Jornal Oficial da União Europeia n. C340 de 10 de nov. de 1997. Vide também Declaração respeitante ao futuro da União, anexo ao Tratado de Nice.

- deverão ser informados pelas instituições da União e notificados de seus projetos de atos legislativos[i], bem como dos pedidos de adesão à União[ii];
- garante-se, ainda, o respeito ao princípio da subsidiariedade[iii];
- participa, também, no âmbito do espaço de liberdade, segurança e justiça, nos mecanismos de avaliação da execução das políticas da União dentro desse mesmo espaço[iv]; também nos processos de revisão dos Tratados[v]; e ainda na cooperação interparlamentar entre os Parlamentos nacionais e com o Parlamento Europeu[vi].

3.3. Conselho

Constitui-se na principal instância de decisão da União Europeia. Consiste na expressão da vontade dos Estados-membros e exerce funções de definição das políticas e de coordenação, em conformidade com as condições estabelecidas nos tratados (Mota de Campos, 2010, p. 96)[vii].

O Conselho, composto por um representante de cada Estado-membro, no âmbito ministerial, detém poderes para vincular o governo do respectivo Estado-membro e exercer o direito de voto. [viii]

Esse órgão delibera por maioria qualificada, salvo disposição em contrário dos Tratados.[ix]

---

i Protocolo relativo ao papel dos Parlamentos nacionais na União Europeia.

ii Artigo 49 do Tratado.

iii Protocolo relativo à aplicação dos princípios da subsidiariedade e da proporcionalidade.

iv Artigo 70 do Tratado. Vide controle político da Europol e avaliação das atividades da Eurojust.

v Artigo 48 do Tratado.

vi Protocolo relativo ao papel dos Parlamentos nacionais na União Europeia.

vii Consoante o artigo 16, 1, do Tratado de Lisboa, o Conselho exerce, juntamente do Parlamento, as funções legislativas e orçamentárias.

viii Em função das questões que lhe são pertinentes, o Conselho reúne-se em diferentes formações: política externa, economia e finanças, agricultura, educação, telecomunicações, entre outras.

ix Reforça a legitimidade intergovernamental, a partir de 1º de novembro de 2014, a maioria qualificada corresponde a, pelo menos, 55% dos

O artigo 7º do TUE permite ao Conselho que faça apreciação sobre risco manifesto de violação grave, bem como sobre a existência de uma violação grave e persistente a questões suscitadas nos tratados, devendo determinar, em face de proposta apresentada pelo Parlamento Europeu, por um terço dos Estados-membros ou pela Comissão.

Antes de proceder à verificação da violação, por parte do Estado-membro, o Conselho deve ouvir o Estado-membro indiciado, podendo sempre lhe dirigir recomendações, em observância ao devido processo legal.

3.4. Comissão

Órgão executivo, sediado em Bruxelas, exerce funções de coordenação, de execução e de gestão em conformidade com as condições estabelecidas nos tratados. Assim, exprime o interesse geral da União Europeia.

O mandato de seus membros é de cinco anos. Estes são escolhidos em função de sua competência e do comprometimento com o processo de integração, entre as personalidades[i] que ofereçam todas as garantias de independência.

Consoante o artigo 17 do Tratado de Lisboa, a Comissão vela pela aplicação dos tratados, bem como das medidas adotadas pelas instituições por força destes. Controla também a aplicação do direito da União, sob a fiscalização do TJUE, executa o orçamento e gere os programas.

Os atos legislativos da União só podem ser adotados mediante proposta da Comissão, salvo disposição em contrário dos tratados. Os demais atos são adotados sob proposta da Comissão nos casos em que os tratados o determinem.

3.5. Tribunal de Contas

Órgão de controle externo e fiscalização das receitas e despesas das instituições da União Europeia, criado pelo Tratado de Bruxelas (1975). Com sede em Bruxelas.

---

membros do Conselho, em mínimo de quinze, devendo estes representar Estados-membros que reúnam, no mínimo, 65% da população da União.

i Correspondente a dois terços dos Estados-membros, a menos que o Conselho, deliberando por unanimidade, decida alterar esse número.

3.6. Comitê Econômico e Social e Comitês regionais

Órgãos auxiliares do Parlamento, Conselho e da Comissão da União Europeia com funções consultivas (artigo 300, TFUE).

O Comitê Econômico e Social é composto por representantes das organizações de empregadores, de trabalhadores e de outros setores representativos da sociedade civil, em especial, nos domínios socioeconômicos, cívico, profissional e cultural (artigo 300, n. 1, do TFUE).

O Comitê é composto por representantes das autarquias regionais e locais que sejam titulares de um mandato eleitoral no âmbito regional ou local ou politicamente responsáveis perante uma assembleia eleita (artigo 300, n. 3, do TFUE).

Ambos os órgãos não se vinculam a quaisquer instruções e exercem suas competências, especificamente na emissão de pareceres, consoante disposições do TUE e TFUE.

3.7. Banco Europeu de Investimento

Tem por missão contribuir para o desenvolvimento equilibrado e harmonioso do mercado interno, visando aos interesses da UE. Sediado em Luxemburgo.

3.8. Banco Central Europeu

Trata-se do órgão responsável pela gestão do euro e pela condução da política econômica e monetária da UE. Visa manter a estabilidade dos preços e, dessa forma, apoiar o crescimento econômico e a criação de emprego, evitando o déficit público. Sua sede situa-se em Frankfurt.

Tem competência para fixar a taxa de juros, dos empréstimos que concede aos bancos comerciais da zona euro, controlando, dessa forma, a oferta monetária e a inflação.

Gere as reservas de divisas da zona euro, assim como a compra e venda de divisas para equilibrar as taxas de câmbio.

Garante uma supervisão adequada das instituições e mercados financeiros pelas autoridades nacionais e o bom funcionamento dos sistemas de pagamento.

Preserva a segurança e a solidez do sistema bancário europeu. Autoriza a emissão de notas de euro pelos países da zona euro. Acompanha a evolução dos preços e avalia os riscos para a estabilidade dos preços.

3.9. Instituto Monetário Europeu

Órgão com funções de supervisão de funcionamento do Sistema Europeu de Bancos.

3.10. Tribunal de Justiça (TJUE)

Este órgão jurisdicional, com sede em Luxemburgo, deve garantir o respeito do direito na interpretação e aplicação dos tratados, nos termos do artigo 19, n. 1, do Tratado de Lisboa[i]. Sob a denominação TJUE estruturam-se como instâncias de julgamento: o Tribunal de Justiça (terceira instância), o Tribunal Geral (segunda instância) e os tribunais especializados (primeira instância).

Os Estados-membros acentuaram seu controle sobre o TJUE, ao assumir a responsabilidade de estabelecer as vias de recurso necessárias para assegurar uma tutela jurisdicional efetiva nos domínios abrangidos pelo direito da União.

O Tribunal de Justiça, composto de um juiz por cada Estado-membro, é assistido por advogados-gerais. O Tribunal Geral é composto de, pelo menos, um juiz por Estado-membro.

Os juízes e os advogados-gerais do Tribunal de Justiça e os juízes do Tribunal Geral, nomeados para um mandato de seis anos, renováveis, de comum acordo entre os governantes dos Estados-membros, são selecionados entre personalidades que ofereçam todas as garantias de independência e tenham se notabilizado em seus respectivos países como magistrados ou jurisconsultos[ii].

O TJUE tem competência para decidir, nos termos do disposto nos tratados:

---

i Manteve sua função precípua que lhe foi outorgada desde os Tratados de Roma.

ii Condições previstas nos artigos 253 e 254 do TFUE.

a. sobre os recursos interpostos por um Estado-membro, por uma instituição ou por pessoas singulares ou coletivas;

b. a título prejudicial, a pedido dos órgãos jurisdicionais nacionais, sobre a interpretação do direito da União ou sobre a validade dos atos adotados pelas instituições;

c. nos demais casos previstos pelos tratados.

O artigo 269 do TFUE prescreve a competência do TJUE, no tocante aos mecanismos do artigo 7º do TUE. Ou seja, esse órgão jurisdicional tem o poder de decidir, exclusivamente, sobre a legalidade de determinado ato adotado pelo Conselho Europeu ou pelo Conselho.

O TJUE poderá, portanto, pronunciar-se sobre um risco evidente de violação grave e violação grave e persistente, estabelecidos nos n. 1 e n. 2 do artigo 7º do TUE. No entanto, essa competência está condicionada ao seu exercício devido ao requerimento do Estado-membro sujeito à constatação, restringindo-se às disposições processuais pré-estabelecidas[i].

O TJUE, em perspectiva de ampliar o leque hermenêutico e dialogar com os tribunais nacionais, parte da premissa que os tratados da União Europeia não devem ser interpretados de forma rígida, pois devem considerar o momento de integração e os objetivos dos próprios tratados.

Esse princípio tem permitido legislar além das áreas não contempladas por disposições específicas dos tratados, como, por exemplo, a instituição de medidas eficazes contra a poluição: em seu acórdão de 13 de setembro de 2005 no Processo C-176/03 (Comissão/Conselho), o TJUE autorizou a União Europeia a adotar as medidas relacionadas com o direito penal específico dos Estados-membros que considere "necessárias" para garantir a consecução de propósitos, em termos de proteção do meio ambiente.

A Rede Judiciária da União Europeia (RJUE), instituída por iniciativa do presidente do TJUE e dos presidentes dos tribunais

---

[i] "Artigo 269, TUE: "O Tribunal de Justiça é competente para se pronunciar sobre a legalidade de um ato adotado pelo Conselho Europeu ou pelo Conselho nos termos do artigo 7º do Tratado da União Europeia apenas a pedido do Estado-Membro relativamente ao qual tenha havido uma constatação do Conselho Europeu ou do Conselho e apenas no que se refere à observância das disposições processuais previstas no referido artigo."

constitucionais e dos supremos tribunais dos 28 Estados-membros, visa promover a troca de informações em matéria de jurisprudência entre os tribunais nacionais e o TJUE. Em *site* de acesso restrito, os tribunais nacionais e o TJUE publicam informações sobre sua jurisprudência no âmbito do direito da UE, englobando questões que os tribunais nacionais submeteram ao TJUE para efeitos de uma decisão prejudicial e notas e estudos[i].

3.11. Tribunal Geral e Tribunais Especializados

À semelhança do TJUE, o Tribunal Geral tem sede em Luxemburgo, composto por um juiz por Estado-membro, escolhido de comum acordo pelos governos (artigo 19, n. 2 do TUE)[ii].

A competência do Tribunal Geral, definida pelo artigo 256 do TFUE, refere-se à atuação em primeira instância, para conhecer:

a. recursos e ações referidas nos artigos 263, 265, 268 e 272 do TFUE e nos casos em que o autor ou recorrente seja um particular e que Tribunais Especializados não sejam competentes para julgar;
b. recursos interpostos contra as decisões dos tribunais especializados – quando houver risco grave de lesão da unidade ou da coerência do direito da União caberá recurso ao Tribunal de Justiça;
c. Questões prejudiciais submetidas por força do artigo 267 em matérias determinadas pelo Estatuto do Tribunal – essas decisões podem ser revistas pelo Tribunal de Justiça.

Por outro lado, os Tribunais Especializados poderão ser criados pelo Parlamento Europeu e Conselho com vistas a conhecerem,

---

i A primeira realização da Rede foi a criação de uma plataforma colaborativa (plataforma JNEU) disponível em todas as línguas da UE, que reúne o trabalho realizado pelos juízes do TJUE e nacionais no âmbito do direito da UE, mediante acesso a uma ferramenta que lhes permite fazer com que sua jurisprudência e seu trabalho de investigação e análise estejam disponíveis para seus homólogos, com o intuito de partilhar o conhecimento e melhorar a eficiência de suas decisões.

ii O Tribunal Geral vê-se assistido pelos advogados gerais.

em primeira instância, certas categorias de recursos em matérias específicas, que serão definidas quando de sua criação pelo Conselho (artigo 257 da TFUF).[i]

Seu funcionamento será em conformidade com o respectivo regulamento que será elaborado pelo TJUE e depende de aprovação do Conselho. (Mota de Campos, 2010, p.198).

Das decisões proferidas pelos Tribunais Especializados caberá recurso para o Tribunal Geral, adstrito a questões de direito, com possibilidade de recurso, excepcionalmente, ao Tribunal de Justiça (artigo 256, n. 2, do TFUE).

Em 1º de setembro de 2016, os litígios entre a União Europeia e seus agentes foram transferidos para o Tribunal Geral, o que implicou a dissolução do Tribunal da Função Pública da União Europeia, criado em 2004[ii].

4.
Conclusão

A cada dia, a União Europeia, lamentavelmente, esfacela-se e assume um novo formato normativo, procurando se redimensionar para sobreviver.

O Tratado de Lisboa, ao entrar em vigência em 1º de dezembro de 2009, trouxe consigo várias inovações normativas na estrutura política europeia instituída pelos tratados anteriores, especificamente nos de Maastricht e de Roma.

---

[i] Consoante o artigo 257 do TFUE, o Parlamento e o Conselho, deliberando em face do processo legislativo ordinário, podem criar tribunais especializados adstritos ao Tribunal Geral encarregados de conhecer em primeira instância de certas categorias de recursos em matérias específicas. O Parlamento e o Conselho têm competência para atuar por meio de regulamentos, sob proposta da Comissão e após consulta ao Tribunal de Justiça, ou a pedido do Tribunal de Justiça e após consulta à Comissão.

[ii] O Regulamento (UE, Euratom) 2016/1192 do Parlamento Europeu e do Conselho, de 6 de julho de 2016, relativo à transferência para o Tribunal Geral da competência para decidir, em primeira instância, dos litígios entre a União e os seus agentes, revogou, portanto, a Decisão 2004/752/CE, Euratom do Conselho que instituiu o Tribunal da Função Pública da União Europeia.

Desde então, adota-se a nomenclatura *direito da União Europeia* para se tratar da normatividade do processo de integração europeu em detrimento da nomenclatura *direito comunitário*.

A efêmera sobrevivência das Comunidades Europeias no período entre o Tratado de Maastricht (1992) e o Tratado de Lisboa (2007) foi suficiente para se criar a falsa sensação da preservação do direito comunitário. Tal designação hoje só é utilizada para se referir ao direito europeu pretérito, produzido, portanto, até novembro de 1993.

A partir de dezembro de 2009, após o Tratado de Lisboa, o arcabouço normativo produzido pela nova estrutura europeia passou a designar-se *direito da União Europeia*.

Com o novo formato jurídico, percebe-se um retrocesso estratégico no processo de integração europeu, com o reforço da soberania estatal, manifesto do regime político de partilha de poder, e a valorização das relações intergovernamentais, não obstante o redimensionamento do Tribunal de Justiça da União Europeia e uma maior inserção normativa, em termos de direitos fundamentais.

Nesse sentido, deve-se fazer leitura hermenêutica do artigo 7° do TUE, com intuito de se compreender o significado dos Estados-membros em face do Tratado de Lisboa, pois estes estão vinculados a valores comuns, sujeitos a uma fiscalização incisiva por parte dos órgãos da União Europeia.

A inobservância desses valores poderá desencadear os mecanismos do artigo 7°, sendo da responsabilidade da Comissão, juntamente do Parlamento Europeu, dos Estados-membros e do Conselho, garantir a unidade, estribada na democracia possível, desse bloco econômico.

Referências

BARACHO, J. A. de O. Teoria geral da soberania. **Revista Brasileira de Estudos Políticos**, Belo Horizonte: UFMG, p. 63-64, 1987.

CANOTILHO, J. J. G. **Direito constitucional**. 6. ed. Coimbra: Almedina, 1996.

CASELLA, P. B. **Comunidade Europeia e seu ordenamento jurídico**. São Paulo: LTr, 1994.

DELMAS-MARTY, M. **Les forces imaginantes du droit (III)**: la refondation des pouvoirs. Paris: Éditions du Seuil, 2007.

JANSEN, N.; ZIMMERMANN, R. (Ed.). **Commentaries on Europeancontract laws**. Oxford, United Kingdom: New York, Oxford University Press, 2018.

MARTÍN, A. M.; NOGUERAS, D. J. L. **Instituciones y Derecho de la Unión Europea**. 6. ed. Madrid: Editorial Tecnos, 2010.

MÉNENDEZ, F. M. M. **Derecho internacional público**. Parte general. 2. ed. Madrid: Trotta, 1995.

MONACO, R. Les principes régisdsant la structure et le fonctionnement des organiosations internationales. **Recueil des Cours**, p. 81-225, 1977.

MOTA DE CAMPOS, J. M. **Manual de direito comunitário**. Lisboa: Fundação Calouste Gulbenkian, 1995.

MOTA DE CAMPOS, J.; MOTA DE CAMPOS, J. L. **Manual de direito europeu**: o sistema institucional, a ordem jurídica e o ordenamento econômico da União Europeia. 6. ed. Coimbra: Coimbra Editora, 2010.

MOUFFE, C. **Agonística**: pensar el mundo politicamente. Buenos Aires: Fondo de Cultura Económica, 2014.

NUSSBAUM, M. C. **Los límites del patriotismo**: identidad, pertenencia y "ciudadanía mundial". Barcelona: Paidós, 2017.

PAGLIARINI, A. C. **A Constituição europeia como signo**: da superação dos dogmas do estado nacional. Prefácio: Friedrich Müller. Apresentação: Fauzi Hassan Choukr. Rio de Janeiro: Lumen Juris, 2005.

PAGLIARINI, A. C. **Direito constitucional**: primeiras linhas. Curitiba: InterSaberes, 2022.

PAGLIARINI, A. C. **Direitos e garantias fundamentais.** Curitiba: InterSaberes, 2021.

QUADROS, F. de. **Direito das comunidades europeias e o direito internacional público**. Lisboa: Almedina, 1991.

QUADROS, F. de. **O princípio da subsidiariedade no direito comunitário após o Tratado da União**. Lisboa: Almedina, 1995.

QUADROS, F. de. O princípio da exaustão dos meios internos na Convenção Europeia dos direitos do homem e a ordem jurídica portuguesa. **Revista da Ordem dos Advogados Portugueses**, ano 50, p. 119-157, 1990.

QUADROS, F. de. **Direito da União Europeia**. Coimbra: Almedina, 2008.

RIDEAU, J. **Droit Institutionnel de l'Union et des Communautés européennes**. 4. ed. Paris: L.G.D.J., 2002.

SANÍN RESTREPO, R. **Decolonizing democracy**: power in a solid state. London; New York: Rowman & Littlefield International, 2016.

SANÍN RESTREPO, R. **Teoría crítica constitucional**: la democracia a la enésima potencia. Valência, Espanha: Tirant lo Blanch, 2014.

SIMON, D. **Le système juridique communautaire**. 3. ed. Paris: PUF, 2001.

SOARES, M. L. Q. **Direitos fundamentais e direito da União Europeia em momento de tensão**. Belo Horizonte: Arraes, 2016.

SOARES, M. L. Q. **Direitos fundamentais e direito comunitário**: por uma metódica de direitos fundamentais aplicada às normas comunitárias. Belo Horizonte: Livraria Del Rey Editora, 2000.

TAMM, D. **The History of the Court of Justice of the European Union Since its Origin, em Court of Justice of The European Union**. The Court of Justice and the Construction of Europe: Analyses and Perspectives on Sixty Years of Case-law. The Hague: Asser Press,2013.

TOMUSCHAT, C. Introduction. In: TIZZANO, A., KOKOTT, J., PRECHAL, S. **Court of Justice of the European Union**: 50th Anniversary of the Judgment in Van Gend en Loos 1963-2013. Luxembourg: Office des publications de l'Union européenne, 2013.

ZALDUENDO, S. C. de. Integración: nociones generales, Integración Económica e Integración Regional, Cap. I. In: NEGRO, S. C. (Org.). **Derecho de la Integración (Manual)**. Buenos Aires: Euros Editores S.R.L, 2010.

Seção 4

Professores da Escola Jurídica do Centro Universitário Internacional Uninter

Bruna Isabelle Simioni Silva e Allana Campos Marques Schrappe

Marcos da Cunha e Souza

Regina Paulista Fernandes Reinert

Safira Orçatto Merelles do Prado e Angela Nogueira Fey

Tatiana Lazzaretti Zempulski e Igor Fernando Ruthes

Sabrina Santana Figueiredo Pinto Alberto e Tiago Gagliano Pinto Alberto

A necessidade de adoção de uma concepção pluralista de direitos humanos na América Latina

The need for adopting a pluralist concept of human rights in Latin America

Bruna Isabelle Simioni Silva

Doutoranda e mestra em Direitos Fundamentais e Democracia pelo Centro Universitário Autônomo do Brasil (Unibrasil) – Bolsista PROSUP/CAPES. Graduada em Direito pelas Faculdades Integradas do Brasil (Unibrasil). Professora no Centro Universitário Internacional Uninter. Advogada.

Allana Campos Marques Schrappe

Doutora em Direito das Relações Sociais pela Universidade Federal do Paraná (UFPR). Professora na Graduação e no Programa de Pós-Graduação em Direitos Fundamentais e Democracia do Centro Universitário Autônomo do Brasil (Unibrasil). Advogada.

Resumo: Pensar em direitos humanos na América Latina nos remete à ideia de direitos que não são concretizados, em face da separação que existe entre o que se diz e o que se faz deles. O objetivo da pesquisa é demonstrar a necessidade de uma adoção de uma concepção pluralista com vistas a se alcançar uma adequada compreensão dos direitos humanos na América Latina, diante das peculiaridades culturais, políticas, econômicas e sociais, de modo a superar a atual compreensão monista, advinda e criada a partir de um localismo regional. A pesquisa inclui a abertura das Constituições dos países da América Latina e a recepção e o tratamento concedido aos tratados de direitos humanos.

Palavras-chave: direitos humanos; América Latina; pluralismo jurídico.

***Resumen**: Pensar en los derechos humanos en América Latina trae a la mente la idea de derechos que no se realizan, dada la separación que existe entre lo que se dice y lo que se hace al respecto. El objetivo de esta investigación es demostrar la necesidad de adoptar una concepción pluralista para lograr una adecuada comprensión de los derechos humanos en América Latina, dadas sus peculiaridades culturales, políticas, económicas y sociales. La investigación incluye la apertura de las Constituciones de los países latinoamericanos y la recepción y tratamiento otorgado a los tratados de derechos humanos.*

***Palabras clave**: derechos humanos; América Latina; pluralismo jurídico.*

1. Introdução

O presente trabalho tem por objetivo demonstrar a necessidade de uma concepção pluralista a fim de que se alcance uma adequada compreensão dos direitos humanos na América Latina, haja vista a atual visão global desses direitos que não identificam as peculiaridades culturais, políticas, econômicas e culturais existentes em cada Estado.

O desenvolvimento foi dividido em três capítulos para melhor análise da temática. Para compreensão inicial, foi feita uma abordagem da perspectiva dos direitos humanos que os entende como direitos exclusivamente existentes para o desenvolvimento humano e social. Entretanto, apesar dos esforços para efetivá-los, não passam de mero simulacro de direitos.

Em um segundo momento, analisou-se a incorporação dos tratados de direitos humanos em algumas Constituições latino-americanas, entre elas a brasileira, as quais nasceram em países com histórico de regime ditatorial, marcados por exclusões e supressões de direitos.

Por fim, foi apresentada a ideia de pluralismo jurídico como elemento primordial na concretização de direitos humanos, superando a ideia do universalismo e do monismo e adentrando a necessidade de adoção da concepção pluralista, superando as ideias abstratas e localistas existentes e que colocam um ponto final hermenêutico, reduzindo a compreensão da realidade a meros símbolos e palavras. O que se busca é uma prática que seja advinda de uma interculturalidade e práticas sociais híbridas.

2. A perspectiva dos direitos humanos

A expressão *direitos humanos* tem por base a ideia de um desenvolvimento, seja humano ou social, em âmbito nacional ou internacional. "Trata-se de um programa ético e político utópico, já que são projetados padrões de bem-estar que ainda não foram integralmente atingidos" (Cambi; Porto; Fachin, 2022, p. 25).

São direitos em que se invocam ações dos Estados e da sociedade a fim que possam realizadas, sendo um projeto da modernidade que se apresenta de maneira ambiciosa e revolucionária, sustentada a partir de dois aspectos: regulação e emancipação social, que visam assegurar um desenvolvimento harmonioso diante das contradições (Santos, 1989, p. 3).

Até a fundação da Organização das Nações Unidas (ONU) em 1945 e a promulgação da Declaração Universal de Direitos Humanos, a proteção de direitos humanos não ultrapassa os limites geopolíticos dos Estados. Não se falava em um direito universal, com *status* de supranacionalidade, visto que eram tratados nos sistemas internos de cada país dentro dos limites de suas Constituições (Cambi; Porto; Fachin, 2022, p. 27).

Com a Declaração de Direitos Universal de Direitos Humanos, o problema deixava de ser sua justificativa à sua proteção, passando de um problema filosófico para um problema político, de modo que não importavam quais direitos e como seriam concebidos, mas a forma ideal para sua realização, com o objetivo primordial de que não fossem violados.

Essa evolução protetiva fez com que existissem direitos humanos não apenas nos Estados em seu âmbito interno, mas supranacionais. A intenção que se apresentou, a partir de seu reconhecimento pela ONU, em 1948, com a Declaração Universal de Direitos Humanos, era de modo internacional garantir direitos básicos a todo e qualquer ser humano, independentemente de sua nacionalidade (Cademartori; Grubba, 2012, p. 704).

> *Sendo assim, os direitos humanos, incorporados explícita ou implicitamente nas Constituições, fortalecem a democracia e são balizas para a atuação dos governantes, para evitar o abuso do poder, a instituição de regimes opressivos e contrários ao respeito às liberdades. Isso porque tais direitos, por serem inerentes a cada ser humano e serem inalienáveis, antecedem o Direito dos Estados. Além disso, a partir de meados do século XX, após a segunda Guerra Mundial (1939-1945), os direitos humanos estão vinculados à busca pelo bem comum, com a emancipação do ser humano de todo tipo de servidão, inclusive de ordem material.* (Cambi; Porto; Fachin, 2022, p. 31)

Sua existência pressupõe duas funções essenciais. De um lado, limita o exercício do poder e delimita a atuação Estatal, que deve, obrigatoriamente reconhecê-los e garanti-los. De outro lado, adjudicam ao Estado legitimidade, a fim de propiciar condições para o desenvolvimento da personalidade humana e para que os indivíduos possam viver em liberdade. Trata-se de uma equivalência das condições para que as pessoas participem dos proveitos do bem público com liberdade e igualdade (Cambi; Porto; Fachin, 2022, p. 31-32).

No mundo contemporâneo, significa enfrentar desafios diferentes dos existentes em 1948, para os quais, naquela época, buscava-se uma reformulação dos "âmbitos produtivos e geoestratégicos" (Flores, 2022, p. 9), com bases capitalistas de inclusão, "política que assentou as bases do chamado Estado de bem-estar" (Flores, 2022, p. 9), significando proteção. A partir dos anos 1970, houve a necessidade de rever os conceitos em razão da "extensão global de uma 'geopolítica de acumulação capitalista baseada na exclusão' e que recebe o nome de neoliberalismo" (Flores, 2022, p. 9), onde o mercado é que vai ditar as regras.

A atualidade é marcada por exclusão – milhões de pessoas vivem à beira da miséria[i], enquanto os mais ricos do mundo, que compreendem 20% da população mundial, ostentam 80% da riqueza mundial – e pela ausência de concretização de direitos básicos como a proteção no trabalho, o acesso a educação, a comida e a água potável. Um mundo em que "não importam as pessoas, mas unicamente a rentabilidade" (Flores, 2022, p. 10).

A resposta dada é o fechamento das fronteiras e debates sobre multiculturalismo "nos Países enriquecidos pela ordem global, ao contrário de estarem concentrados nas cifras da miséria e nos efeitos produzidos pela 'globalização' das lutas de classe" (Flores, 2022, p. 10), e que preferem proteger-se contra os perigos culturais, o que resulta não em lutas de classes, mas em choque de civilizações.

Os direitos humanos emergem, a partir do século XX, como utopia que permaneceu durante as décadas seguintes. Apesar da existência de ondas reformistas, a ideia de visões ideológicas com o objetivo de um mundo melhor historicamente não se concretizou (Cambi; Porto; Fachin, 2022, p. 25).

2.1. O que diz e o que se faz sobre direitos humanos?

Atualmente, na compreensão dos direitos humanos, existe uma enorme distância, se não um abismo, entre o que se conceitua e o

i "O mundo contemporâneo desenha uma realidade na qual 4/5 das pessoas (sobre) vivem à beira da miséria, e 30% da população sobrevive com menos de um dólar por dia" (Cademartori; Grubba,2012, p. 705).

que verdadeiramente são direitos humanos. Para o exame dos direitos humanos é realizada uma análise a partir da constatação da ruptura "entre o que se diz e o que se faz no campo de direitos humanos" (Gallardo, 2014, p. 17), que está presente no campo político, que se mostra diverso do proposto por Bobbio (1964), em que sua "primeira referência é parcialmente positiva" (Gallardo, 2014, p. 17), localizando, portanto, os direitos humanos dentro do âmbito político, o que implica a referência do sentido de sua discussão da atividade filosófica ou ética, por exemplo, para o plano da existência prática.

A atividade filosófica é de extrema importância para a análise dos direitos humanos e "não aparece adequado assumir o campo político sem suas dimensões 'teóricas' e 'espirituais'" (Gallardo, 2014, p. 17). O que ocorre dessa maneira é um deslocamento da matriz com a consequente relocalização e ressignificação.

Entretanto, esse deslocamento, apesar de ser útil, é insuficiente, pois não é possível pensar em um espaço político sem conflito, já que é um lugar em que prevalece o pretexto do Estado, em que se tem, em um pensamento moderno, várias dominações e, portanto, conflitos.

O acordo internacional que levou à formação da Declaração Universal de Direitos Humanos aparece como fundamento de um processo e virtualidade, e não como sendo realidade efetiva. É um acordo internacional entre os Estados, que realizam um pacto, e é uma forma de reinvindicação política, continuando a representar uma exigência, não representando o que se tem, mas o que se deveria ter (Gallardo, 2014, p. 18-19) e, assim, constituindo um problema de justificação racional (Cademartori; Grubba, 2012, p. 707).

O Estado em si é um aparato de domínio, podendo ser apresentado em duas vertentes, a que primeiro sanciona o comportamento e a que exerce pressão internacional contra os Estados, motivo pelo qual não pode ser compreendido universalmente. Assim, a ambiguidade desse fundamento, marcado pela filosofia e pela política, abre o ponto principal da discussão sobre os direitos humanos, que trata da existência do abismo em que o se diz e o que se faz (Gallardo, 2014, p. 19).

É possível elencar um segundo ponto de discussão ao tratarmos do âmbito político, visto que formados pela sociedade civil, pelos cidadãos, "que inicialmente, um cidadão não tem ocupação econômica, não se limita a uma etnia e carece de sexo/gênero" (Gallardo, 2014, p. 20). A lógica dessa sociedade política é buscar a felicidade e bem-estar da maior parte dos indivíduos, estando nela todos os cidadãos que são iguais, enquanto na sociedade civil rege-se pelos interesses particulares, apresentando-se como um lugar hierarquizado que se faz presente as discriminações. Assim, há uma ambiguidade acerca dos direitos, sendo esse o referencial para indicar o ponto central de discussão sobre o que se tem e o que se pretende. A ideia parte de um consenso entre os Estados para a efetividade dos direitos humanos, mas não há consenso acerca dos direitos e dispositivos existentes, apenas de predomínio e fragmentação (Gallardo, 2014, p. 20).

Compreender o fundamento dos direitos humanos é compreender sua eficácia jurídica. No que se refere ao seu conteúdo, deve ser entendida como política, identificando o que é necessário aos Estados e possível para a sociedade civil. E sua existência não parte de um consenso, mas de enfretamentos e lutas. A fim de se garantir a eficácia dos direitos humanos não se pode distanciar de seu fundamento que constitui sua base, marcada pelos conflitos sociais e desenrolada pelas concepções sociais modernas (Gallardo, 2014, p. 21).

Diariamente os direitos humanos não são cumpridos e é possível que o mundo inteiro veja como natural ter apenas um "simulacro de direitos humanos" (Gallardo, 2014, p. 25-26).

3. Tratados de direitos humanos nas Constituições latino-americanas

Os tratados internacionais de direitos humanos têm como fonte o direito internacional dos direitos humanos, que surgiu a partir do pós-guerra como resposta às atrocidades cometidas pelo nazismo e a necessidade de novos valores humanos de ordem internacional. Forma um sistema normativo global de proteção, dispondo de instrumentos para tanto, com a coexistência de sistemas gerais e especiais de proteção, bem como os sistemas regionais, que se apresentam como complementares (Piovesan, 2018, p. 63-68). Segundo Borges (2016, p. 118),

> *A compreensão do Estado aberto traz consigo a necessidade de exame dos direitos humanos e da integração. O Estado passa a ser visto não apenas como parte de um contexto de cooperação internacional, mas como membro da comunidade internacional e responsável pela missão de assegurar um ordenamento jurídico respeitoso a dignidade humana.*

A partir da transformação clássica do conceito de soberania e da superação de um Estado fechado, tem-se a abertura do direito constitucional a um processo de globalização (Borges, 2016, p. 118). Os próprios tratados têm o cuidado de evitar conflitos entre as jurisdições internacional e interna, bem como de compatibilizar dispositivos convencionais e de direito interno, a partir de constante interação. Há, por exemplo, a necessidade de esgotamento dos recursos internos como requisito para buscar as instâncias legais internacionais, ou seja, de somente buscá-la quando as instâncias nacionais não forem capazes de realizar a justiça.

3.1. Panorama geral

Os países da América Latina têm como objetivo comum a superação da grave crueldade social, da cultura de impunidade (Piovesan, 2018, p. 102), "a violência sistemática e a necessidade de consolidação democrática (devido à tradição de governos autoritários)" (Cambi; Porto; Fachin, 2022, p. 32). O contexto latino-americano é marcado por dois períodos: o primeiro pelo regime ditatorial e o segundo pela transição política aos regimes democráticos. Quando dá entrada em vigor da convenção americana de direitos humanos, em 1978, parte dos Estados da América Central e do Sul eram governados por ditaduras e atualmente mais da metade tem governos que são eleitos de maneira democrática (Piovesan, 2012, p. 73).

A grande diferença entre o Sistema Regional Europeu e o Sistema Regional Interamericano é a forma de sua origem: enquanto o sistema europeu tem como fonte inspiradora o Estado de direito, a democracia e os direitos humanos, o sistema regional nasce no ambiente extremamente autoritário e que não permite a associação de nenhuma dessas fontes de inspiração, passando os direitos humanos a serem concebidos em sua essência como sendo uma agenda contra o Estado (Piovesan, 2012, p. 73).

> *Uma das principais características e um dos principais legados do colonialismo europeu na América Latina foi o estabelecimento de sociedades fundadas na discriminação estrutural e no racismo institucional. Isso porque o modelo de colonização europeu se baseou na diferenciação entre os colonizadores e a população indígena e afrodescendente. Os índios não eram considerados seres humanos, tal como os europeus, mas seres irracionais, "bestiais" ou incultos, selvagens ou subdesenvolvidos,*

> *porque não tinham a cultura europeia. A escravidão, que sustentou a economia colonial por mais de três séculos, foi determinante para intensificar diferentes formas de discriminação e de racismo contra as pessoas afrodescendentes. A intolerância e o racismo foram reforçados, após a independência dos países latino-americanos, com a continuidade das políticas de exclusão, invisibilização e estigmatização de índios e negros. A colonização europeia, fundada na opressão de índios e de negros, legou uma sociedade dividida em classes rígidas e uma estrutura desigual de distribuição econômica, já que a grande maioria desses povos pouco se beneficiou da exploração de seu trabalho.* (Cambi; Porto; Fachin, 2022, p. 32)

Nota-se que "a região latino-americana tem sido caracterizada por elevado grau de exclusão e desigualdade social ao qual se somam democracias em fase de consolidação" (Piovesan, 2012, p. 74) e, quanto à desigualdade, especificamente quanto à distribuição de renda, apresenta o índice mais alto do mundo. E nesse panorama é que o sistema interamericano vai se legitimar, enquanto instrumentos de proteção dos direitos humanos em caos de omissão dos Estados.

O perigo da insatisfação duradoura é conduzir a sentimentos de revolta e, portanto, a revoltas. "A utopia de uma modernidade libertadora, para a América Latina, exige o redescobrimento da racionalidade específica das culturas dominadas" (Cambi; Porto; Fachin, 2022, p. 33). Certamente falar na América Latina é tratar de um nome cômodo, "que designa realidades diferenciadas e complexas" (Gallardo, 2014, p. 94), motivo pelo qual há alto grau de abstração, ou seja, "o discurso não pode seguir-se nenhuma aplicação direta a uma realidade latino-americana específica, regional ou local" (Gallardo, 2014, p. 94), não sendo possível falar em um discurso básico para a América Latina.

Tratar de pleno respeito aos direitos humanos é trazer a ideia de realização de direitos civis, políticos, econômicos, sociais e culturais. Em conformidade com a Declaração de Direitos Humanos de Viena (1993), "há uma relação indissociável entre democracia, direitos humanos e desenvolvimento" (Piovesan, 2018, p. 104), e a partir desses desafios é que se deve ter a exata compreensão do sistema interamericano de direitos humanos.

Pode-se dizer que o instrumento de maior importância no sistema interamericano é a Convenção Americana de Direitos Humanos, conhecida como Pacto de San José da Costa Rica (1969), que entrou em vigor no ano de 1978, no qual apenas os Estados-membros da Organização do Estado Americanos (OEA) podem aderir.

Na época em que entrou em vigor, muitos Estados se encontravam em período ditatorial e a outra havia ratificado por razões eminentemente políticas. Atualmente tem-se quase a totalidade de governos democráticos, que ratificaram a Convenção – "Argentina em 1984, pelo Uruguai em 1985, pelo Paraguai em 1989 e pelo Brasil em 1992" (Piovesan, 2018, p. 106-107) – e atribuíram à Corte a competência jurisdicional – "Argentina em 1984, no Uruguai em 1985, no Paraguai em 1993 e no Brasil em 1998" (Piovesan, 2018, p. 107) –, o que tem corroborado com avanços significativos na realização dos direitos humanos (Piovesan, 2018, p. 104-105).

No que se refere à incorporação desses tratados internacionais de proteção dos direitos humanos nas Constituições latino-americanas, percebe-se que as Constituições conferem uma hierarquia privilegiada aos tratados internacionais de direitos humanos tornando-os diferentes dos demais tratados. Inclusive, as Constituições latino-americanas "estabelecem cláusulas constitucionais abertas, que permitem a integração entre a ordem constitucional e a ordem internacional, especialmente no campo dos direitos humanos, expandindo o bloco de constitucionalidade" (Piovesan, 2012, p. 83).

Em uma breve exposição sobre as cláusulas de abertura em algumas das Constituições Latino-Americanas, tem-se inicialmente a Constitución de la Nación Argentina, que passou por reforma em 1994 e elenca no artigo 75, item 22, um rol de tratados internacionais de direitos humanos e prevê expressamente a atribuição de hierarquia constitucional: "tienen jerarquia constitucional, no derogan artículo alguno de la primera parte de esta Constitución y deben entenderse complementarios de los derechos y garantías por ella reconocidos" (Argentina, 1994). Atribui ao Congresso a aprovação dos tratados de integração que deleguem competência e jurisdição supraestatal em condições de igualdade e reciprocidade, devendo respeitar a ordem democrática e os direitos humanos, tendo, por conseguinte, hierarquia superior à das leis[i].

---

i Art. 75, n. 24: "Aprobar tratados de integración que deleguen competencia y jurisdicción a organizaciones supraestatales en condiciones de reciprocidad e igualdad, y que respeten el orden democrático y los derechos humanos. Las normas dictadas en su consecuencia tienen jerarquía superior a las leyes. La aprobación de estos tratados con Estados de Latinoamérica requerirá la mayoría absoluta de la totalidad de los miembros de cada Cámara. En el caso de tratados con otros Estados, el

No que se refere ao Chile, a previsão da Constitución Política de la República de Chile dispõe, em seu art. 1º que "Las personas nacen libres e iguales en dignidad y derechos" (Chile, 2005), tendo o Estado como finalidade "promover el bien común, para lo cual debe contribuir a crear las condiciones sociales que permitan a todos y a cada uno de los integrantes de la comunidad nacional su mayor realización espiritual y material posible" (Chile, 2005).

Indica no art. 5º que o Chile é uma república democrática, devendo o Estado no exercício da soberania reconhecer a limitação aos direitos essenciais que emanam da natureza humana, tendo os órgãos estatais que promover os direitos garantidos pela Constituição, bem como pelos tratados internacionais ratificados pelo Chile[i].

A Constitución Política del Perú (1993) apresenta, no primeiro artigo, disposição sobre a defesa da pessoa humana e o respeito à sua dignidade são objetivos supremos da sociedade e do Estado[ii]. Prevê a abertura do catálogo constitucional no artigo 3° ao dispor que "La enumeración de los derechos establecidos en este capítulo no excluye los demás que la Constitución garantiza, ni otros de naturaleza análoga o que se fundan en la dignidad [...]" (Peru, 1993), apresentando que esses direitos formam parte do direito nacional[iii]. Nas disposi-

---

Congreso de la Nación, con la mayoría absoluta de los miembros presentes de cada Cámara, declarará la conveniencia de la aprobación del tratado y sólo podrá ser aprobado con el voto de la mayoría absoluta de la totalidad de los miembros de cada Cámara, después de ciento veinte días del acto declarativo. La denuncia de los tratados referidos a este inciso, exigirá la previa aprobación de la mayoría absoluta de la totalidad de los miembros de cada Cámara" (Argentina, 1994).

i "Artículo 5° La soberanía reside esencialmente en la Nación. Su ejercicio se realiza por el pueblo a través del plebiscito y de elecciones periódicas y, también, por las autoridades que esta Constitución establece. Ningún sector del pueblo ni individuo alguno puede atribuirse su ejercicio. El ejercicio de la soberanía reconoce como limitación el respeto a los derechos esenciales que emanan de la naturaleza humana. Es deber de los órganos del Estado respetar y promover tales derechos, garantizados por esta Constitución, así como por los tratados internacionales ratificados por Chile y que se encuentren vigentes" (Chile, 2005).

ii "Artículo 1 - Defensa de la persona humana La defensa de la persona humana y el respeto de su dignidad son el fin supremo de la sociedad y del Estado" (Peru, 1993).

iii "Artículo 55 - Tratados Los tratados celebrados por el Estado y en vigor forman parte del derecho nacional". (Peru, 1993).

ções finais, a Constituição peruana exibe que os direitos previstos na Carta Constitucional devem ser interpretados em conformidade com a Declaração Universal de Direitos Humanos[i].

No Paraguai, a Constitución Nacional de la República del Paraguay (1992) adota em seu governo a democracia representativa, participativa e pluralista, fundada no reconhecimento da dignidade humana[ii], integrando o direito positivo nacional os tratados, convênios e acordos internacionais aprovados e ratificados[iii], garantindo um ordenamento jurídico supranacional que assegure a vigência dos direitos humanos[iv].

A Constitución Política del Estado Plurinacional de Bolívia (2009) "apresenta uma linguagem inclusiva e atenta a realidade global" (Borges, 2016, p. 125) ao dispor no art. 8, II:

> *El Estado se sustenta en los valores de unidad, igualdad, inclusión, dignidad, libertad, solidaridad, reciprocidad, respeto, complementariedad, armonía, transparencia, equilibrio, igualdad de oportunidades, equidad social y de género en la participación, bienestar común, responsabilidad, justicia social,*

---

i "Cuarta - Interpretación de los derechos fundamentales Las normas relativas a los derechos y a las libertades que la Constitución reconoce se interpretan de conformidad con la Declaración Universal de Derechos Humanos y con los tratados y acuerdos internacionales sobre las mismas materias ratificados por el Perú". (Peru, 1993).

ii "ARTICULO 1 – DE LA FORMA DEL ESTADO Y DE GOBIERNO. La República del Paraguay es para siempre libre e independiente. Se constituye en Estado social de derecho, unitario, indivisible, y descentralizado en la forma que se establecen esta Constitución y las leyes. La República del Paraguay adopta para su gobierno la democracia representativa, participativa y pluralista, fundada en el reconocimiento de la dignidad humana" (Paraguay, 1992).

iii "Artículo 137. De la supremacía de la Constitución La ley suprema de la República es la Constitución. Esta, los tratados, convenios y acuerdos internacionales aprobados y ratificados, las leyes dictadas por el Congreso y otras disposiciones jurídicas de inferior jerarquía, sancionadas en su consecuencia, integran el derecho positivo nacional en el orden de prelación enunciado". (Paraguay, 1992).

iv "Artículo 145. Del orden jurídico supranacional La República del Paraguay, en condiciones de igualdad con otros Estados, admite un orden jurídico supranacional que garantice la vigencia de los derechos humanos, de la paz, de la justicia, de la cooperación y del desarrollo, en lo político, económico, social y cultural". (Paraguay, 1992).

> *distribución y redistribución de los productos y bienes sociales, para vivir bien.* (Bolívia, 2009)

Estabelece que os tratados de direitos humanos prevalecem na ordem interna, devendo os direitos e deveres consagrados na Constituição serem interpretados[i] em conformidade com os tratados internacionais de direitos humanos ratificados pelo país[ii].

No Equador, a Constitución de la República (2008) apresenta o país como Estado constitucional de direitos e justiça, social, democrático, independente, unitário, intercultural, plurinacional e laico. Os tratados internacionais de direitos humanos se aplicam diretamente e dispõem de cláusula aberta estabelecida na Constituição[iii], prevalecendo sobre qualquer outra norma jurídica ou ato do poder público[iv], sendo um dever e responsabilidade do povo equatoriano respeitar os direitos humanos e lutar pelo seu cumprimento[v].

---

i "Artículo 256. II. Los derechos reconocidos en la Constitución serán interpretados de acuerdo a los tratados internacionales de derechos humanos cuando éstos prevean normas más favorables". (Bolívia, 2009).

ii "Artículo 13, IV. Los tratados y convenios internacionales ratificados por la Asamblea Legislativa Plurinacional, que reconocen los derechos humanos y que prohíben su limitación en los Estados de Excepción prevalecen en el orden interno. Los derechos y deberes consagrados en esta Constitución se interpretarán de conformidad con los Tratados internacionales de derechos humanos ratificados por Bolivia". (Bolívia, 2009).

iii "Art. 417. Los tratados internacionales ratificados por el Ecuador se sujetarán a lo establecido en la Constitución. En el caso de los tratados y otros instrumentos internacionales de derechos humanos se aplicarán los principios pro ser humano, de no restricción de derechos, de aplicabilidad directa y de cláusula abierta establecidos en la Constitución" (Equador, 2008).

iv "Art. 424. La Constitución es la norma suprema y prevalece sobre cualquier otra del ordenamiento jurídico. Las normas y los actos del poder público deberán mantener conformidad con las disposiciones constitucionales; en caso contrario carecerán de eficacia jurídica. La Constitución y los tratados internacionales de derechos humanos ratificados por el Estado que reconozcan derechos más favorables a los contenidos en la Constitución, prevalecerán sobre cualquier otra norma jurídica o acto del poder público". (Equador, 2008).

v "Art. 83. Son deberes y responsabilidades de las ecuatorianas y los ecuatorianos, sin perjuicio de otros previstos en la Constitución y la ley: 5. Respetar los derechos humanos y luchar por su cumplimiento." (Equador, 2008).

A Constitución Política de los Estados Unidos Mexicanos (1917) apresenta como garantia os direitos humanos reconhecidos pela Constituição e nos tratados internacionais, devendo as normas de direitos humanos serem interpretadas de maneira mais ampla à proteção do indivíduo[i]. Em seu art. 1º, estabelece como obrigação de todas as autoridades o respeito, a proteção e a garantia dos direitos humanos:

> *Todas las autoridades, en el ámbito de sus competencias, tienen la obligación de promover, respetar, proteger y garantizar los derechos humanos de conformidad con los principios de universalidad, interdependencia, indivisibilidad y progresividad. En consecuencia, el Estado deberá prevenir, investigar, sancionar y reparar las violaciones a los derechos humanos, en los términos que establezca la ley.* (México, 1917)

Na Colômbia, a Constitución Politica de Colombia (1991), os tratados e convênios que reconhecem os direitos humanos prevalecem no âmbito interno, devendo os direitos e deveres consagrados na Constituição serem interpretados em consonância com os tratados de direitos humanos ratificados pelo país[ii]. É dever da pessoa e do cidadão a defesa e a difusão dos direitos humanos como fundamento de uma convivência pacífica[iii].

---

i "Artículo 1°. En los Estados Unidos Mexicanos todas las personas gozarán de los derechos humanos reconocidos en esta Constitución y en los tratados internacionales de los que el Estado Mexicano sea parte, así como de las garantías para su protección, cuyo ejercicio no podrá restringirse ni suspenderse, salvo en los casos y bajo las condiciones que esta Constitución establece. Las normas relativas a los derechos humanos se interpretarán de conformidad con esta Constitución y con los tratados internacionales de la materia favoreciendo en todo tiempo a las personas la protección más amplia. [...]". (México, 1917).

ii "Artículo 93. Los tratados y convenios internacionales ratificados por el Congreso, que reconocen los derechos humanos y que prohiben su limitación en los estados de excepción, prevalecen en el orden interno. Los derechos y deberes consagrados en esta Carta, se interpretarán de conformidad con los tratados internacionales sobre derechos humanos ratificados por Colombia". (Colômbia, 1991).

iii "Artículo 95. La calidad de colombiano enaltece a todos los miembros de la comunidad nacional. Todos están en el deber de engrandecerla y dignificarla. El ejercicio de los derechos y libertades reconocidos en esta Constitución implica responsabilidades. 4. Defender y difundir los derechos humanos como fundamento de la convivencia pacífica". (Colômbia, 1991).

Por fim, a Constituição da República Federativa do Brasil (1988) estabelece como princípio fundamental da República Federativa do Brasil a dignidade da pessoa humana, reconhecendo-o normativamente, bem como tendo por objetivo o alcance dentro do cenário político, social e jurídico. É regida pelo princípio da prevalência dos direitos humanos[i], os quais são incorporados e integrados à Carta com equivalência de emenda constitucional.

Nota-se que nas Constituições mencionadas anteriormente há uma preocupação em estabelecer os direitos humanos como base ideal de direção do Estado e esse compromisso formal protecionista previsto em cada uma representa "avanço institucional inquestionável" (Maliska, 2013, p. 24). Entretanto, há dúvidas e preocupações de ordem prática, como, por exemplo, a divergência entre os argumentos dos representantes das vítimas, a falta de conhecimento especializado dos advogados e a falta de conhecimento dos procedimentos (Trindade, 2000, p. 17).

Além disso, a importância não apenas de superar essas preocupações, mas também de agregar os avanços. Aperfeiçoar o mecanismo do sistema Regional de proteção deve ser objeto de considerações de ordem essencialmente jurídica humanitária, garantido às partes em casos contenciosos de direitos humanos (Trindade, 2000, p. 17-18).

Tratar do sistema regional interamericano significa a sua consolidação de um condicionalista regional que tem por objetivo a proteção dos direitos humanos fundamentais. Assim, o controle de convencionalidade pode ser entendido de duas formas: no primeiro, a Corte Interamericana e o impacto da jurisprudência no âmbito doméstico e as Cortes latino-americanas e o grau de incorporação incidência da jurisprudência no âmbito doméstico.

> *A fim de avançar no diálogo jurisdicional Regional e constitucional, fortalecendo a proteção dos Direitos Humanos, mediante o controle da convencionalidade é exercido tanto pela corte interamericana, como pelas cortes latino-americanas, destacam-se sete desafios centrais para o* ius commune *latino-americano.* (Piovesan, 2012, p. 89)

Promover ampla ratificação dos tratados internacionais de proteção dos direitos humanos da ONU e da OEA, fortalecer a incorporação dos

---

i "Art. 4º A República Federativa do Brasil rege-se nas suas relações internacionais pelos seguintes princípios: II–prevalência dos direitos humanos" (Brasil, 1988).

tratados dos direitos humanos com *status* privilegiado na ordem jurídica doméstica, fomentar uma cultura jurídica orientada pelo controle da convencionalidade, programas de capacitação para que os poderes Legislativo, Executivo e Judiciário apliquem os parâmetros protetivos internacionais em matéria de direitos humanos, dinamizar o diálogo entre os sistemas regionais objetivando seu fortalecimento, aprimorar os mecanismos de implementação das decisões internacionais no âmbito interno, dinamizar o diálogo horizontal entre as jurisdições constitucionais (Piovesan, 2012, p. 89-92).

> *De um lado, é essencial que os sistemas latino-americanos possam enriquecer se mutuamente, por meio de empréstimos constitucionais e intercâmbio de experiências, argumentos, conceitos e princípios vocacionadas a proteção de direitos humanos. Por outro lado, abertura das ordens locais aos parâmetros protetivos mínimos fixados pela ordem global e regional mediante a incorporação de princípios, jurisprudência e Standard protetivos internacionais, é fator usar a pavimentação de um* ius commune *em Direitos Humanos na região.* (Piovesan, 2012, p. 93)

Para tanto, é necessário que haja uma melhor interação entre os âmbitos global, regional e local como forma de potencializar o impacto que podem gerar entre si, fortalecendo o controle da constitucionalidade, bem como do diálogo entre as jurisdições, a partir do aspecto emancipatório dos direitos humanos.

4. Pluralismo jurídico como elemento primordial na concretização de direitos humanos

Durante muito tempo, prevaleceu a concepção da existência de direitos universais e absolutos aos quais ninguém negaria a adesão, já que o direito natural era imutável, além de apresentar-se de modo universal, justo, supremo e transcendente, refletindo a natureza do homem, localizado acima de qualquer crítica e que não poderiam de qualquer modo ser refutados (Cademartori; Grubba, 2012, p. 707).

Porém, os direitos humanos não podem ser pensados nem ditos a partir da perspectiva do direito natural, pois as pessoas estariam obrigadas a ajustar-se aos desígnios de um Deus, "de modo que as expectativas de uma autonomia social e pessoal se tornam obrigações e não capacidades; e tampouco a partir do jusnaturalismo" (Gallardo, 2014, p. 245).

A partir de Norberto Bobbio, entende-se que os direitos humanos têm caráter histórico e são marcados por dois traços: os que surgem gradualmente e os que são marcados por lutas. Deve-se destacar que "o enfoque parece não somente histórico, mas também social e político" (Gallardo, 2014, p. 246-247), que vai ser percebido posteriormente ao mencionar que os direitos não são existentes o tempo todo, mas surgem exatamente quando devem e podem surgir. Ademais, tais direitos estariam situados na criação e na formação das sociedades modernas, agregando ao seu nascimento uma concepção individualista, o que é visto de maneira equivocada, já que o correto é mencionar que há uma "concepção individualista do indivíduo" (Gallardo, 2014, p. 248).

Bobbio tenta provar a Locke sua afirmação, o qual entende que "os seres humanos não são nunca a-sociais; se fossem, não teriam direitos, porque não existiriam relações entre eles. E 'direito' remete a relações sociais. Em Locke ou Kant, os direitos têm a ver com lógicas sociais, com práticas de coexistência, não com indivíduos" (Gallardo, 2014, p. 248).

Seria diferente afirmar que Locke tem a ideia de um indivíduo natural[i], porém esse postulado imaginário ideológico constituiria uma forma de revolta, visto que nesse Estado haveria "uma Humanidade dominada pela empresariedade e pela cobiça, mas nunca postula uma concepção individualista da sociedade" (Gallardo, 2014, p. 248-249). Valendo a observação para estabelecer que não há possibilidade de compreensão dos direitos humanos "que não passe por uma consideração da economia política que lhes serve de matriz" (Gallardo, 2014, p. 249).

Em um terceiro alcance, Bobbio compreende "que direitos humanos se convertem em um dos indicadores principais do progresso histórico das sociedades modernas" (Gallardo, 2014, p. 249), existindo três sequências progressivas para esses direitos. Inicialmente, a materialização e a efetividade, ligadas à formulação filosófica, sendo uma

---

i "Para compreender o Estado é necessário entender os indivíduos de forma natural, em um estado de liberdade, aquela compreendida como sendo a possibilidade de praticar ações e dispor de posses, sem a necessidade de pedir autorização, e igualdade, o que pressupõe a reciprocidade entre poder e jurisdição" (Maliska, 2003, p. 17-18).

forma ideal da realidade. Posteriormente, ao serem as formulações filosóficas acolhidas por um legislador, compreendemos a segunda fase do processo. E, por fim, tem-se a terceira fase que vai ocorrer com a Declaração Universal de Direitos Humanos, em 1948, quando entram de maneira efetiva em um processo universal e positivo (Gallardo, 2014, p. 249-250).

4.1. A busca pelo pluralismo

A ideia do positivismo jurídico era de que para ser direito era necessário um mínimo de eficácia, podendo-se afirmar que, no campo dos direitos humanos e fundamentais, houve apenas uma aparência de realização ou, como já mencionado anteriormente, um simulacro de direitos humanos, sendo um problema quando se trata de direitos humanos.

> *Em realidade, nenhuma das teorias desenvolvidas na história do direito conseguiu superar o quadrado paradigmático formalista, visto que não conseguem ultrapassar a ideia de que o direito é norma e que o método de pensamento que deve prevalecer, em uma sociedade capitalista e liberal, é o lógico-formal. O mesmo raciocínio é válido para as teorias pós-positivistas, já que também não conseguiram dar respostas satisfatórias ao problema da falta de efetividade dos direitos humanos, tal como não apresentaram propostas à solução dos obstáculos que produzem os altos graus de inefetividade.* (Spinieli, 2020, p. 660)

A problemática dos direitos humanos na atualidade concentra-se em duas visões, uma de ordem abstrata, baseada em circunstâncias reais e na compreensão ocidental de direito e da identidade, e a ordem localista, que concentrasse na imagem do particular de cultura e de valor de diferença. A partir de uma aparente neutralidade do direito, ambas têm razões para serem defendidas, até mesmo porque garantido um marco de convivência comum (Flores, 2022, p. 13-14).

A dificuldade surge quando uma das visões passa a ser defendida como verdade absoluta, ignorando a outra. Sendo necessário que haja uma cultura dos direitos, considerando a inexistência de qualquer aspecto neutral existente na coletividade, e mais ainda supondo uma visão que assuma a complexidade do tema, que pode ser identificada a partir de uma visão complexa de tais direitos. E o que se pretende a partir desta é superar a "polêmica entre o pretenso universalismo dos direitos e a aparente particularidade das culturas" (Flores, 2022, p. 13-14).

> *O reconhecimento do pluralismo na perspectiva da alteridade e da emancipação revela o* locus *de coexistência para uma compreensão crescente de elementos multiculturais criativos, diferenciados e participativos. Em uma sociedade composta por comunidades e culturas diversas, o pluralismo fundado numa democracia expressa o reconhecimento dos valores coletivos materializados na dimensão cultural de cada grupo e de cada comunidade.10 Tal intento de conceber a pluralidade de culturas na sociedade, de estimular a participação de grupos culturais minoritários e de comunidades étnicas se aproxima da temática do "multiculturalismo".* (Wolkmer, 2006, p. 118)

A ideia de ordem abstrata refere-se, portanto, como um centro de onde partem as interpretações, funcionando com padrões e medidas de exclusão. A grande problemática é em virtude de que toda centralização resulta em automatização, fazendo com que algo não seja submetido e tantos outros que não sejam abarcados.

Ocorre que a visão complexa fica situada na periferia, compreendo como parte do entorno, fazendo com que se tenha a compreensão da realidade interna e externa e de todas as relações existentes, o que no centro já não seria possível, visto que "a solidão do centro supõe a dominação e a violência. A pluralidade das periferias supõe o diálogo, a convivência" (Flores, 2022, p. 15). A outra problemática existente além dessa compreensão é de que as visões apresentam o problema de contexto.

Ao tratar da visão abstrata, entende-se que há uma ausência de contexto, ante seu desenvolvimento no vazio, porém "fala de fatos e dados 'da' realidade" (Flores, 2022, p. 16). Contrariamente, tem-se a visão localista em que é existente um excesso de contexto, o que provoca a exclusão de outros aspectos. Por isso a adoção de uma visão complexa de direitos humanos passa a ser importante, pois tem seu conteúdo baseado em incorporação, não sendo, portanto, um problema (Flores, 2022, p. 16).

Assim, as visões abstratas e localistas direcionam "à aceitação cega de discursos especializados [...] relegado a uma casta que sabe que o universal é que se estabelece aos limites do particular" (Flores, 2022, p. 16). Enquanto a visão complexa "assume a realidade e a presença de múltiplas vozes, todas com o mesmo direito a expressar-se, a denunciar, a exigir e a lutar" (Flores, 2022, p. 16).

O que essas visões não complexas fazem é "colocar um *ponto final* hermenêutico que determine a racionalidade, em suas análises e propostas" (Flores, 2022, p. 17), onde a visão abstrata destina suas observações à racionalidade formal, identificado como uma forma de determinismo, em que os pensamentos estão submetidos a regras, que por sua vez está estruturado. Reduz-se, assim, a ação cultural à intervenção sobre palavras e símbolos, nunca sobre a realidade material ou corporal. O mundo e o corpo são vistos sempre como algo separado, apresentando uma rigidez da realidade e ocorrendo, também, a redução dos "direitos a seus componentes jurídicos como base de seu universalismo *a priori*" (Flores, 2022, p. 19).

O localismo também apresentará uma multiplicidade de interpretações, construindo outra forma de universalismo, o "*universalismo de retas paralelas* que somente se encontrarão no infinito do magma das diferenças culturais, de forma que "sistematiza o seu próprio 'ponto final'" (Flores, 2022, p. 19), considerando uma racionalidade material, que está presente no localismo colonialista, partindo do próprio[i] e promovendo maior desigualdade.

Certo é que existem especificidades de cada Estado na América Latina, sejam políticas, sociais, culturais ou econômicas, razão pela qual não é possível adotar uma concepção de direitos humanos a partir de um movimento europeu de colonização em detrimento do plural enraizado na América Latina. Não é possível, portanto, adotar uma concepção monista.

Ademais, existente ainda a ideia política quando se trata de direitos humanos e que não se aderem enquanto dados, senão na forma de uma construção teórica e puramente mental, "motivo pelo qual não se pode classificar como direitos humanos as meras declarações textuais, feitas à luz – ou sombra – do formalismo cego" (Spinieli, 2020, p. 662).

Para a formação de uma cultura que seja antimonista, antidogmática ou anti-individualista, é necessário embasá-la em princípios comunitários, ou seja, estar atrelada à necessidade de que haja uma nova legitimação social e um novo diálogo intercultural:

---

[i] "a sociedade ocidental – que mantém um único direito enquanto estabelece exceções, com as sociedades não ocidentais – nas quais coexistem o direito geral e o direito pessoal. Ele critica a prática de tentar integrar e unificar o direito estatal ao mesmo tempo em que se estabelece exceções ao conceito de direito de um Estado em face da globalização" (Kawamura, 2021, p. 255).

> *Ora, diante dos inusitados processos de dominação e exclusão produzidos pela globalização, pelo capital financeiro e pelo neoliberalismo que vêm modificando basicamente relações sociais, formas de representação e de legitimação, ganha relevância reintroduzir politicamente o poder de ação da comunidade, o retorno dos agentes históricos, o aparecimento inédito de direitos humanos relacionados às minorias e a produção alternativa de acesso à justiça, com base no viés interpretativo da pluralidade de fontes.* (Wolkmer, 2006, p. 40-41)

Ou seja, pressupõe que haja o reconhecimento de uma identidade cultural e dos sujeitos, partindo, inclusive, dos grupos que se mostram minoritários, elencando as diferenças, a peculiar necessidade de cada uma das sociedades e as reivindicações levantadas. Para que se apresente uma cultura político-jurídica democrática na América Latina, é essencial a busca por alternativas quanto à forma de conhecimento, partindo de uma concepção pluralista[i] em respeito a todas as diferenças existentes, a fim de garantir a igualdade de direitos (Wolkmer, 2006, p. 42).

> *O reconhecimento de outra cultura jurídica, marcada pelo pluralismo de tipo comunitário-participativo e pela legitimidade construída através das práticas internalizadas de sujeitos sociais, permite avançar na redefinição e afirmação de direitos humanos numa perspectiva da interculturalidade. Da interculturalidade entendida como filosofia crítico-cultural, como horizonte de diálogo eqüitativo, [...]. Ainda que por vezes seja associado ao multiculturalismo (ou uma forma ou variante deste), a interculturalidade tem especificidade própria, pois, tendo em*

---

i "O conceito de pluralismo jurídico, entretanto, é bastante antigo. Definido geralmente como a existência, no mesmo espaço geopolítico, de mais de uma ordem jurídica, o pluralismo jurídico já foi objeto de reflexão por parte de vários juristas que adotaram na sua reflexão um enfoque sociológico, a exemplo de Gurvitch e sua visão acerca da pluralidade de centros geradores de direito, tanto supraestatais – como as organizações internacionais, por exemplo – quanto infraestatais – como os sindicatos, cooperativas, etc. De um modo geral, porém, o enfoque pluralista dos juristas revela-se, no fundo, um falso pluralismo, pois, como lembra Carbonnier, os fenômenos descritos como constituindo um outro direito são tomados em consideração pelo sistema jurídico global" (Oliveira, 2010, p. 378).

> *conta o pluralismo cultural e a nova hermenêutica filosófica, revela-se "um horizonte de diálogo".* (Wolkmer, 2006, p. 120)

A discussão em torno da universalidade surge ao passo que, na história dos direitos humanos, é possível perceber, desde a sua criação, que "estiveram em geral ao serviço dos interesses hegemônicos" (Santos, 1997, p. 20), pautado em um discurso sedutor de proteção integral, mas que não houve proteção em relação a determinados povos, marcando a invisibilidade das atrocidades cometidas.

A marca ocidental nos direitos humanos é visível quando a maior parte dos Estados não participou das decisões para sua elaboração. Entretanto,

> *em todo o mundo, milhões de pessoas e milhares de ONG's têm vindo a lutar pelos direitos humanos, muitas vezes correndo grandes riscos, em defesa de classes sociais e grupos oprimidos, em muitos casos vitimizados por Estados capitalistas autoritários.* (Santos, 1997, p. 20)

É possível elencar premissas para que ocorra essa transformação da falsa ideia de universalismo, buscando, sobretudo, a inclusão de um diálogo intercultural na perspectiva dos direitos humanos. A primeira é superar os embates entre universalismo e relativismo cultural. A segunda é a da transformação cosmopolita, ou seja, a necessidade de compreender que todas as culturas têm concepções de dignidade da pessoa humana (Santos, 1997, p. 21).

Como terceira premissa, tem-se que:

> *todas as culturas são incompletas e problemáticas nas suas concepções de dignidade humana. A incompletude provém da própria existência de uma pluralidade de cultas, pois, se cada cultura fosse tão completa como se julga, existiria uma só cultura.* (Santos, 1997, p. 22)

A quarta é de que as culturas têm versões diferentes de direitos humanos, devendo ser identificada qual delas apresenta "um círculo de reciprocidade mais amplo" (Santos, 1997, p. 22).

Por fim, a quinta e última premissa diz respeito à forma com que as pessoas são distribuídas em determinadas sociedades, sendo divididas em dois grupos: o principal, com viés de igualdade vai operar em unidades hegemônicas, enquanto a outra, identificada como princípio da diferença, opera sobre as identidades e diferenças que são consideradas como únicas. Princípios que "não se sobrepõem necessariamente e, por esse motivo, nem todas as igualdades são idênticas e nem todas as diferenças são desiguais" (Santos, 1997, p. 22).

A ideia é retratar os direitos humanos enquanto diálogo entre culturas, o que consistiria em dizer e colocá-los em *topoi* fortes, ou seja, "os lugares comuns retóricos mais abrangentes de determinada cultura" (Santos, 1997, p. 23), permitindo a produção e troca de argumentos. Como há um risco quando colocados em culturas diferentes, o ideal seria apresentá-los não como premissas, mas meros argumentos. Sendo necessário, inclusive, que fossem analisados a partir de uma hermenêutica diatópica, a qual compreende que, ainda que determinada cultura seja considerada como uma *topoi* forte, não pode ser entendida como completa, haja vista que incompletas dentro das próprias culturas a que pertencem. O que se pretende não é torná-las completas, até mesmo porque seria impossível, mas entender e compreender que são incompletas (Santos, 1997, p. 23).

Nas palavras de Herrera Flores (2022, p. 21-22),

> *Por isso, a nossa visão complexa dos direitos aponta por uma* racionalidade de resistência. *Uma racionalidade que não nega que é possível chegar a uma síntese universal [...] tampouco descarta a virtualidade das lutas pelo reconhecimento das diferenças étnicas ou de gênero. O que negamos é considerar o universal como um ponto de partida ou um campo de desencontros. Ao universal há de se chegar – universalismo de chegada ou de confluência [...]. E nesse processo [...] damos forma ao único essencialismo válido para uma visão complexa do real: o de criar condições para o desenvolvimento das potencialidades humanas, o de um poder constituinte difuso que faça a contraposição, não de imposições ou exclusões, mas de generalidades compartidas às que chegamos (de chegada), e não a partir das quais partimos (de saída).*

Uma racionalidade de resistência conduz "a um universalismo de contrastes, de entrecruzamento, de mesclas" (Flores, 2022, p. 23), servindo de ponto de partida para a compressão de uma visão cultural e sistêmica ampla, partindo de diferentes pontos de partida e convicções, sem, contudo, negar a busca pela dignidade da pessoa humana. "O problema não reside na luta pela identidade, mas no essencialismo do étnico ou da diferença" (Flores, 2022, p. 23), e o que se busca, nas palavras de Herrera Flores, é uma prática intercultural, não "pontos finais", mas práticas sociais hibridas (Flores, 2022, p. 23).

5.
Considerações finais

Pensar a América Latina é compreender uma identidade marcada por diversas culturas, formas econômicas, políticas e sociais existentes, não sendo possível compreendê-la de modo universal, partindo de um localismo e expandindo como se todas as outras fossem iguais.

Para a concretização dos direitos humanos no mundo contemporâneo, há necessidade de enfrentar desafios diferentes dos existentes em 1948, que busca apenas uma reformulação no âmbito produtivo e geoestratégico, com bases capitalistas de inclusão. E em virtude de uma extensão global em que o modelo capitalista faz com que o mercado dite as regras existentes, marca em definitivo a regra de exclusão, em que atualmente milhões de pessoas vivem na miséria, um mundo que não se preocupa com pessoas, apenas com economia e rentabilidade.

O que ocorre com essa preocupação são debates superficiais sobre a necessidade de um multiculturalismo e países enriquecidos pela ordem global que preferem se proteger contra "perigos culturais".

Apesar da incorporação dos tratados internacionais de direitos humanos nas Constituições latino-americanas – conferindo hierarquia privilegiada, bem como estabelecendo cláusulas constitucionais abertas e permitindo assim uma melhor integração entre a ordem constitucional interna e a ordem internacional, como forma de expansão do bloco constitucional –, os direitos humanos acabam não se concretizando da maneira esperada, ante a inexistência de uma melhor comunicação e interação dos âmbitos global, regional e local, como forma de potencializar o impacto que podem gerar entre si, bem como emancipação dos direitos humanos.

A ideia de um pluralismo para a adequada compreensão dos direitos humanos na América Latina surge como forma de reconhecimento da identidade cultural e dos sujeitos[i], com a necessidade de compreen-

---

i "Pois bem, e nós, qual o mundo que temos? (e por que temos podemos transformá-lo?). A América Latina, e nela o Brasil, é nosso mundo? O que temos ou o que conhecemos? Talvez a cultura, esta sim, possa dar sentido ao mundo que temos e, através dela, possamos pensar a der os grupos minoritários, levando em consideração a peculiar necessidade de cada uma das sociedades e das reivindicações existentes em cada uma delas. Isso se alcança a partir da busca por alternativas quanto à forma de conhecimento, partindo de uma concepção pluralista de respeito a todas as diferenças existentes como forma de se garantir igualdade e concretização de direitos humanos.

Referências

ARGENTINA. **Constitución de la Nación Argentina**. 1994. Disponível em: https://pdba.georgetown.edu/Parties/Argentina/Leyes/constitucion.pdf. Acesso em: 06. set. 2022.

BOLÍVIA. **Constitución Política del Estado Plurinacional de Bolívia**. 2009. Disponível em: https://www.oas.org/dil/esp/constitucion_bolivia.pdf. Acesso em: 6 set. 2022.

BORGES, B. B. A abertura aos direitos humanos nas constituições latino-americanas e seus reflexos no controle de convencionalidade. **Revista Jurídica Uniaraxá**, Araxá, v. 20, n. 19, p. 117-139, ago. 2016. Disponível em: http://www.mpsp.mp.br/portal/page/portal/documentacao_e_divulgacao/doc_biblioteca/bibli_servicos_produtos/bibli_informativo/bibli_inf_2006/Rev-Jur%C3%ADdica-UNIARAX%C3%81_20_n.19.05.pdf. Acesso em: 6 set. 2022.

BRASIL. **Constituição da República Federativa do Brasil**. Brasília, 1998. Disponível em: http://www.planalto.gov.br/ccivil_03/constituicao/constituicao.htm. Acesso em: 6 set. 2022.

CADEMARTORI, L. H. U.; GRUBBA, L. S. O embasamento dos direitos humanos e sua relação com os direitos fundamentais a partir do diálogo garantista com a teoria da reinvenção dos direitos humanos. **Revista Direito GV [online]**,

nossa identidade na diversidade e, assim, cientes do que temos e do que somos, a tarefa de mudar o mundo seja tão mais cotidiana do que parece ser. Quanto ao direito, talvez pertença ele ao mundo que apenas conhecemos e no qual não nos reconhecemos e, portanto, onde não nos sentimos em casa, mantendo com ele sempre uma relação de estranhamento. Entretanto, este estranhamento não pode nos imobilizar em face dos problemas que enfrentamos relativamente aos direitos humanos, isto é, ao direito a ter direitos, ao contrário, o estranhamento deve ser o fio condutor de uma atitude que a partir da vulnerabilidade assume a única posição ética possível, a do acolhimento" (Chueiri; Câmara, 2010, p. 174).

2012, v. 8, n. 2, p. 703-724. Disponível em: https://doi.org/10.1590/S1808-24322012000200013. Acesso em: 6 set. 2022.

CAMBI, E.; PORTO, L. de A.; FACHIN, M. G. **Constituição e direitos humanos**: tutela dos grupos vulneráveis. São Paulo: Almedina, 2022.

CHILE. **Constitución Política de la República de Chile**. 2005. Disponível em: https://www.oas.org/dil/esp/constitucion_chile.pdf. Acesso em: 6 set. 2022.

CHUEIRI, V. K. de; CÂMARA, H. F. Direitos humanos em movimento: migração, refúgio, saudade e hospitalidade. **Revista Direito, Estado e Sociedade**, PUC-Rio, n. 36, jan.-jun. 2010. Disponível em: http://direitoestadosociedade.jur.puc-rio.br/media/7chueiri_camara36.pdf. Acesso em: 10 set. 2022.

COLOMBIA. **Constitucion Politica de Colombia.** 1991. Disponível em: https://pdba.georgetown.edu/Constitutions/Colombia/colombia91.pdf. Acesso em: 6 set. 2022.

EQUADOR. **Constitución de la República del Ecuador**. 2008. Disponível em: https://www.oas.org/juridico/pdfs/mesicic4_ecu_const.pdf. Acesso em: 6 set. 2022.

FLORES, J. H. **Direitos humanos, interculturalidade e racionalidade de resistência**. Disponível em: https://periodicos.ufsc.br/index.php/sequencia/article/view/15330/13921. Acesso em: 25 jan. 2022.

GALLARDO, H. **Teoria crítica**: matriz e possibilidade de direitos humanos. São Paulo: Ed. da Unesp, 2014.

KAWAMURA, A. Repensando o pluralismo jurídico e o direito asiático em face da globalização. **Revista de Direitos Fundamentais & Democracia**, Curitiba, v. 26, n. 2, p. 240-268, maio/ago. 2021. Disponível em: https://revistaeletronicardfd.unibrasil.com.br/index.php/rdfd/article/view/2267/701. Acesso em: 10 set. 2022.

MALISKA, M. A. **Fundamentos da Constituição**: abertura, cooperação, integração. Curitiba: Juruá, 2013.

MALISKA, M. A. **Os desafios do Estado Moderno**: federalismo e integração regional. Curitiba/Munique, 2003. Tese (Doutorado em Direito) – Programa de Doutorado em Direito da Universidade Federal do Paraná (estágio de doutoramento na Ludwig Maximilian Universität), Curitiba, 2003.

MÉXICO. **Constitución Política de los Estados Unidos Mexicanos**. 1917. Disponível em: https://www.diputados.gob.mx/LeyesBiblio/pdf/CPEUM.pdf. Acesso em: 6 set. 2022.

OLIVEIRA, L. Pluralismo jurídico e direito alternativo no Brasil. Notas para um balanço. In: RÚBIO, D. S.; FLORES, J. H.; CARVALHO, S. de (Orgs.). **Direitos humanos e globalização [recurso eletrônico]**: fundamentos e possibilidades desde a teoria crítica. 2. ed. Dados eletrônicos. Porto Alegre: EDIPUCRS, 2010.

PARAGUAY. **Constitucion de la Republica del Paraguay**. 1992. Disponível em: http://digesto.senado.gov.py/archivos/file/Constituci%C3%B3n%20de%20la%20Rep%C3%BAblica%20del%20Paraguay%20y%20Reglamento%20Interno%20HCS.pdf. Acesso em: 6 set. 2022.

PERU. **Constitución Política del Perú**. 1993. Disponível em: https://www.oas.org/juridico/spanish/per_res17.pdf. Acesso em: 6 set. 2022.

PIOVESAN, F. Direitos humanos e diálogo entre jurisdições. **Revista Brasileira de Direito Constitucional**, n. 19, jan./jun., 2012. Disponível em http://www.esdc.com.br/RBDC/RBDC-19/RBDC-19-067-Artigo_Flavia_Piovesan_(Direitos_Humanos_e_Dialogo_entre_Jurisdicoes).pdf. Acesso em: 22 fev. 2022.

PIOVESAN, F. **Temas de direitos humanos**. 11. ed. São Paulo: Saraiva Educação, 2018.

SANTOS, B. de S. Os direitos humanos na pós-modernidade. **Centro de Estudos Sociais**, Coimbra, n. 10, jun. 1989. Disponível em: https://www.ces.uc.pt/publicacoes/oficina/010/10.pdf. Acesso em: 6 set. 2022.

SANTOS, B. de S. Por uma concepção multicultural de direitos humanos. **Revista Crítica de Ciências Sociais**, n. 48, jun., 1997, p. 11-32. Disponível em http://www.boaventuradesousasantos.pt/media/pdfs/Concepcao_multicultural_direitos_humanos_RCCS48.PDF. Acesso em: 25 jan. 2022.

SPINIELI, A. L. P. Pluralismo jurídico como alternativa epistemológica para a cultura de direitos humanos desde o contexto latino-americano. **Revista de Políticas Públicas**, v. 24, n. 2, p. 653-671, 2020. Disponível em: https://periodicoseletronicos.ufma.br/index.php/rppublica/article/view/13285/8623. Acesso em: 6 set. 2022.

TRINDADE, A. A. C. Memorial em prol de uma nova mentalidade quanto à proteção dos direitos humanos nos planos internacional e nacional. **Direito e Democracia**, v. 1, n. 1, Canos, 1° sem. de 2000, p. 5-52. Disponível em http://www.periodicos.ulbra.br/index.php/direito/article/view/2199. Acesso em: 6 fev. 2022.

WOLKMER, A. C. Pluralismo jurídico, direitos humanos e interculturalidade. **Revista Sequência**, n. 53, p. 113-128, dez. 2006. Disponível em: file:///C:/Users/Bruna/Downloads/Dialnet-PluralismoJuridicoDireitosHumanosEInterculturalida-4818411.pdf. Acesso em: 25 jan. 2022.

O Conselho de Estado na Constituição de 1824 e o problema do controle de constitucionalidade

El Consejo de Estado en la Constitución de 1824 y el problema del control de constitucionalidade

Marcos da Cunha e Souza

Doutor e mestre em Direito pela Pontifícia Universidade Católica do Paraná (PUCPR). Professor do Centro Universitário Internacional Uninter. Advogado.

Resumo: Este artigo parte da constatação de que o controle de constitucionalidade nem sempre foi centrado no Poder Judiciário. Constituições do passado, como a do Brasil Imperial, da Terceira República Francesa e até mesmo a norte-americana de 1787 não atribuíram a uma Suprema Corte tal função. Mostra-se que o atual papel desempenhado pela Suprema Corte norte-americana ocorreu de modo quase acidental, em 1803. O foco principal do trabalho, entretanto, é o de tratar do controle de constitucionalidade ao tempo da Constituição brasileira de 1824, com especial ênfase no papel desempenhado pelo Conselho de Estado, órgão do Poder Executivo. O trabalho apresenta a estrutura e as atribuições do referido conselho e como ele logrou ampliar, pela prática, sua influência. São apresentados alguns exemplos práticos de sua atuação, especialmente no controle de constitucionalidade de normas elaboradas pelas assembleias provinciais. Por fim, na conclusão, apresentam-se hipóteses para justificar porque a ampliação de suas atribuições foi tolerada pelas outras forças que atuavam na política imperial.

Palavras-chave: controle de constitucionalidade; Constituição brasileira de 1824; Conselho de Estado; Poder Moderador; Poder Legislativo.

***Resumen**: Este artículo parte de la observación de que el control de constitucionalidad no siempre ha sido centrado en el Poder Judicial. Constituciones del pasado, como la del* Brasil *Imperial, la Tercera República Francesa e incluso la estadounidense de 1787, no asignaron dicha función a una Corte Suprema. Se muestra que el actual papel desempeñado por la Corte Suprema de Estados Unidos ocurrió de manera casi accidental en 1803. Sin embargo, el enfoque principal del trabajo es abordar el control de constitucionalidad en el momento de la Constitución* brasileña *de 1824, con especial énfasis en el papel desempeñado por el Consejo de Estado, un órgano del Poder Ejecutivo. El trabajo presenta la estructura y atribuciones de dicho consejo, así como cómo logró ampliar su influencia en la práctica. Se presentan algunos ejemplos prácticos de su actuación, especialmente en el control de constitucionalidad de normas elaboradas por las asambleas provinciales. Por último, en la conclusión, se presentan hipótesis para justificar por qué las otras fuerzas que actuaban en la política imperial toleraron la ampliación de sus atribuciones.*

***Palabras clave**: control de constitucionalidade; Constitución brasileña de 1824; Consejo de Estado; Poder Moderador; Poder Legislativo.*

Sumário: 1. Introdução. 2. Algumas palavras sobre a Constituição Imperial de 1824. 3. Controle de constitucionalidade. 4. *The Least Dangerous Branch*. 5. O Conselho de Estado. 6. Exemplos de questões constitucionais submetidas ao Conselho de Estado. 7. Conclusões. Referências.

Sumilla: 1. Introducción. 2. Algunas palabras sobre la Constitución Imperial de 1824. 3. Control de constitucionalidad. 4. *The Least Dangerous Branch*. 5. El Consejo de Estado. 6. Ejemplos de cuestiones constitucionales sometidas al Consejo de Estado. 7. Conclusiones. Referencias.

1. Introdução

O controle da constitucionalidade das normas é uma atividade fundamental para garantir a supremacia da Constituição, dos direitos fundamentais por ela assegurados e a estabilidade do Estado.

Para os operadores contemporâneos do direito, o controle da constitucionalidade por um tribunal constitucional parece algo mais do que natural. Soa como o único caminho aceitável, tendo como maior exemplo a Suprema Corte dos Estados Unidos da América (SCOTUS[i]). No entanto, o emprego de um órgão do Judiciário para a proteção de uma Carta política nem sempre foi a solução evidente. Na verdade, a discussão sobre o melhor mecanismo para tal tarefa se alastrou, desde o julgamento de Marbury *versus* Madison (1803) até o famoso debate entre Hans Kelsen e Carl Schmitt e ainda não se extinguiu de todo.

Muitos países europeus somente vieram a criar cortes constitucionais após a Segunda Guerra Mundial (Veloso, 2012, p. 272). Em alguns países, tal controle era feito – total ou parcialmente – por órgãos do Poder Executivo. Como exemplo, citemos a França durante a Terceira República (1870-1945). Em alguns casos, órgãos do Judiciário apenas se negavam a aplicar normas que entendiam ser contrárias à Constituição, sem, contudo, ter poderes para declarar sua invalidade.

No caso dos Estados Unidos, a Constituição de 1787 (ainda hoje vigente) nunca atribuiu a qualquer órgão específico a função de controlar a constitucionalidade das normas, fossem elas federais ou estaduais.

---

i SCOTUS: Supreme Court of the United States.

A assunção da Suprema Corte (a SCOTUS) a essa função estratégica se deu quase que por acaso e de maneira muito discreta, em 1803.

Assim, não é de se espantar que a Constituição do Brasil Império, de 1824, não tratasse dessa matéria com clareza. Aquela Carta cuida de mecanismos de reforma constitucional, o que demonstra uma preocupação em evitar que a Constituição fosse alterada sem uma vontade deliberada nesse sentido. Contudo, era imprecisa na solução dos problemas do dia a dia, especialmente durante os longos recessos do Poder Legislativo.

Ocorre que as realidades política e legislativa acabaram por impor a necessidade de se criar um sistema de controle de constitucionalidade. E não tendo havido alteração constitucional no sentido de atribuir essa função, a solução foi criada pela rotina de um órgão e pela omissão dos demais, um pouco como aconteceu nos Estados Unidos a partir de 1803 e na França a partir de 1875.

No caso do Brasil Império, o órgão a assumir grande parte dessa função foi o Conselho de Estado, chefiado pelo Imperador.

O objetivo do presente trabalho é o de examinar – e, em certa medida, resgatar – o papel do Conselho de Estado como órgão de interpretação e proteção da Constituição de 1824. Tal pesquisa se justifica para que possamos inserir a história constitucional brasileira no seio da História do controle de constitucionalidade no Ocidente. Afinal, a Constituição de 1824 ainda é a mais longeva constituição brasileira, tendo sobrevivido por 65 anos, com poucas alterações. E embora ela tenha sido original, em alguns pontos, em muitos outros apenas refletiu as tendências de sua época e pode ser um exemplo a ser apontado, em qualquer estudo que se faça no mundo, sobre um controle de constitucionalidade extrajudicial.

De modo a melhor contextualizar o presente estudo, algumas palavras também serão dedicadas à solução adotada pelos Estados Unidos – e às críticas a esta solução – para que se compreenda que, ao menos no século XIX, o controle por órgão do Poder Judiciário estava longe de ser uma solução sedimentada.

A pesquisa teve como principal foco as atas do Conselho de Estado e do Poder Legislativo do Brasil Império, as normas brasileiras desse período, com algumas pinceladas de doutrinadores contemporâneos. As transcrições feitas dos documentos do século XIX foram adaptadas para a ortografia atual. A metodologia adotada foi a hipotética-dedutiva.

2. Algumas palavras sobre a Constituição Imperial de 1824

Para que se compreenda o tema proposto, é imprescindível relembrar alguns aspectos sobre a primeira Constituição brasileira.

Em contraste com outros países da América Latina, o Brasil obteve sua independência para se tornar uma monarquia. Tal opção ganhou corpo com a Constituição Imperial (CI) de 1824, redigida por um Conselho de Estado e outorgada pelo Imperador D. Pedro I.

O Poder Judiciário – chamado então de "Poder Judicial" – era o mais tímido de todos. Os juízes não gozavam de inamovibilidade (art. 153 da CI de 1824). Embora fossem "perpétuos" e só pudessem ser destituídos por sentença, podiam ser suspensos pelo Imperador, após parecer do Conselho de Estado, "por queixas contra eles feitas" (CI de 1824, art. 154).

O Poder Judicial não tinha poderes para suspender a aplicação de normas inconstitucionais. A mais alta Corte do país, o Supremo Tribunal de Justiça, "composto de Juizes Letrados, tirados das Relações por suas antiguidades" (art. 163) tinha atribuições bastante modestas. A esse tribunal competia (art. 164):

> *I – Conceder, ou denegar Revistas nas Causas, e pela maneira, que a Lei determinar.*
>
> *II – Conhecer dos delictos, e erros do Officio, que commetterem os seus Ministros, os das Relações, os Empregados no Corpo Diplomatico, e os Presidentes das Provincias.*
>
> *III – Conhecer, e decidir sobre os conflictos de jurisdição, e competencia das Relações Provinciaes.* (Brasil, 1824)

Fala-se muito dos amplos poderes que tinha o Imperador na Carta de 1824. De fato, ele era o Chefe do Poder Executivo, que era exercido pelos seus Ministros de Estado (art. 102). Esses ministros, contudo, refletiam a maioria do parlamento, dado que o modelo brasileiro era de uma monarquia parlamentarista.

A grande especificidade da Constituição de 1824 vinha da existência de um quarto Poder, o Poder Moderador. A Constituição o apresentava da seguinte forma: "O Poder Moderador é a chave de toda a organização Politica, e é delegado privativamente ao Imperador" (art. 98). Seus poderes, naquilo que interessa ao presente trabalho, serão apresentados oportunamente.

O Poder Legislativo no Império era mais poderoso do que se costuma pensar. Era conhecido como a "Assembleia Geral" e era composto por duas câmaras: a Câmara dos Deputados e o Senado (arts. 13 e 14 da CI de 1824). Naquilo que nos interessa, era atribuição da Assembleia Geral (art. 15): "Fazer Leis, interpreta-las, suspende-las, e rovoga-las" (§[i] X) e "Velar na guarda da Constituição, e promover o bem geral da Nação" (§ XI). A função de senador era vitalícia, enquanto a de deputado era eletiva, com mandato de 4 anos. O imperador tinha poderes para, em caso de necessidade, dissolver a Câmara dos Deputados e convocar nova eleição, tal como ocorre hoje em algumas monarquias constitucionais.

A Constituição de 1824 costuma ser classificada como semiflexível (Moraes, 2022, p. 9). Isso porque parte de seu conteúdo poderia ser alterado pelo mesmo rito conferido às leis ordinárias. Apenas aquilo que "diz respeito aos limites, e attribuições respectivas dos Poderes Politicos, e aos Direitos Politicos, e individuaes dos Cidadãos" (art. 178) teria caráter materialmente constitucional e, para ser alterado, precisaria ultrapassar o complexo rito descrito nos artigos 175 a 177. A história política do Império mostra que se evitava ao máximo seguir esse rito, como mostram os debates para a reforma do sistema eleitoral na década de 1870. Assim, a Constituição somente sofreu uma grande reforma, em 1834.

Pode parecer a alguns, em um exame muito apressado, que o controle de constitucionalidade aplicava-se apenas aos aspectos pontuais referidos no art. 178, dado que para os demais qualquer lei ordinária poderia alterar a Constituição. Isso não é verdade. O fato de o rito da norma ser ordinário e o fato de a norma não ter um nome distinto das demais normas deixam de fora uma observação de ordem prática. Observa-se que as leis que alteravam os elementos flexíveis da Constituição de 1824 expressamente apontavam essa intenção.

E como seria o controle da constitucionalidade? Naquele momento – 1824 – não havia ainda qualquer tipo de dogma, no Ocidente, atribuindo a um órgão do Poder Judiciário o papel de tribunal constitucional. No que toca à Constituição de 1824, o único ponto isento de

---

[i] Embora em números romanos, eram chamados de parágrafos, e não de incisos.

dúvida – mas na prática bastante ineficaz – era o controle de constitucionalidade sobre as normas oriundas dos "conselhos gerais" das províncias que, a partir da reforma constitucional de 1834, passaram a ser denominados "Assembleias Legislativas Provinciais".

Examinemos essa questão no próximo tópico.

3.
Controle de constitucionalidade

Poucos autores da atualidade abordam o controle de constitucionalidade ao tempo do Brasil Império. Carlos Veloso (2012, p. 273, grifo nosso) assim leciona:

> *No Brasil, a jurisdição constitucional – a jurisdição constitucional propriamente dita, o controle de constitucionalidade e a jurisdição constitucional das liberdades, na classificação de Cappelletti – tem sido ampliada significativamente.*
>
> ***A Constituição do Império, de 1824, adotava o controle político.*** *Com a República, adotamos o controle jurisdicional, segundo o padrão norte-americano, controle difuso, portanto. Este foi o modelo consagrado na Constituição republicana de 1891.*

De fato, podemos dizer que era um controle político, visto que estava nas mãos do Poder Legislativo e do Imperador.

No que toca às leis emanadas da Assembleia Geral (Senado e Câmara dos Deputados), não há, na Constituição de 1824, qualquer mecanismo de controle de constitucionalidade perceptível para além do próprio Poder Legislativo. Ao Poder Legislativo cabia a função não apenas de fazer as leis, mas também de interpretá-las e revogá-las. Vejamos o que dizia o art. 15:

> *Art. 15. É da atribuição da Assembleia Geral [...]*
>
> *VIII – Fazer Leis, interpreta-las, suspende-las, e revoga-las.*
>
> *IX – Velar na guarda da Constituição, e promover o bem geral do Nação.* (Brasil, 1824)

A questão ficava menos nebulosa quando envolvia as normas produzidas pelas assembleias provinciais. Sendo o Brasil um Estado unitário, as províncias eram entidades administrativas dotadas de autonomia muito limitada. Os presidentes das províncias eram, inclusive, nomeados pelo Imperador e destituíveis *ad nutum* (art. 165). Tal centralismo se justificava pela própria história da América Latina, que viu as antigas colônias espanholas se fragmentarem de maneira violenta, logo após as guerras de independência. E a Argentina, como federação, passou as primeiras décadas de sua história à beira da implosão. Por conta desse cenário, no Brasil, as normas emanadas das províncias sofriam forte controle do poder central. Nesse sentido, o Ato Adicional de 1834[i], em seu art. 20, assim dispunha:

> *Art. 20. O Presidente da Província enviará à Assembleia e Governo Gerais*[ii] *cópias autênticas de todos os Atos Legislativos Provinciais que tiverem sido promulgados, a fim de se examinar se ofendem a Constituição, os impostos gerais, os direitos de outras Províncias ou os Tratados; casos únicos em que o Poder Legislativo Geral os poderá revogar.* (Brasil, 1834)

Desse modo, o art. 20 atribui ao "governo geral", isto é, ao Poder Executivo do Império, a atribuição de verificar se as leis provinciais ofendem a Constituição. Mas a revogação, segundo o mesmo art. 20, ficaria apenas a cargo do "Poder Legislativo Geral".

Contudo, em paralelo ao art. 20 da reforma constitucional de 1834 (o "Ato Adicional"), havia um fio solto na Carta de 1824 que ampliava a atribuição do Imperador quanto a esta matéria.

A Constituição do Império estipulava que "o Imperador exerce o Poder Moderador" (art. 101). E entre as atribuições do Poder Moderador estava a de aprovar ou suspender interinamente as resoluções (normas) dos Conselhos Provinciais, caso o Poder Legislativo imperial (a "Assembleia Geral"[iii]) estivesse de recesso. Lembremos, nesse ponto, que os Conselhos Provinciais foram abolidos na grande reforma constitucional de 1834, sendo substituídos pelas Assembleias Provinciais. Apesar disso, a redação do art. 101, § IV, não foi alterada.

---

i A Constituição de 1824 sofreu apenas uma grande revisão, que foi o Ato Adicional de 1834, durante a Regência. Vide: Brasil, 1834.

ii O Poder Executivo do Império.

iii Segundo os arts. 13 e 14 da CI de 1824, o Poder Legislativo é delegado à "Assembléa Geral", formada por "duas Camaras: Camara de Deputados, e Camara de Senadores, ou Senado".

Diante disso, a influência do Imperador sobre o controle de constitucionalidade seria, à primeira vista, pequeno. Isso porque o poder de **suspender** as normas provinciais, pelo Imperador, somente teria validade durante o recesso da Assembleia Geral[i]. Ocorre que a Assembleia Geral – o Poder Legislativo do Brasil Império – somente funcionava quatro meses por ano, com o início de suas sessões no dia 3 de maio de cada ano, salvo situações excepcionais[ii]. É preciso lembrar que o Brasil já era um país imenso e que os deputados e senadores viviam em províncias geralmente distantes e com meios de transporte bastante precários para se deslocarem até a capital, no Rio de Janeiro. O exercício de função parlamentar, naquela época, não era uma profissão. Os parlamentares somente recebiam subsídios durante os 4 meses de duração da sessão legislativa anual, além de indenização pelas despesas de viagem – ida e volta – entre a capital e sua província (art. 39). Eram, em sua maioria, latifundiários, empresários, militares e profissionais liberais, que precisavam cuidar de seus negócios para obter renda. Assim, não ficavam na Corte além do necessário para votar as leis ordinárias e, principalmente, cuidar da tramitação do orçamento nacional.

Essa particularidade fazia com que o controle da constitucionalidade das normas provinciais pelo imperador, após a oitiva do Conselho de Estado, fosse uma atribuição bastante comum, como se pode confirmar pelas atas do dito conselho.

O ato de suspensão de uma norma pelo Imperador poderia ser modificado pela Assembleia, quando esta voltava a funcionar, segundo o art. 88 da Constituição. A situação posta na Constituição era, portanto, bastante precária.

Mas como um país moderno poderia garantir um mínimo de segurança jurídica sem um sistema claro e eficiente voltado ao controle de constitucionalidade? Na verdade, a Constituição Imperial deixava em aberto outra via, cuja eficácia não se pode ainda investigar. Ela também não era de índole judicial e estava prevista no art. 179, § XXX, da Constituição, no campo dos direitos civis e políticos dos cidadãos brasileiros:

> *Todo o Cidadão poderá apresentar por escrito ao Poder Legislativo, e ao Executivo reclamações, queixas, ou petições, e até expor qualquer infração da Constituição, requerendo perante*

---

i Arts. 86 e 87 da CI de 1824.

ii Arts. 17 e 18 da CI de 1824.

a competente Autoridade a efetiva responsabilidade dos infratores. (Brasil, 1824)

Nesse passo, como reflexão sobre a situação da Constituição brasileira diante do estado da arte de então, interessante trazer a este palco o problema da Constituição dos Estados Unidos, que, datada de 1787, não previa um controle pelo Poder Judiciário e que durante 26 anos não teve seu sistema de controle de constitucionalidade claramente definido.

4. The least dangerous branch

O Judiciário como o *mais fraco dos poderes* foi o mote que Alexander Bickel (1924-1974) utilizou como título de seu mais conhecido livro (*The Least Dangerous Branch*), obra que é um dos símbolos do combate ao ativismo judicial.

A obra de Bickel merece ser lembrada aqui por conta do debate que suscita sobre o poder exercido pela Suprema Corte norte-americana, criada em 1789. Atualmente é de conhecimento público, mesmo entre pessoas pouco vertidas na área jurídica, que o poder que destaca a Suprema Corte no cenário político norte-americano é o de revisão constitucional das ações dos demais poderes dos governos federal e estaduais. Curiosamente, esse poder – a revisão judicial (*judicial review*), como é chamada – não encontra previsão em qualquer comando constitucional explícito.

O poder da Suprema Corte declarar um estatuto inconstitucional deve-se ao caráter de um de seus primeiros presidentes (*chief justice*), John Marshall, e aos argumentos por ele desenvolvidos quando do julgamento do processo Marbury *versus* Madison (1803).

Havia, até então, um equilíbrio instável entre a União e os estados federados, que poderia ter sido rompido em favor destes, dada a quase impotência da União naquelas primeiras décadas. Como bem salienta Marcelo Caetano (2006), faltava um órgão independente e imparcial que velasse pela obediência à Constituição e mantivesse os diferentes entes e poderes dentro dos seus papeis. A Suprema Corte dos Estados Unidos chamou para si essa missão a partir do caso de Marbury *vs.* Madison (1803) (Caetano, 2006, p. 89).

Para resolver uma disputa judicial bastante trivial, Marshall avocou para sua corte o que não está explicitado na Constituição – o poder de interpretar a Constituição, inclusive no sentido de invalidar atos do Congresso. Para Bickel (1962, p. 3), Marshall sabia que em muitos casos era difícil demonstrar a contrariedade do ato legislativo diante da Constituição, dado que nem sempre essa falha era evidente e que era uma questão de política que alguém o decidisse. **O problema era quem teria a competência para exercer esta função: as cortes, o próprio Poder Legislativo, o Presidente, os júris ou o povo por meio de processo eleitoral?** (Bickel, 1962, p. 3). Vejam depois como essa questão terá certo paralelo com os debates ocorridos no seio do Conselho de Estado imperial, ante a constatação de que o Poder Legislativo não vinha cumprindo sua função.

Para Bickel (1962), Marshall não oferece qualquer argumento suficientemente forte para que a Suprema Corte tenha poder de anular uma norma[i]. Segundo ele – e isso é uma reflexão interessante para o presente trabalho – a função de revisão judicial poderia também ser confiada ao presidente da República, ou em última análise, ao eleitorado. Ele salienta que os tribunais não têm seus atos validados por um processo eleitoral, nem têm qualificação para agirem como legisladores.

A conclusão final no julgamento Marbury *vs.* Madison foi no sentido de que "a peculiar fraseologia da Constituição dos Estados Unidos confirma e fortalece o princípio que se supõe ser essencial para todas as constituições escritas, de que uma lei que repugna a constituição é proibida" (Bickel, 1962, p. 12), e que devem as cortes federais declarar esta inconformidade.

Bickel concorda que há um grande interesse na construção e aplicação uniforme da Constituição, contra a inconsistência de leis estaduais (Bickel, 1962, p. 13). Tal interesse só pode ser realizado por uma instituição federal. O Congresso cumpre esse papel de tempos em tempos. Essa função também pode ser cumprida pelo Judiciário federal, mas não com base no que está escrito na Constituição, mas por conta de fins desejáveis atribuídos pelo panorama geral. Isso porque tanto o texto do artigo III da Constituição norte-americana quanto a Cláusula de Supremacia (artigo VI) são pouco claros sobre essa questão.

Por outro lado, pode-se afirmar que os sucessivos *Judiciary Acts*, votados pelo Congresso, conferiram à Suprema Corte poderes para

---

[i] "Marshall offers no real reason that the Court should have the power to nullify the statute." (Bickel, 1962, p. 4).

examinar a validade de leis e tratados em face da Constituição. Nada proíbe o Congresso de realizar esse gesto de abnegação. Mas isso também significa que o Congresso está autorizado, ao menos em teoria, a tomar de volta tal atribuição (Bickel, 1962, p. 13).

Alguns doutrinadores ainda consideram a decisão tomada em 1803 como uma usurpação de poderes. Holmes (citato por Bickel, 1962, p. 13) aduz que a continuidade não é um dever, nem pode ser uma imitação cega de um passado cujo contexto desapareceu. É preciso confirmar aquela escolha dentro da realidade atual. Mas o autor admite que esteja tarde para mudanças radicais.

Bickel assinala que a decisão em Marbury *vs.* Madison pode ser considerada um acidente, atribuível à configuração política daqueles primeiros anos, somado à personalidade de Marshall. Afinal, aquele magistrado conseguiu, ao longo da sua carreira, mostrar a Constituição como uma carta viva, com uma finalidade, adaptável às crises, aberta a modificações e com espaço para ser expandida (Bickel, 1962, p. 14-15).

Feita esta reflexão, que ajuda também a contextualizar a Constituição de 1824, voltemos à situação brasileira.

5. O Conselho de Estado

Assim como ocorreu nos Estados Unidos, o vácuo da Constituição de 1824 no tocante ao controle de constitucionalidade também trouxe insegurança nas relações entre as províncias e o poder central. E como a natureza odeia o vácuo, logo no início do Segundo Reinado um órgão se apresentou para, de maneira discreta, ir atuando também nessa direção.

O Conselho de Estado era um órgão previsto na Constituição de 1824 e remontava a uma tradição da coroa portuguesa e de outros regimes monárquicos. Viu-se, há pouco, que a própria Constituição do Império foi redigida por um Conselho de Estado. Mesmo Napoleão Bonaparte, tido como uma figura centralizadora, contava com um Conselho de Estado (Rodrigues, 1973).

A função desse órgão, no texto original, era meramente consultiva. Segundo o art. 142 da Constituição de 1824:

> *Os Conselheiros serão ouvidos em todos os negócios graves, e medidas gerais da pública Administração; principalmente sobre a declaração da Guerra, ajustes de paz, negociações com as*

> *Nações Estrangeiras, assim como em todas as ocasiões, em que o Imperador se proponha exercer qualquer das atribuições próprias do Poder Moderador, indicadas no Art. 101, à exceção da VI.* (Brasil, 1824)

Contudo, o órgão foi extinto durante o período da Regência e os artigos da Constituição que lhe faziam referência foram revogados pelo Ato Adicional de 1834 (Brasil, 1834). Advinda a maioridade de D. Pedro II – aos 14 anos de idade – o Conselho de Estado foi logo restabelecido em 1841 pela Lei n. 234 (Brasil, 1841). Durante os debates para a formulação da lei, o senador Vasconcellos (citado por Uruguay, 1862, p. 60) destacava o papel desse órgão para dar início ("principiar") ao afastamento de atos do Legislativo e do Judiciário que vinham restringindo os deveres constitucionais do Poder Executivo, para que este "possa exercer suas funções em toda a plenitude, e com toda aquela liberdade que é indispensável que tenha".

De acordo com o art. 1º da Lei n. 234/1841, o Conselho de Estado deveria ser composto de doze membros ordinários, além dos ministros de Estado, "que ainda o não sendo, terão assento nele". Havia, ainda, doze conselheiros extraordinários, para substituir os demais em suas ausências ou que podiam ser convocados em situações extraordinárias.

Nessa nova organização, previu-se que o Conselho poderia se reunir por inteiro (pleno) ou dividido em seções, que correspondiam aos ministérios então existentes. Por exemplo: Seção de Justiça e Estrangeiros, Seção de Guerra e Marinha; Seção da Fazenda. Então era comum que, antes de uma reunião envolvendo questões tributárias, os conselheiros da Seção de Fazenda realizassem um parecer que refletisse a opinião da maioria, acompanhado por pareceres avulsos relativos às posições minoritárias. O imperador podia contar, portanto, com diferentes opiniões sobre um mesmo tema.

As funções do Conselho, de acordo com a Lei n. 234/1841, assemelhavam-se àquelas do revogado art. 142 da Constituição de 1824, o que incluía auxiliar o Imperador a aprovar e **suspender interinamente** as normas promulgadas pelas províncias do Império[i].

Como o Brasil era um Estado unitário, era comum a consulta dos presidentes das províncias ao Conselho de Estado, incluindo a interpretação das leis e artigos de leis, "bem como reclamações das Assembleias

---

i Art. 7º, § 1º, da mencionada lei, combinado com o art. 101 da Constituição de 1824.

Provinciais contra os Presidentes das Províncias" (Rodrigues, 1878a, p. XXVIII).

O colegiado era presidido pelo Imperador, que tinha o cuidado de escolher conselheiros oriundos das duas principais forças políticas do país. Protocolarmente, D. Pedro II nunca se manifestava durante as reuniões. E não havia debates. Cada conselheiro apenas apresentavam seu parecer, verbalmente ou por escrito. "As réplicas eram raras e dependiam de consentimento do Imperador" (Sobrinho, 1978c, p. IX). Para complementar, o imperador não era obrigado a acatar as decisões do Conselho. Mas, como o órgão reunia políticos importantes e pessoas influentes, a posição do Conselho refletia, em grande parte, a reação e o pensamento das forças dominantes. Nesse sentido, importante destacar que dos 72 homens que compuseram o Conselho entre 1842 e 1889, 68 foram parlamentares, em algum momento (Portella, 1973, p. X).

Ser membro do Conselho implicava ocupar uma das mais prestigiosas e influentes funções do Estado. Já a remuneração era quase simbólica, visto que correspondia a um terço da gratificação dos ministros de Estado.

Alguns líderes políticos influentes se bateram contra sua recriação. O Senador Paula e Souza, em 1841, temia que o Conselho se transformasse em um "quinto poder" (Portella, 1973, p. XIII). E ao longo da história dessa instituição, muitos outros, como Joaquim Nabuco, sentiram que o Conselho, pouco a pouco, foi se transformando em uma primeira Câmara Legislativa (Portella, 1973, p. XIX), de onde partiam os principais projetos de lei.

De fato, a prática política e a omissão do Poder Legislativo foram permitindo que o Conselho Político acabasse ampliando, pouco a pouco, sua função.

A dúvida que havia – de tempos em tempos – era se o imperador, como chefe do Poder Moderador, poderia **revogar** de modo definitivo uma lei provincial.

Tal questão foi referida, por exemplo, na seção do Conselho de Estado do dia 11 de fevereiro de 1847. Inicialmente, uma posição bastante restritiva com relação ao poder do Imperador foi dada pelo conselheiro Alves Branco, que afirmou não duvidar "da conveniência de se suspender em alguns casos a execução prejudicial de algumas leis das Assembleias Provinciais; mas que ainda insiste em que se consulte a Assembleia Legislativa para declarar o como e quando o Governo o poderá fazer" (Brasil, 1978a, p. 170-171). Em outras palavras, ele pedia que os requisitos para a suspensão da lei, durante o recesso do Poder Legislativo imperial, viessem a ser melhor regulamentados por este mesmo Poder. Tal posição também é uma prova, entre várias que foram encontradas ao longo da pesquisa, que os conselheiros nem sempre se esforçavam para bajular o monarca. Havia aqueles, especialmente entre os liberais, que se preocupavam em garantir as prerrogativas da classe política perante o Poder Moderador.

O conselheiro Carneiro Leão, por outro lado, via os poderes do imperador como muito mais amplos. Ele não apenas defendia o poder do governo suspender as leis provinciais contrárias à Constituição. Dizia que, mesmo não havendo disposição expressa na Constituição, tal poder não se limitava ao período de recesso do Poder Legislativo. Dizia que o "Corpo Legislativo", durante os quatro meses em que atuava, "tendo de ocupar-se com a Lei do Orçamento e outros importantíssimos objetos, não pode dar-se à revisão dos atos legislativos provinciais" (Brasil, 1978a, p. 171). Tal posição, pelo que se lê da ata, era compartilhada pelos conselheiros Lopes Gama, Cordeiro, Lima e Silva e Vasconcelos. Ocorre que Carneiro Leão foi ainda mais além, em questão que interessa muito ao presente trabalho. Ele entendia que o poder dos presidentes das províncias para sancionar as leis emanava do imperador. Segundo a ata do Conselho:

> *acrescentou como opinião particular sua, que apesar de não ser de direito expresso a faculdade para o Governo suspender as Leis Provinciais entende contudo que ela lhe compete; porque não tendo sido alteradas pelo Ato Adicional as atribuições do Poder Moderador, entre as quais está a de sancionar as Leis, é uma delegação desse Poder a autorização dada aos Presidentes de sancionar as Leis Provinciais; e considerando-se por isso a sanção deles como dada em nome do imperador, se deve entender que subsiste enquanto Sua Majestade Imperial a não revogar.* (Brasil, 1978a)

Seguindo esse raciocínio, é possível especular que, para Carneiro Leão, o Imperador poderia anular o ato de sanção do presidente da província, já que esse seria delegado seu, demissível *ad nutum*, como se viu.

Outra sessão importante sobre o papel do Poder Moderador, e do próprio Conselho de Estado, foi a do dia 11 de janeiro de 1849. Nela, mais uma vez, o conselheiro Carneiro Leão defendeu uma interpretação ampliada da atribuição do Poder Moderador e, consequentemente, do Conselho de Estado.

É preciso contextualizar o debate. A assembleia da província de Minas Gerais promulgara uma lei potencialmente grave para a integridade do Império. Ela havia declarado vitalício o posto de comandante da Guarda Nacional na província, assim como dos demais oficiais. Além de outros desdobramentos apontados na ata, tal norma impediria que o futuro governador da província escolhesse o comandante da força. Ademais, seria um entrave ao poder que tinha o governo central de dissolver a Guarda Nacional quando julgasse necessário. Ocorre que o Poder Legislativo do Império estava em recesso, e o conselheiro Visconde de Abrantes declarou que aguardar pelo fim do recesso "é sem dúvida alguma legitimar um crime, embora temporário". Passaria a existir o risco de um província se valer dos longos períodos de recesso para "declarar vitalício o Presidente da Província, e praticar, e executar, durante alguns meses, sem haver quem a embarace, atos, e medidas, que importem a reforma da Constituição, e a mudança da forma do Governo do Império, o que decerto é insustentável" [i] (Brasil, 1978a, p. 218).

O conselheiro Galvão, em posição minoritária, lembrava que, de acordo com o Ato Adicional de 1834, só a Assembleia Legislativa Geral poderia **revogar** uma lei contrária à Constituição que fosse aprovada pela assembleia legislativa de uma província e sancionada pelo respectivo presidente, "não conferindo esta atribuição a algum outro Poder" (Brasil, 1978a, p. 218-219). Sem ser explícito sobre sua posição, entendia que o Poder Moderador somente poderia **suspender** a norma se a lei provincial viesse a ser efetivamente executada, colocando "em perigo a ordem e a paz públicas" (Brasil, 1978a, p. 219).

O conselheiro Vasconcelos, em sentido contrário, citou um precedente, provavelmente de 1834, em que a província do Rio Grande do Norte havia criado um procedimento administrativo contrário à Constituição. Afirma que, naquela oportunidade, o "Governo Geral" (na hipótese, a Regência) impediu a execução da norma provincial, dada a inércia da Câmara dos Deputados em fazê-lo (Brasil, 1978a, p. 221).

O voto mais contundente, a favor do controle de constitucionalidade a ser realizado pelo Poder Moderador, veio de Carneiro Leão. Ele repetiu alguns dos argumentos já expostos na ata de 1847, ressaltando que os presidentes das províncias, de acordo com a Constituição de 1824, representavam "a vontade da Coroa, e por isso não podia

---

[i] Importante lembrar que a Revolução Farroupilha, que pretendera separar o Rio Grande do Sul do Brasil fora debelada não havia muito tempo. E que Minas Gerais também fora palco de grave rebelião em 1842.

prevalecer tal sanção, quando os Presidentes, abusando do poder que lhes fora confiado procediam [...] contra as suas instruções e contra a Constituição, sancionando uma Lei manifestamente incompetente" (Brasil, 1978a, p. 219). Afirmava que também os ministérios têm se recusado a aplicar leis provinciais inconstitucionais.

Ainda nessa reunião prevaleceu a posição favorável à suspensão da norma julgada inconstitucional.

Naquilo que nos interessa, embora fosse um órgão meramente consultivo e D. Pedro II não tivesse poderes para agir como um efetivo guardião da Constituição, o Conselho acabou assumindo esse papel, com o aval do imperador. Essa questão será mais bemmelhor vislumbrada no próximo tópico.

6. Exemplos de questões constitucionais submetidas ao Conselho de Estado

As atas do Conselho de Estado demonstram que este não apenas examinava a constitucionalidade das leis promulgadas pelas assembleias provinciais, como também conseguiu se firmar como intérprete da Constituição em assuntos de grande importância.

Nesse sentido, um exemplo de peso se deu em 1844, quando D. Pedro II dissolveu a Câmara dos Deputados para que se pudesse formar um novo ministério. Nesse caso, a Constituição não deixava claro se os novos deputados, que iriam iniciar a sessão legislativa daquele ano no dia 3 de junho[i] apenas completariam o mandato dos anteriores, ou se iniciariam uma nova legislatura, cumprindo a integridade do mandato de quatro anos. Era, portanto, uma questão que envolvia o funcionamento do Poder Legislativo e a duração do mandato de todos os deputados[ii]. E dessa decisão tomaria parte importante os dez membros do Conselho, sob o olhar dos novos ministros, presentes à reunião do dia 1º de junho de 1844 (Brasil, 1978a, p. 74-76). A função era, segundo a ata, ajudar o jovem imperador, então com apenas 18 anos de idade, "à vista do que por ela [a Constituição] se acha

---

[i] Excepcionalmente, dado que a data fixada pela Constituição era o dia 3 de maio de cada ano.

[ii] Vide artigos 17 e 101, § 5º, da Constituição do Império.

disposto nos artigos 17, e 101, parágrafo 5º, os quais não são entendidos de um mesmo modo por todos, e **convém fixar-se o seu verdadeiro sentido**, resolvendo a questão" (Brasil, 1978a, p. 74).

Por seis votos a quatro, venceu a tese a favor de se reconhecer o surgimento de uma nova legislatura, com mandato de quatro anos. Os ministros presentes, embora membros do Conselho por força da lei, não deram parecer. Interessante dizer, para que se compreenda a composição do Conselho, que um dos conselheiros vencidos era José Antônio da Silva Maia. Meses antes, ele era um dos principais ministros do ministério dissolvido junto com a Câmara.

Como já se disse, as votações do Conselho de Estado, relativas ao exame da constitucionalidade de normas provinciais, ocorriam com base no art. 20 do Ato Adicional, que determinava que cópia de todas as leis provinciais fosse remetida ao Poder Executivo e ao Legislativo. Também se observa que os presidentes das províncias, ao considerarem alguma norma inconstitucional, davam notícia desse fato ao governo central, caso a assembleia provincial viesse a derrubar seu veto, por dois terços dos votos (art. 15 do Ato Adicional).

Em 1º de junho de 1843, o Conselho de Estado tratou da reintegração de um professor de gramática em Maceió/AL. O parecer do Conselho de Estado foi no sentido de que a reintegração de um empregado público equivale a uma nomeação e, assim, está "em oposição com a Constituição, que confere ao Poder Executivo o direito destas nomeações" (Brasil, 1978a, p. 39). Na mesma ocasião, o Conselho de Estado aprovou parecer pela inconstitucionalidade de outra lei da província de Alagoas que concedia aposentadoria de certo professor. Entendeu-se que, pela Constituição do Império, apenas o Poder Executivo imperial podia propor norma tendente a conceder mercês pecuniárias (Brasil, 1978a, p. 40). Ademais, não havendo uma norma geral sobre aposentadoria, tal proceder permitiria aos presidentes das províncias, de maneira arbitrária, "aposentar certos e determinados empregados Provinciais" (Brasil, 1978a, p. 40).

O último caso a ser examinado é interessante, pois configura uma longa omissão por parte do Poder Legislativo do Império em sua atribuição de revogar atos legislativos provinciais inconstitucionais. Trata-se de uma questão grave e que se alastrou por quase uma década, até que o Conselho de Estado precisou agir, sob o impulso do Imperador.

Há pelo menos vinte anos, várias províncias do Império decidiram criar tribunais, de primeira e segunda instâncias, para julgar crimes cometidos pela sua força policial. Mas o que era mais grave, essas províncias estavam criando toda uma legislação penal especial para ser usada no controle dos atos praticados pelos seus policiais. Ora, o Ato Adicional de 1834, ao criar as assembleias provinciais, não dera a elas tais competências para legislar.

A ata do Conselho de Estado do dia 20 de fevereiro de 1857 mostra que em 1855 essa questão fora examinada pela Seção de Justiça do Conselho de Estado, a pedido do presidente da província do Rio Grande do Sul, que aparentemente tinha dúvidas sobre a constitucionalidade desta situação. Naquela ocasião – 1855 – a Seção de Justiça entendeu que as providências que pede o presidente "não cabem nas atribuições do Poder Executivo, e só podem ser dados pelo Corpo Legislativo" (Brasil, 1978b, p. 479). Era uma referência ao já estudado art. 20 do Ato Adicional. Ocorre que, passados mais dois anos, o Poder Legislativo permanecera inerte ao problema.

Os pareceres dos conselheiros seguiram em várias direções, mas quase todos temerosos em suspender as leis provinciais, pelas consequências que isso poderia gerar dados "os efeitos não menos importantes da contestação de uma atribuição de que o Poder Legislativo Provincial tem estado de posse, desde a sua criação (há cerca de vinte e dois anos) sem jamais ser contestado pelos diferentes Poderes do Estado"[i]. Embora muitos conselheiros tenham considerado inconstitucional a postura das províncias, a maioria deles, por cautela, considerou que seria mais prudente pleitear junto ao Poder Legislativo que crie uma norma geral "para dar uma organização e disciplina convenientes a todos os Corpos Policiais do império"[ii].

7.
Conclusões

As atas do Conselho de Estado mostram que, no campo do controle de constitucionalidade, o papel exercido por esse órgão ia muito além de um aconselhamento. Em algumas situações, ele dizia a Constituição. Ele a interpretava e, através do Imperador, levava à suspensão de normas que, em seu entender, eram inconstitucionais. O Conselho chegou ao ponto de definir a duração do mandato de deputados que já haviam sido eleitos e que apenas aguardavam o início da sessão legislativa.

---

i Voto do Visconde de Albuquerque.

ii Parecer do conselheiro Eusébio de Queiroz.

Como isso foi possível? Em primeiro lugar, parece ter havido a necessidade, pois a omissão do Poder Legislativo em revogar leis provinciais manifestamente inconstitucionais obrigava o Poder Moderador a suspender a execução destas. Em alguns casos, como o da Guarda Nacional de Minas Gerais, estava por trás até mesmo a integridade do país. Em segundo lugar, sendo os conselheiros pessoas afiliadas aos dois principais partidos políticos do Império, a resistência às decisões do Poder Moderador, quando amparadas em pareceres do Conselho de Estado, tendiam a ser menores. Ao menos nas questões de controle de constitucionalidade, dado que o presente trabalho não aborda as crises políticas do Império.

Também há de se levar em conta, por dedução, que o Conselho de Estado contribuísse com uma espécie de controle prévio da constitucionalidade das normas. Isso porque, como se viu, dele partiam muitos dos projetos de lei votados pela Assembleia Geral. Desse modo, esse "quinto poder" também contribuía para a conformidade das normas emitidas pelos poderes centrais do Império.

Por fim, seja pelo papel que o costume foi atribuindo ao Conselho de Estado, seja pela atribuição que a Constituição e o Ato Adicional fixaram ao Poder Legislativo do Império, é importante estudar um sistema político (extrajudicial) de controle de constitucionalidade. Especialmente em um momento em que nosso Supremo Tribunal Federal, talvez inspirado pela história da Suprema Corte dos Estados Unidos, parece inclinado a expandir sua influência sobre áreas que, até pouco tempo, eram monopólios dos poderes de natureza política. Mas não é só isso. É importante que sejamos capazes de inserir a história das nossas instituições na história mais geral das instituições constituintes dos Estados ocidentais.

Referências

BICKEL, A M. **The Least Dangerous Branch**. The Supreme Court at the Bar of Politics. New Haven & London: Yale University Press, 1962.

BRASIL. **Atas do Conselho de Estado, volume 3**. Brasília: Centro Gráfico do Senado Federal, 1978a.

BRASIL, **Atas do Conselho de Estado, volume 4**. Brasília: Centro Gráfico do Senado Federal, 1978b.

BRASIL, **Atas do Conselho de Estado, volume 12**. Brasília: Centro Gráfico do Senado Federal, 1978c.

BRASIL. **Constituição do Império do Brasil**. 25 mar. 1824. Disponível em: https://www.planalto.gov.br/ccivil_03/Constituicao/Constituicao24.htm#art71. Acesso em: 25 fev. 2023.

BRASIL. **Lei n. 16, de 12 de agosto de 1834**. Faz algumas alterações e adições à Constituição Política do Império. Disponível em: https://www.planalto.gov.br/ccivil_03/LEIS/LIM/LIM16.htm#art1 Acesso em: 25 fev. 2023.

BRASIL. **Lei n. 234, de 23 de novembro de 1841**. Disponível em: https://www2.camara.leg.br/legin/fed/leimp/1824-1899/lei-234-23-novembro-1841-532611-publicacaooriginal-14883-pl.html Acesso em: 15 mai. 2023.

CAETANO, M. **Manual de ciência política e direito constitucional**. Coimbra: Almedina, 2006.

MARTINS, I. G. da S.; MENDES, G. F.; NASCIMENTO, C. V. do. **Tratado de direito constitucional**. 2. ed. São Paulo. Saraiva, 2012. v. 1.

MORAES, A. de. **Direito constitucional**. 38. ed. Barueri-SP: Atlas, 2022. [versão digital].

PORTELLA, P. Apresentação. In: BRASIL. **Atas do Conselho de Estado, volume 1**. Brasília: Centro Gráfico do Senado Federal, 1973.

RODRIGUES, J. H. Prefácio. In: BRASIL. **Atas do Conselho de Estado, volume 1**. Brasília: Centro Gráfico do Senado Federal, 1973.

RODRIGUES, J. H. Prefácio. In: BRASIL. **Atas do Conselho de Estado, volume 3**. Brasília: Centro Gráfico do Senado Federal, 1978.

SOBRINHO, B. L. Prefácio. In: BRASIL. **Atas do Conselho de Estado, volume 12**. Brasília: Centro Gráfico do Senado Federal, 1978.

URUGUAY, V. do. (Paulino José Soares de Souza). **Ensaio sobre o direito administrativo**. Rio de Janeiro: Typographia Nacional, 1862. Disponível em: https://www.stf.jus.br/bibliotecadigital/OR/11379/pdf/11379.pdf Acesso em: 12 maio 2023.

VELOSO, C. M. da S. Da Jurisdição constitucional ou do controle de constitucionalidade. In: MARTINS, I. G. da S.; MENDES, G. F.; NASCIMENTO, C. V. do. **Tratado de direito constitucional**. 2. ed. São Paulo: Saraiva, 2012. p. 272. v. 1.

Direito internacional e democracia no Terceiro Mundo: algumas reflexões sobre soberania e descolonialidade

Derecho internacional y democracia en el Tercer Mundo: algunas reflexiones sobre soberanía y descolonialidad

Regina Paulista Fernandes Reinert

Mestre em Sociologia das Organizações pela Universidade Federal do Paraná. Professora de Antropologia Jurídica e Sociologia Jurídica na Graduação em Direito do Centro Universitário Internacional Uninter.

Resumo: Este artigo tem como propósito avaliar a relevância dos estudos descoloniais e em que medida eles permitiram a alteração das percepções da comunidade internacional em relação às demandas por soluções jurídicas para os novos sujeitos do direito internacional e os papéis que ambos passaram a exercer no ambiente internacional. O texto apresenta uma crítica à globalização do direito internacional e discute estratégias para promover uma ordem mundial que priorize a justiça social. Procuramos trazer uma análise crítica das relações resultantes dos processos de colonização e da luta por democracia e soberania no âmbito de um direito internacional predominantemente eurocentrista em seu início e que, posteriormente, teve suas bases próprias contestadas a partir de novos referenciais teóricos que possibilitaram a elaboração de estratégias com o objetivo de promover uma globalização de baixo para cima, tendo o direito internacional como instrumento dessa reestruturação entre os Estados e a economia internacional. Nessa perspectiva, concluímos que apenas as iniciativas de movimentos sociais, organizações e Estados que se opõem a essa hegemonia podem gerar um direito internacional mais equânime.

Palavras-chave: Terceiro Mundo; descolonização (do direito); direito internacional; soberania.

***Resumen**: El propósito de este artículo es evaluar la relevancia de los estudios decoloniales y en qué medida permitieron la alteración de las percepciones de la comunidad internacional con respecto a las demandas de soluciones jurídicas para los nuevos sujetos del derecho internacional y los roles que ambos comenzaron a ejercer en el ambiente internacional. El texto presenta una crítica a la globalización del derecho internacional y discute estrategias para promover un orden mundial que priorice la justicia social. Buscamos traer un análisis crítico de las relaciones resultantes de los procesos de colonización y la lucha por la democracia y la soberanía en el ámbito de un derecho internacional predominantemente eurocéntrico en su inicio, y que, posteriormente, tuvo sus propias bases cuestionadas a partir de nuevos referentes teóricos que posibilitaron la elaboración de estrategias con el objetivo de promover una globalización de abajo hacia arriba, utilizando el derecho internacional como instrumento de esta reestructuración entre los Estados y la economía internacional. En esta perspectiva, concluimos que solo las iniciativas de los movimientos sociales, organizaciones y Estados que se oponen a esta hegemonía pueden generar un derecho internacional más equitativo.*

Palabras clave: *Tercer Mundo; descolonización (del derecho); derecho internacional; soberanía.*

Sumário: 1. Reflexões iniciais. 2. De Kant a Kelsen. 3. TWAIL e a democratização do direito internacional. 4. Considerações finais. Referências.

Sumilla: *1. Reflexiones iniciales. 2. De Kant a Kelsen. 3. TWAIL y la democratización del derecho internacional. 4. Consideraciones finales. Referencias.*

1. Reflexões iniciais

O direito e seus ramos costumam ser, além de temas ou objetos absolutamente incontornáveis, assuntos bastante complexos. E quando estamos diante de um objeto de tal magnitude tal como é o direito internacional público, sentimos que perdemos um pouco o poder explicativo. Não que seja impossível discuti-lo, mas sim que o direito internacional impõe determinações para se pensar o que esse objeto representa para o mundo democrático nas relações internacionais. Em sua sociologia jurídica, Émile Durkheim (1999, p. 67)[i] atribui ao direito o papel primordial na engrenagem da vida humana. Consideraremos que o direito internacional deverá movimentar suas engrenagens no sentido de ser o complexo vetor da democracia exigida pela comunidade internacional.

Nossa reflexão encaminha uma transdisciplinaridade que, de Kant e Hegel a Kelsen e Fanon, recomenda, desde o início, um direito internacional sendo visto como construtor de uma intermediação necessária da democracia, ou mesmo, seu instrumento regulatório de fato, da soberania dos povos periféricos, em especial os que ainda vivem as consequências de um passado de opressão por parte de seus de colonizadores, e que se encontram ainda em luta face aos países hegemônicos que debilitam suas autodeterminações. Consequentemente, em consonância com outras áreas das humanidades, intelectuais juristas

i "O direito, é o símbolo visível na solidariedade social, acompanha a própria evolução da humanidade, a construção social da realidade e as relações entre os povos. A vida geral da sociedade não se pode desenvolver um pouco que seja sem que o direito se desenvolva mesmo tempo e na mesma relação" (Durkheim, 1999, p. 67).

oriundos de ex-colônias desenvolveram estudos jurídico-antropológicos muito instigantes, fundamentados na inquestionável arte do pensar o direito, o que significa não reproduzir interpretações ou discursos próprios de uma percepção dogmática e positivista do império da lei.

A base de nossa reflexão tem como pressuposto fundamental, que a história da modernidade burguesa iniciada no século XVI e que perdura até hoje, tem como elemento definidor o colonialismo, esse processo de dominação político/militar de um povo sobre outro, baseado no processo de exploração, de saque das riquezas, de desumanização e negação da identidade. O colonialismo se reatualiza sob novas formas, o que torna pertinente a discussão sobre o tema nos dias de hoje. A revisão da história da colonização e dos movimentos de resistência contra os colonizadores é total e abrangente (Losurdo, 2020, p. 55-57).

Com o propósito de legitimar a dominação nas Américas no século XVI e na Ásia e na África no século XIX, a justificativa ideológica da burguesia imperialista alegava que se tratava de regiões bárbaras. A raça negra, a raça vermelha e a raça amarela eram raças inferiores e a burguesia teria o trabalho de humanizá-los. Os matizes da ideia eurocêntrica de que nas regiões colonizadas não havia populações civilizadas, porque se tratava de contingentes primitivos, carentes de uma força que os civilizassem (colonizassem), fazem parte de um conjunto de pressupostos dados, construídos sob a ótica do colonizador. Esses pressupostos passam a ser questionados pelos pensadores pós-coloniais, incluindo a própria origem e os legados coloniais do direito, quebrando a lógica das teorias dominantes e problematizando o etnocentrismo dessas teorias.

Para entendermos os contextos que envolvem as políticas coloniais, suas imbricações com o direito internacional e a era do pós-colonialismo, é preciso, primeiramente, definir o que foi o colonialismo. Pela ótica dos historiadores, essa época divide-se em três períodos: o primeiro no século XVI, quando predominantemente Espanha e Portugal iniciaram a conquista e a colonização da América-Latina, o segundo, no século XVIII, quando potências europeias dominaram a África e o terceiro, no final do século XIX e início do século XX, quando França, Inglaterra e Estados Unidos passaram a exercer sua influência no Oriente Médio (Losurdo, 2020, p. 58-61).

Pela perspectiva dos historiadores do direito, a data mais comumente referida para marcar o início do direito internacional é a Paz de Westfália (1648), momento em que se buscou superar um conflito militar na Europa, e que resultou no surgimento do conceito de Estados soberanos. Assenta-se o conceito absolutamente crucial para a história das ideias, que é a noção de soberania. A questão que envolve os entes soberanos é como eles se relacionam entre si, o que acaba por gerar a ideia de um direito internacional público, cujo ponto de partida é o enfoque europeu. O direito internacional público tem no Congresso de Viena (1815) outro evento de grande importância quando, após as Guerras Napoleônicas, há um novo acerto de poder, um novo ajuste de territórios coloniais por parte das potências imperialistas. Esse Congresso veio a ser a primeira grande conferência multilateral. Novamente são momentos europeus, de interesses europeus.

Historicamente há uma nítida tendência de que nem todos poderiam ser considerados Estados soberanos, ou seja, não seria qualquer entidade política existente no globo a estar habilitada para ser considerada um ente soberano. Uns eram soberanos, outros, povos coloniais que não estavam à altura de serem considerados soberanos. O pano de fundo é a existência de uma associação entre a noção de soberania e a noção de civilização. O conceito de civilização era o conjunto de Estados considerados soberanos e apenas para as potências europeias (Koskenniemi, 2005, p. 197).

A história mais recente do direito internacional está rompendo com essa visão e e dando atenção ao surgimento de várias obras que buscam estudar a relação entre colonialismo e direito internacional a partir das circunstâncias do povo colonizado. Koskenniemi publicou, além de livros sobre história e teoria do direito internacional, uma obra relevante sobre o papel das narrativas jusnaturalistas como instrumento de legitimação da dominação colonial. Nela, o autor fala sobre o papel do direito internacional entre as nações europeias na época da Paz de Westfália, as formas como os entes soberanos se relacionavam no continente europeu, em meio aos fenômenos de dominações coloniais e imperialistas, e tendo à disposição um conjunto de regras visando uma aplicação territorial expandida (Koskenniemi, 2005, p. 199). O direito internacional não apenas tem uma ampliação de seu espaço de aplicação, como será por meio dessa ampliação que ocorrerá sua abrangência em todo o planeta. Ainda que seja claro, é preciso discutir o assunto.

Se é nítido, hoje, um direito internacional moderno, originário da Paz de Westfália e que caminha em direção à sua amplitude, é nítido também que a interação entre os povos está alicerçada em dois grandes pilares, quais sejam, o comércio e a guerra, e para que essa interação aconteça, ou melhor, para que se defina claramente a fronteira entre a paz e a guerra, regras mínimas que regulem um entendimento mútuo se farão necessárias. Assim, surge um Estado que, além de soberano, torna-se o ente central das relações amparadas pelo direito internacional.

É fato que os autores que situam o direito internacional na Guerra dos 30 Anos e no estabelecimento de um conceito de igualdade soberana válida apenas para os países celebrantes da Paz de Westfália, não problematizam a questão de que esse Tratado envolve apenas os países do norte da Europa, que muitos deles são países colonialistas e que formaram essa noção de Estado-nação sobre a história do colonialismo e a partir do colonialismo. É preciso conceber um direito internacional que não se concentre na escala global limitada aos territórios banhados pelo Oceano Atlântico, mas que ultrapasse essa escala para compreender outras relações sociais as relações sociais geradas a partir da colonização.

O direito internacional exerceu um papel central na expansão colonial. Legitimou ao mesmo tempo em que lhe conferiu certa roupagem humanística. Lévi-Strauss (1993, p. 278), a exemplo de outros autores, ao se referir a esse humanismo burguês dos séculos XVIII e XIX, observa que a colonização dos povos se dá em nome de um humanismo que só o modelo europeu podia dar. É para humanizar o indígena e o africano, transformado pelo europeu em coisa selvagem e bárbara, que se escraviza. Entende-se que é na disciplina que eles se tornarão civilizados, humanizados. Procede-se a exclusão e a censura de tudo o que não seja compatível com os valores culturais europeus, justificado pela crença de que os europeus tinham direito natural de explorar e submeter os não europeus. Tais processos de violência e de estigmatização são processos de implementação forçosa de mecanismos voltados para a disseminação da ideologia do colonizador, associados aos valores imperialistas de propriedade privada, que se reformulam e se remodelam ao longo da história. É por essa razão que o que expomos aqui não é algo datado, reproduz-se periodicamente.

As novas interpretações sobre o direito internacional público têm gerado debates significativos, autênticos e instigantes no âmbito jurídico regional. Interpretações que se relacionam com a história da colonização, trazendo à tona elementos para a renovação do direito. Temas como ancestralidade e racismo (Reinert, 2021, p. 117-120)[i] e outras inú-

---

i Os novos caminhos de pesquisa do direito internacional apontam para dois desdobramentos: direito internacional e racismo, tema há muito tempo negado, mas que encontra em autores como Césaire, Said e Fanon, referenciais incontornáveis para percebermos a atualidade da opressão racial e o direito internacional como uma parte fundamental meras assimetrias estão vindo à tona para fomentar uma interlocução que tem se mostrado muito frutífera. Com a análise dos processos de violência que ficaram ocultos por 500 anos e que originaram uma modernidade predatória, houve uma transformação na forma de se visualizar o direito internacional.

Pode-se observar, seguramente, que o verdadeiro nascimento do direito internacional não está mais nos tratados de Paz de Westfália, mas sim quando Francisco de Vitória escreve sobre o direito da guerra entre indígenas e espanhóis (Ruiz, 2002). Vitória se baseia, assim como Hugo Grócio, em Santo Agostinho quando fala dos conceitos de guerra justa e guerra injusta. A teoria do direito internacional acompanha a filosofia moderna a partir desses referentes renascentistas no final da Idade Média, com a recuperação dos textos filosóficos medievais e a construção de uma nova filosofia a partir desse período. Francisco de Vitória está lidando com esses textos e olhando de perto a opressão, o massacre dos povos nativos na América em 1520-1530. Em seus escritos, ele conclui que a colonização espanhola na América espanhola e portuguesa é feita em desacordo com o direito internacional da época, que tinha uma base forte no jusnaturalismo.

Vitória, evidentemente, é um autor contraditório. Ao conceber a teoria sobre o direito da guerra, ele propõe, de alguma forma, uma justificação da colonização através dos termos jurídicos. É uma contradição antiga que vem de muitos séculos, que é a capacidade do direito de regular a vida social e proibir opressões, mas que acaba por dar um formato jurídico a essas opressões. Essa questão é basilar na filosofia do direito para pensar os processos atuais do direito internacional.

Desde os primeiros processos de colonização percebe-se que ao longo do desenvolvimento histórico das relações entre países, não houve rupturas totais, mas uma progressiva continuidade desses processos, ao sabor do capitalismo moderno, uma continuidade em que até poderia haver mudanças, mas, em sua essência, reproduz novas fronteiras de expansão da exploração que lhe é típica, produzindo doutrinas e iniciativas de aumento e alargamento das relações comerciais, sempre voltadas para exploração, ora do meio ambiente, ora do trabalho, ora do trabalho da mulher, ora do trabalho das pessoas escravizadas.

---

nesse mecanismo ininterrupto que, se não mais existe como dominação militar e categoria biológica, continua em um nível muito mais simbólico, discursivo e cultural. O racismo e o patriarcado são heranças dessa lógica de poder.

Esse panorama nos permite ler com clareza a emergência de uma conexão da Solidariedade Internacional (Durkheim, 1984, p. 149-167) como valor moral de coexistência pacífica em sociedade e do pacto social (Rousseau, 1989), e a crítica ao imperialismo como expressão contemporânea do capitalismo. O estudo do direito internacional, por meio do pensamento dialético, contrapõe a realidade das relações jurídicas na esfera internacional com o discurso fundamentado a partir dos tratados internacionais, especialmente para as questões da Guerra e da Paz, tema fundamental, visto que o mundo ainda não cessou de produzir guerras. As guerras continuam, desde o conflito de 1914, com a mesma lógica capitalista de destruir os recursos gerados pela humanidade, com o fito de se renovar e continuar a lógica da acumulação. Assim, da mesma forma que a guerra, as práticas coloniais do passado estão fortemente presentes nas representações culturais e não podem passar ao largo dos estudos acerca do direito internacional.

Ao se referir à política burguesa, Bobbio não se afasta da discussão de que a democracia se desenvolve através de um confronto com as doutrinas políticas dominantes no tempo, o liberalismo de um lado e o socialismo do outro. Disse Bobbio (2000, p. 23) que só em um governo no qual existam leis que criem instâncias é possível sua existência, colocando, assim, direito e poder como faces da mesma moeda: decidir envolve poder. Antes de Bobbio, Marx (2017, p. 199) já havia feito a crítica à democracia burguesa, que era vista como modelo para a comunidade internacional: "entre direitos iguais prevalece a força". Então, como é comum entre os teóricos das relações internacionais, se a anarquia do sistema internacional está no fato de não haver um poder soberano legitimado para impor um sistema jurídico aos outros países, logo, esse sistema jurídico internacional está baseado na concorrência e no monopólio, visto que monopólio e concorrência andam juntos. A compreensão da lógica histórica do direito internacional está intimamente ligada à política colonialista desde sua origem até os dias atuais (Fanon, 2010)[i].

---

i "Quando se percebe na sua imediatez o contexto colonial, é patente de que aquilo que fragmenta o mundo é primeiro o fato de pertencer ou não a tal espécie, a tal raça. Nas colônias, a infraestrutura econômica é também uma superestrutura. A causa é consequência: alguém é rico porque é branco, alguém é branco porque é rico. É por isso que as análises marxistas devem ser ligeiramente estendidas, a cada vez que se aborda o problema colonial" (Fanon, 2010, p. 56).

Nas sociedades pré-capitalistas, é comum a noção ou senso comum que se cria acerca da fundamentação do direito público, espelhado, em sequência, no direito internacional público. O direito público é comumente entendido como se fosse algo de muito antigo na história da experiência jurídica e social do mundo, porque se costuma enxergá-lo a partir de categorias do presente. Entretanto, a categoria do público no passado não existe, fundamentalmente, porque também não existe a categoria do privado, tal como sabemos hoje. Entretanto, isso não evitou que essa tradicional dicotomia do direito animasse, desde o século XIX, a teoria geral do direito que diz a existência de um direito público e de um direito privado como modelos complementares, porém, opostos um ao outro, um cogente, e o outro, dispositivo. Isso, entretanto, é inadequado quando se quer explicar a estrutura jurídica concreta, ou seja, a de que o direito privado não veio do direito público. O Estado tem o poder de conceder segurança à estrutura jurídica, mas não cria seus pressupostos; antes, estes encontram-se enraizados nas relações materiais de produção, donde conclui-se que todo direito público foi, em algum tempo, direito privado (Pachukanis, 2017, p. 103-106).

A separação de público e privado é desconhecida no passado histórico. Nem mesmo no chamado *direito romano*, na medida que em Roma não há uma separação tal qual a nossa de hoje, das esferas das relações que são privadas das outras esferas de relações que são públicas. Roma não é uma sociedade organizada nos termos somente contratuais de sujeitos livres. O patrício na Roma antiga é um senhor de escravizados, e o é, fundamentalmente, pelo exercício de um poder discricionário, ou seja, aquilo que é privado na Roma antiga é um poder incontrastável e, efetivamente, aquilo que é público tem uma característica de certa limitação do próprio poder. O direito público em Roma poderia ser então a reunião de Senado e Povo, patrícios e plebeus, porém, essa reunião não poderia ser entendida como o que se tem hoje por direito público, porque a sociedade romana estava assentada na escravidão (Pachukanis, 2017, p. 140).

O direito internacional público tem um espelho do que era essa articulação entre senhores de escravo no passado, porque, efetivamente, no campo das relações internacionais e do direito internacional são os entes estatais, tomados como iguais e não existindo um poder coercitivo supra estatal. Esses agentes estatais têm que se coordenar de tal modo que, peculiarmente, até os dias de hoje, o direito internacional, mais ou menos, é um direito contratual. Ele é um direito privado, apenas tendo como sujeitos os Estados. Muito pouco é público, na medida em que ele é uma afirmação apenas de contrato, apenas de tratado, apenas de intercâmbio privado entre agentes estatais, e na medida também que não organiza o direito em favor do interesse de todo um povo.

A partir desse ponto, exércitos deixam de ser de uma pessoa, são considerados públicos. É o direito organizando o espaço da chamada *ordem pública* e o Judiciário sendo reconhecido como um poder, declarado pela maioria dos países. São figuras estatais organizando os interesses dos capitalistas privados e suas relações com toda a estruturação social. A organização do domínio do capital é também a abolição do poder absoluto do Estado, de tal modo que este poder agora não é público por ser simplesmente público. É público por direito. A sociedade capitalista em toda a sua lógica de desigualdade se estruturará mediante um direito como se fora igualdade. O capitalista tem o domínio econômico, e o Estado, o domínio político que, mesmo sendo em sua maioria burguês, não é de um burguês em particular. E sendo o Estado uma potência capitalista, tanto mais será um maquinário garantidor de seus interesses sobre os países que habitam a periferia do sistema. Em havendo relação capitalista, só pode haver essa relação. Se a relação for pública e ao mesmo tempo privada, a causa dessa relação é o privado organizando o contrato, e isso faz com que haja um público garantindo o contrato. Na concorrência entre as potências capitalistas, na definição de Pachukanis, o direito internacional é a forma jurídica da disputa entre as potências capitalistas, ou potências imperialistas para usar os termos da teoria do imperialismo de Lenin. Em suma, essas questões se casam muito bem (Pachukanis, 2017, p. 144)[i].

---

[i] O princípio da concorrência, que predomina no mundo burguês-capitalista, não oferece a possibilidade de vincular o poder político a uma empresa individual (como no caso do feudalismo, em que o poder estava ligado às grandes propriedades de terra). A livre concorrência, a livre propriedade privada, a igualdade de direitos no mercado e a simples garantia de existência de uma classe criam uma nova forma de poder estatal, a democracia, que coloca no poder uma classe coletivamente. A "igualdade de direitos" no mercado cria uma forma específica de poder; entretanto, o vínculo entre esses fenômenos se dá, em primeiro lugar, porque o poder pode até não estar ligado a uma empresa individual, mas, ainda assim, permanece como assunto privado da organização capitalista. As associações industriais, com seus caixas de guerra e seus mercados negros, são órgãos de poder independentes que existem junto ao poder público, ou seja, o Estado. Em segundo lugar, o poder no interior de uma empresa permanece como assunto privado de cada capitalista individual.

Quando dirigimos o olhar para as questões de colonização e descolonização[i] do poder, do saber, e do direito, principiamos por afirmar que não se trata de conceitos novos, antes, têm uma raiz e uma estrutura. Michel Foucault (2009, p. 179) nos instrumentaliza a entendermos como parte de uma estrutura discursiva baseada na relação opressor/oprimido que não é de agora e que tampouco se refere apenas às conjunturas da luta de classes. Para além da doutrina tradicional do direito internacional, é sobre a reconstrução do direito internacional com base no princípio de solidariedade em diálogo com o Terceiro Mundo do direito internacional, em uma abordagem para além de seu estrito normativismo e suas possíveis variações.

2. De Kant a Kelsen

Como já assinalado, os elementos fundamentais para a compreensão do direito internacional são as políticas imperialistas, e o Estado democrático de direito é um produto específico próprio da ascensão da burguesia, que vai se colocando enquanto classe revolucionária e derrubando ou compondo com a aristocracia que até outrora esteve no poder. O jusnaturalismo de Kant e o juspositivismo de Hans Kelsen são pontos fundamentais desse contexto, visto que, na construção de sua concepção de Estado, a burguesia que, no início, adotara a razão subjetiva de Kant, muda de perspectiva após a Revolução e a tomada do Estado, quando passa a defender a segurança normativista e objetiva de Hegel e Kelsen.

Kant (1986) não vê o direito como um programa pactuado, e sim como produto da natureza humana. Iluminista, ele parte da hipótese teleológica de que todas as disposições naturais das pessoas estão destinadas a desenvolver-se para um fim, para um telos, e o telos da história era o progresso, mais tarde defendido pelo positivismo como ordem e progresso. As disposições naturais dos indivíduos não chegariam ao seu pleno desenvolvimento no indivíduo, mas no gênero a

---

[i] O pensamento descolonial tem várias origens, podendo ser situado em todos os países que um dia foram colônia. Como pensamento organizado tem seu começo na África do pós-guerra exatamente no momento em que os países africanos estavam se libertando do jugo dos colonizadores europeus. O objetivo comum era justamente trazer à tona as mazelas da colonialidade, divulgadas pelos colonizadores como algo positivo.

partir de gerações sucessivas, e esse propósito natural da humanidade deve ser alcançado a partir da própria natureza humana. Tanto o sentido da história como o progresso do direito ocorrem sem o planejamento do indivíduo[i].

O pensamento liberal na época de Kant, apontava que a razão e a justiça não eram o Estado. A razão estava na subjetividade, no indivíduo. Assim, racionalmente, os indivíduos chegariam à ideia de justiça. A justiça, portanto, estava na mente dos indivíduos, não no Estado. O sujeito é o principal responsável pela elaboração do processo de conhecimento. O justo está na medida de cada indivíduo. O absolutismo, a Igreja, o sistema feudal estamental, eram sistemas desprovidos de razão.

A razão burguesa defendia princípios e direitos universais que, de acordo com seus postulados, eram os da propriedade privada, da liberdade de contrato, da igualdade jurídica e da autonomia da vontade. Significa o mesmo que direito natural, ou jusnaturalismo. Uma lei justa, para Kant, é uma lei boa para todos, sem exceção. Se todos pensarem racionalmente, todos chegarão a uma lei justa, ou à paz perpétua. Segundo a máxima do imperativo categórico (Kant, 1980, p. 14)[ii], podemos apenas universalizar a máxima da verdade, jamais da mentira ou da falsidade. Kant dizia que se todos fizessem uso da razão alcançariam o mesmo consenso sobre qual lei é justa. A lei justa não é a lei que vem do Estado, mas a lei que todos os indivíduos acordaram fazendo uso de sua razão. Para Kant, então, existe um direito natural que está na razão dos indivíduos. O jusnaturalismo kantiano se opõe ao

---

i "Esta disposição é evidente na natureza humana. O homem tem uma inclinação para associar-se porque se sente mais como homem num tal estado, pelo desenvolvimento de suas disposições naturais. Mas ele também tem uma forte tendência a separar-se (isolar-se), porque encontra em si ao mesmo tempo uma qualidade insociável que o leva a querer conduzir tudo simplesmente em seu proveito" (Kant, 1986, p. 13).

ii De acordo com Kant (1980), o imperativo categórico é o princípio que todos deveriam utilizar para orientar o comportamento moral, um modo racional de simplificar a moralidade das condutas individuais. Seria um sistema no qual todos decidiriam, de modo igual, o certo e o errado. Para se atingir essa condição de universalidade moral (a lei universal), todos deveriam decidir e agir da forma como gostariam que os outros agissem. Se todos tomassem decisões com base no imperativo categórico, chegar-se-ia a uma sociedade formada por pessoas felizes e iguais. O que Kant almejava era oferecer uma base racional para as escolhas morais.

juspositivismo, defendido por Hegel porque, em seu tempo, os Estados eram do domínio absoluto dos reis, sujeitando tudo e todos aos ditames das leis positivas que não advinham da razão, mas da vontade dos reis e, por isso, eram injustas. Esse Estado impunha limites à liberdade de negócios da burguesia (Marx, 2010, p. 30). Kant crê que o progresso é similar ao humanismo, no qual a justiça se realiza de modo universal, e os seres humanos podem desenvolver suas potencialidades naturais em uma ordem social de equilíbrio e paz.

Antes das revoluções liberais, a burguesia invocava Kant contra o Estado, após tomar o poder no Estado é Hegel que ela convocará. A razão deixa de estar no indivíduo, a razão é agora o próprio Estado, o Estado racional burguês, a produção mais importante da razão, fruto da humanidade que evoluiu, o único lugar onde é permitido fazer política. Um Estado que não presta conta de suas razões e legitimações a ninguém, apenas para si. Hegel (1997) entroniza no Estado o direito positivo[i], que se coloca como racional e neutro, acima dos indivíduos. O direito que até então era natural, dentro de cada indivíduo, passou a ser escrito e imposto pelo Estado, não mais absolutista, mas burguês.

Ao afirmar que somente a investigação livre assegura o progresso da técnica, Kelsen enfatiza duas palavras chaves: livre e progresso. Com o primeiro termo Kelsen busca afastar a influência das outras ciências da ciência do direito. Ele não quer opiniões sociológicas, filosóficas, políticas ou de qualquer outra ciência sobre o que é o direito. A tarefa de lidar com isso é da ciência do direito, e Kelsen busca demonstrar que há uma ciência do direito que não sofre influência de nenhuma outra ciência. Aliás, a investigação livre já nos remete ao próprio título do livro "teoria pura do direito" (Kelsen, 1998), ou seja, purificação em relação a todas as outras ciências. Quanto ao progresso, é notável a influência que Kelsen sofreu de Augusto Comte: somos fruto de uma evolução e foi por meio dela que a humanidade avançou do estado teológico para o estado metafísico e, deste, para o positivo, para a sociedade racional, tecnicista e cientificista.

Quando Kelsen propõe uma dualidade – ciência natural e ciência social – para o direito, está se referindo à norma que regula a conduta humana. Enquanto que na natureza as coisas são do único jeito que poderiam ser, na sociedade isso não ocorre: o ser humano é aquilo que poderia não ser. Não existe uma natureza a comandar a conduta humana, tudo nela pode ser diferente e nada pode ser absolutamente

---

[i] "O Estado é a razão em si e para si" (Hegel, 1997, § 258, p. 217).

previsível. Por mais que se possa prever a conduta humana, haverá sempre uma margem para o imprevisível. Na natureza, o metal dilata quando exposto ao calor e não há lei alguma capaz de alterar esse resultado. Nas ciências da sociedade, não há fórmula capaz de prever sem erro a conduta humana. Ora, o direito é uma ciência social a partir do momento que a conduta do ser humano é algo imprevisível, e Kelsen estuda o fenômeno jurídico na normatização dessas condutas.

Os seres humanos agem das mais diversas maneiras possíveis, e com isso geram fatos que, por vez, criam, alteram ou extinguem direitos. Esse fato que interfere no âmbito jurídico é o fato jurídico. E Kelsen se propõe a analisar o fato jurídico sob o prisma objetivo, ou seja, o direito enxerga os fatos a partir da norma (objetiva), donde se conclui que a norma funciona como um esquema interpretativo dos fatos ocorridos na sociedade. A ciência do direito não se importa com o motivo que leva o legislador a criar leis. A vontade do legislador (ser) é transformada em um dever ser. A norma é (objetividade), positivação, e aquilo que deve ser, pode ou não ser (subjetividade). Porém, quando se sabe o que a lei quer como conduta, tem-se um dever objetivo, ou seja, ninguém pode alegar desconhecimento da lei. Essas questões são iniciais na obra de Kelsen, que é absolutamente densa e extensa.

Kelsen, como já mencionamos, deseja excluir qualquer ciência da ciência do direito, mas ele busca também separar a justiça do direito. Ele quer analisar como é o direito, não como deve ser o direito. O âmbito do devir não interessa para o cientista do direito. A validade do direito não é determinada pela justiça ou pela qualidade da norma, se é boa ou ruim. A norma observará se as condutas são boas ou ruins. Nesse desdobramento, avançando em direção ao direito internacional, uma questão cabível é se o direito internacional pode ser objeto de estudo da ciência do direito, isto é, se tem como separar o direito internacional do direito interno. Na opinião de Kelsen, não. Só é possível separar o direito internacional do direito interno se agir com juízo de valor, com um viés político, ético ou moral (Câmara Filho, 2004)[i].

---

[i] "Fora da autolimitação, todas as teorias que têm tentado justificar a soberania absoluta são ficções acientíficas, evasivas dos que não ousam levar às consequências últimas a concepção do estado Leviatã todo poderoso. Afirmada a soberania estatal, a autonomia será o princípio motor das relações internacionais. Aceita a soberania da ordem jurídica internacional, as relações de estado para estado se regerão pelo princípio da heteronomia, princípio jurídico por excelência. Combatendo o antropomorfismo dos que fazem do estado uma entidade independente dos indivíduos que o compõem, Kelsen considera o indivíduo como sujeito

Quando Kelsen olha para o direito internacional, enxerga, primeiramente, o primado do direito interno, ou seja, quem dá o fundamento de validade do direito internacional é o direito estadual; é a constituição doméstica que aceita o direito internacional. Quem dá o fundamento, a validade e a objetividade para os tratados de direitos humanos no Brasil, por exemplo, é a Constituição Federal. No que diz respeito à soberania, a Constituição do país é a autoridade máxima; o direito internacional é apenas uma ideia de consentimento. Observemos, então, que o direito internacional só influencia decisões do ordenamento jurídico como um todo, porque esse ordenamento jurídico recepcionou as normas do direito internacional. A construção monista, então, se apresenta como algo inevitável visto que não há como separar objetivamente o direito internacional do direito interno porque, de um jeito ou de outro, ele está inserido em um todo que será analisado como objeto de ciência jurídica. O direito internacional será recepcionado de acordo com o consentimento do Estado, como se fosse, no dizer do próprio Kelsen, o consentimento do Super Homem (Pellet; Dinh; Daillier, 1999, p. 85).

último do direito internacional, por isto que o direito regula tão somente a conduta de seres humanos. O indivíduo sujeito de direito internacional não é, entretanto, o mesmo indivíduo cuja conduta é regulada pelo direito nacional. É o indivíduo enquanto órgão parcial do Direito Internacional, elevado a essa posição pela norma jurídica internacional. A doutrina kelseniana nada tem a ver com aquele panglossismo dos que querem entregar à proteção do Direito Internacional, – desse direito cuja técnica rudimentar é ainda o primitivo "selbsthilfe", a custódia de direitos individuais, matéria de competência exclusiva da ordem jurídica nacional, com suas normas centralizadas e a sua perfeita delimitação pessoal. O otimismo acientífico e utópico não é bastante para construir em bases sólidas o edifício da organização jurídica internacional. A crença em que a ordem internacional não pode ser baseada senão na boa vontade dos estados e na opinião pública dos povos é uma ilusão assaz perigosa, não menos ilusória e perigosa que a noção de anarquismo aplicada à ordem jurídica estatal. É nada mais que a anarquia interestatal. A organização jurídica internacional se fundará, tão somente, no direito internacional, numa doutrina que o afirme cientificamente, de conformidade com os valores e o método do direito e não em inócuos atos de fé nos flatus voeis das ficções jurídicas. Melhor acreditar no direito internacional in statu nascendi, justificado por uma teoria rigorosamente científica, que forjar uma organização jurídica evoluída, alicerçada no vácuo do conceitualismo. A nós cabe pugnar para apressar o processo de evolução desse direito primitivo e para lograr garantir-lhe um sistema coercitivo superior ao Talião da guerra." (Câmara Filho, 2004, p. 113).

Da filosofia de Hegel até a teoria de Kelsen, é possível notar a crescente importância do positivismo jurídico e sua influência duradoura. Desse positivismo adveio a fixação com a doutrina das fontes e com a busca de uma origem exclusiva para todas as normas jurídicas válidas. Tal pensamento é fruto dos que vivenciaram ou pensaram o período da ascensão da burguesia e da transição que vai se dando por toda a Idade Moderna entre o feudalismo e o capitalismo. Esses componentes permanecem na ordem do direito internacional, e são uma chave importante para uma reflexão sobre as jaulas de aço do normativismo (Mascaro, 2013, p. 37), possibilitando uma expansão da compreensão do direito internacional quanto à sua forma política e jurídica internacionais, do imperialismo e da forma mercantil. Nesse sentido, o direito passa a ser objeto de discussão para além dos limites do normativismo. Essas abordagens indicam uma trajetória de cinco séculos de reformulação de um argumento jurídico profundamente desigualizador, em que, efetivamente, entre direitos iguais sempre houve a interposição de uma violência legitimada de relações a partir de um império e uma redefinição do que vem a ser o ser humano para o direito internacional.

3. TWAIL[i] e a democratização do direito internacional

Os estudos sobre a democratização do direito internacional bebem na fonte das teorias críticas do direito internacional. Na teoria crítica, adotamos o conceito utilizado por Wolkmer (2008), que o esclarece à luz dos debates contemporâneos do direito. Para além das críticas à globalização do direito internacional e de um extenso programa de estratégias para a criação de uma ordem mundial baseada na justiça social, busca-se superar a lógica linear estruturante da produção jurídica, fundamentada, como vimos, pelo jusnaturalismo e pelo juspositivismo (Wolkmer, 2008, p. 2). No cerne dessas contestações, procura-se, por meio de um exame interdisciplinar, construir categorias que assimilem a compreensão da história a partir de suas rupturas, as tensões e os anseios de uma subalternidade negligenciada, que aspira construir e viver sua própria história (Wolkmer, 2008, p. 5).

---

[i] Abordagens do Terceiro Mundo para o Direito Internacional (TWAIL, na sigla em inglês).

O objetivo dos estudos críticos é examinar o direito internacional a partir da visão do Terceiro Mundo, ou seja, entender as dinâmicas globais que promovem e reproduzem as práticas coloniais e imperiais, com o propósito de apontar as razões da permanência do subdesenvolvimento e, em suas melhores estratégias, buscar soluções contra-hegemônicas de transformação e reconstrução do direito internacional, culturalmente e historicamente situado. As orientações de viés liberal que os estudos jusinternacionalistas vêm propondo no contexto pós-colonização refletem, em oposição à perspectiva do Terceiro Mundo, a promessa de ampliação das democracias e da economia de mercado como sustentáculo do desenvolvimento global e do progresso dos povos.

A ordem e o progresso liberal, como observamos, não foram outra coisa que não processos e narrativas históricas que silenciaram as vozes daqueles sujeitos colocados à margem da via para o progresso, a fim de que o desenvolvimento postulado pelos liberais não fosse obstado. Revela-se, porém, a ideia de um Estado plurinacional forjado nas experiências de mundo que ressignificam o conceito de Estado, de justiça e de democracia, com a força descolonizadora de quem rejeita o lado violento e repressor do padrão ocidental, e procura construir as bases de um pluralismo jurídico calcado nos múltiplos saberes, problematizando a herança cultural colonial e suas permanências, hoje chamadas de *colonialidade* (Martins, 2019)[i].

O colonialismo não desenhou colônias para serem nações, nem desenhou as fronteiras coloniais para serem fronteiras nacionais. A África é o melhor exemplo disso, herdou do colonialismo colônias quase inviáveis porque são colônias em linha reta. Evidentemente que isso gerou conflitos duráveis, países foram engendrados artificialmente, a exemplo das regiões do Magreb, do Saara, da Argélia, do Mali, cortados com linha reta, como foi feito também no Oriente Médio. O colonialismo cortou, também, o Iraque e a Jordânia, região onde surgiram as primeiras civilizações, sem qualquer relação com as fronteiras artificiais (Alencastro, 2000, p. 35).

No Brasil, o mecanismo colonial português foi criando os traços dessa característica histórica das elites brasileiras de serem, por assim dizer, vagões em um trem cuja locomotiva é a colonização, a pilhagem.

---

[i] Martins (2019) tece a teoria crítica da colonialidade como crítica que vai além do colonialismo, visto que possibilita não só detectar a continuidade das formas coloniais de dominação após o término das políticas de controle colonial, mas também permite a desconstrução da narrativa eurocêntrica.

Nem a Independência logrou alguma mudança relevante na cultura colonial escravocrata, apenas formou sua própria dinâmica, mas conservando a matriz espacial colonial que tinha existido desde 1550. O Estado, agora independente e um pulmão na África, deixa de ser viável. Ao Brasil foi proibido o acesso à reserva de mão de obra que ele estava acostumado a pilhar.

As relações horizontais no Atlântico Sul passaram, por ordem da Inglaterra, a ser longitudinais, Norte/Sul. Com a maior Marinha do mundo desde que afundou a Marinha francesa em Trafalgar em 1805, a Inglaterra vai ser a potência dominante até meados do século XX, ditando a política e o direito internacional. Ela detém o monopólio da força. A França teve um papel vergonhoso na política colonialista ao impor ao Haiti a responsabilidade de pagar a dívida de sua independência, saldada apenas em 1950. Ou seja, além de ser sangrado quando era colônia francesa com o nome de São Domingos, ainda teve que pagar ao seu algoz uma indenização que foi até o pós-guerra. O Brasil não foi o único que pagou pela sua independência (Alencastro, 2000, p. 40).

O direito sempre esteve presente nas políticas coloniais. Na Conferência de Berlim, realizada entre novembro de 1884 e fevereiro de 1885, sob a liderança do chanceler alemão Otto von Bismarck Alemanha, Itália, França, Dinamarca, Espanha, Noruega, Suíça, Bélgica, Portugal, Holanda, Império Austro-Húngaro e Império Turco-Otomano assinaram a Ata de Berlim, o tratado internacional que decidiu a partilha da África. A partir daí a África teve suas fronteiras artificializadas em linha reta e seus povos foram divididos, povos que até hoje brigam entre si porque foram divididos no século XIX pelos países europeus (Alencastro, 2000, p. 42).

Esses países trazem ainda a marca do colonialismo. Os processos de descolonização formal não representaram o fim do colonialismo, entretanto, inaugurou-se um período que, motivado por esses processos formais de descolonização, propiciou o nascimento de uma corrente teórica chamada *pós-colonialismo* e, mais recentemente, *pensamento descolonial*. Pensadores regionalistas, entre eles muitos latino-americanos, principalmente, vão estudar o colonialismo não somente em sua dimensão de processo político, processo jurídico e econômico, mas como um processo de dominação que tem características próprias que permanecem até hoje em uma espécie de neocolonialismo, porém, em bases diferentes.

Essas correntes teóricas vão demonstrar que o colonialismo é um processo constitutivo da modernidade, que tem uma lógica de poder, as quais elucidam por que foi possível a divisão da África, a ocupação da América, a espoliação dos territórios nativos, dos recursos, da exploração do trabalho dos africanos e o controle da Ásia. A lógica do poder se manifesta através de um discurso no qual as correntes teóricas interpretam o colonialismo, um fenômeno embasado por uma dimensão discursiva que o caracteriza e possibilita falar sobre o outro.

Aimé Césaire (2020)[i] é um autor fundamental para os estudos pós-coloniais e descoloniais, que buscam compreender o mundo, suas relações e o direito internacional. Césaire antecipa um conjunto de questões que depois vão ser trabalhadas e desenvolvidas por uma série de autores pós-coloniais[ii] e decoloniais (Walsh, 2017, p. 14-15)[iii]. As relações internacionais, assim como o direito internacional, são, desde uma perspectiva hegemônica, tal como narradas pelas perspectivas dominantes, uma história na qual cabem pouca coisa. Cabem Estados, sobretudo as grandes potências, porque são elas e as lutas pelo poder

---

i Césaire (2020) explica que o Ocidente, para se afirmar em sua posição de superioridade, com esse locus de progresso e civilização, depende do processo de orientalização, que, nesse caso, significa, o processo de barbarização do outro, da inferiorização da diferença. Esses estudos aparecerão mais tarde em Fanon.

ii O pensamento pós-colonial era, em princípio, pensar uma terceira via para os países após o cenário da herança da colonização. No contexto da Guerra Fria, esses países buscavam uma terceira via, evitando ficar à mercê ou dos Estados Unidos capitalistas ou da União das Repúblicas Socialistas Soviéticas socialista, o que poderia significar uma nova forma de colonização. Era uma tentativa de pensar outras saídas, soluções econômicas, políticas e sociais para um mundo que havia sido colonizado.

iii Em português, encontramos nos textos o termo *descolonial*, com a partícula "des" significando reversão e não negação de uma trajetória. Mesmo que autores de língua espanhola usem o termo *decolonial*, optamos por manter o termo *descolonial*, dentro do uso corrente do português brasileiro por ser mais coerente com a nossa gramática, exceto quando citado *ipsis literis* desses autores. Para a pesquisadora da Universidade Andina Simón Bolívar em Quito, Equador, Catherine Walsh, a supressão do "s" e o uso do termo *decolonial* não se trata de promover um anglicismo, ao contrário, marca uma distinção com o significado em castelhano do "des" como negação. A autora aponta que não pretende simplesmente "desarmar, desfazer ou reverter o colonial" como se fosse possível passar de um momento colonial a outro não-colonial. Nesse caso, a intenção é demarcar e provocar uma postura e atitude contínua de "transgressão, intervenção, insurgência e incisão". Assim, o decolonial assume um caminho de luta contínua.

que importam. Poder entendido como controle, como domínio, como exploração, enfim, tudo o que os povos colonizados conhecem bem, já que sofrem cotidianamente ainda, em função da própria colonialidade, que não finda com o fim dos impérios, que continua na ordem do dia, vivenciada cotidianamente. Povos indígenas, povos negros, povos historicamente negligenciados e silenciados.

É o mesmo discurso que converteu diferenças em hierarquias, sempre em uma perspectiva bastante dicotômica de Ocidente × Oriente, Norte × Sul, civilizado × bárbaro/selvagem, natureza × cultura, sempre situando o europeu no polo positivo, superior dessa dicotomia e convertendo o resto do mundo em seres inferiores, que necessitavam ser retirados de sua primitividade. O colonialismo sempre se apresentou e se justificou como uma missão civilizatória, como um fardo do homem branco de tirar essas populações primitivas de seus estágios inferiores e colocá-los no trem da história rumo ao progresso capitaneado, representado pela Europa[i].

Essa lógica de poder que marca o colonialismo é chamada pelos autores do pensamento descolonial de *colonialidade*, que é a permanência das relações assimétricas de poder, baseadas nessas conversões de diferenças em hierarquias para fins de dominação. Dominação de recursos naturais, dominação da terra, exploração e superexploração do trabalho. As relações assimétricas de poder permanecem mesmo com o fim formal do colonialismo e não necessariamente são relações de poder mantidas a partir da Europa com o resto do mundo – Norte × Sul. Essa lógica de poder colonial acabou marcando relações de poder em todas as esferas. Há os colonialismos internos, países como o Brasil que reproduzem internamente uma espécie de lógica colonial das elites contra os menos favorecidos, nas relações de gênero, na continuidade do problema racial como fundamental para a garantia ou não de direitos. Essas perspectivas teóricas nos informam que o mundo não só não se descolonizou apesar da descolonização formal dos anos 1970, como herdou essa lógica de poder colonial na forma como nós nos relacionamos ainda hoje.

---

i Sobre o orientalismo, ver: Said, 2007. Nessa obra, o autor, considerado um marco fundador dos temas descoloniais e do termo *orientalismo* estuda o colonialismo a partir da perspectiva do Oriente, enquanto que o foco de atenção de Césaire recai sobre as populações negras colonizadas. Ambos, porém, trabalham a noção de um universalismo concreto, que não se baseie na supremacia do Ocidente. Ambos trabalham na temáticas que coloca o racismo e o colonialismo como estruturantes dos países capitalistas hegemônicos.

Césaire desafia a pretensão universalista do direito internacional e suas teorias hegemônicas, baseadas nos princípios do liberalismo, da mesma forma que faz a crítica aos princípios humanos ditos universais dos direitos humanos, ou seja, da lógica iluminista que haveria de se estender universalmente. Césaire escancara o falso universalismo de uma França revolucionária que se colocava justamente como a força que levaria o progresso e a liberdade para os quatro cantos do mundo, quando, concomitantemente, mantinha-se irredutível em relação às colônias negras, as quais comandava de forma cruel e desumanizante (Césaire, 1978, p. 18-19)[i]. Para entendermos essa relação, continua Césaire, seria necessário antes, estudar como a colonização funciona para descivilizar o colonizador, para brutalizá-lo, no sentido apropriado da palavra, ódio racial e relativismo moral, tirar o verniz da civilidade do europeu que diz civilizado, mesmo a tantas atrocidades.

O direito internacional é o direito das mesmas potências europeias que internalizaram o racismo e que se colocaram sempre na vanguarda de produzir e levar a cabo um direito para os outros. Césaire questiona como é possível o nazismo ter chocado tanto a Europa se tais práticas eram cotidianas e naturalizadas no mundo colonial. Conclui-se, então, que as práticas são chocantes quando aplicadas aos brancos, a ponto de se criar, após a Segunda Guerra Mundial, todo um regime de proteção. Antes do nazismo, tais violências não eram consideradas o contra fluxo da modernidade, antes eram admitidas em relação aos enquadrados na condição ontológica de sub-humanidade. É esse o contexto que o leva a dizer que Europa é indefensável[ii].

---

[i] Césaire (1978) antecipa o próprio debate que se dá, atualmente, entre perspectivas universais e perspectivas que levam em conta a própria ideia de um plural universal, que coloca justamente a defesa de um mundo onde caibam e possam coexistir muitos mundos. Um mundo que trabalhe universalmente a dignidade da pessoa humana, mas sem que isso implique a imposição de um único discurso da verdade.

[ii] "Uma civilização que se revela incapaz de resolver os problemas que o seu funcionamento suscita é uma civilização decadente. Uma civilização que prefere fazer vista grossa diante de seus problemas mais cruciais é uma civilização combalida. Uma civilização que burla seus princípios é uma civilização moribunda. O fato é que a civilização dita "europeia", a civilização "ocidental", tal como a moldaram dois séculos de regime burguês, é incapaz de resolver os dois principais problemas aos quais sua existência deu origem: o problema do proletariado e o problema colonial; que essa Europa, submetida ao crivo da "razão", assim como ao crivo da "consciência", mostra-se indefesa ao se justificar; e que ela cada vez mais se refugia em uma hipocrisia tão mais odiosa por

Entretanto, o direito que serviu de mero registro, uma mera escuta do campo econômico e militar desse passado, pode vir a ser um instrumento de superação do pós-colonialismo. Existem várias propostas para descolonizar as diversas relações sociais em que estamos imersos, desde essa perspectiva teórica, não apenas crítica aos colonialistas e suas continuidades, mas também sobre a descolonização da política, do direito e das relações internacionais.

As TWAILs revelam como os países centrais do Ocidente determinam as pautas do direito internacional em seu próprio favor. De início, é necessário esclarecer, que a descolonização do direito internacional não se refere aos processos formais por meio dos quais os Estados colonizados ganharam sua independência. Pelo contrário, é um tema que sai do campo normativo para tocar a filosofia, a teoria, a política internacional, ou seja, temas que a antropologia e a sociologia política conectam à uma perspectiva histórica e filosófica com o propósito de apontar algumas realidades do direito internacional que talvez não estivessem muito visíveis para esse campo jurídico.

Há, no direito internacional, por exemplo, uma discussão sobre a regulação da atuação das empresas transnacionais que hoje superam os Estados em tamanho econômico. Das 100 maiores economias do mundo, mais de 70 são transnacionais, e com poder econômico bem maior que os Estados. As transnacionais tiveram início no colonialismo. A Companhia das Índias foi uma precursora, para quem os Estados-nação delegaram o poder de colonizar os territórios. O colonialismo foi um empreendimento privado, assim como as relações de poder hoje passam pelo poder das transnacionais também. Existe hoje ampla discussão dentro do direito internacional para regular o poder das transnacionais porque se sabe que é daí que virão as grandes violações, a dominação e a pauta econômica (Hunt, 2005, p. 333-336).

O movimento de descolonização surge também nos meios diplomáticos, sobretudo pós-Segunda Guerra Mundial, e se consolida nos anos 1960-1970, quando acontecem processos de descolonização em massa de países no continente africano. Porém, o conceito de Terceiro

---

ser cada vez menos capaz de iludir. A Europa é indefensável. Parece ser essa a constatação que se confidenciam na surdina os estrategistas americanos. Isso por si só não é grave. O grave é que "a Europa" é moral e espiritualmente indefensável. E acontece que hoje não são apenas as massas europeias que acusam, mas é em escala global que o indiciamento é realizado por dezenas e dezenas de milhões de pessoas que das profundezas da escravidão se erigem em juízes" (Césaire, 1978, p. 14).

Mundo passa a ter certa vigência a partir da Conferência de Bandung, em 1955, onde se começa a falar Primeiro Mundo, Segundo Mundo. A importância dessa conferência africana e asiática foi que, pela primeira vez, um grupo de antigos territórios coloniais reuniu-se com as potências europeias e, perante todos os que participavam, fizeram uma afirmação de sua independência (Linhares, 2005, p. 35-64). O Terceiro Mundo estava chegando na comunidade internacional como Estados independentes defronte de um conjunto de normas que foi desenhado para atender a interesses que não são os deles, mas que permanecem ali alimentando uma dinâmica que não os interessam.

Os posicionamentos das TWAILs vão nessa mesma direção, buscando romper com a cultura da colonialidade e procurando recuperar a credibilidade epistêmica dos saberes, dos conhecimentos produzidos no chamado Sul global, recuperar o valor cultural dos povos que foram subestimados, que foram depreciados pela lógica colonial de poder. *Descolonizar* significa o rompimento com a autoridade epistemológica eurocêntrica, dando visibilidade e voz àqueles que foram encobertos, os quais se tentou dizimar. *Descolonizar* é produzir a ruptura com os binarismos, o discurso que sustenta a superioridade de determinados grupos sobre outros. A dimensão propositiva dessas novas correntes teóricas denuncia a perpetuação de formas de poder, aponta para o cerne dessa dominação e procura rediscutir justamente sobre os mecanismos que o Ocidente utilizou para consolidar seu poder[i].

Um passo importante é o fortalecimento das instituições internas. À medida que o Estado se desenvolve, regras mais rígidas contra uma dominação econômica, social ou política exterior são colocadas. Esse passo é um pouco delicado, porque ainda o Estado depende de uma teia de relações na seara internacional para que ele possa sobreviver economicamente e em termos de suas exportações. Ninguém nega a dificuldade e a complexidade que envolve um Estado que traz para si a competência para demandar internacionalmente, por exemplo, empresas poderosas e interesses que pairam acima de questões internas.

A descolonização também envolve considerar questões relacionadas à proteção internacional dos direitos humanos, do convencimento dos Estados no sentido de formar uma teia de tratados internacionais que realmente coloque as pessoas na centralidade do universo jurídico. Importante também é o papel das grandes organizações internacionais, especialmente a OIT, porque tem feito acordos com a OMC no sentido

---

[i] Sobre colonialidade e descolonização, ver: Fanon, 2008.

de que essa voracidade do comércio, herança também da mentalidade colonialista, das violações em massa de direitos humanos, sujeite-se a respeitar padrões trabalhistas mínimos.

A atitude anticolonial se constitui na negatividade total das estruturas políticas, econômicas, sociais e culturais não só colonialistas, mas também das estruturas neocoloniais, imperialistas, constitutivas da modernidade burguesa, que pensam o sujeito do conhecimento como falso sujeito universal europeu, branco, que veem as particularidades das formações econômicas sociais por meio de uma interpretação crítica, não dogmática , juridicamente plural dos processos de reprodução do subdesenvolvimento na periferia do capitalismo (Fanon, 2010, p. 31).

Em uma tese clássica, Losurdo diz que normalmente se debate democracia desconsiderando a violenta política externa dos países e o papel desses países no mundo. Os Estados Unidos, por exemplo, têm democracia porque tem eleição, mas derrubam governos democraticamente eleitos e apoiam ditaduras de maneira seletiva. A política externa não influencia na avaliação do regime político (Losurdo, 2012, p. 288-290). Na análise do projeto político, é preciso não olhar somente a dimensão nacional e ignorar o papel que o país tem no mundo. A América Latina, na periferia do capitalismo não pode deixar de ser analisada desconsiderando o que as potências imperialistas fazem e qual é seu papel no mundo.

Esse questionamento crítico acerca do direito internacional explora, portanto, a noção de espaço, ou seja, é preciso ver que o direito internacional apresenta diferenças em diferentes lugares do mundo, em diferentes arranjos espaciais, como lugares em que se pode observar diferentes projetos de direito internacional. Destacar a noção de espaço possibilita uma análise muito útil que coloca em xeque a ideia de universalidade, de um direito internacional pairando sobre todos como se não houvesse enraizamentos em específicos lugares. A ideia de região se coloca fortemente na prática argumentativa que constitui o direito internacional na América Latina, na Ásia e na África.

No contexto das TWAILs, examinamos alguns exemplos concretos de iniciativas que procuram corrigir essas relações assimétricas herdadas dos períodos imperiais colonialistas e que permaneceram no direito internacional até este momento. Como já mencionamos, foi na Paz de Westfália que surgiram os Estados independentes, bem como o fato de que esses Estados eram, sobretudo e apenas, as potências europeias, detentoras dos poderes políticos, pelos quais detinham o monopólio de dizer quem era soberano ou independente. Ou, como disse Koskenniemi

(2005, p. 290), o reconhecimento da soberania ou da independência de um país era o reconhecimento de que o país era civilizado o suficiente para pertencer à comunidade internacional de nações.

É importante analisarmos com muita precisão esses aspectos complexos que relacionam soberania, civilização e colonialismo. Koskenniemi aponta normas vigentes no sistema europeu que ainda transcendem ideias do jusnaturalismo, como se tais normas contivessem uma imanência permanente, que não dependessem da própria vontade dos Estados e que, portanto, se elas valem para a Europa, valem em todos os lugares do mundo, na América-Latina, na África, na Ásia e na Oceania.

Um contrapondo a esse processo e um ponto de reflexão muito importante nesse sentido veio por meio do jurista argelino Mohammed Bedjaoui, em uma análise sobre os avanços dos processos de descolonização ocorridos na década de 1960 e 1970, e da necessidade de mudar as regras vigentes do direito internacional econômico, criadas pelas antigas potências coloniais e inadequadas aos novos tempos. Ao abordar o que era até então o direito internacional, Bedjaoui apresenta um vigoroso diagnóstico do caráter eurocêntrico desse sistema de normas, ou seja, um conjunto de regras que, por meio dos processos de implantação colonial e facilitados pelas narrativas, estabeleceu-se (Bedjaoui, 1979, p. 49-50).

Não era uma questão internacional, portanto, mas europeia, com características imperialistas de relações verticais entre países que possuem mais recursos naturais e menos recursos mercantilistas. Quando se trata inclusive de argumentos jusnaturalistas, tem-se uma explicação claramente baseada em uma das grandes religiões monoteístas, e não nas demais. Trata-se de um direito internacional que, desde Hugo Grócio, permaneceu tanto em estrutura quanto em função como um *jus europaeum* concebido por Estados cristãos e mercantilistas para legalizar proveitos e prerrogativas regionais[i].

Bedjaoui aponta nessa obra para algo a mais do que uma consideração meramente histórica sobre que era o direito internacional público.

---

[i] "O Direito Internacional Público, tal como é compreendido na doutrina clássica, configura a aplicação, nas relações entre os Estados, da filosofia do absolutismo em seu plano teórico, e, na práxis, a consecução dos ideais mercantilistas. Estes fatos explicam o procedimento dos Estados europeus em relação ao resto do mundo, e, principalmente, em relação às colônias" (Almeida, 1977, p. 10).

Aponta para um elemento dessa reflexão que chamamos de *ontologia*, ou seja, o modo de ser do direito internacional. Seria esse direito formatado justamente de maneira irremediavelmente europeia, cristã, mercantilista e imperialista? E, portanto, o direito internacional tal qual nós o conhecemos hoje seria um instrumento que inevitavelmente vai favorecer os países do Norte global e não servirá aos interesses dos países do Sul global? Essa é a sua pergunta inicial. Bedjaoui estava bebendo na fonte das TWAILs, esta que estava para se tornar outra escola de pensamento. Uma corrente intelectual que analisa o direito internacional sob a ótica dos povos colonizados e que, como prática, elabora concepções alternativas de justiça que auxiliam na democratização da ordem global. As TWAILs representam uma escola de pensamento e uma escola de ação. É uma doutrina e é uma prática. Nesse aspecto doutrinário, teórico, é possível notar as marcas de colonialismo que foram ficando nas normas jurídicas. As TWAILs têm um segmento que sobretudo tem envolvimento com o mundo da diplomacia para formular visões alternativas do que seriam normas justas, e promover uma maior democratização da aldeia global.

Antony Anghie vai nesse mesmo caminho e reafirma o ponto-chave de Bedjaoui para entender como as visões de TWAIL se separam das visões eurocêntricas do direito internacional. Ele analisa o direito internacional da perspectiva tradicional, eurocêntrica, deparar-se com as grandes reflexões dos primeiros teóricos, para depois saber se é possível ter um direito internacional público quando há uma comunidade de Estados soberanos. Se ser soberano significa não ter nenhum poder acima dele, como explicar então um conjunto de normas que disciplinam aqueles que são soberanos? Para Anghie, essa também é a pergunta inicial, a perplexidade inicial. O que está por trás dessa inquietude, essa suposta escassez de autoridade, escassez de poder que tem o direito internacional público? Por que o direito internacional opera em um patamar horizontal de poder, ao contrário dos direitos estatais que operam em relações verticais de poder (Anghie; Chimni, 2003).

Supostamente, na visão eurocêntrica, o grande problema teórico a ser resolvido na visão tradicional do direito internacional é como lidar com a falta de autoridade e de poder do direito internacional. Para conferir esse poder que supostamente não existe, tem-se, então, a ideia do voluntarismo, a ideia do jusnaturalismo para tentar esclarecer a questão. Anghie se coloca contrário a essa problematização. O problema inicial central é questionar em que momento se decidiu que alguns Estados não seriam soberanos e, portanto, não participariam desde o momento inicial da formação das normas do direito internacional. Sob essa perspectiva, outra coisa não é senão a expressão própria da autoridade e do poder dos países europeus, impondo determinados padrões de comportamentos a esses povos, os quais tinham que acatar para serem considerados civilizados, e caso um dia lograssem êxito, ganhariam aquilo que Anghie chamou de *o presente da soberania*, isto é, a admissão na comunidade internacional.

Observemos a complexidade histórica deste que é o problema central do direito internacional público de fato, qual seja, a quem cabe decidir quais povos serão soberanos. Quando examinamos os capítulos do direito internacional, frequentemente encontramos normas de inspiração imperialista e colonialista. Quando estudamos a doutrina do reconhecimento do Estado como ato constitutivo, mesmo que já superada, descobrimos que, durante muito tempo, houve um debate doutrinário sobre qual é o caráter do ato do reconhecimento do Estado. Um Estado declara ter identificado os elementos que constituem o Estado em outra entidade, assim, reconhece essa outra entidade como se fosse um Estado.

Durante séculos, entendia-se que o reconhecimento de Estado era um instituto de natureza constitutiva, ou seja, enquanto não houvesse o reconhecimento de Estado, não haveria outro Estado. Ora, se a comunidade internacional estava em conjuntura eurocêntrica, detentora do conceito de soberania, que declarava quem era soberano e quem não era, estamos claramente testificando a impossibilidade de um ente colonial ser reconhecido como Estado. Enquanto outros países não o reconhecessem expressivamente livre da metrópole, ele não seria considerado um Estado. Isso claramente foi um instrumento, uma conformação do direito internacional de contenção colonialista de evitar grandes processos de independência que não tivessem a anuência de suas metrópoles.

A teoria constitutiva que prevê o reconhecimento de um Estado pelos demais atores internacionais como um elemento constitutivo é, hoje, considerada superada. O reconhecimento de Estado se dá de maneira pacífica, entendido como declaratório, algo que não cria nada de novo no mundo jurídico, simplesmente atesta algo que já existia (Machado, 2013, p. 230). O Estado surge, então, com uma conformação de população, território e soberania, independentemente de ter sido reconhecido ou não por qualquer outro Estado. A teoria declaratória, que tem ampla e substancial aceitação sobre a teoria constitutiva, entende que o Estado enquanto tal já existe antes de seu reconhecimento, de modo que sua presença independe de reconhecimento.

Se por um aspecto os processos de descolonização aconteceram, por outro, o legado do colonialismo permanece sob várias formas.

Um traço colonial importante deixado no direito internacional público refere-se ao direito que se aplica aos investimentos estrangeiros. Quem faz grandes investimentos são os países do Norte Global em direção ao Sul Global e, nesse contexto, o Instituto da Proteção Diplomática, concebido a princípio para ser um instituto neutro, acaba sendo um instituto a serviço dos países do Norte Global, que, de alguma forma, agem em benefício de suas próprias empresas contra os países que recebem os investimentos. Existe certa utilização abusiva da proteção diplomática. A Argentina, no século XIX, impôs uma cláusula de contrato que obrigava as empresas estrangeiras a renunciar à proteção diplomática. Se houvesse algum conflito, este se resolveria nos tribunais locais argentinos. Sob outro aspecto, é relevante ressaltar que há muito a ser realizado em relação à pesquisa direcionada para descobrir recursos e métodos de salvaguardar a soberania monetária dos países periféricos[i]. Para isso, é crucial o estudo uma nova arquitetura financeira que atenda mais prontamente às expectativas desses Estados e povos quanto à necessidade de uma intervenção informada do direito internacional.

Deixamos claro que a visão de Terceiro Mundo apresentada nestes escritos diverge pronta e ativamente daquela das elites dominantes desses territórios por sua histórica negligência ou ausência nas questões referentes às divisões de classe e gênero existentes. Nesta etapa da globalização, as elites dirigentes nas periferias do capital existem como peças integrantes de uma elite dominante transnacional emergente, que busca definir a ordem global do capital transnacional como subterfúgio de atuar a favor dos interesses nacionais. O bem-estar das populações do Terceiro Mundo não está na ordem política neste mundo de negócios. Há uma evidente dialética entre as lutas internas desses países e o que acontece nos fóruns externos (Chimni, 2019, p. 46).

Não há como progredir em apenas um lado sem que haja um mínimo progresso no outro. Paralelamente a isso, um pacto global dos países pobres continua sendo uma expressão viável de resistência coletiva. No que se refere aos anseios dos povos, a despeito do aparecimento das organizações não governamentais, trata-se ainda de organizações representadas pelo Estado em fóruns internacionais. Aos Estados

---

i "Estados de terceiro mundo estão fazendo-o, entre outras coisas, através da criação de controle de capital (por exemplo, a Malásia após 1997), imposto sobre transações financeiras (Chile), prescrição de um período fixo de permanência antes da partida, um fundo monetário regional e etc." (Chimni, 2019, p. 59).

de Terceiro Mundo, contudo, permanece a obrigação de se comprometer com os movimentos coletivos das lutas populares.

4. Considerações finais

O direito internacional, como testemunha a história, tem servido sempre aos interesses dos grupos econômicos dominantes e dos Estados nas relações internacionais. Todavia, a dominação, também evidenciada pela história, pode conviver com diferentes níveis de autonomia para os Estados dominados. No período colonial, a autonomia dos países colonizados foi completamente negada e abertamente reprimida. Na era da globalização, a realidade da exploração é melhor compreendida como um processo mais sutil, gradual e cumulativo.

Leis, institutos e práticas internacionais se unem cada vez mais para acabar com a autonomia dos países de Terceiro Mundo em benefício do capital transnacional e dos Estados dominantes. A elite governante do Terceiro Mundo, por outro lado, não tem conseguido e/ou demonstrado interesse para criar, aprimorar e manter estratégias políticas e jurídicas eficazes para assegurar os interesses de seus povos. No entanto, devemos estar atentos às armadilhas do niilismo legal por meio de uma crítica ampla e completa do direito internacional contemporâneo. Seguramente, somente uma análise profunda e sustentada é capaz de produzir a convicção de que o direito internacional tem potencial para instituir uma ordem mundial justa.

Primeiramente, é necessário reconhecer que o direito internacional contemporâneo pode oferecer um mecanismo protetor, ainda que frágil, para os países menos influentes da comunidade internacional. Em segundo lugar, a crítica deve se fazer acompanhar por proposições e construções, sob o risco de se tornar palavras vazias. Soluções inovadoras são essenciais no âmbito do direito e das instituições internacionais. Entre as exigências, está a análise das contradições que permeiam o sistema jurídico internacional, tal como a permanência da falsa sensação de progresso que faz sustentar a coerência interna do direito internacional. Junto a isso, é comum percebermos regimes jurídicos individuais oferecer determinadas concessões aos grupos carentes e marginalizados, na intenção de moderar a resistência a estes no Terceiro Mundo e perante a consciência mundial, em franca expansão no Primeiro Mundo.

É possível notar as diversas contradições no direito internacional contemporâneo, especialmente no que se refere ao direito internacional dos direitos humanos que, mesmo reconhecendo a internacionalização de direitos de propriedade e interferências hegemônicas, declara uma sequência de direitos civis, políticos, sociais, culturais e econômicos que podem ser acessados pelos grupos que se encontram excluídos de direitos básicos. Ao manter a crença de que a estrutura jurídica internacional possa ser usada para mitigar minimamente o sofrimento dos povos de Terceiro e Primeiro Mundos, o direito internacional acaba desempenhando um papel crucial, ajudando a legitimar e sustentar os processos e estruturas desiguais que se manifestam na crescente divisão Norte-Sul.

Sintetizando, o direito internacional é a principal linguagem com a qual a dominação vem se expressando na era da globalização, deslocando os sistemas jurídicos nacionais em sua importância e tendo um impacto sem precedentes sobre a vida das pessoas comuns. Provido dos poderes das corporações financeiras e comerciais internacionais para ditar a pauta neoliberal, o direito internacional vigente pode comprometer o sentido da democracia na eleição de representantes que, mesmo tendo afiliações ideológicas diferentes, adotam as mesmas políticas sociais e econômicas. Isso é percebido também no discurso internacional dos direitos humanos, cujas interpretações são manipuladas visando favorecer e legitimar os objetivos neoliberais.

Mesmo as TWAILs, apesar de suas ações propositivas, não conseguem afrontar de maneira incisiva o direito internacional em seu cerne neoliberal. Suas propostas de projetar uma visão alternativa do direito internacional caminham muito lentamente por uma série de fatores, entre os quais a hegemonia ideológica das universidades do Norte que enfraquecem e fragmentam os estudos jurídicos internacionais, dificultando as TWAILs de viabilizar uma perspectiva holística crítica à ação regressiva da globalização do direito internacional, ou possíveis futuros alternativos com planejamento efetivo.

Assim sendo, é inadiável que as TWAILs encontrem rapidamente formas de internacionalizar as fontes de conhecimento crítico e que debatam as aflições de ordem material e ética que afetam povos de Terceiro Mundo. A abordagem deve ser feita de modo a impedir as tentativas de minar a independência e a economia do Terceiro Mundo pelas políticas e normas impostas pelo Primeiro Mundo por meio das instituições internacionais que o mesmo coordena.

Referências

ALENCASTRO, L. F. **O trato dos viventes**: formação do Brasil no Atlântico Sul. São Paulo: Companhia das Letras, 2000.

ALMEIDA. A. J. D. **Subdesenvolvimento e direito das gentes**. Belo Horizonte: Edições da Revista Brasileira de Estudos Políticos, 1977.

ANGHIE, A.; CHIMNI, B. S. Third World Approaches to International Law and Individual Responsibility in Internal Conflicts. **Chinese Journal of International Law**, v. 2, n. 1, p. 71-101, 2003.

BEDJAOUI, M. **Para uma nova ordem internacional**. Lisboa: Editorial Presença, 1979.

BOBBIO, N.; MATTEUCCI, N.; PASQUINO, G. **Dicionário de política**. Brasília: Ed. UnB, 2000.

CÂMARA FILHO, J. S. Hans Kelsen e a teoria pura do direito internacional. **Revista de Direito**, Belo Horizonte: Ed. da UFMG, 2004. Disponível em: https://www.direito.ufmg.br/revista/index.php/revista/article/view/487/456. Acesso em: 15 jul. 2023.

CÉSAIRE, A. **Discurso sobre o colonialismo**. Lisboa: Livraria Sá da Costa Editora, 1978.

CHIMNI, B. S. Abordagens terceiro-mundistas para o direito internacional: um manifesto. **Revista de Direito Internacional**, Brasília, v. 15, n. 1, 2018.

DURKHEIM, É. **Da divisão social do trabalho**. 2. ed. São Paulo: M. Fontes, 1999.

DURKHEIM, É. **Sociedade, educação e moral**. Porto: Rés-Editora, 1984.

FANON, F. **Os condenados da Terra**. Juiz de Fora: Ed. UFJF, 2010.

FANON, F. **Pele negra, máscaras brancas**. Tradução de Renato da Silveira. Salvador: EDUFBA, 2008.

FOUCAULT, M. **Microfísica do poder**. São Paulo: Graal, 2009.

HEGEL, W. **Princípios da filosofia do direito**. São Paulo: M. Fontes, 1997.

HUNT, E. K. **História do pensamento econômico**: uma perspectiva crítica. Rio de Janeiro: Elsevier, 2005.

KANT, I. **A crítica da razão pura**. São Paulo: Abril Cultural, 1980. (Coleção os Pensadores).

KANT, I. **Ideia de uma história universal de um ponto de vista cosmopolita**. Edição Bilíngue. São Paulo: Editora Brasiliense, 1986.

KELSEN, H. **Teoria pura do direito**. Tradução de Luís Carlos Borges. 6. ed. São Paulo: M. Fontes, 1998.

KOSKENNIEMI, M. **El discreto civilizador de naciones**: el auge y la caída del derecho internacional. Buenos Aires-Madrid: Ciudad Argentina, 2005.

LÉVI-STRAUSS, C. **Antropologia estrutural II**. Rio de Janeiro: Tempo Brasileiro, 1993.

LINHARES, M. Y. L. Descolonização e lutas de libertação nacional. In: REIS FILHO, Daniel Aarão; FERREIRA, Jorge; ZENHA, Celeste. (Orgs.). **O século XX**: o tempo das crises, revoluções, fascismos e guerras. Rio de Janeiro: Civilização Brasileira, 2005. v. 2.

LOSURDO, D. **A não violência**: uma história fora do mito. Rio de Janeiro: Revan, 2012.

LOSURDO, D. **Colonialismo e luta anticolonial**: desafios da revolução no século XXI. São Paulo: Boitempo, 2020.

MACHADO, J. E. M. **Direito internacional**: do paradigma clássico ao pós-11 de setembro. Coimbra: Coimbra Editora, 2013.

MARTINS, P. H. **Teoria crítica da colonialidade**: rumos de uma teoria crítica plural, descolonizada, cosmopolita e fronteiriça. Rio de Janeiro: Ateliê de Humanidades, 2019.

MARX, K. **Crítica da filosofia do direito de Hegel**. São Paulo: Boitempo, 2010.

MARX, K. **O Capital**. Tradução de Reginaldo Sant'Anna. São Paulo: Boitempo, 2017. v. I.

MASCARO, A. L. **Estado e forma política**. São Paulo: Boitempo Editorial, 2013.

PACHUKANIS, E. B. **Teoria geral do direito e marxismo**. São Paulo: Boitempo, 2017.

PELLET, A.; DINH, N. Q.; DAILLIER, P. **Direito internacional público**. Lisboa: Fundação Calouste Gulbenkian,1999.

REINERT, R. P. F. **Antropologia jurídica**. Curitiba: InterSaberes, 2021.

ROUSSEAU, J. J. **O contrato social**. São Paulo: M. Fontes, 1989.

RUIZ, R. **Francisco de Vitória e os direitos dos índios americanos**. Porto Alegre: Edipucrs, 2002.

SAID, E. **Orientalismo**: o Oriente como invenção do Ocidente. São Paulo: Cia das Letras, 2007.

WALSH, C. **Pedagogías decoloniales**: práticas insurgentes de resistir, (re)existir e (re)vivir. Equador: Editora Abya-Yala, 2017. (Serie Pensamiento Decolonial).

WOLKMER, A. C. **Introdução ao pensamento jurídico crítico**. São Paulo: Saraiva, 2008.

Legitimidade e poder no direito internacional:
um olhar entre Kant e Weber

Legitimidad y poder en el derecho internacional:
un análisis de la opinión de Kant y Weber

Safira Orçatto Merelles do Prado

Graduada em Direito pela Pontifícia Universidade Católica do Paraná (PUC-PR). Especialista em Direito Processual Civil pela PUC-PR e em Direito Administrativo pelo Instituto Romeu Bacellar. Mestra em Direito do Estado pela Universidade Federal do Paraná. Integrante do Conselho Editorial da *Revista Direito do Estado em Debate*, da Procuradoria-Geral do Estado do Paraná. Parecerista do Conselho Editorial da *Revista de Direito Administrativo (RDA)* – Fundação Getulio Vargas (RJ). Professora de Direito Administrativo e Constitucional na graduação em Direito do Centro Universitário Internacional Uninter. Instrutora de cursos voltados à Administração Pública. Advogada e consultora.

Angela Nogueira Fey

Relações Públicas formada pela UEL com MBA em Gerenciamento de Projetos pelo SENAI/SC. Pós-graduada em Direito Constitucional Aplicado pela Faculdade Legale e em Estudos Diplomáticos pelo IBMEC. Atualmente, é graduanda em Direito no Centro Universitário Internacional Uninter e Gerente de Sustentabilidade para a América Latina na Novozymes.

Resumo: Uma das questões que permeia o direito internacional está na compreensão da legitimidade do poder do direito internacional face à soberania dos Estados Nacionais. Há sempre relações de poder e, usualmente, uma sobrepõe a outra. A grande distinção entre as relações de poder no âmbito internacional, em comparação com o âmbito nacional, está no ente legítimo para exercer o poder de coerção. Enquanto no âmbito nacional entende-se que o Estado Soberano tem esse dever/poder, na esfera internacional essa análise perpassa por um viés filosófico. Em termos weberianos, o monopólio do poder de coerção não é, necessariamente, a única maneira de deter um poder legítimo. Por sua vez, Kant nos lembra que o objetivo fim da atuação dos Estados no ambiente internacional deve ser a Paz Perpétua. Enquanto o Estado Soberano, na esfera interna, tem responsabilidades de governança, o mesmo Estado, no ambiente internacional, assume a função estratégica de trazer mais benefícios aos seus, aliada à busca da perpetuação da paz. Nesse contexto, o presente ensaio teve como finalidade compreender as relações de poder e a visão da legitimidade do direito internacional por meio de uma breve análise dos pensamentos de Max Weber e Immanuel Kant. Conclui-se que a crítica feita à legitimidade do direito internacional, com base apenas do fato de este não conferir de poder de coerção, é deveras simplista, visto que a legitimidade tem mais relação com a maneira como as interações e o poder fluem na esfera que se analisa, bem como com a aceitação – que pode ser espontânea, não coercitiva – daqueles que à determinada regra se sujeitam.

Palavras-chave: legitimidade; poder; direito internacional; Weber; Kant.

***Resumen**: Uno de los temas que permea el derecho internacional es la comprensión de la legitimidad del poder del derecho internacional frente a la soberanía de los Estados Nacionales. Siempre hay relaciones de poder y, por lo general, una se superpone a la otra. La principal distinción entre las relaciones de poder a nivel internacional, en comparación con el nivel nacional, está en la entidad legítima para ejercer el poder de coerción. Mientras que a nivel nacional se entiende que el Estado Soberano tiene este deber/facultad, a nivel internacional, esta análisis permea un sesgo filosófico. En términos weberianos, el monopolio del poder coercitivo no es necesariamente la única forma de ejercer el poder legítimo. A su vez, Kant nos recuerda que el objetivo último de la acción de los Estados en el ámbito internacional debe ser la Paz Perpetua. Mientras el Estado Soberano, en el ámbito interno, tiene responsabilidades de gobernabilidad, el mismo Estado,* *en el ámbito internacional, asume el rol estratégico de llevar más beneficios a los suyos, aliado a la búsqueda de la perpetuación de la paz. En ese contexto, este ensayo tuvo como objetivo comprender las relaciones de poder y la visión de legitimidad del Derecho Internacional a través de un breve análisis del pensamiento de Max Weber e Immanuel Kant. Se concluye que la crítica que se hace a la legitimidad del derecho internacional, basada únicamente en que no confiere poder coercitivo, es muy simplista, ya que la legitimidad tiene más que ver con la forma en que las interacciones y el poder fluyen en el ámbito que se analiza, así como con la aceptación – que puede ser espontánea, no coercitiva – de quienes están sujetos a una determinada regla.*

Palabras-clave: *legitimidad; poder; derecho internacional; Weber; Kant.*

1. Reflexões iniciais

A regulação das relações pelo direito é vista como uma forma de evolução das interações humanas em busca de alternativas mais pacíficas de solução de controvérsias, especialmente na esfera internacional. O direito internacional insere-se em um contexto de busca pela regulação das relações no ambiente internacional, a fim de facilitar a convivência entre os membros dessa sociedade global e permitir a realização de feitos conectados a valores de dada época (Portela, 2020, p. 39).

Portela (2020, p. 39) fundamenta que "nenhuma forma de associação humana, ainda que rudimentar, pode prescindir de um mínimo de regras que permitam a coexistência entre seus membros". Nesse prisma, é fundamental identificar a razão que torna as normas estabelecidas pelo direito internacional obrigatórias.

A corrente voluntarista, como o nome sugere, defende que a obrigatoriedade de cumprir com os ditames do direito internacional resta na vontade dos sujeitos internacionais. Já a corrente objetivista defende que tal vinculação deriva justamente da dinâmica da sociedade internacional e existe para além da vontade dos sujeitos (Portela, 2020, p. 47). O tema não é pacífico:

> *As críticas a tais correntes levaram à formulação de uma teoria, elaborada por Dionísio Anziloti, que fundamenta o Direito Internacional na regra* pacta sunt servanda. *Para esse autor, o Direito Internacional é obrigatório por conter normas importantes para o desenvolvimento da sociedade internacional, mas que ainda dependem da vontade do Estado para existir. Ademais, a partir do momento em que os Estados expressem seu consentimento em cumprir certas normas internacionais, devem fazê-lo de boa-fé.* (Portela, 2020, p. 48)

Fato é que o direito internacional é, como bem apontado por Portela (2020, p. 49), "fortemente marcado pela dicotomia entre a relativização da soberania nacional e a manutenção de sua importância". O desafio, além dessa dicotomia, está também no fazer-se valer do Direito Internacional.

Enquanto no âmbito nacional os cidadãos valem-se da transferência de um poder coercitivo à máquina estatal (monopólio da força física), ou seja, renunciam a algumas liberdades individuais em prol de uma agenda que promete o bem-estar comum, no universo internacional, em teoria, não há prevalência de um Estado sob o outro, nem a transferência do poder coercitivo tradicional para um terceiro elemento, alheio aos demais Estados. Portela inicia o olhar que queremos trazer quando mostra essa diferença ao afirmar que "O Direito Internacional é um direito de 'coordenação', em oposição ao Direito interno que é de ´subordinação" (Portela, 2020, p. 49).

Essa dinâmica, considerada por alguns autores como estado de anarquia internacional[i], no qual – pelo menos em teoria – todos os Estados são soberanos e detentores de iguais direitos, deveres e ferramentas para jogar as regras do jogo por todos estabelecidas, é complexa.

---

[i] "Nessa esteira, a escola assenta-se na premissa de que o medo de deixar de existir levaria os Estados à guerra (Tucíades e ao uso da balança de poder (Maquiavel) para "sobreviverem" em meio à anarquia característica do plano internacional por inexistência de um poder central e legítimo (Hobbes). Por tratar-se de uma luta pela sobrevivência no estado de natureza não se atribui qualquer relevância a valores como moral e justiça". (Costa; Azevedo Neto, 2018, p. 103).

Enquanto no âmbito nacional cabe estudar o funcionamento da máquina estatal e deste estudo derivar desdobramentos para compreender o funcionamento de determinada sociedade, no âmbito das relações internacionais, tal relação é sombria. A legitimidade do direito é estabelecida por relações de poder e, quase sempre, remanesce grande questionamento da origem ou até mesmo dimensão do poder que rege essas decisões e relações.

Desse modo, faz-se pertinente percorrer alguns pontos das lições desenvolvidas por Weber e Kant, com o intuito de apresentar um olhar acerca da legitimidade e poder no direito internacional, que vai além das reflexões tradicionalmente apresentadas.

2. Weber: Poder e Estado

Max Weber (1982, p. 126), sociólogo e cientista político alemão (1864-1920), define o poder como sendo "a possibilidade de um homem, ou um grupo de homens, realizar sua vontade própria numa ação comunitária até mesmo contra a resistência de outros que participam da ação".

Nessa linha de pensamento, Weber (1982, p. 55) assinala que só se pode "definir o Estado moderno sociologicamente em termos de *meios* específicos peculiares a ele, como peculiaridades a toda associação política, ou seja, o uso da força física".

A força, defende o autor, é um meio específico do Estado em sua atividade política:

> *Hoje, porém, temos que dizer que o Estado é uma comunidade humana que pretende, com êxito,* o monopólio legítimo da força física, *dentro de um determinado território. [...] O Estado é considerado a única fonte do "direito" de usar a violência. Daí, "política", para nós, significar a participação no poder ou na luta para influir na distribuição do poder, seja entre Estados, ou entre grupo dentro de um Estado.* (Weber, 1982, p. 56)

A partir dessa definição trazida por Weber, constata-se que o Estado, tal como conhecemos hoje, é uma instituição política formada pelos três elementos básicos (povo/nação, território, poder/soberania) e teve sua origem moderna caracterizada pelo monopólio legítimo da força (física e moral).

Weber (1982, p. 56) questiona qual a justificativa que legitima essa relação entre dominante (Estado) e dominados (povo), esse monopólio do uso da força pelo Estado, afirmando que "o Estado é uma relação de homens dominando homens, relação mantida por meio da violência legítima (isto é, considerada como legítima). Para que o Estado exista, os dominados devem obedecer à autoridade alegada pelos detentores do poder".

O teórico ainda expõe que "o domínio acontece em virtude da 'legalidade', em virtude da fé na validade do estatuto legal e da 'competência funcional', baseada em *regras* racionalmente criadas. É o domínio exercido pelo moderno 'servidor do Estado' e por todos os portadores do poder que, sob esse aspecto a ele se assemelham" (Weber, 1982, p. 56), como justificação legitimadora do domínio exercido pelo Estado aos dominados.

Ainda alude a burocracia[i] como pressuposto necessário para o exercício do domínio organizado:

> *Em virtude da obediência, o domínio organizado exige o controle dos bens materiais que em determinado caso são necessários para o uso da violência física. Assim, o domínio organizado exige o controle do quadro de pessoal executivo e os implementos materiais de administração. [...] Para manter um domínio pela força são necessários certos bens materiais, tal como ocorre com a organização econômica. Todos os Estados podem*

---

[i] Sobre a burocracia, vale destacar as palavras de Weber (1982, p. 142) ao relacionar a dominação legal com a vigência de ideias tangibilizadas em regras estabelecidas mediante um pacto entre os membros, ou a eles impostas: "que todo direito é, segundo sua essência, um cosmos de regras abstratas, normalmente estatuídas com determinadas intenções; que a judicatura é a aplicação dessas regras ao caso particular e que a administração é o cuidado racional de interesses previstos pelas ordens da associação, dentro dos limites das normas jurídicas e segundo princípios indicáveis de forma geral, os quais encontram aprovação ou pelo menos não são desaprovados nas ordens da associação". Nessa visão, não apenas o arcabouço de regras, mas também o quadro administrativo formam o aparato burocrático. O mesmo acontece no universo do Direito Internacional, com acordos entre os entes (formalizados em formato de tratados, por exemplo) e o estabelecimento de sujeitos de direito internacional público, como as organizações internacionais, que formam um quadro institucional que busca motivar o diálogo e intermediar questões que vão além da esfera de um Estado apenas (Portela, 2020, p. 277).

> *ser classificados segundo o fato de se basearem no princípio de que os próprios quadros são* donos *dos meios administrativos, ou de que os quadros são "separados" desses meios de administração.* (Weber, 1982, p. 57)

Assim, o desenvolvimento do Estado moderno é marcado pela "expropriação dos portadores autônomos e 'privados' do poder executivo, daqueles que possuem meios de administração próprios, meios de guerra e organização financeira." Isso ocorre paralelamente ao "desenvolvimento da empresa capitalista através da expropriação gradativa dos produtores independentes" (Weber, 1982, p. 58).

Toda a visão de Weber na análise das relações de poder teve um foco no âmbito interno do Estado. Entretanto, elementos de obras como *Economia e sociedade* são capazes de contribuir com a reflexão sobre os temas da legitimidade, coerção e relações de vizinhança, que podem ajudar a compreender os mesmos temas quando analisamos o âmbito internacional.

Legitimidade e coerção estão diretamente ligadas ao objetivo de dominar. Estabelecer uma regra ou conjunto de regras que ditam o comportamento de determinado grupo de indivíduos, sejam elas positivadas ou não, faz parte do aparato burocrático que visa ao exercício do domínio organizado. Uma maneira de estabelecer essa legitimidade é a punição, conceito que geralmente está relacionado à punição física (cerceamento de liberdade, por exemplo). Entretanto, o próprio Weber (1982, p. 139) ressalta o limite da legitimidade de um poder que se ancora exclusivamente no argumento da coerção:

> *Conforme ensina a experiência, nenhuma dominação contenta-se voluntariamente com motivos puramente materiais ou afetivos ou racionais referentes a valores, como possibilidades de sua persistência. Todas procuram despertar e cultivar a crença em sua "legitimidade". Dependendo da natureza da legitimidade pretendida diferem o tipo da obediência e do quadro administrativo destinado a garanti-la, bem como o caráter do exercício da dominação. E também, com isso, seus efeitos. Por isso é conveniente distinguir as classes de dominação segundo suas pretensões típicas à legitimidade.*

Para além da ideia de coerção física como elemento fundamental da legitimidade do Estado, Weber (1982) expõe a legitimidade como "uma probabilidade de", ou seja, nem toda conduta em consonância com as regras estabelecidas é orientada pela crença de que, quem ou o que as proferiu é legítimo. Weber (1982, p. 140) entende que: "A obediência de um indivíduo ou de grupos inteiros pode ser dissimulada por uma questão de oportunidade, exercida na prática por interesse material próprio ou aceita como inevitável por fraqueza e desamparo individuais".

E vai além ao lembrar que, em diversas situações, mesmo uma regra sendo estabelecida e positivada, ela pode ser constantemente negligenciada pelo grupo que ela deveria reger. Essa constância temporal de negligência pode acontecer e fazer com que o agir tenha maior significado, legitimidade, que a regra, caso em que o poder coator que usualmente tem a função de garantir que tal regra se tangibilize, também a negligência. É nesse momento que o direito se apropria do conceito de "derrogação pelo direito consuetudinário" (Weber, 1982, p. 223).

O inverso também é verdadeiro quando a regra não apenas molda o comportamento: "As normas jurídicas (ou convencionais) produzem ou contribuem para produzir não apenas aquelas regularidades que constituem diretamente o conteúdo de suas ordenações como também outras" (Weber, 1982, p. 223).

Fica claro que, mesmo no âmbito da exploração teórica do termo, *legítimo* não quer dizer """imutável" e que a coerção física não é elemento suficiente para fazer com que regras sejam imutáveis. Essa constatação é fundamental ao propósito do olhar que o presente artigo visa estimular, haja vista que uma das principais críticas ao direito internacional, é o fato da não admissão da coação física para o fazer valer da regra do jogo.

Para a compreensão dos conceitos explorados por Weber no direito internacional, sem desviar dos moldes que delimitaram sua obra, é relevante contextualizar que o referido marco teórico não menciona suas análises sob as perspectivas interestatais como conhecemos hoje. Entretanto, Weber explora o desenvolvimento das relações domésticas e de vizinhança, e é nesse ponto que nos apegamos, para ampliar a hermenêutica do conjunto de teorias que esse autor propõe sobre poder e legitimidade, aplicando suas ideias também no universo do direito internacional.

Weber entende as relações domésticas como sendo as relações entre entes de comunidades próximas fisicamente que geram atividades suficientes para suprir a necessidade básica da vida cotidiana de seus membros:

> *A associação doméstica é a comunidade que supre as necessidades regulares de bens e trabalhos da vida cotidiana. Parte importante da necessidade extraordinária de serviços em ocasiões especiais e situações de emergência e perigo é suprida, nas condições da economia agrária autárquica, por uma ação comunitária que vai além da comunidade doméstica individual: a ajuda da "vizinhança".* (Weber, 1982, p. 247)

Por outro lado, o que o autor entende por vizinhança, por mais que ele próprio limite como sendo uma relação de continuação física (vale lembrar que no ato da publicação de suas obras, o conceito de globalização e a evolução tecnológica dos meios de transporte e comunicação ainda estavam em franco desenvolvimento e o conceito de internet e universo virtual que temos hoje, apto a reduzir a distância mental entre pessoas e organizações, ainda não era explorado), não seria ilógico, em analogia, entender como uma espécie de relação entre estados soberanos:

> *A "ação comunitária" não constitui regra, mas a exceção, ainda que esta tipicamente se repita. Sempre é menos intensa e, nomeadamente, descontínua, em comparação com a da comunidade doméstica, sem falar do fato que é muito mais lábil no que se refere à circunscrição dos participantes de cada ação comunitária. [...] O vizinho é o típico "prestador de socorro", e a vizinhança, portanto, a portadora da "fraternidade", ainda que numa acepção prosaica e pouco sentimental, predominantemente ético-econômica, da palavra. Na forma de ajuda mútua, em casos de insuficiência de meios da própria comunidade doméstica, nascem em seu seio os "empréstimos de favor" [...].* (Weber, 1982, p. 247)

Ora, se a ação comunitária é a exceção, buscando ampliar a perspectiva da teoria de Weber (que, ressaltamos, é essencialmente voltada às relações domésticas) às demandas do pensar o direito internacional, partindo da premissa de que a relação nacional é a que ontologicamente seria responsável por suprir as necessidades básicas de seu povo, as relações entre Estados teriam em seu cerne o propósito de prestação de apoio. Sob essa perspectiva, teríamos mais um motivo para conceber o direito internacional de modo diverso do direito nacional, especialmente com relação à compreensão de sua legitimidade, não necessitando fazer uso da coerção para imposição de condutas.

3.
Kant e a paz perpétua

É preciso lembrar que o direito internacional existe como meio para permitir a coexistência pacífica entre os Estados – não é demandar ou impor normas e sanções de todas as frentes (mesmo porque, até mesmo no direito nacional, pelo menos em teoria o direito penal, por exemplo, deve ser pensado como *ultima ratio*). Nessa lógica, é natural que o pensamento seja direcionado a compreender o fim do direito internacional como sendo a prevenção da guerra, feito que apenas será possível se os elementos que integram a ordem internacional o considerarem como um arcabouço jurídico legítimo.

Como a temática que versa sobre a guerra é extensa, optou-se por priorizar a teoria kantiana sobre *A paz perpétua*, redigida enquanto "projeto filosófico" no final do século XVIII. Na primeira seção de sua obra, Kant (2008, p. 4-8) estabeleceu seis "artigos preliminares para a paz perpétua entre os Estados":

> 1. *Não deve considerar-se como válido nenhum tratado de paz que se tenha feito com a reserva secreta de elementos para uma guerra futura.*
>
> 2. *Nenhum Estado independente (grande ou pequeno, aqui tanto faz) poderá ser adquirido por outro mediante herança, troca, compra ou doação.*
>
> 3. *Os exércitos permanentes (*miles perpetuus*) devem, com o tempo, de todo desaparecer.*
>
> 4. *Não se devem emitir dívidas públicas em relação aos assuntos de política exterior.*
>
> 5. *Nenhum Estado se deve imiscuir pela força na constituição e no governo de outro Estado.*
>
> 6. *Nenhum Estado em guerra com outro deve permitir tais hostilidades que tomem impossível a confiança mútua na paz futura, como, por exemplo, o emprego no outro Estado de assassinos (percussores), envenenadores (*venefici*), a ruptura da capitulação, a instigação à traição (*perduellio*), etc.*

Entre as condições ideais apresentadas por Kant para a paz perpétua, destaca-se, no artigo primeiro, a invalidade de um armistício e, com relação ao artigo segundo, o que se pode preconizar, hoje, como sendo o princípio da autodeterminação:

> *Um estado, segundo Kant, não pode ser tomado como patrimônio. Estados são, para ele, pessoas morais que não podem ser convertidos em coisas, de modo que se um monarca se casa com outro de outro Estado, ou é herdeiro de outro, por exemplo, o Estado adquire um novo soberano, mas o soberano não adquire um novo Estado. Da mesma forma, deve ser proibido contratar o exército de outro Estado para lutar contra um inimigo não-comum, pois, neste caso, os súditos que compõem o exército são tratados como coisas.* (Campos, 2018, p. 82-83)

Como consequência da autodeterminação, no artigo terceiro ele critica o fato de que os Estados manterem exércitos permanentes, impulsionando a corrida armamentista que assistimos nos dias de hoje. Aliás, o financiamento das guerras já era uma preocupação kantiana nos termos do artigo quarto, por isso o veto ao subterfúgio de emissão de dívidas públicas para tal fim.

No artigo quinto, Kant estabelece o que conhecemos hoje como *princípio da não intervenção* (Campos, 2018, p. 83), e no artigo sexto retrata sua preocupação com a violação de direitos humanos, que, nos dias de hoje, via Conferência de Roma, resultou na criação de um Tribunal Penal Internacional e a considerar determinados crimes como sendo imprescritíveis (Velloso, 2022, p. 11).

No primeiro artigo de sua obra, Kant (2008, p. 11) define que "A Constituição civil em cada Estado deve ser republicana", justamente por entender que as disposições que regem os estados devam ser a positivação das liberdades de seus membros, bem como a conexão a todos como dependentes entre si, características que levariam ao objetivo de galgar a igualdade. Faz-se um paralelo com o que Kant (2008, p. 11) descreveu como Constituição Republicana, com as Constituições dos Estados Republicanos democráticos de direito dessa era, que, em sua maioria, foram elaboradas com vistas a construir um governo representativo[i].

---

[i] Kant (2008, p. 11) define que a Constituição Republicana é aquela fundada nos princípios da liberdade, interdependência e igualdade. Atualmente, os estudos do Estado democrático de direito têm apontado que as mesmas características fundamentam a Constituição de Estados que visam estabelecer um governo representativo.

Neste momento, entendemos que aqui está um elemento fundamental para a compreensão do direito internacional, visto que sua legitimidade depende do reconhecimento de outros Estados. Problema recorrente versa sobre Estados ditatoriais que reconhecem as regras do direito internacional (e até mesmo do nacional, em diversos casos) apenas quando lhes é conveniente.

O segundo artigo da obra versa que "O direito das gentes deve fundamentar-se numa *federação* de Estados livres – fato que corrobora com a visão do respeito à soberania dos povos". Nesse prisma, a federação de Estados livres seria

> *uma federação de tipo especial, a que se pode dar o nome de federação da paz (*foedus pacificum*), que se distinguiria do pacto de paz (*pactum pacis*), uma vez que este tentaria acabar com uma guerra, ao passo que aquele procuraria pôr fim a todas as guerras e para sempre. Esta federação não se propõe obter o poder do Estado, mas simplesmente manter e garantir a paz de um Estado para si mesmo e, ao mesmo tempo, a dos outros Estados federados, sem que estes devam por isso (como os homens no estado de natureza) submeter-se a leis públicas e à sua coação.* (Kant, 2008, p. 18)

A análise kantiana sobre uma federação da paz faz justamente referência ao estabelecimento de relações entre Estados livres que não seja pautada pelo uso da força física. Nesse contexto, os Estados se relacionam para estabelecer acordos e realizar concessões em busca de relações pacíficas, é isso que traz legitimidade a essas relações, cabendo ao direito internacional atuar como uma forma burocrática de reger tais relações.

4. O direito internacional: entre a legitimidade e o poder

O objeto fim do direito internacional seria promover a paz e o bem-estar e garantir os direitos humanos:

> *Os entes que exercem a jurisdição internacional normalmente são criados por tratados que definem as respectivas competências e o modo de funcionamento. Entretanto, as cortes e*

> *tribunais internacionais não possuem o poder que Max Weber confere ao Estado, de ser o "monopólio legítimo da violência em um determinado território", mesmo sendo parte do tratado que os criou (Cf. KALBERG, 2010, p. 38). A coação jurídica existe no âmbito internacional, entretanto a coerção se modifica. Exemplo disso é a Corte Internacional de Justiça (CIJ).* (Calgaro, 2019, p. 120)

Soma-se a isso, sendo o controle da coerção o único fator de legitimidade, e fosse ele o motivo pelo qual o Estado é funcional na perspectiva de promover a paz e o bem-estar interno, teríamos uma realidade muito distinta nos Estados republicanos e a paz e a estabilidade seriam ordem. Entretanto, mesmo com o poder da coerção física, em muitos casos o Estado não alcança o cumprimento de seu dever social.

É nesse contexto de pressões populares voltadas para um direito nacional que a sofisticação do direito internacional entra em debate. O fim deste é tornar o ambiente internacional um espaço de segurança que permita as relações entre os Estados, não havendo sobreposição da vontade de um povo em detrimento de outro.

Ademais, há que se considerar a nova era pós-globalização, em que o poder normativo estatal, inclusive em sua faceta internacional, encontra-se fragmentada; ou seja, o direito internacional depende, necessariamente, de mecanismos previstos em convenções, por vezes, dependentes de organizações ou tribunais internacionais. É nesse contexto que surge a discussão a respeito da legitimidade estatal, seja na perspectiva interna, seja na perspectiva externa:

> *Há dois aspectos a serem considerados, no que concerne ao problema da legitimidade: de um lado, um problema interno de legitimidade, porque a produção normativa sob a égide da influência (da infiltração) do Direito Internacional sobre o Direito Constitucional se apresenta, essencialmente, como obra do Poder Executivo; e, de outro, um problema externo de legitimidade, porque os órgãos jurisdicionais ou quase – jurisdicionais derivam sua legitimidade, no bojo da internacionalização, apenas do exercício da soberania externa do Estado.* (Coni, 2006, p. 83)

Nesse aspecto, importante é a relação entre legitimidade e validade de uma ordem legítima. A vigência de uma regra deve ser considerada mais do que apenas uma formalidade, ela é produto de uma relação social (e não de um poder de coagir, especialmente fisicamente, sobre outro). Weber (1982, p. 19) reflete sobre isso ao expor que:

> *Toda ação, especialmente a ação social e, por sua vez, particularmente a relação social podem ser orientadas, pelo lado dos participantes, pela representação da existência de uma ordem legítima A probabilidade de que isto ocorra de fato chamamos "vigência" da ordem em questão. Para nós, a " vigência" de uma ordem significa, portanto, algo mais do que a mera regularidade, condicionada pelo costume ou pela situação de interesses, do decorrer de uma ação social.*

Kant mesmo evidencia, diversas vezes em sua obra anteriormente citada, que a paz só será atingida se todos estiverem focados nela, se os tratados e acordos forem estabelecidos tendo como princípio e fim a paz. Demandar que o direito internacional tenha meios de coerção física para sustentar sua legitimidade é de expressa incoerência com o estabelecimento de um projeto de paz.

5.
Considerações finais

Resta claro, ao avaliar as obras de Kant e Weber, que o tema da legitimidade é complexo e não pode, de maneira simplista e grosseira, ser resumido e relacionado ao tema do monopólio da coerção. Ao entender como as relações de poder se configuram nas mais diversas esferas relacionais (Weber, 1982, p. 35), constata-se que a dinâmica que rege as regras de cada sociedade varia de acordo com diversos aspectos que se apresentam em dado momento.

É preciso também compreender os fins a que se propõe o ordenamento. Enquanto o direito interno tem um caráter mais tático e operacional, visa regrar diversos tipos de relações entre os que por ele são abrangidos, suprindo necessidades regulares competentes à associação doméstica (Weber, 1982, p. 23), o direito internacional tem um objetivo mais amplo e estratégico de fornecer possibilidades para que os entes que dele fazem parte possam relacionar-se pacificamente, como vizinhos que se apoiam de forma comunitária (Weber, 1982, p. 23). A finalidade precípua da faceta internacional do Estado é a de evitar a ocorrência de eventos violentos e trágicos que podem, em um nível de elevado desespero e falta de lucidez, concluir-se com o fim da humanidade – a busca da Paz Perpétua de Kant.

Defendemos, portanto, que não é no advento da existência de governos ditatoriais violentos que devemos ancorar as análises de legitimidade de qualquer que seja o direito em questão. Kant muito bem reforça que a proposta da Paz Perpétua só é possível de ser estabelecida diante de Estados soberanos governados por uma constituição republicana (Weber, 1982, p. 29) que confere certas liberdades àqueles que a ela se submetem.

Dessa forma, não é a detenção do monopólio poder de coerção que diz ou não de um direito legítimo. A pauta não tem caráter ordinário. É preciso entender a finalidade do direito que se avalia e como as relações entre os membros de determinada sociedade acontecem. É legítimo o que é reconhecido como tal e que gera valor para a parte que o reconhece, como aprende-se na leitura de Weber (1982, p. 19). A coerção, seja física ou moral, não é o instrumento que dita perpetuidade à legitimidade de alguém ou alguma regra.

Portanto, é possível concluir que, tendo por base uma perspectiva inicial interpretativa dos conhecimentos desenvolvidos por Kant e Weber, a inexistência de um poder coercitivo tradicional, como o do direito interno, não é o fator que se deve levar em conta para questionar a legitimidade do direito internacional. Especialmente porque cabe ao direito internacional finalidade distinta do nacional, mais ampla e estratégica, visando regular as relações de vizinhança entre os estados para conferir apoio em momentos de emergência (Weber, 1982, p. 23) e com o objetivo de estabelecer a manutenção da paz.

A partir destas breves reflexões (cujo intuito não foi de esgotá-las), constatamos a diversidade de conceitos a partir dos marcos teóricos explorados. Entretanto, em ambos, há elementos significativos que possam auxiliar na compreensão de como as relações no ambiente internacional acontecem. O especial espaço que a coerção física e violenta apresenta-se em nossa sociedade hoje certamente demanda avaliações muito mais profundas, as quais vão além das doutrinas jurídica e sociológica, adentrando em esferas como a da psicologia, antropologia, entre outras. Mas o que se pretendeu questionar foi monopólio da coerção física enquanto instrumento de legitimação.

Referências

CALGARO, C.; LIMA, F. J. G.; DEBARBA, G. D. Guerra e paz: uma abordagem jurídico-filosófica. **Griot: Revista de Filosofia**, Amargosa-BA, v. 19, n. 3, p. 115-129, out. 2019. Disponível em: https://www3.ufrb.edu.br/seer/index.php/griot/article/view/1215. Acesso em: 25 jul. 2022.

CAMPOS, E. L. A. Releituras sobre a narrativa histórica e filosofia do direito internacional: à paz perpétua de Kant. In: BUSTAMANTE, T. R.; POLIDO, F. B. P. **Filosofia do direito internacional**. São Paulo: Almedina, 2018. p. 69-93.

CONI, L. C. Q. **A internacionalização do Poder Constituinte**. 180 f. Dissertação (Mestrado em Direito das Relações Internacionais) – Instituto CEUB de Pesquisa e Desenvolvimento, Centro Universitário de Brasília, Brasília, 2006.

COSTA, C. L. da; AZEVEDO NETO, P. T. Realismo, escolha racional e integridade no direito internacional: uma análise do caso jurisdictional immunities of the state julgado pela Corte Internacional de Justiça. In: BUSTAMANTE, T. R.; POLIDO, F. B. P. **Filosofia do direito internacional**. São Paulo: Almedina, 2018. p. 97-128.

FOUCAULT. M. **Vigiar e punir**: história de violência nas prisões. 30. ed. Rio de Janeiro: Vozes, 2005.

LEITE, F. G. de M.; LESSA, R. R. Z. O conceito de legitimidade aplicado ao direito internacional e suas instituições. In: BUSTAMANTE, T. R.; POLIDO, F. B. P. **Filosofia do direito internacional**. São Paulo: Almedina, 2018. p. 151-167.

KANT, I. **A paz perpétua**: um projeto filosófico (1975). LusoSofia Press: Covilhã, 2008.

PORTELA, P. H. G. **Direito internacional público e privado**. 12. ed. Rio de Janeiro: Juspodivm, 2020.

SARTORI, G. **O que é democracia**. Tradução de Georgia de Souza Cagneti. Curitiba: Instituto atuação, 2017.

SGARBI, A. O Estado como ordem normativa. **Direito, Estado e Sociedade**, Rio de Janeiro, v. 9, n. 21, p. 6-51, ago./dez. 2002.

VELLOSO, A. F. P. A imprescritibilidade dos crimes internacionais. III ANUÁRIO BRASILEIRO DE DIREITO INTERNACIONAL. **Anais**..., v. 1, p. 11-27. Disponível em: https://www.corteidh.or.cr/tablas/r27118.pdf. Acesso em: 11 set. 2022.

WEBER, M. **A ética protestante e o espírito do capitalismo**. Tradução de Pietro Nasseti. São Paulo: Martin Claret, 2005.

WEBER, M. **Ciência e política**: duas vocações. São Paulo: Martin Claret, 2005.

WEBER, M. **Economia e sociedade**: fundamentos da sociologia compreensiva. 4. ed. Tradução de Regis Barbosa e Karen Elsabe Barbosa; Revisão Técnica de Gabriel Cohn. Brasília: Ed. da UnB, 2012. v. 1.

WEBER, M. **Ensaios de sociologia**. 5. ed. Rio de Janeiro: LTC Editora, 1982.

O sistema interamericano e a demarcação de terras indígenas: uma abordagem a partir do direito socioambiental

El sistema interamericano y la demarcación de tierras indígenas: una aproximación desde el derecho socioambiental

Tatiana Lazzaretti Zempulski

Professora da Graduação em Direito do Centro Universitário Internacional Uninter. Mestre em Direito Empresarial e Cidadania pela Unicuritiba. Especialista em Direito do Trabalho pela Pontifícia Universidade Católica do Paraná (PUCPR). Bacharel em Direito pela Universidade Estadual de Ponta Grossa (UEPG). Advogada.

Igor Fernando Ruthes

Mestre em Direitos Fundamentais e Democracia pela Unibrasil. Especialista em Direito Ambiental pelo Centro Universitário Internacional Uninter. Bacharel em Direito pela Unibrasil. Bacharel em Ciências Contábeis pela FAE. Professor convidado do Centro Universitário Internacional Uninter. Procurador do Município de Balsa Nova-PR.

Resumo: Este artigo analisa a proteção dos povos originários por meio da Corte Americana de Direitos Humanos, bem como as questões afetas ao meio ambiente. A análise do tema inicia-se com uma breve retrospectiva sobre a evolução dos direitos humanos e sua internacionalização. A importância dos órgãos de controle do sistema interamericano de direitos humanos também é destacada e, por fim, para melhor compreensão da temática, destaca-se uma decisão relevante sobre a proteção dos territórios indígenas tutelar, por via reflexa, o meio ambiente.

Palavras-chave: direitos humanos; povos originários; meio ambiente; Corte Interamericana de Direitos Humanos.

***Resumen**: Este artículo analiza la protección de los pueblos originarios a través de la Corte Americana de Derechos Humanos, así como cuestiones relacionadas con el medio ambiente. El análisis del tema comienza con una breve reseña de la evolución de los derechos humanos y su internacionalización. También se destaca la importancia de los órganos de control del sistema interamericano de derechos humanos y, finalmente, para una mejor comprensión del tema, se destaca una decisión relevante sobre la protección de los territorios indígenas.*

***Palabras-clave**: derechos humanos; pueblos indígenas; medio ambiente; Corte Interamericana de Derechos Humanos.*

1. Introdução

A Constituição brasileira fez com que se jogassem novas luzes sobre temas até então ignorados pelo direito brasileiro. Pode-se citar, como exemplo, a primazia dos direitos fundamentais, a abertura do sistema jurídico aos direitos humanos e a proteção jurídica dos povos originários.

O presente ensaio busca demonstrar a relação desses assuntos, mais especificamente a partir de decisão proferida pela Corte Interamericana de Direitos Humanos em desfavor do Brasil.

Para se atingir tal mister, será necessário, em um primeiro momento, conceituar direitos humanos, demonstrar sua importância e localizar o direito ao meio ambiente ecologicamente equilibrado dentro deste sistema.

Em um segundo momento, discorrer-se-á sobre o sistema interamericano de proteção dos direitos humanos, em especial acerca da Comissão e da Corte de Direitos Humanos.

Ao final, será analisada a decisão acerca da demarcação de terras indígenas buscando se evidenciar a *ratio decidendi*.

Cumpre, desde logo, alertar o leitor que o presente texto não visa esgotar o assunto, eis que tal objetivo seria impossível em um artigo científico, mas tão somente trazer contribuições para a discussão dessa temática tão importante no atual cenário.

2. Meio ambiente ecologicamente equilibrado e sua vinculação com os povos originários

As modificações ocorridas no final da Idade Média e o movimento iluminista do século XVIII são considerados marcos para o entendimento de que dos direitos naturais derivam os direitos fundamentais, bem como de que, por meio das Declarações americana e francesa, são concebidas as fundações históricas e filosóficas da ideia moderna de direitos humanos (Steiner, 2000, p. 27).

A Declaração de Direitos do Povo da Virgínia, de 1776, marcou a "transição dos direitos de liberdade legais ingleses para os direitos fundamentais constitucionais" (Sarlet, 2005, p. 50).

Os preceitos de liberdade, igualdade e fraternidade levantados pela Revolução Francesa passam a ser considerados direitos humanos universais, também previstos na Declaração dos Direitos do Homem em

1789. São, então, reconhecidos como direitos naturais, inalienáveis, imprescritíveis e invioláveis para todos os homens, e não somente para uma casta de nobres e para o Clero (Sarlet, 2005, p. 51).

Canotilho (2011, p. 393) leciona que a expressão *direitos do homem* é utilizada como sinônima de *direitos fundamentais*, mas são diferentes: direitos do homem "são direitos válidos para todos os povos e em todos os tempos [...]; direitos fundamentais são os direitos do homem, jurídico-institucionalmente garantidos e limitados espacio-temporalmente".

Os direitos naturais são direitos humanos, inderrogáveis, imutáveis e inatos que ultrapassam o ordenamento jurídico e são independentes do reconhecimento dos Estados (Alvarenga, 2008, p. 43), e para que realmente fossem observados, deveriam estar associados ao valor da pessoa humana na visão de Celso Lafer[i], sendo atualmente encontrados nos direitos fundamentais.

Dessa forma, a função primordial dos direitos fundamentais "é a defesa da pessoa humana e da sua dignidade perante os poderes do Estado" (Canotilho, 2011, p. 407). Esses direitos podem ser vistos sob uma dupla perspectiva: (1) em um plano objetivo, são normas de competência negativa em face aos poderes públicos, porque proíbem suas arbitrariedades na esfera jurídica individual; (2) em um plano subjetivo, a exigência e a possibilidade de exercer positivamente direitos fundamentais e evitar agressões por meio de omissões dos poderes públicos (Canotilho, 2011, p. 408).

Os direitos fundamentais passaram por diversas modificações quanto à sua eficácia, titularidade e efetividade. Dessas modificações, tais direitos são classificados em gerações ou dimensões. A primeira geração é oriunda da doutrina iluminista e jusnaturalista dos séculos XVII e XVIII, são considerados direitos de oposição ao Estado, o direito à liberdade, à igualdade perante à lei, à vida e a propriedade (Sarlet, 2005, p. 54-55)[ii].

A segunda geração destaca os direitos sociais, econômicos e culturais tendo em vista os problemas econômicos, sociais e o impacto da industrialização, representados pelos direitos à saúde, à educação,

---

i Visão do autor na obra *Reconstrução dos direitos humanos: um diálogo com o pensamento*, de Hannah Arendt (São Paulo: Companhia das Letras, 2009).

ii Na obra original, o autor prefere a denominação *dimensões* em detrimento ao termo *geração*.

ao trabalho e à assistência social. Os direitos de terceira geração são representados pelos direitos de fraternidade e de solidariedade (Sarlet, 2005, p. 55-57).

"É preciso destacar que os direitos fundamentais são, acima de tudo, consequências de reinvindicações concretas, geradas por situações de injustiça ou agressão a bens fundamentais do ser humano" (Alvarenga, 2008, p. 44).

Ainda vale ressaltar que os direitos fundamentais também têm a função de prestação social referentes aos direitos sociais, culturais e econômicos; função de proteção perante terceiros, relativamente à proteção de dados eletrônicos, à inviolabilidade de domicílio e ao direito de associação (Canotilho, 2011, p. 409).

Após o final da Primeira Guerra Mundial, surge a inclusão de garantias fundamentais e interesses sociais nas Constituições, fenômeno chamado de *constitucionalismo social* (Martins, 2023, p. 23).

A Constituição do México de 1917 foi a primeira Carta Política que conferiu aos direitos trabalhistas o *status* de direitos fundamentais, junto aos direitos políticos e às liberdades pessoais; foi proibido o tratamento do trabalhador como uma mercadoria ao contrário do que rege o sistema capitalista, pois ficou consignado o princípio da igualdade entre empregadores e empregados no contrato de trabalho, deslegitimando as práticas de exploração mercantil do trabalho. Esse mesmo avanço ocorreu com relação à propriedade privada, que deixa de ser absoluta submetendo seu uso ao interesse do povo (Comparato, 2005, p. 174-178).

A Constituição de Weimar de 1919 instituiu a primeira república alemã, decorrente do pós-guerra de 1914-1918, considerada um texto constitucional inovador e equilibrado. Apresenta a declaração de direitos e deveres fundamentais, tais como as liberdades individuais e direitos de conteúdo social (Comparato, 2005, p. 185-191).

Em 1919, como parte do Tratado de Versalhes, que pôs fim à Primeira Guerra Mundial, foi criada a Organização Internacional do Trabalho (OIT), cujo fundamento é baseado na justiça social e na paz universal e permanente. A OIT é também responsável pela aplicação e formulação das normas internacionais do trabalho – convenções e recomendações (OIT, 2023).

A Liga das Nações Unidas, criada no período entre as guerras (1920), visava manter a paz entre os Estados, condenar invasões de territórios e trazer questões genéricas de direitos humanos (Piovesan, 2013, p. 191-195).

A Organização Internacional do Trabalho, por seu turno, preocupa-se com patamares mínimos nas relações laborais. Note-se que, a partir daí, tem-se um novo palco no cenário mundial, em que há uma relativização da noção tradicional de soberania, uma ressignificação no direito internacional que deixa de se preocupar com a simples relação entre Estados soberanos passando a se preocupar com o ser humano outorgando-lhe a capacidade de ser tutelado por documentos internacionais (Piovesan, 2013, p. 191-95).

A Declaração da Filadélfia editada em 1944, a qual foi incorporada à Constituição da OIT, traz princípios fundamentais relativos aos direitos humanos e trabalhistas em seu anexo, e quando se refere aos fins e objetivos da OIT estipula que um dos princípios fundamentais é de que "o trabalho não é uma mercadoria" (Gunther, 2011, p. 75; 110).

Esses são os ensinamentos de Flávia Piovesan (2013):

> *Prenuncia-se o fim da era em que a forma pela qual o Estado tratava seus nacionais era concebida como um problema de jurisdição doméstica, restrito ao domínio reservado do Estado, decorrência de sua soberania, autonomia e liberdade. Aos poucos, emerge a ideia de que o indivíduo é não apenas objeto, mas também sujeito de Direito Internacional. A partir dessa perspectiva, começa a se consolidar a capacidade processual internacional dos indivíduos, bem como a concepção de que os direitos humanos não mais se limitam à exclusiva jurisdição doméstica, mas constituem matéria de legítimo interesse internacional.*

Com o advento de regimes totalitários, tanto na Alemanha quanto na União Soviética, houve a perpetração da violação de direitos humanos pelo próprio Estado. Tais regimes buscavam aniquilar qualquer forma de individualidade do ser humano, bem como promover genocídios eliminando etnias não consideradas detentoras de direito e mesmo pessoas que não ostentassem a ideologia dominante (Arendt, 2012, p. 502-527).

Em razão de tantas atrocidades cometidas durante a Segunda Guerra Mundial, é possível se afirmar que tal período representa a negação dos direitos humanos, ao passo que o pós-guerra lançou novas luzes sobre esse tema (Piovesan, 2013, p. 187-191).

Sendo assim, a partir de um repensar acerca da teoria da soberania, bem como da aceitação de que esta comporta limitações, não sendo ilimitada, internacionalizam-se os direitos humanos.

Todavia, faz-se necessário mencionar que, apesar das citadas violações, é possível se encontrar declarações que tratam sobre os direitos do homem desde tempos mais distantes. Para os limites deste trabalho, cumpre, em uma brevíssima abordagem, trazer as principais características.

Não é sem razão que Fioravanti (2009, p. 149-153) leciona que as primeiras ideias de constitucionalismo são pautadas na reunião de pessoas para opor seus direitos naturais em face do Estado. Nessa esteira, são valorizados os direitos à igualdade e à liberdade. Tendo o Estado-nação a soberania em sentido clássico, portanto havia um monismo no que tange às fontes do direito. Em outras palavras, somente aquela lei geral e abstrata posta pelo Estado nacional era capaz de ser utilizada naquele território, negando-se, por completo, a coerência de documentos internacionais de direitos humanos.

Como se nota, até o período da Segunda Guerra Mundial existe um arcabouço teórico para que o direito internacional dos direitos humanos seja solenemente ignorado, pois não poderia haver ingerência sobre Estados soberanos. Ocorre que a realidade teórica e normativa adquire novos contornos a partir do pós-guerra, dando-se gênese a um constitucionalismo global.

Nas palavras de Teixeira e Bragato (2021, p. 198-201), o *constitucionalismo transnacional* consiste na evolução do conhecido constitucionalismo nacional do período posterior a 1945 e busca a chamada *governança global* a partir de um ponto médio, eis que não prega o fim do chamado *Estado-nação,* tampouco admite a soberania nos contornos que outrora foram defendidos pela teoria dominante.

Na Declaração Universal dos Direitos Humanos de 1948, em seu artigo 1º, ficou estipulado que: "1. Todos os homens nascem livres e iguais em dignidade e direitos. São dotados de razão e consciência e devem agir em relação uns aos outros com espírito de fraternidade" (Comparato, 1995, p. 231-234).

A função social da propriedade "representa um poder-dever positivo, exercido no interesse da coletividade, e inconfundível, como tal, com as restrições tradicionais ao uso de bens próprios" (Comparato, 1995, p. 37).

O Brasil foi um dos países que se fizeram presentes e que votou a favor do texto do referido documento internacional. Importante ressaltar que inexistiu manifestação em contrariedade à declaração, porém houve oito abstenções (Moraes, 2022, p. 166).

Por óbvio que tais valores se espraiaram nas Constituições ocidentais – em especial as europeias – do final do século XX. O respeito a uma série de direitos inalienáveis do homem que estão umbilicalmente ligados à sua dignidade faz com que a soberania do Estado seja relativizada em função da proteção daqueles. Supera-se, portanto, um ordenamento jurídico monista e passa-se a admitir normas internacionais de direitos como fundamentadores da decisão do estado.

Nesse sentido, cumpre trazer as palavras de Maurizio Fioravante (2009, p. 155-156, tradução nossa), as quais sintetizam as mudanças experimentadas pelos Estados no pós-guerra:

> *Duas são as grandes transformações que as Constituições do último pós-guerra tiveram Em primeiro lugar, introduziram os direitos fundamentais. Houveram direitos conformados em um modo tal que não poderão ser contidos nos contornos tradicionais de autolimitação positivista da soberania. Também os direitos fundamentais são positivos, porquanto estão postos pelo ato constituinte. Mas naquele ato são representados como o primeiro movimento, como o* prius *necessário do qual todo o resto deriva, compreende o poder e sua organização, ou seja, o próprio Estado. A relação é portanto, investida. Não é mais o Estado, mas a Constituição. Primeiro eram os direitos a ser o simples resultado da existência do Estado, de sua autolimitação e de sua obra de garantia com a lei. Agora o Estado passa a ser qualificado como um ente derivado, que existe somente enquanto a Constituição prevê os poderes dos quais esse se compõe, as suas respectivas atribuições e competências, a composições desses poderes de uma forma organizada. O Estado Soberano do Século XIX, e da primeira metade do Século Vinte, tinha dissolvido a fundação jusnaturalista dos direitos. As constituições do último pós-guerra tiveram um certo senso de vingança dos direitos, e lhes deram um processo de*

> *profunda transformação de credibilidade esquecida do início do Estado Soberano.*[i]

Como já assentado, o presente trabalho adota a concepção histórica dos direitos humanos, sendo assim, com o avançar da sociedade, novos problemas se impõem e, portanto, novos direitos são reconhecidos.

Hodiernamente, surgem questões como aquecimento global, preservação de florestas, biodiversidade, manejo de resíduos sólidos, porquanto danos ocorridos em um território podem afetar todo o globo (Tavares, 2022, p. 48-51).

Por isso, é importante se falar acerca de um direito humano fundamental ao meio ambiente ecologicamente equilibrado ou sadio. Esse seria pressuposto tanto para a sobrevivência quanto para o livre desenvolvimento da personalidade do ser humano (Araújo, 2020, p. 7-14).

Cumpre, ainda, mencionar que, em razão do momento histórico que se vivia, a Declaração Universal dos Direitos Humanos não fez qualquer menção expressa ao direito em voga. Contudo, não se pode negar sua fundamentalidade, pois adere à solidariedade (Araújo, 2020, p. 15-16).

---

i No original: "*Due sono le grandi trasformazioni che le Costituzioni dell'ultimo dopoguerra hanno avviato. In primo luogo, hanno introdotto i diritti fondamentali. Ovvero diritti conformati in modo tale da non poter essere contenuti nei confini tradizionali positivistici dell'autolimitazione di sovranità. Anche i diritti fondamentali sono diritti positivi perché posti dall'atto costituente. Ma entro quell'atto sono rappresentabili come la prima mossa, come il prius necessario da cui tutto il resto deriva, compresi i poteri e la loro organizzazione, ovvero lo Stato stesso. Il rapporto è quindi rovesciato. Il punto di partenza non è più lo Stato, ma la Costituzione, che in primo luogo afferma i diritti. Non sono i diritti a dover presupporre lo Stato, ma è quest'ultimo a dover presupporre i primi, che per loro conto sono fondati nella Costituzione. Prima erano i diritti a essere il semplice esito dell'esistenza dello Stato, della sua autolimitazione e della sua opera di garanzia con la legge. Ora è lo Stato a essere a sua volta qualificabile come un'entità derivata, che esiste solo in quanto la Costituzione prevede i poteri di cui esso si compone, le loro rispettive attribuzioni e competenze, la composizione di quei poteri entro una forma ordinata. Lo Stato sovrano del Diciannovesimo secolo, e della prima metà del Ventesimo, aveva dissolto la fondazione giusnaturalistica dei diritti. Le Costituzioni dell'ultimo dopoguerra hanno in un certo senso vendicato i diritti, e hanno a loro volta avviato un processo di profonda trasformazione dell'eredità lasciata da quel medesimo Stato nazionale sovrano.*"

Ademais, é impossível se imaginar a existência livre e saudável do ser humano sem as condições físicas, biológicas, químicas e culturais necessárias. Daí as lições de Santano (2019, p. 280-283) de que os direitos humanos são complementares entre si e, portanto, devem ser avaliados como um todo.

Pautado nos ensinamentos da autora ora mencionada, é possível, ainda, afirmar que, em razão de os documentos da ONU consagrarem o direito ao desenvolvimento, não restam dúvidas de que a sustentabilidade está a coroá-lo.

O ordenamento jurídico brasileiro também consagra o direito fundamental ao meio ambiente ecologicamente equilibrado, sendo expressamente previsto no art. 225 da Constituição da República Federativa de 1988.

A preservação dos recursos naturais e culturais está inexoravelmente ligada à questão indígena, porquanto seu modelo de produção, pautado na solidariedade e no baixo impacto, abarca os discursos mais progressistas sobre o tema em estudo (Souza Filho, 2017a, p. 198-205).

Impende ressaltar que, no interregno temporal compreendido entre a colonização e a primeira metade do século passado, foi implementado um discurso de que as populações indígenas e quilombolas deveriam ser aculturadas e transformadas em corpos dóceis para a produção (Souza Filho, 2017b, p. 2.905-2.910).

Outra acusação que se imputava aos povos originários era o mau uso de suas terras, pois não a submetiam à lógica de exaustão do sistema de produção, sua relação com o território não poderia ser apropriada economicamente (Souza Filho, 2017b, p. 2.905-2.910).

De acordo com as lições de Eco (2021, p. 15-25), as sociedades criam os inimigos a partir da demonstração de que determinadas pessoas têm costumes diferentes das demais e, em razão disso, tornam-se um risco. São exemplos as mulheres tidas como bruxas na inquisição.

Dessa forma, a colonização e o discurso capitalista tornaram os povos originários em inimigos e estranhos nas próprias terras, além do que necessitava ser aculturado e reeducado para poder ceder seus bens e sua mão de obra para a exploração política e econômica.

Nesse ínterim, diplomas de direitos humanos e a Constituição da República Federativa do Brasil de 1988 romperam juridicamente com essa visão há muito ultrapassada. Na ordem internacional, pode-se mencionar a Declaração das Nações Unidas sobre os Direitos dos Povos

Indígenas, que foi aprovada pela Assembleia Geral em 2007 (Oliveira, 2016, p. 487-490).

Esse documento reconhece o direito à autodeterminação dos povos originários e com isso uma garantia em face da assimilação forçada dos valores e costumes capitalistas (Oliveira, 2016, p. 487-490).

Além disso, da intepretação dos dispositivos constantes no documento em análise, é possível se lançar mão de interpretação que lhes garanta a demarcação de terras de seus ancestrais (Oliveira, 2016, p. 487-490).

Nesse mesmo prisma, a Convenção n. 169 da Organização Internacional do Trabalho reconhece as relações dos povos originários com o Meio Ambiente, impõe aos governos o respeito às suas terras, necessárias para subsistência e expressão cultural. Há, portanto, a propriedade coletiva, o que ultrapassa os contornos liberais desse instituto (Oliveira, 2016, p. 489-490).

3. Sistema interamericano de proteção aos direitos humanos

Além do sistema internacional de direitos humanos, consubstanciado principalmente nos documentos da ONU, existem sistemas regionais que visam tutelar tais direitos em áreas geográficas menores e, portanto, com maior coesão de valores e culturais (Piovesan, 2013, p. 339-343).

Entre esses sistemas, destacam-se o europeu, o africano e o interamericano, sobre o qual este artigo, por questões metodológicas debruçar-se-á.

A Organização dos Estados Americanos (OEA) teve sua origem em 1948, em convenção realizada em Bogotá, ocasião em que foi aprovada a Declaração Americana de Direitos do Homem[i]. A partir de então, por meio de normas de direito internacional, deu-se início a um sistema continental de salvaguarda de direitos humanos (Oliveira, 2016, p. 150-151).

[i] Importante registrar que esse documento antecedeu em alguns meses a Declaração Universal de Direitos Humanos.

Em consulta ao sítio oficial da entidade, é possível se verificar que ela é atualmente composta por trinta e cinco estado membros, entre eles Estados Unidos, Argentina, Chile, Equador, República Bolivariana da Venezuela, Colômbia, Costa Rica, México, Brasil (OEA, 2023).

O principal documento para o sistema interamericano de tutela dos direitos humanos é o denominado Pacto de São José da Costa Rica. Sobre o conteúdo desse documento regional, Piovesan (2013, p. 343) assim sintetiza:

> *Substancialmente, ela reconhece e assegura um catálogo de direitos civis e políticos similar ao previsto pelo Pacto Internacional dos Direitos Civis e Políticos. Desse universo de direitos, destacam-se: o direito à personalidade jurídica, o direito à vida, o direito a não ser submetido à escravidão, o direito à liberdade, o direito a um julgamento justo, o direito à compensação em caso de erro judiciário, o direito à privacidade, o direito à liberdade de consciência e religião, o direito à liberdade de pensamento e expressão, o direito à resposta, o direito à liberdade de associação, o direito ao nome, o direito à nacionalidade, o direito à liberdade de movimento e residência, o direito de participar do governo, o direito à igualdade perante a lei e o direito à proteção judicial.*

Como se nota, não há previsão acerca de direitos econômicos e sociais e tampouco de valores democráticos. Estes foram finalmente reconhecidos por intermédio do Protocolo de San Salvador e da Carta Democrática Interamericana (Oliveira, 2016, p. 156).

Registre-se que, na esteira da inflexibilidade dos direitos humanos em seus aspectos atinentes à liberdade, à política, aos valores sociais e econômicos, entende-se que a concretização dos valores democráticos é *conditio sine qua nom* para a efetivação dos demais valores.

Prosseguindo a abordagem acerca do sistema interamericano de proteção dos direitos humanos, há de se assinalar que este é formado por dois órgãos, a saber: (i) Comissão Interamericana de Direitos Humanos e (ii) Corte Interamericana de Direitos Humanos (Santano, 2019, p. 284-285).

A Comissão, que foi criada em 1959, é órgão autônomo da OEA e tem como missão fiscalizar e promover a observância, por parte dos Estados-membros, das disposições da Convenção Americana dos Direitos Humanos (Oliveira, 2016, p. 231-235).

As funções da referida Comissão podem ser assim sintetizadas: (i) conciliadora, eis que busca a conciliação entre os Estados-membros e grupos sociais; (ii) de assessoria, pois traz prescrições a serem observadas para o cumprimento do Pacto de São José da Costa Rica; (iii) crítica, na medida em que supervisiona a implantação das medidas recomendadas; (iv) legitimadora, exercida quando um governo acata suas recomendações; (v) promotora, pois executa estudos acerca de direitos humanos e (vi) protetora, quando toma medida para assegurar o gozo de direitos humanos (Piovesan, 2013, p. 345).

São legitimados a apresentar petições ao referido órgão as pessoas naturais, grupos de pessoas e entidades reconhecidas. Para que a petição seja conhecida, faz-se mister que tenham sido esgotadas as instancias do Estado de origem, que seja oferecida dentro do prazo de seis meses a contar da intimação de decisão final, desde que inexistente litispendência internacional e que contenha identificação e assinatura do peticionário (Oliveira, 2016, p. 244-249).

Uma vez encerrado o procedimento, são elaborados informes que reúnem recomendações. Se estes não forem cumpridos, e se o Estado investigado tenha reconhecida a jurisdição, haverá o envio à Corte Interamericana de Direitos Humanos.

Vale a pena ressaltar que a Corte é órgão jurisdicional, ou seja, exerce a jurisdição internacional, e somente julga os Estados que a ela se submetam. Portanto, não há de se falar em julgamento de pessoas físicas. Sua competência é para processar e julgar casos de violação de direitos humanos, ao final, proferindo sentença que pode reconhecer a responsabilidade internacional do infrator (Oliveira, 2016, p. 244-249).

A legitimidade ativa para postular no órgão jurisdicional ora estudado cinge-se à Comissão Interamericana de Direitos Humanos e aos Estados que reconheçam sua jurisdição (Oliveira, 2016, p. 244-249).

Posicionamento interessante é o sustentado por Antônio Celso Pereira, segundo o qual deve haver maior valorização dos individuo como sujeito de direito na esfera internacional, devendo, portanto, ser admitida sua participação no polo ativo das situações jurídicas processuais na Corte Interamericana de Direitos Humanos, tal qual ocorre na Corte Europeia (Pereira, 2019, p. 88-90).

Esse avanço é constatado ao se analisar o Regimento Interno, que permite que as vítimas, ou seus familiares, deduzam razões em processos instaurados naquele órgão jurisdicional (Piovesan, 2013, p. 353-355).

Ressalte-se que, estando presentes os requisitos da urgência, perigo de dano irreparável e gravidade da situação, poderá adotar medidas provisórias visando assegurar antecipadamente os direitos humanos (Oliveira, 2016, p. 250).

Há de se assinalar que, além da função contenciosa, a Corte exerce funções consultivas, emitindo opiniões acerca de temas de direitos humanos contemplados no Pacto de São José da Costa Rica. Nessa senda, já houve manifestações acerca da pena de morte, previsão de *habeas corpus,* migrantes crianças e outros temas relevantes na ordem interamericana.

Interessa sobremaneira a este estudo a função contenciosa, eis que a presente obra versa sobre jurisdição internacional, razão pela qual no próximo tópico serão estudadas algumas decisões da Corte acerca de direitos concernentes às populações indígenas.

4. Análise de decisão da Corte Interamericana de Direitos Humanos

Em que pese a Corte não tenha enfrentado diretamente questões ambientais, por algumas vezes a abordou no que tange à questão indígena. Dessa forma, é possível se afirmar que a tutela ambiental é realizada de maneira reflexa.

No que tange aos direitos dos povos originários, é possível se afirmar que há três casos paradigmáticos, sendo o caso da Comunidade Yakye Axa contra o Paraguai selecionado neste ensaio (Piovesan, 2013, p. 361-362).

No caso concreto, as terras onde essa comunidade habitava foram vendidas a britânicos que lá instalaram empresas e sedes da igreja anglicana. Os membros dos povos originários que lá viviam foram realocados para outro lugar. Em razão da inadaptabilidade desse povo às novas condições de vida, houve o pleito para que as terras ancestrais lhes fossem devolvidas. Ocorre que os lesados não obtiveram êxito nas instâncias internas (CIDH, 2023).

Sendo assim, no ano de 2000 foi acionada a Comissão Interamericana de Direitos Humanos, que, após todo o procedimento de investigação, apresentou denúncia à Corte em 2003, sob alegação de violação ao artigo 21 da Convenção Americana de Direitos Humanos:

> *1. Toda pessoa tem direito ao uso e gozo dos seus bens. A lei pode subordinar esse uso e gozo ao interesse social. 2. Nenhuma pessoa pode ser privada de seus bens, salvo mediante o pagamento de indenização justa, por motivo de utilidade pública ou de interesse social e nos casos e na forma estabelecidos pela lei. 3. Tanto a usura como qualquer outra forma de exploração do homem pelo homem devem ser reprimidas pela lei.* (OEA, 1969)

A Corte utilizou a Convenção n. 169 da Organização Internacional do Trabalho para a interpretação do dispositivo ora transcrito. Dessa forma, foi possível se chegar a uma solução adequada ao caso concreto. Tal recurso hermenêutico é possível em razão do artigo 29 da Convenção Americana.

A decisão, em sua fundamentação, admite que as terras daquele povo fazem parte de sua cosmovisão, ou seja, são as lentes pelas quais enxergam e interpretam a realidade.

Suas manifestações culturais, religiosas e ancestrais dependem de sua relação com seu território, que guarda estreita relação com o livre desenvolvimento de sua personalidade.

Ademais, por se tratar de relação que a comunidade inteira guarda com o território, reconheceu-se sua propriedade coletiva, na medida em que restou devidamente comprovada a relação cultural e econômica (subsistência).

5.
Considerações finais

Este estudo buscou demonstrar a importância da jurisdição internacional para a tutela de direitos humanos ligados aos povos originários e, por consequência, ao meio ambiente.

Em um primeiro momento, fez-se um breve histórico da evolução dos direitos humanos, concluindo-se pela sua natureza histórica, ou seja, pelo seu desenvolvimento no decorrer dos tempos à medida que novas necessidades são apresentadas à sociedade.

Abordou-se, também, sua internacionalização e as formas de proteção, em especial no sistema interamericano, passando pela análise da Comissão e da Corte Interamericana de Direitos Humanos.

Ao final, analisou-se o caso Comunidade Yakye Axa *vs*. Paraguai, no qual a Corte de Direitos Humanos reconheceu a propriedade coletiva de comunidade indígena, ressaltando para tal fim os aspectos culturais e econômicos.

A relação dos povos originários com suas terras traz uma forma diversa de se trabalhar com questões ambientais, as quais fogem à lógica da exploração do fator de produção conforme os valores capitalistas.

Sendo assim, é possível ressaltar que as decisões que reconheçam direitos de propriedade coletiva aos povos originários estão, de modo indireto, protegendo o meio ambiente.

E é nesse prisma que a jurisdição internacional de direitos humanos ganha maior relevo, pois deve ser contramajoritária e tutelar os direitos a que os Estados-membros não dão a efetiva proteção, declarando, assim, a soberania dos direitos humanos.

Referências

ALVARENGA, R. Z. de. **O direito do trabalho como dimensão dos direitos humanos**. São Paulo: LTr, 2008.

ARAÚJO, E. C. R. **Direito humano ao meio ambiente**: um direito de terceira dimensão compreendido à luz dos princípios, Caruarú: Independetly Published, 2020.

ARENDT, H. **As origens do totalitarismo**: antissemitismo, imperialismo e totalitarismo. Tradução de Roberto Barroso. São Paulo, Companhia das Letras, 2012. Capítulo 3, itém I.

CANOTILHO, J. J. G. **Direito constitucional e teoria da Constituição**. 7. ed. 9. Reimpressão. Coimbra: Almedina, 2011.

CIDH – Corte Interamericana de Derechos Humanos. **Case of the Yakye Axa Indigenous Community v. Paraguay**. Disponível em: https://www.corteidh.or.cr/docs/casos/articulos/seriec_125_ing.pdf. Acesso em: 16 maio 2023.

COMPARATO, F. K. **A afirmação histórica dos direitos humanos**. 4. ed. rev. e atual. São Paulo: Saraiva, 2005.

ECO, H. **Construindo o inimigo e outros escritos ocasionais**. São Paulo: Record, 2021.

FIORAVANTI, M. **Costituzionalismo**: Percorsi dela storia e tendezi attuale. Bari, 2009.

MARTINS, S. P. **Direito do trabalho**. 39. ed. São Paulo: Saraiva, 2023.

MORAES, A. D. **Direito constitucional**. 38. ed. São Paulo, Barueri: Atlas, Grupo GEN, 2022.

OEA – Organização dos Estados Americanos. Comissão Interamericana de Direitos Humanos. **Convenção Americana Sobre Direitos Humanos**. Assinada na Conferência Especializada Interamericana sobre Direitos Humanos, San José, Costa Rica, em 22 de novembro de 1969. Disponível em: https://www.cidh.oas.org/basicos/portugues/c.convencao_americana.htm. Acesso em: 16 maio 2023.

OEA – Organização dos Estados Americanos. **Quem Somos**. Disponível em: https://www.oas.org/pt/estados_membros/default.asp. Acesso em: 16 maio 2023.

OIT – Organização Internacional do Trabalho. **Histórico**. Disponível em: https://www.ilo.org/brasilia/conheca-a-oit/hist%C3%B3ria/lang pt/index.htm. Acesso em: 16 maio 2023.

OLIVEIRA, F. M. G. de. **Direitos humanos**. Rio de Janeiro: Forense, 2016.

PEREIRA, A. C. A. Apontamentos sobre a Corte Interamericana de Direitos Humanos. **Revista da Emerj**, Rio de Janeiro, v. 12, n 45, p. 86-117, 2019.

PIOVESAN, F. **Direitos humanos e o direito constitucional internacional**. 14. ed. São Paulo, Saraiva, 2013.

SANTANO, A. C. Direitos sociais e desenvolvimento: uma abordagem do ativismo judicial na Corte Interamericana de Direitos Humanos. **Revista de Direito Administrativo e Constitucional**, Belo Horizonte, ano 19, n. 77, p. 273-300, jul./set. 2019.

SANTANO, A. C. Direitos sociais e desenvolvimento: uma abordagem do ativismo judicial da Corte Interamericana de Direitos Humanos. **Revista de Direito Administrativo e Constitucional**, Belo Horizonte, v. 77, ano 19, p. 273-300, jul./set. 2019.

SARLET, I. W. **A eficácia dos direitos fundamentais**. 5. ed. Porto Alegre: Livraria do Advogado, 2005.

SOUZA FILHO, C. F. M. de. A essência socioambiental do constitucionalismo latino-americano. **Revista da Faculdade de Direito da UFG**, v. 41, n. 1, p. 197-215, jan./jun. 2017a.

SOUZA FILHO, C. F. M. de. Quilombos no Brasil e direitos socioambientais na América Latina. **Revista Direito e Práxis**, Rio de Janeiro, v. 8, n. 4, p. 2.903-2.926, 2017b.

STEINER, S. H. de F. **A Convenção Americana sobre Direitos Humanos e sua integração ao processo penal brasileiro**. São Paulo: RT, 2000.

TAVARES, L. Y. K. **Direito internacional "ambiental"**: entre a fragmentação e a constitucionalização. São Paulo: Dialética, 2022.

TEIXEIRA, A. V.; BRAGATO, F. F. Direitos humanos, constitucionalismo transnacional e redução das desigualdades raciais: desafios pós-pandemia de covid-19. **Revista de Investigações Constitucionais**, Curitiba, v. 8, n. 1, p. 185-207, jan./abr. 2021.

Tomada de decisão jurisdicional no contexto fático: a análise de credibilidade do testemunho

Toma de decisión jurisdiccional en el contexto fáctico: el análisis de credibilidad del testimonio

Sabrina Santana Figueiredo Pinto Alberto

Mestre em Direito pela Universidade Gama Filho-RJ. Professora Universitária do Centro Universitário Internacional Uninter. Advogada.

Tiago Gagliano Pinto Alberto

Pós-doutor em Direito pela Universidad de León/Es e pela Pontifícia Universidade do Paraná (PUCPR). Pós-doutor em Psicologia Cognitiva pela Pontifícia Universidade do Rio Grande do Sul (PUCRS). Pós-Doutor em Ontologia e Epistemologia pela PUCPR. Doutor em Direito pela Universidade Federal do Paraná (UFPR). Professor de graduação (PUCPR) e pós-graduação (*lato* e *stricto sensu*). Juiz de Direito no TJPR.

Resumo: O artigo objetiva destacar a necessidade da utilização de aportes teóricos oriundos da psicologia do testemunho para a análise e valoração de contextos narrativos fáticos. A juridicização do fato, isto é, o exame do fato a partir de técnicas jurídicas, não atende às exigências mais modernas de compreensão das narrativas, o que pode produzir injustiças e enviesamentos na tomada de decisão. Como alternativa a essa problemática, o artigo sugere a utilização de algumas metodologias de aferição da credibilidade do testemunho lastreadas em pesquisas científicas consolidadas no âmbito da literatura especializada. Os métodos Reality Monitoring (RM), Statement Validity Assessment (SVA) e CBCA (Criteria-Based Content Analysis), que faz parte do protocolo AVA (Assessment of Veracity and Accuracy), são apresentados como alternativas, não excludentes de outras, para análise da credibilidade das narrativas. Ao final, conclui-se no sentido da necessidade da utilização de critérios técnicos para exame e validação de narrativas, algo que o Direito não provê. O artigo adota metodologia expositivo-revisional e propositiva.

Palavras-chave: tomada de decisão; psicologia do testemunho; credibilidade de narrativas.

***Resumen**: El artículo tiene como objetivo resaltar la necesidad de utilizar aportes teóricos provenientes de la psicología del testimonio para el análisis y valoración de contextos narrativos fácticos. La juridificación del hecho, es decir, el examen del hecho a partir de técnicas jurídicas, no cumple con las exigencias más modernas de comprensión de las narrativas, lo que puede producir injusticias y sesgos en la toma de decisiones. Como alternativa a esta problemática, el artículo sugiere la utilización de algunas metodologías de evaluación de la credibilidad del testimonio respaldadas por investigaciones científicas consolidadas en el ámbito de la literatura especializada. Los métodos de Reality Monitoring (RM), Statement Validity Assessment (SVA) y CBCA (Criteria-Based Content Analysis), que forman parte del protocolo AVA (Assessment of Veracity and Accuracy), se presentan como alternativas, no excluyentes de otras, para el análisis de la credibilidad de las narrativas. En conclusión, se señala la necesidad de utilizar criterios técnicos para el examen y validación de narrativas, algo que el Derecho no proporciona. El artículo adopta una metodología expositiva-revisional y propositiva.*

***Palabras clave**: toma de decisiones; psicología del testimonio; credibilidad de narrativas.*

Sumário: 1. Introdução. 2. A produção e valoração da prova oral. 3. Metodologias para a valoração da prova oral. 3.1. Reality Monitoring (RM). 3.2. Statement Validity Assessment (SVA). 3.3. CBCA (Criteria-Based Content Analysis (CBCA), que faz parte do protocolo AVA (Assessment of Veracity and Accuracy). 4. Considerações finais. Referências.

***Sumilla**: 1. Introducción. 2. La producción y valoración de la prueba oral. 3. Metodologías de valoración de la prueba oral. 3.1. Reality Monitoring (RM). 3.2. Statement Validity Assessment (SVA). 3.3. Criteria-Based Content Analysis (CBCA), que forma parte del protocolo AVA (Assessment of Veracity and Accuracy). 4. Consideraciones finales. Referencias.*

1. Introdução

Nicola Sacco e Bartolomeo Vanzetti imigraram da Itália para os Estados Unidos em 1908. Na época, cerca de 120.000 italianos fizeram o mesmo em busca de melhores condições de vida e com a ideia de que nos Estados Unidos encontrariam uma terra de oportunidades. Lá chegando, rapidamente se deram conta de que o país era fortemente marcado pelo preconceito, racial e de outras naturezas e os considerava um problema social (Burgan, 2005, p. 39). Essa característica do país que os recebeu, aliado ao fato de que, por não terem educação formal (já que ambos eram oriundos de pequenas cidades rurais italianas como, de resto, boa parte dos imigrantes à época), fez com que acabassem exercendo atividades profissionais social e economicamente atribuídas aos negros, o que fomentou ainda mais o preconceito que sofriam. A situação era ainda mais agravada pelo fato de que os italianos resistiam à incorporação da cultura do *way of life* norte-americano, permanecendo em comunidades fechadas e sem interesse em aprender a língua inglesa e incorporar os costumes do país em que viviam.

Esse contexto acabou por levar Sacco e Vanzetti a se aproximarem de Luigi Galleani, anarcosindicalista que capitaneava movimentos grevistas de forte vinculação sindical em indústrias norte-americanas (Avrich, 1991, p. 35). Galleani se tornou um grande representante do movimento contra *establishment*, criticando até mesmo o ingresso dos Estados Unidos na Primeira Guerra Mundial e disseminando a ideia de que os imigrantes italianos deveriam se ausentar ao recrutamento e fugir da guerra, escondendo-se com identidades falsas.

Associados ao líder do movimento, Sacco e Vanzetti também não se tornaram pessoas festejadas no país, o que acabou por ideologizar os casos judiciais a eles pertinentes, embora não o soubessem à época.

Feliz Frankfurter assim resumiu os fatos que motivaram os processos contra eles deflagrados:

> *Por volta das três da tarde do dia 15 de abril de 1920, Parmenter, um tesoureiro, e Berardelli, seu guarda, foram alvejados e mortos por dois homens armados com pistolas enquanto carregavam duas caixas contendo o pagamento da fábrica de sapato Slater and Morrill, com a quantidade de $15.776,51 [...]. Enquanto o assassinato era cometido, um carro contendo vários outros homens aproximou-se do local. Os assassinos colocaram as caixas no carro, pularam para dentro e foram levados em alta velocidade [...]. Dois dias depois este carro foi encontrado abandonado em uma floresta distante da cena do crime. Afastando-se daquele ponto foram encontradas as marcas de um carro menor. Naquele mesmo tempo do assalto de Braintree, a polícia estava investigando um crime similar na cidade vizinha de Bridgewater. Em ambos os casos uma quadrilha estava envolvida. Em ambos eles escaparam em um carro. Em ambos as testemunhas oculares acreditavam que os criminosos eram italianos.* (Frankfurter, 1954, p. 3-4)

Por ocasião da prisão, na noite de 5 de maio de 1920, ambos estavam armados e, em uma mistura de processo ideologizado, provas circunstanciais, testemunhas que pensaram ter visto os acusados por oportunidade do crime (desconsiderando outras tantas declarando que sequer no local dos acontecimentos criminosos os acusados estavam), e interpretação algo torta das leis materiais e processuais pelo juiz que presidiu o julgamento, eles foram condenados, sendo executados em cadeira elétrica na madrugada do dia 22 para 23 de agosto de 1927 (Lazzaretti, 2018, p. 154).

O caso de Nicola Sacco e Bartolomeo Vanzetti é emblemático em muitos âmbitos, desde o direito até a psicologia cognitiva (mais especificamente a psicologia do testemunho). Parece consenso, em todos os campos em que foi analisado, que a ideologização do processo conduziu a interpretação das leis e a valoração dos fatos. Desde as inúmeras testemunhas que declararam não estarem os acusados no local em que se lhes imputava o cometimento do crime, até mesmo a compreensão do material legislativo pelo juiz que conduziu um dos casos, Webster Thayer, eles foram mais prejudicados, infelizmente como apenas muito depois da morte se concluiu, pela ideologia que seguiam, suas amizades e participações em movimentos grevistas, do que pelos crimes dos quais acusados.

Neste artigo, abordaremos especificamente a dificuldade de compreensão da credibilidade do testemunho. Traçaremos um panorama acerca de alguns métodos existentes para a valoração da narrativa apresentada em juízo, para, ao final, sustentar a necessidade de adoção de uma das metodologias mais utilizadas no campo probatório e que, se tivesse sido a contento realizadas no caso Sacco Vanzetti, talvez pudesse ter ensejado outro desfecho.

A metodologia utilizada para este artigo é a exploratória, com desenvolvimento dedutivo. Quanto às fontes de pesquisa, foram utilizadas referências bibliográficas nacionais e estrangeiras, ademais de material obtido diretamente da rede mundial de computadores.

2.
A produção e valoração da prova oral

A psicologia do testemunho, enquanto ramo derivado da psicologia comportamental, alcançou independência há algumas décadas, tendo como principais objetivos a análise provas dependentes da memória, em especial: (i) a prova oral; (ii) a prova de reconhecimento.

Neste artigo, centraremos atenção na prova oral, com especial direcionamento às metodologias de valoração desse importante meio probatório, cuja cientificidade ainda não está plenamente estabelecida no ambiente forense, em que pese assentada nos achados científicos.

Entre 2015, o Instituto de Pesquisas Econômicas Aplicadas (IPEA), em parceria com a Secretaria de Assuntos Legislativos do Ministério da Justiça (SAL/MJ), lançou o n. 59 da Série "Pensando o Direito", intitulado *Avanços científicos em psicologia do testemunho aplicados ao reconhecimento pessoal e aos depoimentos forenses,* em que, com apoio de equipe interdisciplinar, realizou um estudo de levantamento das práticas de entrevistas com testemunhos e de reconhecimento pessoal, nos processos de criminalização formal brasileiros[i]. Antes desta pesquisa, vale dizer, inexistiam dados empíricos sobre como são

---

[i] Notícia sobre o estudo e, inclusive, entrevista com a coordenadora, Prof. Dra. Lilian Stein, podem ser visualizados em: <http://pensando.mj.gov.br/2015/11/23/pensando-o-direito-lanca-pesquisa-sobre-avancos-cientificos-no-reconhecimento-pessoal/>.

realizadas as colheitas das provas penais dependentes da memória. Os resultados observados pelo estudo na fase processual, no que interessa ao presente trabalho, foram os seguintes:

> 1. *Os resultados apontaram para uma sobrevalorização da prova testemunhal em relação aos demais meios probatórios;*
>
> 2. *O testemunho policial ganha especial relevância no processo, pois muitas vezes se torna a única pessoa a depor, ou seja, o único elemento de prova;*
>
> 3. *Nos casos de crimes sexuais, especificamente, a palavra da vítima é (ainda mais) valorizada, em função das peculiaridades envolvidas nestes delitos.* (Brasil, 2015, p. 54-58)

Ao que se percebe, o estudo, realizado de maneira ampla no tocante ao recorte territorial (todo o Brasil) e pessoal (envolvendo os mais diversos atores do âmbito policial e judicial), diagnosticou a importância da prova oral para análise da reconstrução de fatos narrados nos feitos judiciais, sobretudo criminais. Outrossim, foi observada a ausência da utilização de técnicas para a produção e valoração da prova, sendo até mesmo identificados alguns pontos que prejudicam em muito a captação mais fidedigna da realidade, como, por exemplo: (a) perguntas confirmatórias; (b) perguntas sugestivas; (c) perguntas fechadas; (d) perguntas qualificadoras; (e) leitura de denúncia; (f) pressão, entre outras situações (Brasil, 2015, p. 58-65).

De fora parte a produção em si da prova, que demandaria muitas outras considerações relacionadas tanto ao ambiente de realização como aos aspectos pessoais dos envolvidos, a valoração, não abordada pelo estudo, também representa faceta deveras importante da etapa de reconstrução dos fatos narrados na peça inaugural do processo judicial. Sem embargo, sua efetivação no cotidiano tem se mostrado muito ancorada em peculiaridades subjetivas tanto de quem narra quanto de quem avalia a narrativa. Situações como olhar para a esquerda-superior e isso ser compreendido como falar a mentira ou abaixar a cabeça e estar confessando lamentavelmente pululam no seio judicial como reiteradas, conquanto totalmente despidas de comprovação no campo científico.

A vivência cotidiana poderia passar a equivocada impressão, entrementes, que inexistem métodos de valoração da prova, quando, ao contrário, o panorama é bem diverso. Há métodos (e não são poucos), impondo-se que o operador do direito em geral, e o decisor em particular, conheça-os para deles fazer uso e, com isso, verificar o grau de corroboração[i] das teses fáticas ventiladas.

Adiante, examinaremos algumas das propostas metodológicas existentes para análise da credibilidade do testemunho. Asseveramos que as propostas estão sendo apresentadas em rol exemplificativo e sem qualquer precedência e/ou preferência de uma em relação a outra. São propostas e, como tal, inseridas em quadrantes teóricos específicos, de acordo com as postulações de seus autores.

Há, entretanto, clara preferência dos autores deste artigo por uma delas, o CBCA, em função dos critérios apresentados e da correspondente vinculação à entrevista cognitiva aprimorada, cujos parâmetros são, acreditam os autores, mais factíveis, de fácil aplicação e viáveis no cotidiano forense. Coincidem com essa análise diversos pesquisadores, compreendendo que, verdadeiramente, o CBCA se apresenta a técnica mais promissora para a aferição da credibilidade do testemunho[ii].

Vejamos, então, algumas propostas metodológicas.

---

[i] A expressão *grau de corroboração* é tributária à epistemologia popperiana, cobrando o sentido de guia para a preferência de certa teoria, a partir do critério de falseabilidade de um cenário teórico em relação a outro. Vide, a propósito, a citação do autor: "Não é tanto o número de casos corroboradores que determina o grau de corroboração, mas sim a severidade dos vários testes a que a hipótese pode ser e foi submetida. A severidade dos testes, por seu turno, depende do grau de testabilidade e, consequentemente, da simplicidade da hipótese: a hipótese falseável em maior grau ou a hipótese mais simples é, também, suscetível de corroboração em maior grau. O grau de corroboração efetivamente alcançado não depende, como é claro, apenas do grau de falsificabilidade: um enunciado pode ser falsificável em alto grau e, ainda assim, estar corroborado de maneira apenas superficial, ou estar falsificado. Sem ser falsificado, poderá ter sido abandonado em favor de uma teoria suscetível de submeter-se a um teste melhor, da qual ele próprio – ou um enunciado suficientemente próximo – venha a ser deduzido." (Popper, 1972, p. 293). No artigo ora apresentado, no entanto, a expressão **recebe carga semântica distinta**, substituindo a expressão *veracidade*, já que esta deriva de verdade e é um termo deveras controvertido, cuja explicação, por si só, demandaria um trabalho de acentuado fôlego, divorciando-se do escopo do atual artigo.

[ii] Nesse sentido: Vrij, 2010; Köhnken, 1999; Steller; Köhnken, 1989.

3. Metodologias para a valoração da prova oral

Neste tópico, serão abordadas algumas propostas metodológicas para valoração da credibilidade do testemunho. Repisamos que a análise é não exaustiva e tampouco existe preferência aos métodos destacados em relação aos que não constam neste trabalho.

3.1. Reality Monitoring (RM)

Desenvolvido por Marcia K. Johnson e colaboradores, o Reality Monitoring é uma técnica baseada na ideia de que as memórias de eventos reais e imaginários diferem em termos de características qualitativas. O RM avalia a declaração do testemunho com base em critérios como detalhes sensoriais, contexto temporal e espacial e clareza emocional. A premissa é que as memórias de eventos reais geralmente contêm mais detalhes e informações específicas do que as memórias de eventos imaginários (Johnson; Raye, 1981).

Suas aplicações variam desde a diferenciação entre sonhos e memórias reais (Horton, 2017), falsas memórias (Loftus, 2005) à avaliação da credibilidade do testemunho em casos submetidos à análise judicial (Vrij, 2014).

No recorte do exame da credibilidade do testemunho, Marcia Johnson e colaboradores distinguem entre memórias de eventos que realmente aconteceram (experiências reais) e eventos que foram apenas imaginados ou pensados (experiências internas) (Johnson; Raye, 1981). Para eles, a valoração deve ser feita em 3 (três) etapas:

1ª Etapa: deverão ser analisados os atributos da memória associados a determinada lembrança. Assim, uma narrativa deverá ser examinada quanto aos seus contextos sensoriais (visuais, auditivos e táteis), espacial e temporal, ademais de cognitivos e emocionais.

Nesse ponto, as memórias reais, de acordo com o modelo, tenderão a apresentar mais contextos – e mais bem elaborados – do que as memórias de eventos imaginados. Em geral, também as fontes dos eventos deverão ser mais facilmente identificadas no campo das lembranças reais.

As perguntas nessa etapa deverão girar em torno dos contextos, tais como:

a. **Detalhes sensoriais**:

Quais foram os sons, cheiros, sabores, sensações táteis e visuais associadas a essa memória?

A memória revela detalhes visuais claros, como cores, formas e texturas?

b. **Contexto espacial e temporal**:

Onde exatamente ocorreu o evento lembrado?

Qual foi o ambiente e a disposição dos objetos ao redor?

Quando ocorreu o evento? (data, hora, dia da semana)

Quanto tempo durou o evento?

c. **Aspectos cognitivos e emocionais**:

Quais pensamentos estavam presentes durante o evento?

Quais emoções foram experimentadas durante o evento?

Houve alguma interação com outras pessoas durante o evento? Se sim, quem estava presente e qual era a natureza da interação?

d. **Informações sobre a fonte da memória**:

Como essa memória foi adquirida (experiência pessoal direta, relato de outra pessoa, leitura, assistir a um filme, etc.)?

Há alguma lembrança específica de como, quando e onde a informação foi aprendida?

2ª Etapa: deverá ser realizada comparação entre os atributos identificados, considerando, sobretudo, que os eventos reais são mais prováveis conforme a maior quantidade de informações a respeito do contexto e, ainda, o detalhamento em relação à fonte.

As perguntas para essa etapa, em geral, são as seguintes, mencionadas exemplificativamente:

a. **Consistência dos detalhes sensoriais**:

Os detalhes sensoriais (sons, cheiros, sabores, sensações táteis e visuais) são consistentes entre si e com o contexto do evento?

Os detalhes sensoriais são vívidos e específicos, ou vagos e genéricos?

b. **Coerência do contexto espacial e temporal**:

O contexto espacial e temporal apresenta uma sequência lógica e coerente?

Existem lacunas temporais ou inconsistências no local do evento lembrado?

c. **Conexão entre aspectos cognitivos e emocionais**:

As emoções e pensamentos associados à memória estão alinhados com o contexto do evento?

As emoções e pensamentos parecem coerentes e proporcionais à situação?

d. **Avaliação da fonte da memória**:

A fonte da memória é clara e distinta ou nebulosa e incerta?

A fonte da memória é consistente com o tipo de evento e os detalhes associados?

e. **Comparação com critérios estabelecidos**:

Os atributos da memória se alinham mais com os critérios estabelecidos para eventos reais (por exemplo, detalhes sensoriais ricos, contexto espacial e temporal específico) ou para eventos imaginados (por exemplo, detalhes mais vagos, menos contexto espacial e temporal)?

Algum atributo da memória destoa significativamente dos critérios estabelecidos para eventos reais ou imaginados?

3ª Etapa: consiste no processo decisório, efetivamente identificando as memórias hauridas de eventos reais e imaginários. Nesse ponto, serão examinados:

a. **Confiança na memória**: quão confiante se está de que essa memória representa um evento real ou imaginado e se a memória parece consistente e coerente para ser considerada uma lembrança de um evento real;
b. **Sensação da familiaridade**: a familiaridade sugere que a memória seja oriunda de um evento real e é específica suficiente para descartar um modelo imaginado;
c. **Avaliação da validade da memória**: é mais provável que a memória seja uma representação válida de um evento real ou uma criação imaginada e existem evidências externas ou informações adicionais que possam corroborar ou refutar a validade da memória;
d. **Consenso com outras pessoas**: se outras pessoas estiveram presentes durante o evento lembrado, suas memórias do evento são consistentes com a sua, existindo, ainda, informações disponíveis de outras fontes, como registros escritos, fotografias ou vídeos, que possam ajudar a determinar a origem da memória.

O modelo não passa indene a críticas, podendo ser rememoradas, entre outras: (i) a ineficácia na distinção entre memórias de eventos reais e imaginados, especialmente em casos de falsas memórias ou memórias altamente elaboradas (Loftus, 2005); (ii) a ausência de abordagem da influência de fatores individuais (como habilidades cognitivas, idade e personalidade) e contextuais (como a presença de sugestões ou pressão social) na distinção entre memórias reais e imaginadas (Hyman; Loftus, 1998); (iii) a subjetividade na interpretação dos eventos e contextos (Vrij; Hope; Fisher, 2014); (iv) a necessidade de refinamento do modelo, definindo de maneira mais clara os processos cognitivos e metacognitivos envolvidos na análise dos dados, interpretação e decisão (Garry; Manning; Loftus; Sherman, 1996).

Em função dessas críticas e considerando a necessidade de verticalização e metafundamentação do modelo, o RM vem cedendo passo a outras abordagens.

3.2. Statement Validity Assessment (SVA)

Desenvolvido por Undeutsch (1982) e aprimorado por Steller e Köhnken (1989), o SVA é um conjunto de procedimentos que inclui o CBCA, a análise de validade de declarações e uma entrevista estruturada. A SVA é baseada na premissa de que declarações verdadeiras e falsas diferem em termos de conteúdo, estrutura e qualidade. O objetivo é avaliar a consistência, a coerência e a plausibilidade da declaração do testemunho.

A entrevista estruturada segue um protocolo específico para garantir que seja conduzida de maneira neutra, aberta e não sugestiva. O objetivo é obter uma narrativa detalhada, espontânea e completa da suposta vítima, testemunha ou suspeito, sem influenciar ou distorcer suas memórias.

A entrevista estruturada, ou cognitiva, na forma inicial como desenvolvida por Fisher e Geiselman previa os métodos do relato livre, mudança de perspectiva, ordem reversa e recriação de contexto (Fisher; Geiselman, 1992), sendo posteriormente aprimorada, passando a conter as seguintes fases:

- **Redução de ansiedade**: criar um ambiente confortável e seguro para a testemunha, minimizando o estresse e a ansiedade durante a entrevista.
- **Estabelecer *rapport***: construir uma relação de confiança e cooperação com a testemunha, demonstrando empatia e compreensão.
- **Transferência de controle**: permitir que a testemunha tenha mais controle sobre o processo da entrevista, permitindo que ela fale livremente e no seu próprio ritmo.
- **Uso de perguntas abertas**: fazer perguntas abertas que incentivem a testemunha a fornecer informações detalhadas e elaboradas.
- **Perguntas fechadas e específicas**: usar perguntas fechadas e específicas somente após a testemunha fornecer um relato completo e detalhado do evento.
- **Encorajar a testemunha a admitir lacunas na memória**: incentivar a testemunha a admitir quando não se lembra de algo ou não tem certeza sobre algum detalhe, em vez de tentar adivinhar ou preencher as lacunas (Fisher; Geiselman; Raymond, 1987).

As metodologias que passaram a ser utilizadas na entrevista cognitiva melhorada, ou aprimorada, foram então as seguintes:

a. Relato livre

No relato livre, o objetivo será deixar a testemunha (acusado ou vítima) narrar livremente e sem interrupções o evento inserido em seu contexto da memória. A ausência de interrupções, sequer para esclarecimentos, é muito importante e será o que garantirá a maior eficácia no processo de reconstrução do evento.

Na legislação processual brasileira, civil ou penal, não encontramos previsão sobre a técnica do relato livre, mas há dispositivos vigentes, a exemplo do artigo 436 da Ley de Enjuiciamiento Criminal espanhola, que estão em sintonia com os mais modernos estudos da psicologia do testemunho que indicam ser a técnica do relato livre a mais eficaz no que toca ao processo de recordação. Eis que prevê o dispositivo legal mencionado, em tradução livre:

> *O juiz deixará que a testemunha narre sem interrupções os fatos sobre o qual depuser, e somente lhe exigirá explicações complementares que sejam destinadas a esclarecer conceitos obscuros ou contraditórios.*[i]

Uma das críticas que podem ser direcionadas à utilização dessa técnica diz respeito ao fato de que a testemunha (acusado ou vítima) pode comparecer em juízo com a versão preparada e até mesmo treinada, limitando-se a descarregá-la quando instada a tanto.

Essa crítica não colhe, no entanto, considerando principalmente que o relato livre é a primeira das técnicas sugeridas no contexto da entrevista estruturada melhorada, o que não impede o decisor de, após o estabelecimento da versão apresentada, perscrutar a validade da narrativa a partir da utilização das demais metodologias. De outro flanco, ao apresentar determinada versão, o narrador assume um compromisso por seu ato de fala,

---

i No original: "El Juez dejará al testigo narrar sin interrupción los hechos sobre los cuales declare, y solamente le exigirá las explicaciones complementarias que sean conducentes a desvanecer los conceptos oscuros o contradictorios. Después le dirigirá las preguntas que estime oportunas para el esclarecimiento de los hechos". A íntegra do artigo pode ser consultada em: <https://www.vademecumlegal.es/legislacion/articulo-436-ley-enjuiciamiento-criminal>.

tornando-se mais dificultoso tergiversar e/ou apresentar outra versão acaso confrontado, o que pode sugerir a captação de elementos diacrônicos mais facilmente, reduzindo o grau de corroboração do que foi mencionado anteriormente.

b. **Recriação de contexto**

A recriação de contexto consiste no estímulo do entrevistador a que o entrevistado revisite a lembrança a partir de focos específicos, incrementando narrativas por intermédio de elementos emocionais (ligados principalmente às memórias emocionais), sequenciais (sugerindo que as lembranças sejam rememoradas contendo um início, meio e fim claros, seja progressivo ou regressivo) e, finalmente, perceptivos, sugerindo a recordação a partir da contextualização do evento (Tulving; Thompson, 1973).

c. **Recuperação focada**

Na recuperação focada, o entrevistador auxiliará a testemunha a centrar-se em algum elemento específico da recordação.

Nesse ponto, o entrevistador deverá ter muito cuidado para não lançar perguntas fechadas, admitindo-se apenas que foque em determinado segmento da narrativa para auxiliar no processo de lembrança do entrevistado. Perguntas como "Conte-me mais sobre X; explique-me em mais detalhes o que você quis dizer com Y; ou, ainda, descreva Z com mais detalhes" deverão ser preferíveis a outras, como: "Isso aconteceu antes ou depois de tal evento; ou o carro era vermelho ou verde". No primeiro caso, temos perguntas sugestivas que apenas auxiliam no processo de recordação por meio da inserção de um enfoque específico a ser lembrado, ao passo que, no segundo, há verdadeiras perguntas fechadas, que, em que pese possam ser utilizadas como último recurso (Gabbert; Hope 2018), podem ultimar por influenciar na narrativa, ensejando, como consequência, a produção de falsas memórias e/ou a contaminação das memórias existentes.

d. **Mudança de perspectiva**

Na mudança de perspectiva, o entrevistador sugerirá ao entrevistado inserir-se no contexto de outro ator existente no evento (Bower, 1967). O objetivo dessa técnica é analisar objetivamente narrativas subjetivas, corroborando-as, ou as infirmando.

Imagine, por exemplo, que uma testemunha afirme ter visto toda a cena de agressão por meio de um buraco existente em uma cerca de madeira que separava sua casa da residência do vizinho, onde o crime ocorreu. Agora considere que o juiz inste a outra testemunha a colocar-se no lugar daquela primeira e informar se poderia, a partir daquele buraco na cerca, ver todo o evento criminoso, ao que a testemunha, inserindo-se no lugar da outra, responde que não há buracos na cerca. O juiz somente logrou acessar essa informação a partir da mudança de perspectiva, o que não teria sido possível acaso simplesmente se limitasse a acreditar ou não na versão trazida pela primeira testemunha.

A mudança de perspectiva é uma técnica muito interessante para a utilização cotidiana no âmbito judicial, em que pese possa eventualmente encontrar algum óbice processual, na medida em que o direito positivo não admite que as testemunhas apresentem suas opiniões subjetivas relacionadas a determinado evento[i]. Esse, portanto, talvez seja um dos muitos exemplos em que os estudos, pesquisas e achados hauridos da psicologia do testemunho se situam em paralelo ao que dispõe o texto legal, que, obviamente, haverá de ser adaptado, ou ao menos sofrer uma interpretação corretiva, a fim de ajustar a colheita do depoimento ao que de mais moderno se sugere na literatura especializada.

e. **Ordem reversa**

A técnica da ordem reversa sugere a descrição do evento a partir do final, ou de outro ponto que for mais marcante (Bower; Morrow, 1990). Nesse ponto, curioso destacar que, em geral, a sociedade ocidental tende a ter um pensamento mais prospectivo do que regressivo, o que talvez possa ser explicado pela inserção do fenômeno da causalidade no ambiente de compreensão da realidade, como sugerido pela escola positivista metodológica que influenciou muitos ordenamentos jurídicos ocidentais (Maldonado, 2016).

Essa situação, no entanto, pode se inverter em função de especificidades subjetivas e/ou individualidades. O entrevistador deverá ser hábil o suficiente, até mesmo a partir de perguntas

---

i Art. 459 do CPC e art. 212 do CPP.

prévias de controle, a perceber se o regular funcionamento da narrativa do entrevistado se desenvolve mais naturalmente na sequência progressiva ou regressiva. Caso a forma regressiva se verifique, talvez possa vir a ser mais interessante explorar a técnica da ordem reversa, a fim de obter melhores resultados na tomada de decisão posterior, lastreada que estará em uma narrativa mais fidedigna da reconstrução dos fatos alegados.

3.3. CBCA (Criteria-Based Content Analysis (CBCA), que faz parte do protocolo AVA (Assessment of Veracity and Accuracy)

O Criteria-Based Content Analysis (CBCA) foi desenvolvido por Udo Undeutsch como parte do Statement Validity Assessment (SVA) na década de 1980, figurando como uma evolução do SVA. A técnica foi aprimorada por Max Steller e Gisli Gudjonsson[i].

Nessa técnica, que se aproveita da entrevista estruturada aprimorada, há a previsão de 19 (dezenove) critérios para estabelecimento do grau de credibilidade das narrativas. Em que pese exista divergência quanto à forma de pontuar os critérios (Volbert; Stroebe, 2014, p. 267-291), prevalece a orientação de que deverão ser pontuados em 0 (zero) = ausente; 1 (um) = parcialmente presente; e 2 (dois) = claramente presente. Ao final, os critérios deverão ser somados a fim de definir o grau de credibilidade da narrativa.

Os critérios são os seguintes:

Critérios de análise do conteúdo da declaração – CBCA	
Conteúdos específicos:	
1. Encaixe contextual	Os dados relatados devem apresentar-se inseridos em um contexto de tempo e espaço que tenha sentido dentro das atividades diárias e rotineiras da vítima
2. Descrições de interações	A declaração deve descrever interações envolvendo ao menos o alegado perpetrador e sua vítima

(continua)

i Ver: Undeutsch, 1982. p. 27-56; Steller; Köhnken, 1989. p. 217-245.

(continuação)

Critérios de análise do conteúdo da declaração – CBCA	
3. Reprodução de verbalização	Relato de conversas
4. Complicações inesperadas durante o incidente	Incorporação de elementos ao relato que foram de alguma forma inesperados
5. Detalhes não usuais	São detalhes de pessoas, objetos ou eventos não usuais ou únicos, mas que fazem sentido dentro do contexto
6. Detalhes supérfluos	São aqueles descritos em conexão com o evento, mas que não são essenciais para a ocorrência do mesmo
7. Incompreensão de detalhes relatados com precisão	São aqueles descritos em conexão com o evento, mas que não são essenciais para a ocorrêmcia do mesmo
8. Associações externas relacionadas	Ocorre quando a vítima descreve detalhes quer estão além de sua capacidade de compreensão
9. Alusões ao estado mental subjetivo	Eventos externos à situação de ofensa, que não fazem parte mas estão relacionados
10. Atribuições ao estado mental do perpeterador	Este critério está presente se a vítima descreve sentimentos ou pensamentos vivenciados no momento do incidente
Conteúdos referentes à motivação:	
11. Correções espontâneas	A vítima oferece correção espontânea ou acrescenta informações para reformular a declaração emitida
12. Reconhecimento da falta de memória	Este critério é preenchido qyuando a víitima admite espontaneamente sua fata de memória, isto não corresponde à atitude de responder categoriacamente "Eu não sei"
13. Levantamento de dúvidas sobre seu próprio testemunho	A vítima expressa preocupação em relação a partes de sua declaração que não estariam corretas ou que aprentemente seriam inacreditáveis

(conclusão)

Critérios de análise do conteúdo da declaração – CBCA	
14. Autodepreciação	A vítima relata detalhes de autoincriminação ou condutas pessoais desfavoráveis
15. Perdão ao perpretador	A vítima toma uma atitude em favor do agressor, verbalizando desculpas ou deixando de culpá-lo pela situação
Elementos específicos da ofensa	
16. Detalhes característicos da ofensa	Neste critério a vítima descreve características do evento que não são reconhecidas pelo entrevistador como típicas de certos crimes
Características gerais:	
17. Estrutura lógica	Refere-se à coerência e à lógica da declaração
18. Produção desestruturada	As informações prestadas encontram-se dispersas por toda a declaração, sem seguir uma ordem estrtururada, coerente e cronológica – apesar da declaração, como um todo, não apresentar incosistências; quanto mais próximo do evento e mais perturbada emocionalmente a vítima, mais desestruturada será a declaração
19. Quantidade de detalhes	A declaração deve ser rica em detalhes, com descrições específicas de lugar, tempo, pessoas, objetos e eventos que estiveram presentes

Fonte: Ribas, 2011, Anexo 2.

A partir da aferição desses critérios, em conjunto com a utilização das técnicas da entrevista cognitiva melhorada, o decisor poderá verificar o grau de corroboração da narrativa; ou seja, se o evento narrado está mais próximo ou não da reconstrução em relação ao que se alega ter passado.

Obviamente, conquanto o CBCA, principalmente na análise dos seus critérios, apresente-se muito promissor quanto ao estabelecimento mais próximo ao confiável da aferição da credibilidade das narrativas, há críticas. Seus detratores sustentam, entre outros pontos: que se verifica falta de consenso em relação aos critérios utilizados, o que pode prejudicar a consistência da aferição (Vrij, 2005); a eficácia do modelo depende muito do treinamento do entrevistador, sendo certo que a falta de experiência e treinamento pode ensejar resultados imprecisos e/ou enviesados (Blandón-Gitlin; Pezdek; Lindsay; Hagen, 2009); o CBCA pode ser menos eficaz na avaliação de declarações de testemunhas que foram expostas a informações sugestivas ou manipulativas antes ou durante a entrevista, o que pode afetar a qualidade e a precisão das declarações (Laney; Loftus, 2008); e, finalmente, o CBCA pode ser menos eficaz na avaliação de declarações de crianças, idosos ou indivíduos com deficiências cognitivas ou de comunicação, pois essas populações podem apresentar padrões de resposta diferentes dos adultos típicos (Bruck; Ceci, 1999).

A despeito das críticas, acreditamos que o CBC se revela a técnica mais promissora no sentido da análise da credibilidade do testemunho, haja vista a dinâmica de sua aplicação. Há, entretanto, muito ainda a ser desenvolvido e testado no ambiente forense.

4. Considerações finais

O presente artigo apresentou inicialmente o lamentável episódio de erro judiciário envolvendo Sacco e Vanzetti, em que foram erroneamente condenados e executados em uma cadeira elétrica quando sequer na mesma cidade onde o crime ocorreu estavam.

O erro foi, em grande parte, ensejado por um processo enviesado, em que depoimentos foram considerados verídicos sem qualquer embasamento técnico e científico.

Neste artigo, apresentamos uma possibilidade de correção dessa rota, a partir da utilização dos aportes teóricos hauridos da psicologia do testemunho, em especial as metodologias de credibilidade do testemunho.

No decorrer do texto, abordamos, em rol exemplificativo, algumas metodologias sugeridas, de sorte a que o leitor, sobretudo aquele está tendo contato inicial com o tema a partir deste trabalho, possa conhecê-las e, a partir dos seus ensinamentos, verifique a elevação ou não do grau de corroboração da narrativa. Não houve, como destacado, qualquer preferência às metodologias prelecionadas em relação àquelas não destacadas, sendo certo que a escolha ocorreu apenas baseada na preferência subjetiva dos autores.

Para finalizar, rememoramos que a valoração do fato e a tomada de decisão constituem um problema verificado em todo o mundo, sendo a psicologia do testemunho um dos ramos científicos que apresenta sugestões aptas evoluir a análise dos fatos. Outras metodologias existem e devem ser pesquisadas, assim como utilizadas em conjunto. O que não deve ser feito é o decisor permanecer na ignorância, valorando principalmente as narrativas a partir de uma perspectiva despida de pesquisa, estudo, ou achados científicos, como se contivesse em seu interior um poder capaz de lhe informar quando a versão é crível, ou não.

O assunto demanda, obviamente, maiores digressões quanto aos diversos temas abordados. Entretanto, por momento já se afigura interessante observar a possibilidade da utilização da psicologia do testemunho e seus aportes teóricos na valoração de narrativas, objeto central deste estudo.

Referências

AVRICH, P. **Sacco and Vanzetti**: the anarchist background. Princeton: Princeton University Press, 1991.

BLANDÓN-GITLIN, I.; PEZDEK, K.; LINDSAY, R. C. L.; HAGEN, L. Criteria-Based Content Analysis of True and Suggested Accounts of Events. **Applied Cognitive Psychology**, v. 23, n. 7, p. 901-917, 2009.

BOWER, G. H. A multicomponent theory of the memory trace. In: SPIKER, D. L. (Org.). **The Psychology of Learning and Motivation**: Advances in Research and Theory. Nova York: Academic Press, 1967. p. 229-325. v. I.

BOWER, G. H.; MORROW, D. G. Mental models in narrative comprehension. **Science**, v. 247, n. 4.938, p. 44-48, 1990.

BRASIL. Ministério da Justiça. Secretaria de Assuntos Legislativos. Avanços científicos em psicologia do testemunho aplicados ao reconhecimento pessoal e aos depoimentos forenses. **Pensando Direito**, Brasília: Ipea, n. 59, p. 54-58, 2015.

BRUCK, M.; CECI, S. J.. The suggestibility of children's memory. **Annual Review of Psychology**, 50, 419-439, 1999.

BURGAN, M. **Italian Inmigrantes**. New York: Facts on File, 2005.

FISHER, R. P.; GEISELMAN, R. E. **Memory-enhancing techniques for investigative interviewing**: the cognitive interview. Charles C Thomas Publisher, 1992.

FISHER, R. P.; GEISELMAN, R. E.; RAYMOND, D. S. Critical analysis of police interview techniques. **Journal of Police Science & Administration**, v. 15, n. 3, p. 177-185, 1987.

FRANKFURTER, F. **The Case of Sacco and Vanzetti**: a Critical Analysis for Lawers and Laymen. Stanford: Academic Reprints, 1954.

GABBERT, F.; HOPE, L. Witness Testimony. In: GRIFFITHS, A.; MILNE, R. (Eds.). **The Psychology of Criminal Investigation**: Psychology into practice. Routledge, 2018.

GARRY, M., MANNING, C. G., LOFTUS, E. F., & SHERMAN, S. J. Imagination inflation: Imagining a childhood event inflates confidence that it occurred. **Psychonomic Bulletin & Review**, v. 3, n. 2, p. 208-214, 1996.

HORTON, C. L. Differentiating true and false schematic memories in older adults. **Memory**, v. 25, n. 8, p. 1.039-1.049, 2017.

HYMAN, I. E.; LOFTUS, E. F. Errors in autobiographical memory. **Clinical Psychology Review**, v. 18, n. 8, p. 933-947, 1998.

JOHNSON, M. K.; RAYE, C. L. Reality monitoring. **Psychological Review**, v. 88, n. 1, p. 67-85, 1981.

KÖHNKEN, G., MILNE, R.; MEMON, A.; BULL, R. The cognitive interview: a meta-analysis. **Psychology, Crime & Law**, v. 5, n. 1-2, p. 3-27, 1999.

LANEY, C.; LOFTUS, E. F. Emotional content of true and false memories. **Memory**, v. 16, n. 5, p. 500-516, 2008.

LAZZARETTI, L. P. **Sacco e Vanzetti**: os espelhos da ideologia. Curitiba: Juruá, 2018.

LOFTUS, E. F. Planting misinformation in the human mind: A 30-year investigation of the malleability of memory. **Learning & Memory**, v. 12, n. 4, p. 361-366, 2005.

MALDONADO, M. A. **La democracia sentimental**: política y emociones en el siglo XXI. Barcelona: Página Indómita, 2016.

POPPER, K. **A lógica da pesquisa científica**. São Paulo: Cultrix, 1972.

RIBAS, C. A. B. **Credibilidade do testemunho**: a verdade e a mentira nos tribunais. 2011. Disponível em: https://repositorio-aberto.up.pt/bitstream/10216/57090/2/TESE%20DEFINITIVA%20COM%20ANEXOS%20EM%20PDF.pdf. Acesso em: 21 abr. 2023.

STELLER, M.; KÖHNKEN, G. Criteria-based statement analysis. In: RASKIN, D. C. (Ed.). **Psychological methods in criminal investigation and evidence**. New York: Springer, 1989. p. 217-245.

TULVING, E.; THOMPSON, D. M. Retrieval processes in recognition memory: Effects of associative context. **Journal of Experimental Psychology**, v. 98, n. 1, p. 44-50, 1973.

UNDEUTSCH, U. Statement reality analysis. In: TRANKELL, A. (Ed.). **Reconstructing the past**: the role of psychologists in criminal trials. Stockholm: Norstedts, 1982. p. 27-56.

VOLBERT, R.; STROEBE, K. **A critical review of the procedural and methodological standards of the CBCA and RM scales**. In: GRANHAG, P. A.; STRÖMWWALL, L. A.

VRIJ, A. (Ed.). **Detecting deception**: current challenges and cognitive approaches. Chichester, UK: John Wiley & Sons, 2014. p. 267-291.

VRIJ, A. Criteria-Based Content Analysis: a qualitative review of the first 37 studies. **Psychology, Public Policy, and Law**, v. 11, n. 1, p. 3-41, 2005.

VRIJ, A.; GRANHAG, P. A.; PORTER, S. Pitfalls and opportunities in nonverbal and verbal lie detection. **Psychological Science in the Public Interest**, v. 11, n. 3, p. 89-121, 2010.

VRIJ, A.; HOPE, L.; FISHER, R. P. Eliciting reliable information in investigative interviews. **Policy Insights from the Behavioral and Brain Sciences**, v. 1, n. 1, p. 129-136, 2014.

Impressão:

Setembro/2023